# 中国耕地

张凤荣　张天柱　李　超　李子忠　编著

中国农业大学出版社
·北京·

## 内 容 简 介

本书介绍了中国耕地的数量、质量和空间分布以及城市化对于耕地面积与分布变化的影响，解释了形成今天中国耕地这种现状的自然资源禀赋的基础控制性作用和人类开发利用的影响，分析了可开垦为耕地的后备土地资源数量和分布状况。本书还介绍了中国人民为了提高耕地质量和产能而进行的中低产田改造和高产稳产田建设工程，揭示了由于过度开垦和利用不当造成的各种耕地退化的现实。书中分析了化肥、农药等各种生产资料的大量投入对于提高粮食产量的作用，以及高投入带来的环境污染和压力；预测了未来我国粮食供需前景，提出了切合中国耕地资源禀赋和社会经济发展水平的耕地保护策略与措施。总之，这是一本全面揭示中国耕地的起源、现状和面临的问题，系统解释我国实行最严格的耕地保护政策的自然资源背景和社会经济背景的著作。

**图书在版编目(CIP)数据**

中国耕地／张凤荣等编著. —北京：中国农业大学出版社，2021.7(2022.1 重印)
ISBN 978-7-5655-2555-1

Ⅰ.①中…　Ⅱ.①张…　Ⅲ.①耕地资源-介绍-中国　Ⅳ.①F323.211

中国版本图书馆 CIP 数据核字(2021)第 110299 号

**中国自然资源部地图审图号：GS(2021)3141 号**

书　　名　中国耕地
作　　者　张凤荣　张天柱　李　超　李子忠　编著

策　　划　梁爱荣　王笃利　　　　**责任编辑**　梁爱荣　刘彦龙
封面设计　郑　川
出版发行　中国农业大学出版社
社　　址　北京市海淀区圆明园西路 2 号　　　　**邮政编码**　100193
电　　话　发行部 010-62733489，1190　　　　编辑部 010-62732617，2618
　　　　　出版部 010-62733440　　　　读者服务部 010-62732336
网　　址　http://www.caupress.cn　　　　**E-mail**　cbsszs@cau.edu.cn
经　　销　新华书店
印　　刷　北京鑫丰华彩印有限公司
版　　次　2021 年 8 月第 1 版　　2022 年 1 月第 2 次印刷
规　　格　787 mm×1092 mm　　16 开本　　15.75 印张　　390 千字
定　　价　59.00 元

# 前　言

改革开放以来,我国粮食生产连续跨越新台阶,粮食总产从1978年的3.05亿t增长到2019年的6.64亿t,粮食单产从168 kg/亩提高到418 kg/亩。人年均粮食占有量也从316.6 kg提高到474.2 kg,已经显著高于世界平均水平。我国粮食生产实现了由长期短缺向供求基本平衡的历史性跨越,不仅成功解决了十几亿人口的吃饭问题,也开始逐步实现由“吃得饱”向“吃得好”的历史性转变。

以习近平同志为核心的党中央把粮食安全作为治国理政的头等大事,提出了“确保谷物基本自给,口粮绝对安全”和“藏粮于地,藏粮于技”的国家战略,继续实行世界上最严格的耕地保护制度。这背后的根本原因是什么?原因就是:耕地是农业、粮食生产的基础,没有耕地,即使农业技术再进步、发达,也“无用武之地”。撰写本书就是想通过全面系统地揭示中国耕地的起源、现状和面临的形势,从而解答为什么要继续实行最严格的耕地保护制度这个问题。

我国耕地的面积是多少?分布如何?耕地的质量如何?耕地分布格局的自然背景条件是什么?耕地质量是怎样影响粮食产能的?这是本书前3章要回答的问题。中国现状耕地的数量、质量和分布格局既受中国自然条件的根源性制约,也受千百年来中国人民开垦利用土地的影响。因此,本书第1章首先从中国的气候、地形、土壤、水等这些自然资源禀赋方面来阐释自然条件是如何影响中国耕地分布空间及其质量的;第2章通过回顾中国耕地开发历史,告诉读者中国人是如何靠一代又一代人的开发,将原本的自然蛮荒之地垦殖成今天的耕地图景。第3章介绍了我国现状耕地的面积、质量和空间分布。前3章结合在一起,试图解释今天中国耕地的数量、质量和空间格局是自然条件与人类劳动共同作用的结果,而在这两者间自然条件又起着根本性的控制作用。

我国不但人均耕地少,耕地质量较差,而且还面临着城市化远未完成,各种建设仍然会不断占用耕地的严峻形势。第4章揭示了城市化对于耕地减少和空间分布变化的影响。也许有人想当然地认为,那也没必要实行这么严格的耕地保护政策吧?我国有960万$km^2$的土地,耕地仅占14.3%,耕地被占用,粮食不够吃,再开垦土地补充耕地便是。但事实上,并不是所有的土地都能够开垦成耕地的。那么,本书第5章中国耕地后备资源就想给大家交个家底,即我国还有多少可以开垦为耕地的土地,这些土地分布在哪儿,自然禀赋如何。

我国现有耕地还存在严重的水土流失、风蚀沙化、石漠化等土地退化、生态恶化现象。其根本原因是满足不断增长的粮食需求，我们开垦了一些生态脆弱区的土地。当然，也有开发后利用不合理，管理不到位等原因。这是本书第6章想要说明的问题。因为，只有明确耕地退化的各种原因，才可以有针对性地提出耕地退化防范措施，或是退耕，或是改进土地利用管理方式。人地矛盾突出，导致我国开垦了一些自然资源禀赋不好的耕地，这是我国耕地存在大量中低产田的根本原因，也是耕地退化的根本原因。因此，本书第7章介绍了中国人民为了提高耕地质量和产能，以及应对耕地退化问题所做的各种努力，包括改造存在各种先天限制因素的中低产田和建设高产稳产高标准农田。

众所周知，粮食产量不仅与耕地多少和耕地质量有关，也与农业生产投入与技术进步有关。正如古典政治经济学家威廉·配第所说，“劳动是财富之父，土地是财富之母”。但是，生产投入的增加可以无限提高产量吗？我国用了不到世界9%的耕地，生产了世界25%的粮食。2017年，我国稻谷、小麦、玉米的单产比世界平均水平分别高50.1%、55.2%和6.2%。那么我们投入了多少化肥、农药、农膜等农业生产资料？用了多少灌溉水？这些农业生产资料的投入在提高粮食产量的同时，又造成了哪些环境污染？土地高度集约化利用带给环境的压力有多大？再增加投入，还有没有增产潜力，环境是否允许？本书第8章试图回答这些问题。

此外，中国已经成为世界第二大经济体，拥有世界上最多的外汇储备，实现了从改革开放之初“吃不饱”还要出口农产品换汇的阶段，到今天以出口工业品换农产品的转型。因此，这些年，有些经济学家就提出了“利用两个市场两种资源”“进口粮食相当于进口耕地和水资源”的提议。但是，在粮食安全问题上，我们绝不能受制于人。本书第9章预测了未来人口增长和膳食营养结构改变条件下我国粮食的总需求和粮食自给率，分析了世界粮食市场的供给能力以及我国粮食采购的市场风险和政治风险，解释了“中国饭碗任何时候都要牢牢端在自己的手上”“我们的饭碗应该主要装中国粮”的战略决策。

在阐述了上述问题后，本书第10章回顾了中国耕地保护政策的逻辑起源，梳理了一系列有关耕地保护的法律法规和政策，评估了这些法律法规和政策的效用与不足，提出了切合中国耕地资源禀赋和社会经济发展阶段的耕地保护策略与措施的改进建议。

总之，保证粮食安全，要“藏粮于地”和“藏粮于技”两手抓，但根本保证还在耕地，因为耕地是粮食生产的基础。希望本书可以说明我国耕地保护面临的自然资源和社会经济背景，加深读者对实行最严格的耕地保护制度的理解。但受占有资料数据所限难免“挂一漏万”，本书错误、不足之处也在所难免，希望读者不吝指正。

**张凤荣**

2020年4月于北京

# 目　录

# 第1章

# 自然条件与耕地开发利用

自然条件决定着耕地的面积及其质量的高低。因此，要理解中国耕地数量、质量及其分布情况，必须清楚中国自然条件及其对耕地开发和利用的影响。

## 1.1 气候条件与种植制度

气候条件对耕地的开发和利用影响最大，因为气候影响着种植制度。简单来说，气候影响着能够种什么作物，一年能够种几茬。

### 1.1.1 对种植制度影响最大的几个气候要素

在气候条件中，太阳辐射、温度和降水这3个气候要素对耕地的生产潜力影响最大，因为这几个气候要素决定作物种植。

1. 太阳辐射

太阳辐射为植物生命活动提供能量。绿色植物接受太阳辐射，通过光合作用，合成有机物质，为我们提供粮、油、棉等生活必需品。影响植物光合作用的太阳辐射因子有光照强度和光照长度。

(1)光照强度　光照强度的大小影响着植物的光合作用，从而影响作物的生长。科学试验证明，太阳辐射强度降到一定程度后，由于光量子供应不足，植物光合强度降低。当太阳辐射强度降到一定强度后，植物光合作用产物只能补偿呼吸作用的消耗，植物体内没有多余的物质积累，这时的光强称为光补偿点。低于光补偿点的光照强度，作物就会消耗体内的储存物质。我国青藏高原和新疆是光照强度最大的地区。

(2)光照长度　光照时间越长，光合作用的时间越长，即光照时间长短对光合作用产物有重要影响。在高纬度地区，虽然光照强度较弱，但可以用较长的光照时间补偿。因此，高纬度地区，在夏季长日照条件下，作物在一天中所形成的光合产量甚至可以超过低纬度地区。因此，栽培在高纬度地区的马铃薯比栽培在低纬度地区的马铃薯薯块大、产量高。

2. 温度

植物生长和人类生产活动都要在一定的温度条件下进行。太阳辐射给地球带来热量。地球上不同地区接受的太阳辐射不同，因此温度不同。极地冰沼地带，虽然土地宽广，但因为气候寒冷而只有地衣等低等植物生长，对于人类来说，是没有生产力或难以利用的土地。因此，这些地区人烟稀少。

(1)生长期　对农业生产有指示或临界意义的温度，称为农业指标温度或界限温度。该温度出现的日期、持续日数和持续时期内积温的多少，影响着作物布局、种植制度、品种搭配。当春季日平均气温稳定通过 5℃后到秋季日平均气温低于 5℃前这段时期，农作物才能够正常生长，所以，日平均气温 5 ℃以上的持续时期可作为该地作物生长期长短的标志，称为作物生长期。大多数作物要在日平均气温稳定通过 10℃，生长才能活跃，所以，日平均气温 10℃以上的持续期称为生长活跃期。

(2)活动积温　在作物生活所需的其他因子都得到基本满足时，在一定的温度范围内，气温和生长发育速度呈正相关，而且只有当温度累积到一定的总和时，才能完成其发育周期。这一温度总和称为积温，它表明作物在其全生长期或某一发育期内对热量的总要求。高于生物学下限温度的温度称为活动温度。作物的生育期中的活动温度总和，即为活动积温。无霜期大致与日平均气温大于等于 10℃的时期相当。不同作物所需积温是不同的，而且作物还因不同品种而异。表 1-1 为几种主要作物(不同品种)所需≥10℃活动积温。

**表 1-1　几种主要作物(不同品种)所需≥10℃活动积温**

| 作物 | 积温/℃ | | |
|---|---|---|---|
| | 早熟品种 | 中熟品种 | 晚熟品种 |
| 水稻 | 2400～2500 | 2800～3200 | |
| 棉花 | 2600～2900 | 3400～3600 | 4000 |
| 冬小麦 | | 1600～1700 | |
| 玉米 | 2100～2400 | 2500～2700 | ＞3000 |
| 高粱 | 2200～2400 | 2500～2700 | ＞2800 |
| 谷子 | 1700～1800 | 2200～2400 | 2400～2600 |
| 大豆 | | 2500 | ＞2900 |
| 马铃薯 | 1000 | 1400 | 1800 |

以温度为指标，可把地球划分为不同的气候带。在不同的气候带，适种的作物不同。如我国东部湿润地区自北而南依次是：寒温带，这里只有其靠近南部即中温带的边缘地区才能种植短生长期的马铃薯、荞麦；中温带的适种作物是玉米、冬小麦、大豆，只能一年一熟；暖温带的适种作物是玉米、冬小麦、大豆、甘薯、棉花(南部地区)以及苹果、梨等果树，可实行两年三熟或一年两熟制；北亚热带可种植水稻、小麦、棉花等，一年两熟，甚至可一年三熟(冬闲时间可种一茬绿肥)；中亚热带一般是双季稻或稻麦两熟，适种茶、柑橘等经济作物；南亚热带是我国主要的双季稻区，可一年三熟，适种香蕉、甘蔗、菠萝、龙眼、荔枝等经济作物；热带地区的水稻可一年三熟，适种橡胶、咖啡、椰子等经济作物。

3. 降水

任何生命活动都离不开水。植物通过根吸水和叶片的蒸腾失水组成了一套完整的运输传递系统，将溶解于水的各种矿质营养输送到植物体的各个部分，在光合作用下，水和二氧化碳合成碳水化合物。水分不足会抑制植物的光合作用，降低有机物的合成速度。水分不足还会影响植物产品的质量。例如，果树在水分不足的情况下，果实小、果胶质减少，木质素和半纤维素增加，糖的含量略有增加；油料作物的含油率往往与该地区的降水量呈正相关；麦类植物的淀粉含量随着降水量和空气湿度的加大而增加，而蛋白质的含量则与此相反，所以降水较少地区麦类的蛋白质含量较高。

在我国的塔克拉玛干沙漠，太阳辐射很强，温度高，土地的光温生产力是相当高的。但是该地区因为干旱缺水，没有灌溉就没有农业（耕地）。只有在有水的地方（绿洲），或有水灌溉的地方，光温水耦合，耕地才表现出巨大的生产力。

表示降水特征的变量有降水量、降水强度和降水变率。在相同降水量下，降水强度越大，越容易引起水土流失和洪涝灾害；在相同的年均降水量下，降水变率越大，作物生产的稳定性越低，旱涝灾害频繁。我国属大陆性季风型气候，降水变率和降水强度都较大，而且这种气候特征越向西北地区越强。因此，我国广大地区雨季集中，降水强度大，旱涝灾害频繁。在农业生产上必须加强防洪排水和灌溉抗旱的农田基本建设，以增加作物产量和生产的稳定性。但我国气候表现出水热同步的特征，是有利于作物生长的优势条件，因此可以通过选择优良品种和种植制度，充分利用生长季优越的水热条件，获得高产。

### 1.1.2　中国气候资源

我国地处欧亚大陆东南部，冬季受蒙古高压影响，夏季受太平洋副热带高压影响，加之幅员辽阔和大地构造与山脉走向的影响，气候特征主要表现为两大特点：一是降水季节性变化明显，夏季雨量占全年雨量一半以上，总体表现为冬季寒冷干燥，夏季湿热多雨，春季天气多变；二是大陆性气候强，冬、夏两季平均温度的差异比同纬度其他国家和地区大，冬季温度低于同纬度地区，夏季则高于同纬度地区，气温年较差大。但我国地域广阔，地形复杂，因此各地的气候差异也很大。

1. 光能资源

我国光能资源分布有明显的时间和地域差异，时间上表现为夏季多冬季少；空间上受云雾影响，表现为西部多东部少。全年太阳总辐射为 3500～9000 MJ/$m^2$，日照时数为 2000～3500 h，日照时数最高值在锡林浩特、呼和浩特、银川、西宁、拉萨一线以西和西北地区，最低值为四川盆地和贵州东北部（图 1-1）。日照百分率在 30%～70%，与日照时数的分布特征相似。

2. 热量资源

（1）温度空间差异　我国温度最高的地区为两广沿海地区、海南岛和台湾沿海地区，年平均温度在 22～24℃及以上，东南丘陵地区为 18～20℃，长江流域为 16～18℃，长江上游河谷地区在 18℃以上，汉水、长江下游三角洲地带及淮河流域为 14～16℃，黄河下游与海河流域在 12～14℃，内蒙古河套地区年平均温度不到 8℃，东北地区、松辽平原的温度高于同纬度的山地，年平均温度从 9℃降到大兴安岭北部的－5℃左右，大小兴安岭年平均温度为 0℃以下。

我国西部气温分布除受纬度影响外，地形地势对温度的影响非常显著。如山西五台山下的河谷地带属于暖温带，而五台山山顶属于寒温带。

（2）温度时间变化　一年中的最高温和最低温的变幅即年较差。气温年较差大，有利之处是雨热同期，不利之处是在相同的积温情况下，作物可以生长的时间，即生长期短。北方地区温度的年较差大于南方地区，西部地区大于东部地区。在东北年较差高达 40℃，内蒙古、新疆一带为 30℃以上，黄河流域为 25～30℃，长江流域为 20～25℃，珠江流域为 15～20℃。春季升温速度和秋季降温速度都是北方快于南方，内陆快于沿海。一日之中的最高温和最低温的

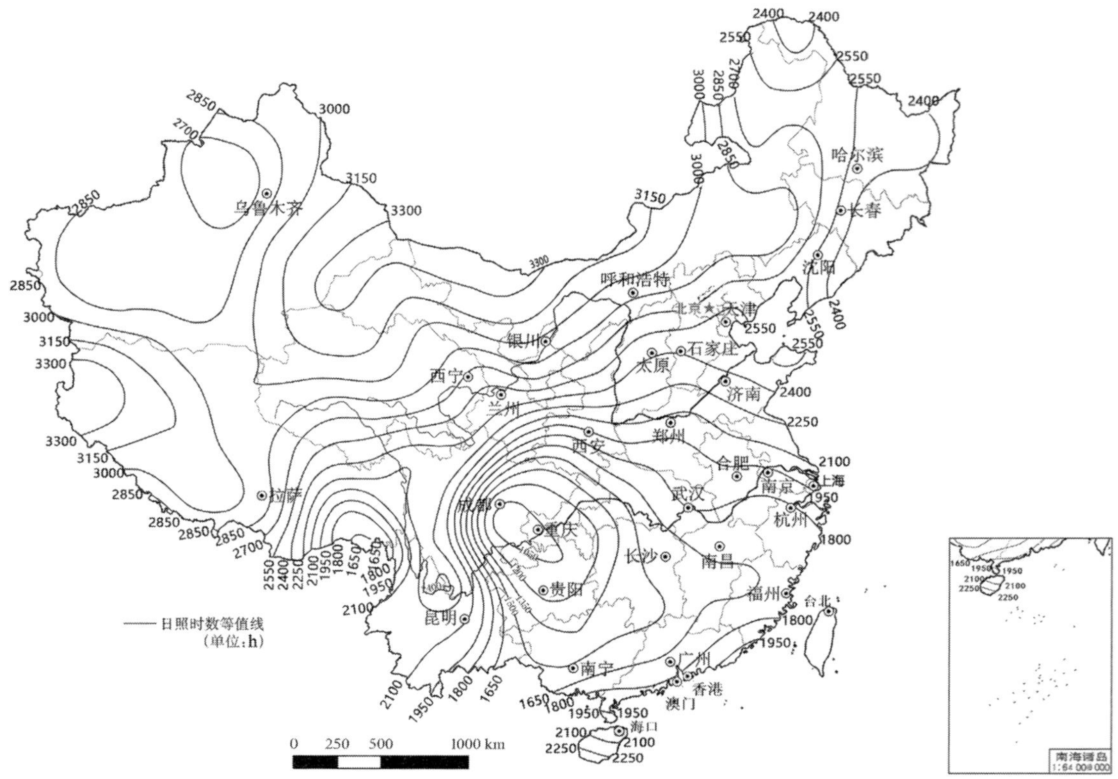


**图 1-1 中国年日照时数**(单位:h)

(肖金香,2014)

变幅即日较差,北方大于南方,内陆大于沿海,山地大于平原,华南地区日较差为 7～8℃,长江流域为 8℃,秦岭淮河以北为 10℃以上,东北大多为 12～13℃,西北和青藏高原为 15～16℃及以上。气温的日较差大有利于作物光合作用产物的积累。

(3)热量资源 热量资源影响着植物的新陈代谢和生长发育,关系到作物的生长期,影响着种植制度。我国热量资源空间上由南向北递减,表现出明显的南北地域差异和季节差异。其中,≥0℃积温在 500～9000℃ · d,最高值在海南诸岛,全年日平均气温在 0℃以上;最低值在大小兴安岭、内蒙古东部和长白山的部分地区以及藏北高原,全年气温在 0℃以上不足 200 天。我国≥10℃积温空间分布特征如图 1-2 所示,最低值在青藏高原和天山、祁连山等高山地区,积温不足 500℃ · d;最高值在南海诸岛和海南岛南部地区,积温可高达 9000℃ · d,几乎全年在 10℃以上。无霜期随纬度和海拔高度的增加而缩短,最低值在西藏高原地区,无霜期不足 50 d,而云南元江河谷、西双版纳和南海诸岛终年无霜。

3. 降水资源

受东南和西南季风的影响,我国气候呈现出东南多雨、西北偏旱的特征,年降水量从东、南两个方向向西北内陆减少,等降水量线大体呈现东北—西南走向(图 1-3)。全国降水有以下特征。

(1)降水空间差异大 台湾、海南山地、广东中部及北部湾西北部,年降水量达 2000 mm 以上,华南其他地区为 1600～1800 mm,江南地区为 1400～1600 mm,长江流域为 1000～

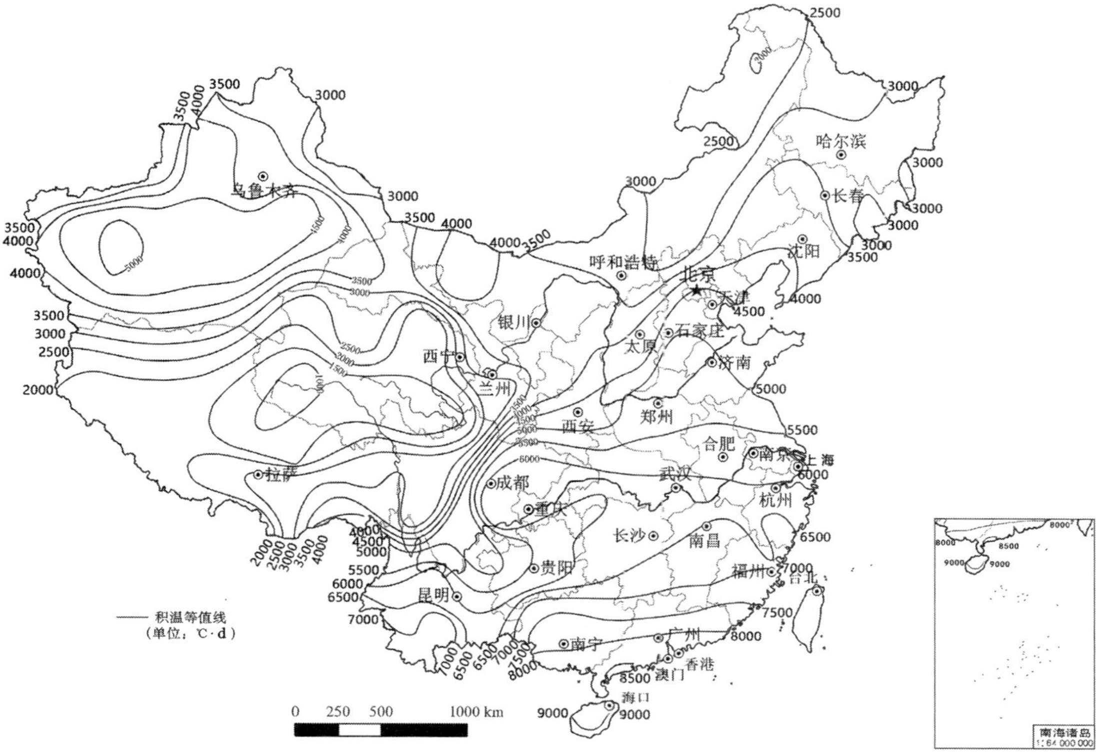


**图 1-2　中国年≥10℃积温**(单位：℃·d)

(孙卫国,2008)

1400 mm 及以上,秦岭、汉水与淮河流域为 800～1000 mm,华北平原为 500～700 mm,东北地区的长白山地区及鸭绿江流域降水可达 700 mm 以上,东北平原为 500～600 mm。800 mm 等降水量线,东起青岛,向西经淮北、秦岭、川西,止于西藏高原东南。400 mm 等降水量线东起大兴安岭,经呼和浩特、兰州,止于雅鲁藏布江河谷。此线东南气候比较湿润,森林茂盛,以北的内蒙古境内,降水量不足 400 mm,是广阔的牧区和农牧交错区。宁夏以西的地区,年降水量不足 100 mm,农作物生长必须依赖灌溉。

(2)降水时间分配不均匀　中国降水状况主要取决于夏季风的进退,因此降水主要集中在夏季。秦岭—淮河以北地区,夏季降水量占全年的 60%以上,秦岭—淮河以南地区占全年的 40%。华南、南岭以南 6 月雨量最多,5 月次多。中国各地降水变化率普遍冬季大于夏季。

(3)湿润度　以秦岭—淮河至西藏雅鲁藏布江河谷地区一线为界,可将我国划分为两大部分,这条线的东南部为水分盈余区,西北为水分亏缺区。我国最大湿润区在东南沿海地区和海南岛东部,湿润度大于 2,全年水分盈余 400～600 mm;最干旱地区为新疆沙漠地区,湿润度在 0.1～0.2,全年水分亏缺 300～800 mm。

①干旱与半干旱区。该区处于中国西北部,约占国土总面积的 47%。其中,干旱区面积约占全国的 21%,包括内蒙古西部、宁夏、甘肃北部、青海的柴达木盆地、新疆以及藏北高原大部。该区除一些零散的靠冰川融水供给的绿洲外,多数地区是荒漠,种植业在绿洲地区。在干旱区东南面的狭长地带,即为半干旱区,包括松辽平原中部、辽河上游地区、内蒙古高原南部、黄土

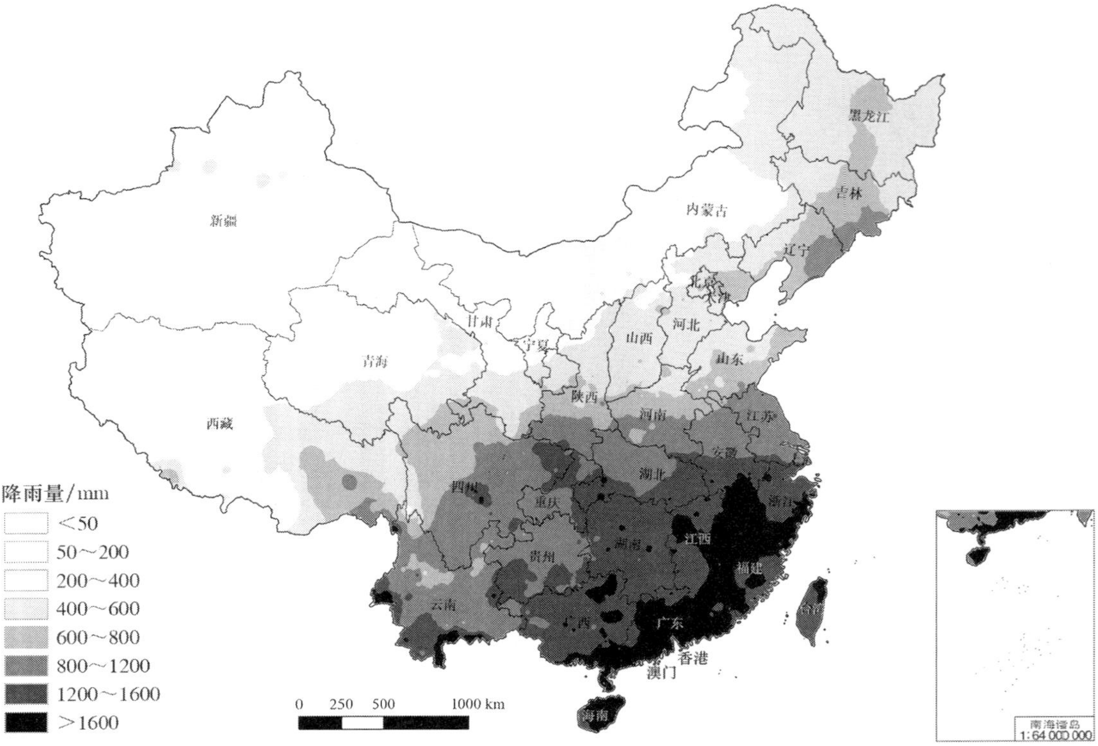


**图 1-3　中国年降水量**(单位:mm)

高原的大部和青藏高原的中部等,约占全国面积的 26%,多年平均年降水量在 200～400 mm,干旱指数为 3.0～7.0,大部分地区以生长草类为主,是中国的放牧区,在其中部山区有少量森林分布。但该区也有不少旱地,其中靠近中西部的旱地多属于“闯田”或“不稳定耕地”。

②湿润区。该区在中国的东南部,约占全国国土面积的 1/3。其中,多年平均年降水量在 800～1600 mm 的地区属湿润区,其多年平均径流量在 200～800 mm,干旱指数为 0.5～1.0,包括东北地区东部、淮河流域大部、长江流域大部、珠江支流西江的上游地区、云南大部、西藏东南部,共占全国面积的 26%。湿润区中,多年平均年降水量大于 1600 mm,平均年径流量大于 800 mm,干旱指数小于 0.5 的为十分湿润区,约占全国面积的 8%,包括东海沿海和浙江、福建、台湾、广东以及安徽、江西、湖南和广西各省(自治区)的部分地区、西藏的东南部等。湿润和十分湿润区是中国水稻、玉米、小麦、油菜、烟叶以及热带、亚热带经济作物的主要种植区,也是林地的主要分布区。

③半湿润区。该区在上述两区域之间,是由湿润到干旱、半干旱区的过渡带,约占全国国土面积的 19%,多年平均年降水量在 400～800 mm,干旱指数在 1.0～3.0。半湿润区呈狭长带状,由中国的东北起斜穿华北平原,止于青藏高原的东南部,包括辽南平原、京津冀平原、黄淮平原、山西的运城和临汾平原、陕西渭河平原,以及青藏东部。半湿润区的西半部分因地处高原,植被多灌木草原,属于农牧交错区,工农业不发达,人口较少。该区的辽南、京津冀平原、山西能源基地和山东半岛等地,水资源供需形势十分严峻,有些地方遇到稍低于平水年的降水量,就出现供水的缺口,遇枯水年缺水十分严重。黄淮海平原是我国主要的商品粮地区之一,

农业开发历史悠久，水利基础好，耕地大部分实行一年两熟，其作物耗水量超过了水资源供给量，农业灌溉一直处于“赤字经营”状态，地下水位不断下降，农业可持续发展堪忧。

### 1.1.3 气候带与作物

根据丁一汇等提出的日平均气温稳定≥10℃的日数作为温度带的主要指标，1月和7月平均气温作为一级区划的辅助指标，中国气候分为12个温度带：寒温带、中温带、暖温带、北亚热带、中亚热带、南亚热带、边缘热带、中热带、赤道热带、高原亚寒带、高原温带和高原亚热带。在此基础上，以年干燥度为主要指标，年降水为辅助指标，划分了24个干湿区（图1-4）。各气候带内的植被与种植的作物不同。

(1)寒温带　寒温带为大兴安岭北部地区，该区年平均气温−3.0℃，降水量450 mm，干燥度小于0.1。≥10℃持续日数不足100天，≥10℃积温小于1600℃·d；≥0℃持续日数小于180天，≥0℃积温2000℃·d左右。该地区年日照时数2600 h左右，年光合有效辐射小于2000 MJ/m$^2$，≥10℃期间内的年光合有效辐射在800 MJ/m$^2$。植被类型主要为寒温带针叶林。由于热量资源不足，不适宜种植业，要种植须采取一定的增温措施。

(2)中温带　中温带面积广阔，其北界从东北地区向西延伸至新疆西部国境线，南界自辽宁丹东北部，经由沈阳—彰武—赤峰南—张家口北—大同南—子长—西峰南—通渭—渭源—岷县一线，折向西北，沿青藏高原东缘山地祁连山北、疏勒河东向北至博格达山—天山南侧向西至边境，主要包括东北大部分地区、河北省北部，山西北部、陕西西北部、新疆北部、内蒙古大部分地区、甘肃、宁夏全部地区。

①中温带湿润和半湿润区。该区包括吉林全部、内蒙古东北部地区、黑龙江绝大部分地区和辽宁北部地区。该区降水量为400 mm以上，且70%集中在夏季。年平均气温在−2.5～7.0℃，≥0℃积温为2500～3500℃·d，≥10℃积温为2000～3000℃·d。日照时数为2400～2600 h，年光合有效辐射为2000～2400 MJ/m$^2$，≥10℃期间内的年光合有效辐射为800～1200 MJ/m$^2$。该区域的植被类型主要为针叶阔叶混交林和草甸草原，主要作物有玉米、水稻和大豆。

②中温带半干旱区。该区主要包括河北西北部、内蒙古中东部、山西北部、陕西西北部、宁夏南部、甘肃东南部，区域内降水量为200～400 mm，年平均气温在−2.5～7.5℃，≥0℃积温为2500～3500℃·d，≥10℃积温为2000～3000℃·d。该地区年日照时数为2800～3000 h，年光合有效辐射为2000～2400 MJ/m$^2$，≥10℃期间内的年光合有效辐射为1000～1600 MJ/m$^2$。植被类型主要为干草原，农作物包括玉米、马铃薯等。

③中温带干旱区。该地区包括内蒙古中西部地区、宁夏北部地区、甘肃大部分地区和新疆北部地区，属荒漠区域，降水量在200 mm以下，黄河河套以西至准噶尔盆地大部分地区年降水量低于100 mm，≥0℃积温为2500～3500℃·d，≥10℃积温为2000～3000℃·d，年日照时数为3000～3400 h，年光合有效辐射为2600～2800 MJ/m$^2$，≥10℃期间年光合有效辐射为1200～1800 MJ/m$^2$，为中温带中光照资源最为丰富的地区。该区自然植被为荒漠草原和荒漠，有灌溉条件的地区主要作物为小麦、玉米和棉花等。

(3)暖温带　暖温带位于淮河—秦岭—青藏高原北缘一线以北，中温带南界以南，主要包括华北平原、山西高原和黄土高原部分地区以及新疆南部地区。

①暖温带半湿润区。该地区位于暖温带的东段，受季风影响显著，雨热同季，年内降水多

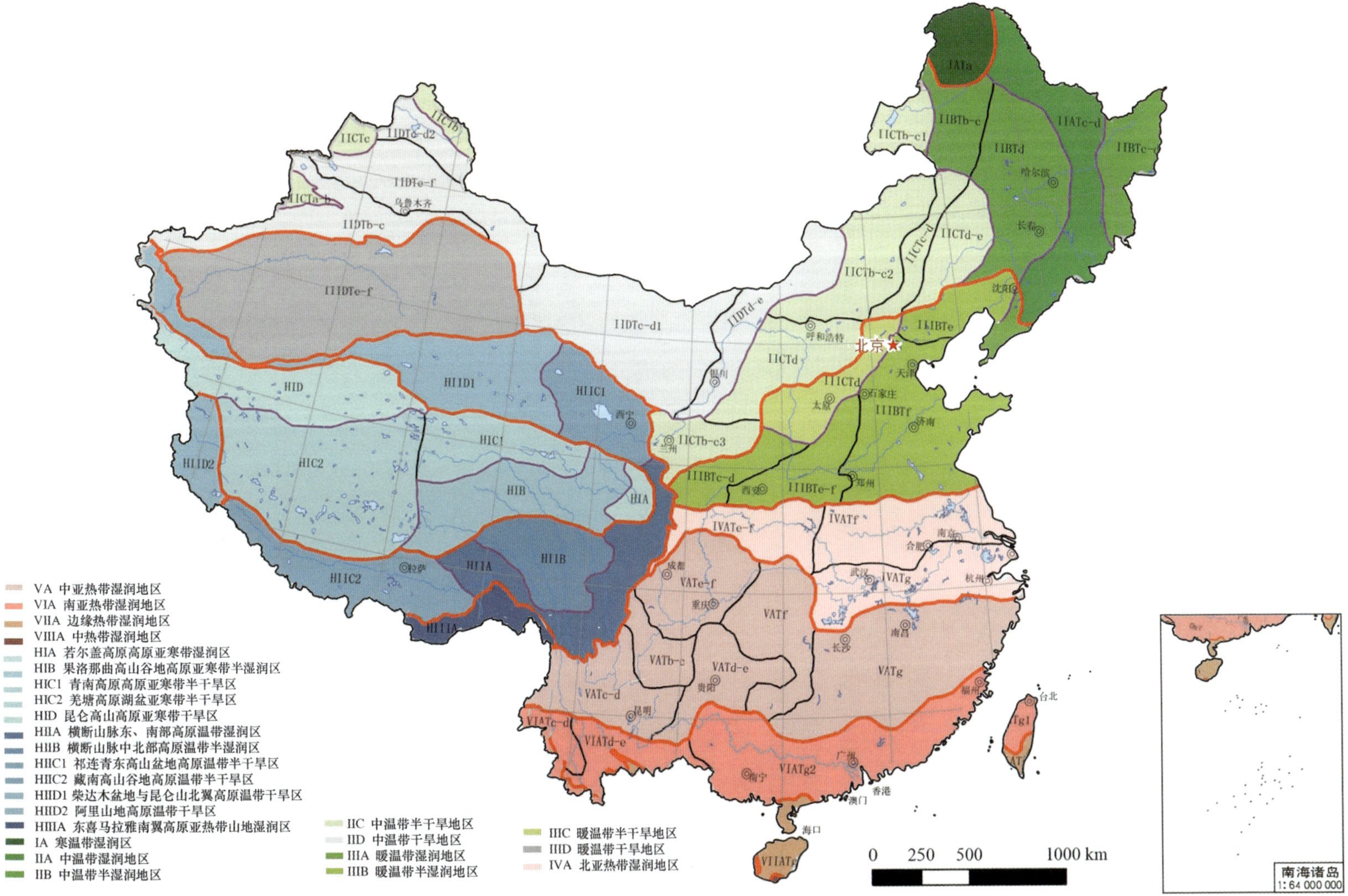


图 1-4 中国气候区划（郑景云等，2010）

在500～800 mm，年平均气温在7.5～13.0℃，≥0℃积温为3500～5000℃·d；≥10℃积温为3500～4500℃·d，年日照时数为2400～2600 h，年光合有效辐射为2400 MJ/m$^2$，≥10℃期间年光合有效辐射为1600 MJ/m$^2$。该地区水热条件较为充足，植被以温带阔叶林为主，多种植小麦和玉米，也种植高粱、棉花、大豆、马铃薯和谷子等。

②暖温带半干旱区。该地区包括黄土高原东部与太行山地，降水量在400～500 mm，年平均气温在7.5～10.0℃，≥0℃积温在3500～4000℃·d，≥10℃积温为3000～3500℃·d，年日照时数为2600～2800 h，年光合有效辐射为2400～2600 MJ·m$^2$，≥10℃期间年光合有效辐射为1400～1600 MJ/m$^2$。该地区自然植被以落叶阔叶林和灌木林为主，农作物主要是玉米、谷子、高粱等。

③暖温带干旱区。该区域位于新疆南部，降水量低于100 mm，光热资源充足，年平均气温在10.0℃左右，≥0℃积温在4000℃·d以上，≥10℃积温大于3500℃·d，年日照时数为2800～3200 h，年光合有效辐射为2400～2800 MJ/m$^2$，≥10℃期间年光合有效辐射在1600 MJ/m$^2$以上。该地区的自然植被以荒漠植被为主，农业主要分布在灌溉地区，主要的农作物有棉花和玉米。

(4)北亚热带湿润地区　北界为秦岭—淮河一线，南界位于浙闽山地北部—长江中游平原南缘—宜昌—广元—绵阳西—都江堰—青藏高原东线一带。该地区年平均气温在14～17℃，最冷月气温多在0℃以上，≥0℃积温为5000～6000℃·d及以上，≥10℃积温为4500～5000℃·d，年日照时数在1400～2200 h，年光合有效辐射在1800～2400 MJ/m$^2$，≥10℃期间年光合有效辐射在1400～1600 MJ/m$^2$，年降水量在800～1500 mm。该地区植被为常绿阔叶林和落叶阔叶林，经济林为竹、茶，农作物主要是水稻。

(5)中亚热带湿润地区　该地区包括北亚热带以南至南岭以北的江南丘陵山地、四川盆地、云贵高原及横断山脉南段等地区。年平均气温多在12～19℃，≥10℃积温为5000～6000℃·d，≥10℃天数在240～285 d，年日照时数在1200～2000 h，年光合有效辐射年总量为1800～2600 MJ/m$^2$，≥10℃期间年光合有效辐射在1400～2200 MJ/m$^2$，降水量为800～1800 mm。该地区植被为常绿阔叶林，种植柑橘、油茶，主要农作物是水稻。

(6)南亚热带湿润地区　该区包括云南南部以及南岭以南的地区和台湾北部地区。年平均气温为28～29℃，全年≥10℃持续天数在285 d以上，≥10℃积温为6000～8000℃·d，全年日照时数在1800～2200 h，年光合有效辐射年总量约为2200 MJ/m$^2$，≥10℃期间年光合有效辐射在1800～2200 MJ/m$^2$，年降水量为1100～2200 mm，且易受台风的影响。自然植被为热带季雨林，种植双季稻及甘蔗、香蕉、龙眼、荔枝等热带经济作物。

(7)边缘热带　边缘热带包括台湾岛南部、雷州半岛、海南岛中北部、云南南部边缘的瑞丽江、怒江、澜沧江、元江等河谷山地。该地区终年日平均气温均在10℃以上，年平均气温在21～24℃，≥10℃积温在8000～9000℃·d，年日照时数在2000～2400 h，年光合有效辐射总量在2200～2400 MJ/m$^2$，降水量在1400～2400 mm。该地区水分热量资源充足，自然植被为热带季雨林，种植双季稻、冬季菜和橡胶等多种作物。

(8)中热带和赤道热带　中热带位于海南岛西南端和东、中、西沙诸群岛，赤道热带为我国的南沙群岛。中热带热量充足，降水丰沛，季节差异不明显，年平均气温大于24℃，降水量在1500～2000 mm，日照时数为2200～2600 h，年光合有效辐射2400～2600 MJ/m$^2$。赤道热带全年高温高湿，最冷月平均气温也在24℃以上，气温年较差小，年降水量为1500～2000 mm，年内分配均匀。日照时数在 2600 h 左右，年光合有效辐射在 2600 MJ/m$^2$ 以上。该地区植被为热带雨林，全年可种植喜温作物和热作水果。

(9)高原气候带　高原气候带西部以帕米尔高原和喀喇昆仑山脉为界，南部以喜马拉雅山脉南缘为界，北界为昆仑山、阿尔金山和祁连山北缘，与塔里木盆地和河西走廊相连，东界南起横断山脉东缘，在文县—武都—岷县—康乐一线，与中秦岭黄土高原相接。该地区海拔多在 3000 m 以上，空气稀薄，日照充足，年日照时数可达到 3200 h，年光合有效辐射为 2200～3400 MJ/m$^2$，年平均气温在 0.0～11.0℃，且气温日较差大，降水区域变化明显。该地区可进一步划分为高原亚寒带、高原温带和高原亚热带。高原亚寒带主要为高寒干荒漠区。高原温带地区主要为高寒草原和高寒林甸，只能种植青稞，不能种植像玉米这样的长生长期的作物；其北部地区的柴达木盆地，青海中北部地区，可发展灌溉农业，种植喜凉的春小麦和马铃薯等。

### 1.1.4　中国种植制度分区

20 世纪 80 年代，刘巽浩等根据≥0℃积温、年极端最低气温和秋季 20℃终止日将我国农区（不包括纯林区和牧区）划分为一年一熟、一年两熟和一年三熟地区（刘巽浩和韩湘玲，1987）。在全球气候变化背景下，种植制度界限也发生了相应的变化，杨晓光等以前人研究为基础，基于最近 30 年气候资料，以县为基准单元，重新划分了我国种植制度（一级）区（图 1-5，图中各区域名称见表 1-2）（杨晓光和陈阜，2014），明确了各种植制度一级区的熟制和主要作物类型（表 1-2）。

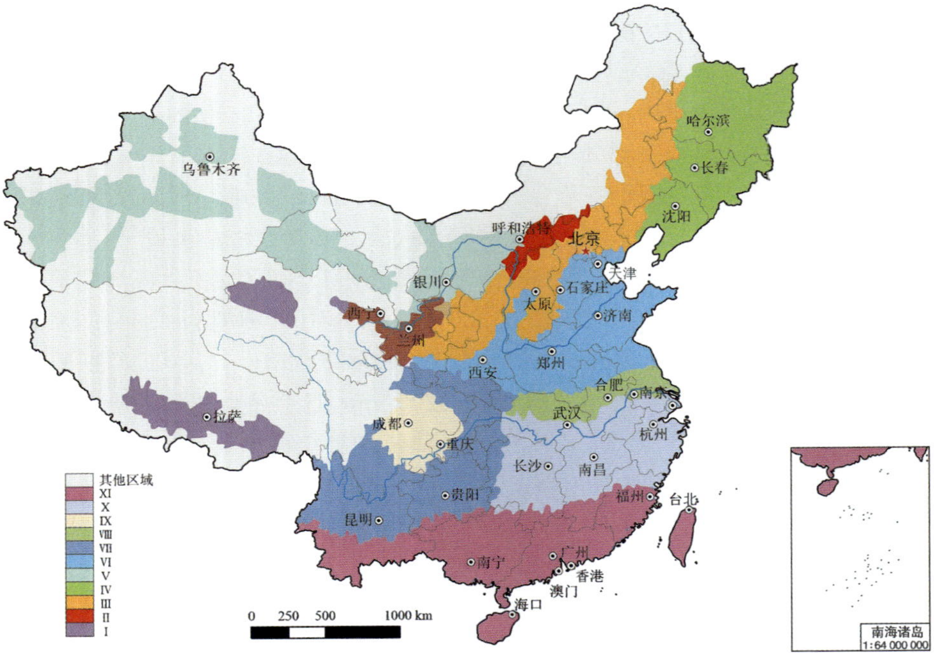


**图 1-5　我国种植制度一级分区**（杨晓光和陈阜，2014）

表 1-2　种植制度一级区及其土地面积　km²

| 熟制类型 | 种植制度一级区名称 | 土地总面积 |
| --- | --- | --- |
| 一年一熟带 | 青藏高原喜凉作物一熟轮歇区（Ⅰ区） | 316000 |
| | 北部中高原半干旱凉温作物一熟区（Ⅱ区） | 167900 |
| | 东北西北低高原半干旱温凉作物一熟区（Ⅲ区） | 746500 |
| | 东北平原丘陵半湿润温凉作物一熟区（Ⅳ区） | 557300 |
| | 西北干旱灌溉温凉作物一熟区（Ⅴ区） | 1118900 |
| 一年两熟带 | 黄淮海水浇地二熟旱地二熟一熟区（Ⅵ区） | 598000 |
| | 西南高原山地水田二熟旱地二熟一熟区（Ⅶ区） | 776600 |
| | 江淮平原丘陵麦稻二熟区（Ⅷ区） | 156200 |
| | 四川盆地水旱二熟三熟区（Ⅸ区） | 157900 |
| 一年三熟带 | 长江中下游平原丘陵水田三熟二熟区（Ⅹ区） | 623100 |
| | 华南晚三熟二熟与热三熟区（Ⅺ区） | 745400 |
| 其他区域 | 纯林区和纯牧区（Ⅻ区） | 3513286 |

即使耕地面积一样，耕地亚类（水田、水浇地、旱地）一样，但处于不同种植制度区，因其熟制不同，其粮食生产能力并不一样。比如，同样是水田，在东北平原一熟区只能一茬水稻，其亩产量还是比长江中游平原两熟区的两茬水稻低。也就是说，由于各区域内熟制类型不同，耕地的年粮食生产能力有较大的差异。国家在进行耕地质量分等时，首先考虑的是种植制度区。

（1）青藏高原喜凉作物一熟轮歇区（Ⅰ区）　该区包括西藏、青海高原和川西高原农区，以及甘肃的甘南自治州及天祝、肃南县、云南西北角地区，以耐寒喜凉作物为主，主要作物包括青稞、小麦、豌豆、马铃薯、油菜等，复种指数约为 90.0%，常有休闲或撂荒。

（2）北部中高原半干旱凉温作物一熟区（Ⅱ区）　本区地处我国北部的黄土高原西部和内蒙古高原南部，包括青海东部、宁夏中南部和甘肃中部，以及内蒙古的后山、河北的坝上和晋西北，一个由东北向西南的狭长地带，属于中海拔地区。区内作物多为喜凉作物的春小麦、马铃薯、莜麦、胡麻、向日葵、谷子、糜子，还有早熟玉米等，复种指数为 90.2%。

（3）东北西北低高原半干旱温凉作物一熟区（Ⅲ区）　本区包括吉林辽宁西部，内蒙古东南部（通辽和赤峰），长城沿线的承德、张家口坝下地区，山西大部（除晋西北与汾河谷地）以及黄土高原东部。作物以喜温的玉米、谷子、高粱与喜凉的春小麦、冬小麦为主。本区南部热量较多，在有水的条件下可在麦收后复种谷糜、饲料绿肥等小作物实行二年三熟，复种指数可达 100.8%。

（4）东北平原丘陵半湿润温凉作物一熟区（Ⅳ区）　该区域包括黑龙江、吉林、辽宁大部（吉林西部半干旱区和辽宁的朝阳地区和辽东半岛南端除外）。该区域耕地面积在 11 个种植制度区中排名第二。主要粮食作物是玉米、水稻、大豆、春小麦、谷子、高粱。历史上曾是大豆、高粱、谷子传统产区。近年来玉米、水稻面积迅速扩大，而大豆、小麦、谷子、高粱面积则缩小。本区是我国玉米主产区，2001—2010 年统计资料显示，黑龙江省、吉林省玉米种植面积名列全国第一、第二位，分别占全国玉米种植面积的 10.9%和 10.2%。

（5）西北干旱灌溉温凉作物一熟区（Ⅴ区）　该区域包括内蒙古河套灌区、宁夏的银川灌区、甘肃的河西走廊与兰州附近灌区以及新疆内陆灌区，即锡林浩特—呼和浩特—兰州—黑河一线以西的广大西北地区。区域内干旱少雨，种植作物需要灌溉。种植制度以一年一熟为主，其中南疆及银川灌区，可一年两熟。作物以小麦、玉米、棉花等为主，也可发展西瓜、白兰瓜、苹果、梨等瓜果。

(6)黄淮海水浇地二熟旱地二熟一熟区(Ⅵ区)　包括黄河、淮河、海河流域中下游的北京、天津、河北、河南大部(信阳地区除外)、山东全部、皖北(宿县、阜阳地区)、苏北、汾渭谷地(关中、晋中南)以及辽东半岛南端。耕地面积在11个种植制度区排第一位。

该区主要是平原，即我国最大的华北平原以及关中平原、南阳盆地、汾渭谷地，也有部分山区丘陵——山东丘陵和豫西丘陵、秦岭山地。本区的热量条件提供了粮田一年两熟的可能，主要的限制因素是降水量不足，地下水资源紧张。黄河以北旱地上多一年一熟或二年三熟，水浇地上一年两熟，黄河以南地区水旱地均可两熟。两熟制上茬作物大部分为冬小麦，下茬作物以玉米为主，其次为大豆、甘薯、谷子、水稻等，也有芝麻、花生等经济作物，是我国小麦和玉米主产区。

(7)西南高原山地水田二熟旱地二熟一熟区(Ⅶ区)　该区域包括川鄂湘黔边境山地丘陵，秦巴山区南部和云贵川西高原大部等地，覆盖陕南、鄂西、湘西、四川盆地周围山区、贵州、云南等地。耕地主要分布于500～2000 m处的平坝、川地以及丘陵山区坡地上，平坝及丘陵低处为水田，丘陵山区上部坡地为旱地，水旱交错，农业立体性强，种植垂直带明显。

水田主要是油菜-中稻，冬小麦-中稻，蚕豆-中稻；湘西、黔南、云南河谷地带，低海拔处有少量双季稻。旱地上一年二熟，主要是冬小麦-夏玉米，油菜-夏玉米，冬小麦-甘薯等。本区的高寒山区只能一年一熟。

(8)江淮平原丘陵麦稻两熟区(Ⅷ区)　本区包括江苏、安徽、河南省的淮河以南，常州—合肥—荆门一线以北地区，包括江苏里下河地区，安徽中部平原丘陵，河南信阳地区与湖北中北部丘陵平原。耕地主要集中在平原及部分丘陵和岗地上。该区域为典型的麦稻两熟区，复种指数达183%。水田以冬小麦(或油菜)-水稻两熟为主，旱地则为冬小麦-夏玉米(红薯、花生、芝麻)等。

(9)四川盆地水旱二熟三熟区(Ⅸ区)　本区域包括四川盆地底部与边缘山地，达县以南，涪陵以西成都平原。地貌类型有丘陵、平原(成都平原)、低山。该区平原丘陵底部以水田为主，丘陵中上部多旱地，水田以冬小麦(油菜，蚕豆)-中稻为主，盆底地区可以种植一年三熟的双季稻。

(10)长江中下游平原丘陵水田三熟二熟区(Ⅹ区)　该区域大体包括≥0℃积温5900(±200)℃，≥10℃积温5100(±100)℃线以南，南岭山地以北，湘黔边境山地以东的广大平原山地丘陵地区。区域耕地面积在11个种植制度区中排名第三。其中沿长江的太湖平原、鄱阳湖平原、洞庭湖平原、江汉平原是我国的农业精华地区。本区水田以双季稻三熟制与麦稻两熟制为主，旱坡地则多冬小麦(油菜、蚕豆)-甘薯(玉米)或玉米-甘薯两熟。区域内复种指数为228.8%，属全国最高地区。

(11)华南晚三熟二熟与热三熟区(Ⅺ区)　该区域包括南岭山地以南的闽、粤、桂、台湾及滇南高原等地。耕地多分布于丘陵、三角洲、沿海平原台地和河谷地带。本区南部可种稻-薯-玉米等热三熟，海拔较高的丘陵热量偏少，可种植早稻、秋薯或稻-麦、玉米-晚稻二熟或稻-花生-蔬菜等热三熟。经济作物主要是甘蔗、花生、红黄麻及热带亚热带的水果、橡胶、剑麻、香料等热带作物。

(12)其他区域(Ⅻ区) 前面的11个区域是针对我国农区的种植制度区划,11个种植区之外的其他区域是指我国的纯林区和纯牧区,主要分布在新疆维吾尔自治区、西藏自治区以及东北林区。

## 1.2 地形与耕地开发利用

地形对土地利用有着重要的影响。大地貌格局还通过影响气候的分异和水文而间接影响着土地利用。不同的地貌类型,其土地利用类型与结构有着明显的差异。

### 1.2.1 对耕地影响最大的地形要素

(1)海拔高度 随着海拔的升高,气温下降,土地的生产力也会随之下降。在温带地区,海拔每升高100 m,气温下降0.6℃。比如,长白山下可种植玉米,而到了天池,温度低到不能耕种,连积温要求低的荞麦都种植不了。在一定的海拔范围内,随着海拔的升高,降水量也增大,水热耦合使土地的生产力反而提高。比如,新疆天山西部的新源县,低海拔区域降水量不足200 mm,是荒漠植被,只有灌溉才能够种植作物;而随着海拔的升高,降水量增加,湿润度增加,出现了覆盖度高的草原植被,这些地区经过开垦就可以发展雨养农业。

(2)坡度 坡地上的物质在重力影响下有向下移动的趋势。降水落到坡地上,会沿坡面下流,水分也会携带土壤下移,这就是坡面的水土流失。因此,坡地上的土壤水分条件较平地上的差,坡地土壤一般也较浅薄,土地的生产力也就比同地区的平原土地生产力低。坡度越大,水土流失越剧烈,土地的生产力越低。开垦坡地必须采取一定的防止水土流失的措施,才能保证土地资源的可持续利用,否则,开垦后就会退化直至彻底丧失生产力。

坡度的陡缓不仅直接制约着水土流失的强度,也影响着农业机械化和农田基本建设的难易。一般坡度<3°的缓坡耕地可以使用大型农业机械;坡度≥3°则对土壤侵蚀和机械的使用影响增大。我国多把坡度25°作为种植业的上限,国外不少国家将坡度15°作为耕地上限。同样的土层厚度,坡度越大越不能修宽梯田。因此,我们看到越是坡度大的山区,梯田田面越窄。

### 1.2.2 中国宏观地貌格局对耕地的影响

中国地形以山地为主,海拔自西向东逐渐下降,呈现西高东低的总体轮廓。纵横交错的山系构成了地貌轮廓的基本骨架,控制着山地、丘陵、盆地和平原等地貌类型的空间分布格局(图1-6)。总的来说,我国地貌类型具有高山多、山地多、平原少的特点。

全国地势主要由3个(级)阶梯所构成:第一级阶梯是青藏高原,平均海拔在4000 m以上,位于昆仑山、祁连山以南,岷山、邛崃山、横断山脉以西,由极高山和高原组成。这个地区只有耐寒的作物,如青稞,才能够生长,因此,耕地面积很少,其生产力也低。地势的第二级阶梯位于青藏高原的外缘至大兴安岭、太行山、巫山和雪峰山之间,海拔大都在1000~2000 m,分布着大型的盆地和高原。第二个阶梯中的塔里木盆地、准噶尔盆地,只有冰川融水供给的绿洲,才有灌溉农业。而四川盆地却温暖湿润,可以一年两熟水稻,才出现了"天府之国"的美誉。处于第二阶梯的云贵高原,虽然温暖湿润,但高山峡谷,森林覆盖率较高,耕地大多数是旱地,却水土流失严重,土层瘠薄,只有在平坝,才有水田分布。同处于第二阶梯的黄土高原,虽然土层深厚,但因为气候半干旱,以旱地居多。第二级阶梯向东为最低的一级阶梯,即第三级阶梯,东

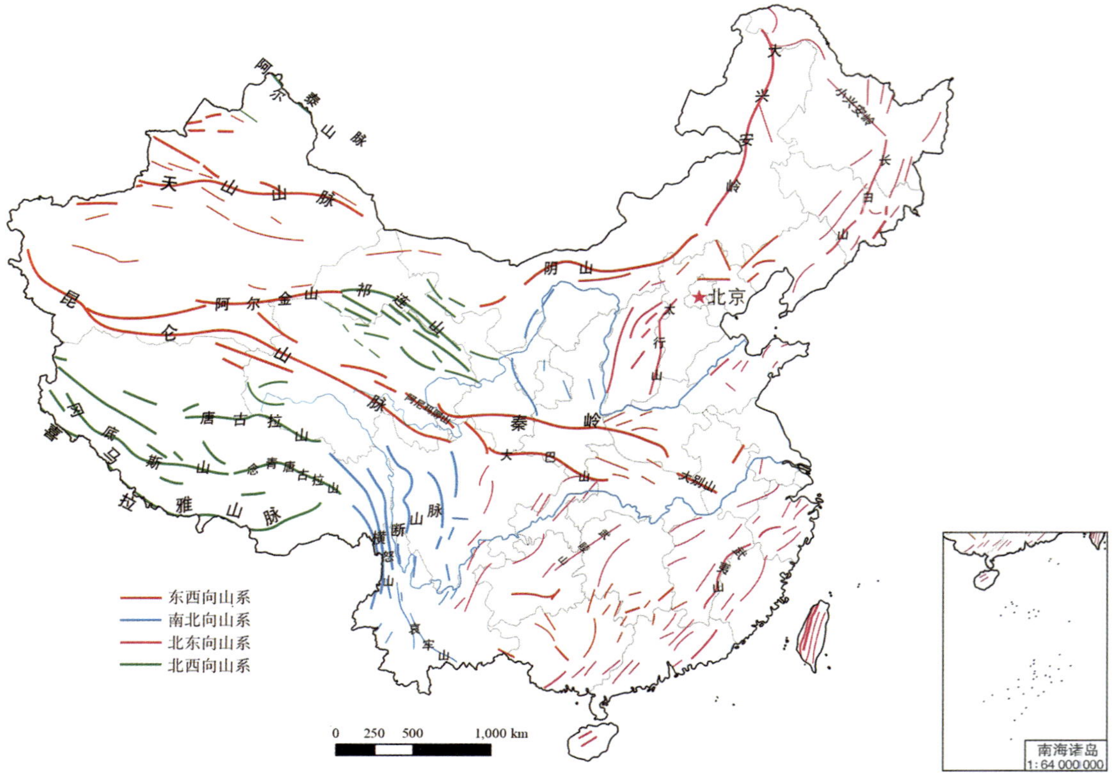


图 1-6 主要山系分布(王静爱和左伟,2010)

部山脉基本呈东北偏北走向,分长白山—辽东半岛—山东半岛—浙闽沿海山地和大兴安岭—太行山—雪峰山两列。它们使沿海和内陆分开,两侧雨量有明显差异。东部地区,除了散布着一些高峰高于 1500 m 的山地外,地势大多在海拔 500 m 以下,主要是广阔的平原,间有低山和丘陵,主要的平原有东北平原、华北平原、淮河平原、长江中下游平原,其海拔大多在 200 m 以下,其中东北平原、华北平原和长江中下游平原是我国的三大平原,土壤肥沃,是我国最重要的农耕区。

### 1.2.3 不同地貌类型对耕地开发利用的影响

(1)山地丘陵区 山地与丘陵是物质的辐散地,容易产生水土流失。一般<15°的坡度在有水土保持措施的情况下可以种植大田作物;坡度>15°时一般应考虑林用或牧用;中国法律规定,坡度>25°的土地不允许开垦,已经开垦的,要退耕进行生态修复。山地丘陵的土层薄,下面就是坚硬的基岩,对植物的扎根有限制,土壤贮藏水肥的容量低。很多山地土壤还含有砾石、岩屑,漏水漏肥,保蓄能力低。因此,山地土壤更易遭干旱。有些山地还有大量岩石露头,影响耕作,只能使用手工农具种植,是农用地的障碍因素。清除这些岩石露头必须用爆破工程,耗费巨大。因此,一般不宜种植需要耕作的作物,而宜于林业或牧业。

土层的厚薄对于山区修建梯田影响也很大。在山区,特别是那些遭受侵蚀的山区,土层或风化层往往很薄。同样的坡度,土层深厚,就可以修成田面较宽的水平土坎梯田。但是如果土层薄，只能修田面窄而坎高的梯田。在云贵高原、四川盆地周围、太行山等石质山区，土层很薄，那里的梯田田面窄、田坎高；而在土层很厚的黄土丘陵区和华南低山丘陵区，则梯田田面较宽、田坎较低。

山地丘陵区因为坡陡，土薄，使得地块小而零散，不适于大型农机具耕种，也就难以发展规模农业。

(2)平原　平原是物质的积聚地。平原区土层深厚，土壤水分条件较好，是发展农业的良好地区。平原区耕地连片，有利于机械化种植，因此也适于发展规模农业。

平原可分为山前扇形平原、冲积平原、滨海平原等。一般山前扇形平原坡降较大，地下水埋藏较深，没有盐碱威胁，水质较好，是发展农田和经济林木的上好土地。冲积平原坡降较小，地下水位较高，土壤水分条件好，是发展种植业的上等土地。但在冲积平原的部分低洼地区，地面排水不畅，有洪涝威胁，必须修建排水体系。干旱、半干旱和半湿润地区的冲积平原的有些低洼区，地下水水位和矿化度都较高，土壤积盐，利用上要注意排水洗盐。滨海平原的坡降更小，土壤有渍涝危险，地下水矿化度高，土壤含盐量高，作物生长受到限制，但在有淡水资源的情况下，种植水稻是适宜的土地利用方式。海涂遭受潮汐、海流的影响，不适于种植业，但适合水产养殖。过去，也有不少海涂被围垦，但种植业成本很高。今天，生态文明时代，海涂属于湿地，属于生态保护用地。

### 1.2.4　中国地貌分类与分布

(1)中国山地分类与分布　以海拔 1000 m、2000 m、4000 m、6000 m 为界限，将我国的山地分成低海拔山地、中海拔山地、中高海拔山地、高海拔山地和极高海拔山地 5 类。不同海拔的山地面积及其比例见表 1-3。我国山地的分布以高海拔和极高海拔为主，约 1/3 地处 4000 m 及其以上的高海拔地区。从空间上看，极高海拔山地位于喜马拉雅山北部沿线，特别是藏北高原的西南部地区。整个青藏高原除柴达木盆地外，均属于高海拔山地。中高海拔山地主要分布于云贵高原、天山南麓及北麓，阿尔泰山南麓也有分布。中海拔山地主要分布在我国第二、第三级阶梯交界区域，包括贵州省、福建省大部分地区。此外，在呼伦贝尔高原、长白山沿线也有分布。低海拔山地分布较少，仅在四川盆地北部、呼伦贝尔高原北部，以及南方地区有少量分布。

**表 1-3　中国山地面积分类统计**

| 山地类型 | 海拔/m | 比例/% |
|---|---|---|
| 低海拔山地 | ＜1000 | 21.78 |
| 中海拔山地 | 1000～2000 | 23.68 |
| 中高海拔山地 | 2000～4000 | 19.92 |
| 高海拔山地 | 4000～6000 | 30.45 |
| 极高海拔山地 | ＞6000 | 4.17 |
| 总计 | | 100.00 |

(2)中国丘陵分类与分布　我国丘陵面积占全国土地总面积的 9.17%，以海拔 1000 m 和 4000 m 为界限，将我国的丘陵分成低海拔丘陵、中海拔丘陵和高海拔丘陵 3 类。不同海拔的丘陵面积及其比例见表 1-4。我国的高海拔丘陵主要分布在藏北高原、青海高原；中海拔丘陵

主要分布在柴达木盆地以北地区、内蒙古高原和黄土高原地区；低海拔丘陵主要分布在我国四川盆地、长江中下游平原、山东南部、大兴安岭山脉沿线、辽宁省西部，以及我国南方两广及浙闽区域，即我国最典型的两广丘陵和浙闽丘陵区域。相比较平原和山地，丘陵所占面积小且分散。

表 1-4 中国丘陵面积分类统计

| 丘陵类型 | 海拔/m | 比例/% |
|---|---|---|
| 低海拔丘陵 | <1000 | 61.55 |
| 中海拔丘陵 | 1000～4000 | 28.50 |
| 高海拔丘陵 | >4000 | 9.95 |
| 总计 | — | 100.00 |

(3)中国平原分类与分布 我国平原面积占全国土地总面积的 28.73%，包括一般意义的山区内的山间平原和高原上的平原。以海拔 1000 m、2000 m 和 4000 m 为界限，将我国的平原分成低海拔平原(地)、中海拔平原、中高海拔平原和高海拔平原 4 类。不同海拔的平原面积及其比例见表 1-5。事实上，平原在一、二、三级地形阶梯中均有分布，即中西部的山地与高原区域也有平原。高海拔平原主要分布在青藏高原的北部、中部及西部地区；中高海拔平原主要分布在柴达木盆地附近；中海拔平原多分布在西北地区，如塔里木盆地边缘及甘肃省西北部地区、内蒙古自治区中西部靠近阿拉善高原边缘地区；低海拔平原(地)面积最大，主要分布在华北地区、东北地区、内蒙古自治区北部地区，以及长江中下游地区、北疆及塔里木盆地东部。东北平原、华北平原和长江中下游平原都是低海拔平原(地)。

表 1-5 中国平原面积分类统计

| 平原类型 | 海拔/m | 比例/% |
|---|---|---|
| 低海拔低平原(地) | <1000 | 52.93 |
| 中海拔平原 | 1000～2000 | 24.58 |
| 中高海拔平原 | 2000～4000 | 7.60 |
| 高海拔平原 | >4000 | 14.89 |
| 总计 | | 100.00 |

## 1.3 土壤与耕地开发利用

土壤分类系统中，土类概念中已经有气候、植被、地形、母质等成土要素的反映。气候(植被与气候高度一致)、地形等对耕地的影响，前面已经讨论过，这里仅介绍土层厚度、土壤质地、土壤可溶盐含量、剖面构型等几个土壤理化性质对耕地质量与管理的影响。

### 1.3.1 土层厚度与耕地开发利用

土层厚度关系到植物的扎根条件，深厚的土层不但为植物扎根提供了良好的立地条件，而且对养分和水分的保蓄能力强；相反，薄层土壤对深根性植物的生长就有限制。比如，谷子是须根根系的作物，只要有 20～30 cm 厚的土壤就可生长，而大豆是直根根系的作物，需要较厚的土壤才可立地生长。

土层厚度还影响土壤的蓄水/耐旱能力。土层越厚，其蓄水/耐旱能力越强。比如，当土壤风干后，30 cm 厚的黏土，57 mm 的降雨全部渗透到土壤中就足以让土壤水分饱和，可是 100 cm 厚的黏土，则可含蓄 190 mm 的降雨。我国属于季风气候，土层厚薄对于保墒抗旱非常重要。一般来说，湿润地区降水量大，雨季较长，经常下雨，土层即使薄些也不至于出现旱灾。但半干旱半湿润地区降水量少，且降水集中，雨季短，只有土层达到一定厚度才能够蓄积降水，抗旱。土层厚，其蓄水抗涝的能力也强。

从土壤发生学的角度看，土层厚度受气候、地形、植被、成土年龄和母岩等各种因素的影响，其中地形和成土母质的影响较为显著。石质山地丘陵区，土层较薄。黄土丘陵区，成土母质是深厚的黄土或黄土状沉积物，土层深厚，有些地方，厚达百余米。土层最厚的是冲积平原，因为沉积了深厚的沉积物，有的厚达数百米，像华北平原、长江中下游平原、松嫩平原，也包括山区的河谷平原。土层厚度空间变异总体特征是：我国东部地区普遍比西部地区高，而北部地区相对高于南部地区。因此，土层深厚的平原区大都已经开垦为耕地，平原区的耕地一般相对于土层薄的山区耕地来说，质量与产能也较高。所以，耕地保护的重点应该尽可能保护平原区的耕地。

### 1.3.2　土壤质地与耕地开发利用

土壤质地关系到土壤的物理性质和工程性质以及蓄水保肥能力。沙性土、轻质地的土壤耕作容易，耕作投入能量少；黏质土壤湿时粘犁，干时坚硬，耕作需要较大的能量投入。沙土对水分和养分的保蓄能力较差，漏水漏肥，大量灌水施肥时很容易造成水肥淋失，养分水分的利用率低，因此，施肥时要采取少量多次的方式，尽可能避免大水漫灌，应该采取喷灌或滴灌。黏质土壤对于养分和水分的保蓄能力则较强。含有砾石的土壤，因为含有大量空隙，肥水的渗漏更迅速；大块的砾石还干扰耕作，撅犁打铧，因此不适于耕作，最好林用或牧用。

沙土多是单粒，没有团聚体形成，很容易发生风蚀，其自然肥力很低，在土地利用上应尽量保持原有的植被，减少土壤侵蚀而引起的生态环境危害。在西北地区由于盲目开垦沙地导致草原退化、荒漠化面积增加带来的经济损失往往比开垦这些土地的收益大得多，因而在利用时应尽量少开垦或不开垦。当然，根据作物对土壤的适宜性，种植沙土地上的特色作物，如西瓜、哈密瓜、花生、土豆等喜沙性土的作物，往往可以收到较好的经济效益。沙质土地的开发利用，首先应该防沙治沙，然后才能开垦利用。

壤质土主要分布在河流冲积平原和黄土高原及受黄土降尘影响的地区。壤质土粗细颗粒搭配比较合理，既有一定的保水保肥能力，也容易耕作，是理想的农业土壤质地，适合种植各种农作物和林木。如黄淮海平原、长江中下游平原是我国重要的粮食生产基地，土壤经过几千年的培育形成较高的肥力，是中国最宝贵的耕地，一定要尽量避免非农占用。

黏质土壤主要分布在南方红色风化壳、云贵高原石灰岩山区和玄武岩分布地区。在冲积平原上，一般分布在静水沉积的背河洼地或古牛轭湖。土壤越黏重，抗蚀性越强，因为黏粒之间相互桥接形成了土壤团聚体。但黏质土壤耕作阻力大，在利用上要多施用有机肥，促进土壤结构发育，改善土壤不良结构特性。黏质土壤养分含量高，是发展一些优质特色农作物的好土壤；黏质土地如不平整，降水很容易造成地面径流，造成田面高低处的水分不均匀。东北的黑土多为较黏的壤土，尤其是漫岗地形，虽为平原地貌，但耕地土壤侵蚀发展惊人，有些黑土层已经侵蚀掉露出黄色黏土层。南方的红色黏土，不仅质地黏重，且养分贫瘠，耕种时更要注意施肥补充养分。

土壤学上将大于 2 mm 的粗颗粒称为石砾。有时，把石砾含量统计后在质地名称前面以形容词"粗骨"修饰质地，如"粗骨壤土"，是说土壤质地是壤土，但砾石含量达到了 35%以上。如果砾石含量达到了 70%则称为"粗骨土"。含有砾石的土壤，因为含有大空隙，对水肥的渗漏更迅速。大块的砾石还干扰耕作，撅犁打铧，因此不适于耕种。青藏高原、干旱区戈壁和山区洪积扇区域，土壤中往往含有砾石，这类土壤作为林地使用往往效果更好。

### 1.3.3 土壤可溶盐含量与耕地开发利用

当土壤中的 NaCl、$MgCl_2$、$CaCl_2$、$Na_2CO_3$、$NaHCO_3$、$Na_2SO_4$、$MgSO_4$ 等可溶性盐达到一定含量时，土壤溶液的渗透压增大，因此影响作物吸收水分，从而对作物生长有抑制作用。一般可溶盐总含量在 0.3%以上时即开始影响作物根系对水分的吸收而阻碍作物生长，当含量达到 0.5%时即产生明显的抑制作用，达 0.7%时即严重减产，达 1%时，则成为难以生长植物的盐土。特别是土壤中的 $Na_2CO_3$、$NaHCO_3$ 等碱性可溶盐使土壤的 pH 升高，使得黏质土壤分散，不透水，引起作物受渍水的危害；干时，开裂大缝隙，甚至撕断根系。而黏质的碱性土种植水稻就很好。

虽然，土壤可溶盐含量高的土地，比如盐碱地，通过灌溉洗盐可开发为耕地，但一般来说，盐碱地分布区也是干旱、半干旱区，淡水资源缺乏。所以，并非所有盐碱地都可成为耕地后备资源被开发。

### 1.3.4 土壤剖面构型与耕地开发利用

不同质地的土层排列称为土壤剖面构型。不同土壤的剖面构型对作物的生长影响不同。比如"蒙金土"，其表层的沙性轻壤质土壤有利于耕作，心土层重质地的土层有利于保水保肥，是良好的土壤剖面构型。相反地，如果表层土壤质地黏重，心土质地沙性，结果是表层耕性不良，心土漏水漏肥，这就是不利的土壤剖面构型。

### 1.3.5 土壤有机质和养分与耕地开发利用

土壤有机质不但是植物养分供给的源泉之一，而且也能保持土壤良好的物理性质。所以，土壤有机质含量的高低可作为土壤综合肥力的一项重要标志。一般温带地区的耕地，有机质含量在 4%～6%即为上好耕地，暖温带地区的耕地土壤有机质含量在 2%～3%即为上等，而热带地区的耕地，土壤有机质含量达 2%就是上等耕地了。开垦后，如果不施用肥料，则会"入不敷出"，有机质含量下降。因此，必须通过施用有机肥或秸秆还田等措施，保持土壤有机质的平衡。土地开垦后，如果归还到土壤中的有机物少于土壤有机质的减少量，土壤肥力就会下降，土壤结构也会变差；反之，土壤肥力会上升，土壤结构也会变好。施用有机肥或通过施用化肥，再通过根茬或秸秆等形式归还到土壤中去，都可能提高土壤有机质含量。

土壤中的速效养分含量也是评价耕地生产力的指标。但速效养分的变化大，受耕作施肥的影响大，在土地评价中，只能作为土地分级的指标，而不能作为土地分等的标准。可通过施肥，特别是速效化肥来调节土壤中的速效养分含量。在耕地管理中，要根据养分归还和平衡原理，适当施肥，避免掠夺式经营；在施肥品种上，要根据最小养分律，追施作物最需要的肥料。

### 1.3.6　污染土壤与耕地开发利用

一般可将造成土壤污染的物质分为有机污染物、无机污染物和生物污染物等几类。有机污染物多是人为合成的，包括有机农药、表面活性剂、染料、肽酸酯、食品添加剂等。土壤中的无机污染物包括有毒元素和其他无机污染物等。有毒元素包括汞(Hg)、镉(Cd)、铅(Pb)、铬(Cr)、砷(As)等重金属。锌(Zn)和铜(Cu)是人体必需的微量元素，但含量超标，也是污染物。生物污染物来源有未经处理的粪便、垃圾、污水、饲养场和屠宰场的污物等，其中危害最大的是传染病医院未经消毒处理的污水和污物。生物污染物主要包括各种病原菌，包括肠道致病菌、肠道寄生虫(蠕虫卵)、钩端螺旋体、炭疽杆菌、破伤风杆菌、肉毒杆菌、霉菌和病毒等。

在解决温饱的年代，耕地的开发利用并不关注土壤污染问题。随着人民生活水平的提高和污染土壤危害知识的传播，现在广大人民群众也十分重视土壤污染以及污染土壤农产品安全问题。因为，土壤中某些有害化学物质被作物吸收，并经过食物链，特别是人们直接吃食了污染的农产品，有损健康，或引起疾病甚至死亡。

无论土壤中这种有害化学物质的超标是自然界本身就有的，还是因为人为活动引起的，这种土壤必须进行治理性复垦才能够种植作物，生产安全食品。

有些无机污染物，如砷、镉、铅等，大多数是区域地质先天就有的，过去人们没有认识到它们的危害，迫于温饱，开垦了这些区域的耕地。对于这些耕地，可以治理的，要治理后才能继续耕种用于作物种植；治理不了的，应该退耕转变种植非食用性作物/植物。

有机污染物和生物污染物基本都是人类活动造成的后天污染，这些污染往往是污染的耕层或浅层土壤，而且也比较容易治理。但无论怎样，也是要治理以后才能够恢复农业生产。

## 1.4　水资源与耕地

水资源对土地利用的影响巨大，尤其对于耕地。中国耕地面积和质量以及耕地分布与水资源密切相关。

### 1.4.1　对耕地影响最大的水资源要素

水资源类型可以分为天然降水、地表水和地下水等。但是，最能够表示一个地区水资源供给和保障能力的应该是水资源量、水资源变化率和水质 3 个要素，水资源的这 3 个要素也关系到一个地区的土地资源开发利用与管理。

(1)水资源量　一个地区的土地开发利用与管理，受当地水资源总量的制约。我国干旱区、半干旱区面积巨大，单纯从土壤来看，可开垦后备土地资源广泛，但因为水资源缺乏，耕地面积占区域土地总面积的比例并不大。比如，新疆耕地占比为 2.48%，内蒙古占比为 6.04%，而湿润的江西、江苏占比分别为 16.93%、46.43%。在南方水资源充足的地区，很多选择种植水稻，而北方则多为旱作。一个地区的土地利用与管理，一定要考虑当地的水资源量，要"量体裁衣"；耕地开垦也必须"以水定地"，那种掠夺式的"赤字经营"肯定是非持续性的。

(2)水资源变化率　区域土地利用不仅受水资源总量影响，还受水量在不同年份和一年内分布的均匀程度影响。当水资源总量一定时，水量的年间变化和季节变化越大，可有效利用的水量越少，而且可能造成旱涝频繁，生产的稳定性低；反之，水的可利用率就高，土地的生产稳定性就大。修建水库、塘坝的目的就是拦蓄丰水年或丰水期的水，用于少雨年份或枯水期的工农业生产和人民日常生活。

(3)水质　天然水的水质和其地理分布区域、地球化学条件、植被类型与盖度以及人类干扰活动有关。在热带湿润地区，岩石矿物的化学风化强烈，Ca、Mg、K、Na 等矿质元素被淋失殆尽，形成富铁铝风化壳，天然水中缺乏这些元素，而含较多的 $H^+$ 以及微量胶体形态的 Fe 与 Al 的氧化物，水质呈酸性或微酸性。温带干旱地区，岩石矿物的化学风化微弱，淋溶程度低，K、Na 碱金属积累，形成钠质风化壳，天然水的矿化度高，这个地区的河流、湖泊多是微咸水或咸水。在半湿润半干旱地区，矿物中的 Na、K 已经淋失，Ca、Mg 等碱土金属开始移动，形成钙质风化壳，天然水为含 Ca、Mg 的硬度较高的淡水。

一般来说，天然水，除了咸水不能用于灌溉之外，其余地区的水都可以灌溉，满足区域农作物对水质的要求。污水多是不合理的工业活动造成的，不能用于灌溉，灌溉会影响农产品品质，甚至造成土壤污染，给绿色农产品生产带来长期的负面影响。

### 1.4.2　中国水资源总体状况

我国水资源的总体特征是：总量大，但地均水资源量少，人均水资源量更少，而且地域分布不均。我国水资源总量为 2.8 万亿 $m^3$，其中多年平均河川径流量为 2.7 万亿 $m^3$。由于人口众多，我国人均水资源量仅 2300 $m^3$，排世界第 109 位，为世界人均水资源量的 1/4；我国每公顷耕地平均水资源量 28050 $m^3$，为世界平均水平的 3/4。中国被列为世界第 13 个贫水国。

(1)水土资源分布不匹配　我国地域水资源与耕地分布极不匹配，南方水多地少，北方水少地多，从而造成农业生产能力在地区分布上相差悬殊。全国 81%的水资源集中分布在长江及其以南地区，而该地区人口仅占全国的 54.6%，耕地面积只占全国的 39.7%。长江以北的广大地区，人口占全国的 45.4%，耕地占全国的 60.3%，而水资源仅占全国的 19%(表 1-6)。黄河流域、淮河和山东半岛、海滦河流域及东北诸河人均水资源量少于 500 $m^3$，平均每公顷耕地的水资源不到 7500 $m^3$，其中海滦河流域最低，仅 3540 $m^3$。

**表 1-6　中国水资源、耕地、人口的分区组合**

| 分区名称 | | | 土地面积 | 水资源总量 | 人口 | 耕地 |
|---|---|---|---|---|---|---|
| | | | 占全国/% | | | |
| 内流区域(含额尔齐斯河) | | | 35.4 | 4.6 | 2.1 | 5.4 |
| 外流区域 | 北方 | 东北诸河 | 13.1 | 6.9 | 9.3 | 19.7 |
| | | 海滦河流域 | 3.3 | 1.5 | 9.9 | 9.1 |
| | | 淮海和山东半岛 | 3.5 | 3.4 | 15.7 | 13.4 |
| | | 黄河流域 | 8.3 | 2.6 | 8.4 | 12.7 |
| | | 北方四区 | 28.2 | 14.4 | 43.3 | 54.9 |
| | 南方 | 长江流域 | 18.9 | 34.2 | 33.2 | 25.5 |
| | | 华南诸河 | 6.1 | 16.8 | 12.8 | 8.4 |
| | | 东南诸河 | 2.5 | 9.2 | 7.1 | 3.0 |
| | | 西南诸河 | 8.9 | 20.8 | 1.5 | 2.8 |
| | | 南方四区 | 36.4 | 81 | 54.6 | 39.7 |
| | 外流河八区 | | 64.6 | 95.4 | 97.9 | 94.6 |
| 全国 | | | 100 | 100 | 100 | 100 |

资料来源：陈志凯．中国水利百科全书——水文与水资源分册．北京：中国水利水电出版社，2004

(2)水资源的时间分布不均　我国大部分地区处于东亚季风气候区，在我国淮河及长江上游干流以北，云贵高原以西的广大地区，除新疆大部、青海北部外，多年平均最大 4 个月降水量出现在 6—9 月；江西大部、湖南东部、福建西部及南岭一带为 3—6 月；西藏的西南边境一带以及海南岛东部为 7—10 月；在这集中降雨的 4 个月里累积降水量占全年的 70%以上。因此，河流不但具有丰水期和枯水期，而且少水年和多水年经常出现。全国 53 个有长序列年降水和年径流资料的水文监测站监测数据显示，北方河流的连丰、连枯期一般比南方河流长，丰水期和枯水期的年径流差别大。降水高度集中是造成水旱灾害频繁，农业生产不稳定的主要原因。在北方，春季缺雨，冬小麦需要灌溉，可也正是河流的枯水期；夏秋雨季，玉米不需要灌溉，却与河流丰水期同期。因此，修建水库乃至利用地下水库，调蓄降水与径流，保证旱季作物需水是农田水利工程的基本目标。

旱灾对中国农业生产的威胁很大，全国各地几乎都有可能发生旱灾，但灾情差别很大。全国有 5 个主要旱灾区，自北向南为松辽平原、黄淮海平原、黄土高原、四川盆地东部和北部、云贵高原至广东湛江一带。全国约有 70%以上的受旱面积是在这些地区，以黄淮海平原受旱最严重，受旱面积占全国受旱面积一半以上。根据全国第二次土地利用现状调查(中华人民共和国国土资源部和国务院第二次全国土地调查领导小组办公室，2017)，全国还有 54.9%的耕地没有灌溉设施，常受到干旱的威胁，特别是在北方农牧交错区，旱灾造成绝收的情况经常发生。

洪涝灾害主要发生在黄河、海河、淮河、长江、珠江、松花江、辽河等 7 大江河的中下游平原地区，其中以华北平原和长江中下游平原最为严重，受灾面积占全国水灾面积 3/4 以上。这些地区耕地面积大，人口众多，城镇密集，是全国工农业生产最发达的地区，地面高程多在江河洪水位以下，虽有大堤防护，但大洪水的威胁仍然很大，防洪任务非常繁重。

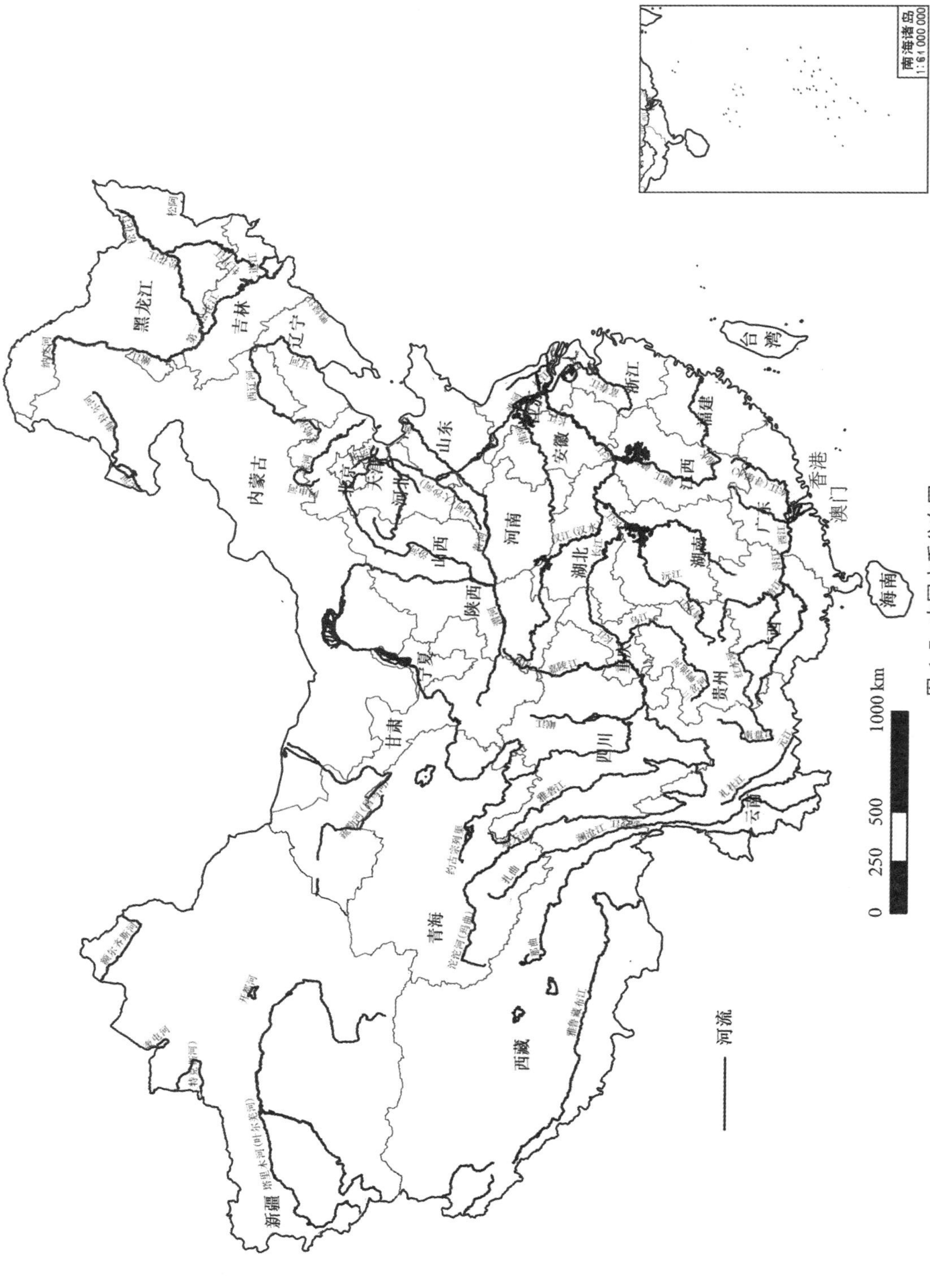
南海诸岛
1:61 000 000
黑龙江
吉林
辽宁
内蒙古
北京
天津
河北
山东
山西
河南
陕西
宁夏
甘肃
青海
新疆
西藏
四川
湖北
湖南
安徽
江西
浙江
福建
广东
广西
贵州
云南
海南
台湾
香港
澳门
河流
0 250 500 1000 km

图 1-7 中国水系分布图

(3)水资源质量不容乐观

①河流的泥沙问题十分突出。泥沙的来源多由于水土流失。除降雨、地形和土壤等自然因素直接影响泥沙产生外,人类活动也是造成水土流失的重要原因之一。

黄河是我国泥沙含量最大的河流,也是世界上罕见的多沙河流,年输沙量和年平均含沙量均居世界各大江河的首位。黄河泥沙淤积在下游河道内,致使河床逐年增高,成为地上悬河。黄河泥沙的主要来源集中在黄河中游黄土覆盖地区,那里的侵蚀产沙对下游的生态环境产生了深刻的影响,同时中游产沙区由于长期遭受侵蚀,大部分地区荒山秃岭、沟壑纵横,地面支离破碎。我国长江年输沙量也很大,长江水的年平均含沙量为 0.52 $kg/m^3$,年输沙模数 512 $t/km^2$,都远高于巴西亚马孙河的泥沙特征。

海滦河流域河流含沙量与输沙量的年际变化幅度都很大,是全国河流泥沙年际变化幅度最大的地区之一,最大年平均含沙量比最小年平均含沙量大几倍甚至十几倍。

②水污染严重。人类活动和人为的污染水体,使水质恶化越来越严重。江河水体污染的主要原因是未经处理的或处理不彻底的工业废水和城市生活污水的大量排放。从全国范围来看,污染江河水体的主要污染物为氨氮、耗氧有机物、挥发性酚等。此外,水体卫生指标较差,枯水期大肠菌群超标河段较多。根据《水资源公报》,2013 年全国废污水排放总量为 775 亿 t。在长江、珠江流域地区,由于降水量大,河道流量也大,对污染物稀释能力较强,因而,虽沿岸接纳大量工业废水和生活污水,污染一般尚轻;但是,经过大城市的江段污染仍然是严重的。在工业和经济发展同一水平下,我国北方地区水体污染往往比南方严重,这是由于我国西部和北部降水量较小,河流流量小,水生态系统较脆弱,以致水体易于污染造成的。另外,农村大量使用化肥及高残留农药,乡镇企业排放的废水,也在一定程度上污染了水源。

2013 年中国《水资源公报》,对全国 20.8 万 km 的河流水质状况的评价结果显示,符合饮用水标准的河长比例为 68.6%,有 31.4%的河长水质不符合饮用水标准。在人口密集、工业发达的城市附近,河流污染已相当严重,华北地区有些河流已完全成为排污河。

### 1.4.3　流域水资源与耕地开发利用

(1)松花江和辽河流域地处中国东北,占全国国土面积的 13%,水资源总量 1990 亿 $m^3$,占全国的 7%,耕地占全国的 14%。该区的积温只能满足一茬农作物生长,一年一熟;但由于雨热同期,大部分地区旱作(旱地)也基本能够满足作物的水分需求。黑龙江流域地广人稀,可耕地较多,是中国的主要商品粮基地。辽河流域的中下游地区,工农业比较发达,人口密度较大,近十几年大量发展水稻种植,进一步加剧了水资源的紧张。

(2)黄淮海流域,即黄河、淮河、海河和滦河流域,土地总面积为 132.94 万 $km^2$,占全国土地面积的 15%,耕地面积占全国耕地的 34%,但水资源量只占全国水资源总量的 8%。该区年积温可以满足一年两茬农作物生长,灌溉面积占全国约 42%。灌溉、工业和生活用水主要靠开采地下水,水资源严重赤字,是不可持续的。京津冀平原是全国水资源供需最紧张的地区,因此,国家不得不南水北调。

(3)长江流域面积 180.85 万 $km^2$,占全国土地面积的 19%,耕地面积占全国耕地的 27%,而水资源量却占全国水资源量的 35%。虽然该区人口占全国的 35%,人口密度最大,工农业生产最发达,但因为水资源总量大,属于不缺水地区。不过,水污染较严重。

(4)浙闽台诸河流域和珠江流域位于中国的十分湿润区,面积占全国面积的 8.6%,耕地占全国耕地的10%，而水资源量却占全国水资源量的26%。这个地区水资源比较丰沛，但可供开垦的荒地不多。

(5)西南诸河流域和珠江西南诸河流域面积85.14万$km^2$，占全国面积的9%，占全国可开发水能资源的26%。但山多地少，耕地只占全国耕地的3%左右。虽然这个地区的水资源特别丰富，但受地形影响和水利设施不足，依然存在大量旱地，水资源和水能资源有待开发。

中国一级水资源区水资源量及其耕地面积的关系见表1-7。

**表1-7　中国一级水资源区的水资源量及其耕地占比**

| 水资源一级区 | 水资源总量/亿$m^3$ | 人均水资源量/$m^3$ | 耕地亩均水资源量/($m^3$/亩) | 耕地占全国的比例/% | 水资源总量占全国的比例/% |
|---|---|---|---|---|---|
| 松花江区 | 1492 | 2333 | 388 | 14 | 5 |
| 辽河区 | 498 | 909 | 286 | 7 | 2 |
| 海河区 | 370 | 293 | 156 | 9 | 2 |
| 黄河区 | 719 | 659 | 231 | 12 | 3 |
| 淮河区 | 911 | 455 | 268 | 13 | 3 |
| 长江区 | 9958 | 2246 | 1355 | 27 | 35 |
| 东南诸河区 | 2657 | 2902 | 3865 | 3 | 9 |
| 珠江区 | 4737 | 3193 | 2403 | 7 | 17 |
| 西南诸河区 | 5775 | 29298 | 9531 | 2 | 20 |
| 西北诸河区 | 1276 | 4663 | 763 | 6 | 4 |

注：此表根据“汪党献，王浩，倪红珍，等．水资源与环境经济协调发展模型及其应用研究．北京：中国水利水电出版社”修订。

湖泊与河流一样，也是地面水资源，不但起到供水作用，还具有蓄水与调节作用。全国天然湖泊总面积7178 $km^2$，贮水总量7088亿$m^3$，其中淡水贮量2260亿$m^3$。长江流域的湖泊，如洞庭湖、鄱阳湖、太湖，历史上是我国的“鱼米之乡”。

### 1.4.4　地下水资源与耕地开发利用

(1)地下水资源也是南方多，北方少。因为，地下水也是由降水和地表水转化而来的。我国北方地下水平均年资源量为2551亿$m^3$，占全国地下水资源量的30.8%；南方地下水平均年资源量为5737 $m^3$，占全国地下水资源量的69.2%。南方地下水模数是北方的3.5倍。

(2)平原是负地形，是地面径流和地下径流的汇集区，因此平原区的地下水资源比其周围山丘区丰富。因此，平原地区有利于耕地开发。我国北方地表水资源相对贫乏，但平原区地下水资源相对丰富，对农业、工业和城镇供水有重要的意义。据2008年中国《水资源公报》，松花江区、辽河区、黄河区等北方五区的地下水开采量为1223亿$m^3$，约占总供水量的61%。其中海河地下水开采量已达241亿$m^3$，占全流域供水量的65%。有些地区由于过量开采，地下水位不断下降，造成了许多不良后果，例如：单井出水量减少，耗电量增加，采水成本逐年提高；一些浅井报废，一些机井换深泵，井越打越深，形成恶性循环；海水倒灌，地下水质恶化；城区地面下沉，影响城市建设，等等。开采地下水可以提高水资源的利用程度，但数量应有一定的限制，开采量不应超过多年平均补给量。只有因地制宜、合理适量地开采地下水，才能充分发挥地下水资源的作用。

在北方，由于降水的季节性更集中，加之植被稀疏，水土流失严重，除了河流两侧，山区地下水埋藏很深，而且水资源短缺，有些地区连人畜饮水都很困难。但是，在降水丰富且降水历时长的南方，植被覆盖度高，风化土层深厚，降水容易转为地下水。因此，南方山丘区地下水埋藏浅，水资源量还是较丰富的。像哈尼梯田、龙脊梯田、紫鹊界梯田等，虽然分布在山坡上，但多数都是引地下水（泉水）自流灌溉。而在北方，即使是梯田，基本都是旱地，除非可以引河流水灌溉。

与河流、湖泊和地下水不同的另一种水资源是冰川。冰川分布于我国西南西北的西藏、四川、云南、甘肃、青海、新疆等六省区。冰川融水是新疆、西藏、青海、甘肃等省份绿洲农业、工业生产与生活用水的基本来源。

## 本章小结

在自然条件中，气候对耕地的分布与质量影响最大。中国国土面积虽大，但在西北干旱区，由于降水量很少，耕地只是分布在靠雪山融水灌溉的小面积绿洲之中。在寒温带，包括青藏高原和几个大的山系受海拔影响积温少的山区，也没有耕地的分布。积温还通过作物的熟制决定着耕地质量，两熟制和多熟制地区的耕地年亩产肯定大于一熟制耕地的年亩产。对耕地质量与分布影响第二大的自然因素是地形，山区因为坡度大，土壤瘠薄而使得无论其面积与质量以及地块大小都不如平原。土壤通过其质地与土层厚度等理化性质而影响着耕地分布与质量。水资源的分布和气候、地形因素密切相关，对耕地的影响基本与气候、地形条件一致，只是因为地下水这种存量水资源而对耕地分布与质量有着影响，即可以利用地下水灌溉的地区，即使是处在干旱半干旱区，也可开发水浇地，但与此同时会存在超量开采，难以持续利用等问题。

（本章作者　张凤荣）

## 参考文献

[1] 陈志凯．中国水利百科全书——水文与水资源分册．北京：中国水利水电出版社，2004.
[2] 丁一汇．中国气候．北京：科学出版社，2013.
[3] 刘巽浩，韩湘玲．中国的多熟种植．北京：北京农业大学出版社，1987.
[4] 秦大河．中国气候与环境演变：2012（综合卷）．北京：气象出版社，2012.
[5] 全国土壤普查办公室．中国土壤．北京：中国农业出版社，1998.
[6] 孙卫国．气候资源学．北京：气象出版社，2008.
[7] 王静爱，左伟．中国地理图集．北京：中国地图出版社，2010.
[8] 汪党献，王浩，倪红珍，等．水资源与环境经济协调发展模型及其应用研究．北京：中国水利水电出版社，2011.

[9] 肖金香. 气候学. 北京：中国林业出版社，2014.
[10] 杨晓光，陈阜. 气候变化对中国种植制度影响研究. 北京：气象出版社，2014.
[11] 郑景云，尹云鹤，李炳元. 中国气候区划新方案. 地理学报，2010，65(01)：3-12.
[12] 中华人民共和国国土资源部，国务院第二次全国土地调查领导小组办公室. 中国土地资源与利用. 北京：地质出版社，2017.

# 第2章

# 中国耕地开发历史

耕地是一个由自然与人类共同作用形成的人地综合体。固然,自然条件决定着耕地分布及其质量的基本格局,但人类发展对于耕地的需求,也对耕地数量与空间分布及其变化起着一定的影响。在中国自然地理环境的控制下,经过中国人民世世代代的开垦,形成了今天的中国耕地资源空间格局(见第3章)。我们介绍中国自然资源条件,回顾耕地开发历史,是为了认识清楚中国耕地的背景,更好地保护和利用好耕地。

## 2.1 1949年前的中国土地开垦史

### 2.1.1 新石器时代原始农业出现,已有零星原始的土地垦殖

耕地是人类文明改造自然的最有标志的人与自然共同作用形成的产物。根据现有考古发掘证据,中国土地开垦与农业发展起源于新石器时代,距今已有八九千年的悠久历史。此时的农业为原始农业,即采用简陋的石器、棍棒等生产工具,从事简单农事活动。各地的博物馆,基本都摆出一些先人用的石斧、石锛等,作为砍伐树木、开垦耕地、播种谷物的"物质文化遗产"。其实,如果学过地质学、植物学和土壤学的,就不会相信祖先用那么钝的石斧、石锛砍伐树木,开垦耕地,播种谷物;他们要是用所谓的石器,也就是在自然界寻找新鲜的物理风化的棱角尖锐的石头。起初的耕地最可能是用火烧草木,清除自然植被,用木棍或棱角尖锐的石头在土壤上捅一个洞播种谷物;既不翻地,也不施肥,仅仅依靠土壤中自然积聚的养分和焚烧后的草木灰供给作物养分。这才是所谓的"刀耕火种"的情形。刀耕火种是一种"游耕"方式,种一年或几年后易地而种,通过撂荒来恢复地力。这其实就是现代耕地定义中的"轮歇地"。只是很有可能那时的人的居所经常迁移,造成耕地位置是不固定的。

"刀耕火种"使人类摆脱了采集和渔猎那种完全受制于自然的大范围寻找食物的状态,在相对小的范围内获得了比较稳定的食物来源。人类在耕地附近定居起来,即建起了氏族村落。仰韶文化[①]的西安半坡村[②]遗址,就是一个有代表性的氏族村落。

---

① 仰韶文化是黄河中游地区一种重要的新石器时代彩陶文化,其持续时间大约在公元前5000年至前3000年(即距今约7000年至5000年),分布在整个黄河中游从今天的甘肃省到河南省之间。

② 半坡遗址位于陕西省西安市东郊灞桥区浐河东岸,是黄河流域一处典型的原始社会母系氏族公社村落遗址,属新石器时代仰韶文化,距今6000年以上。

中国南北各地的新石器时代考古发掘表明，中国的原始农业不是起源于一地，而是呈多中心的发展。距今七八千年的母系氏族公社繁荣时期，在气候温和、土壤肥沃、水草丰美的中国黄河流域和长江下游一些地方，开始有了原始农业和原始畜牧业；到了距今五六千年，黄河流域和长江中下游的一些氏族部落进入了父系氏族公社时期。随着石制、木制生产工具的改进，垦荒和耕作效率有了一定的提高。特别是水井的发明，使黄河流域及其以北地区的人们有可能在远离江河湖泊的地方定居下来。在长江中下游一带则开辟了更多的水田，种植水稻。距今四五千年，水田的垦殖已扩大到整个长江流域。与中原地区和长江流域相比，今天的东北、内蒙古、新疆、西藏的全部和甘肃、青海、宁夏、河北的一部分地区，大致在距今五六千年才出现原始农业，但那时，渔猎、畜牧经济在这些地区占有重要的地位。

我国新石器时代遗址数量众多，迄今已发现六七千处。这些文化遗址大多位于靠近水源的河流阶地和低丘冈阜之上，取水方便，又能躲避河水泛滥的威胁，具有适于耕作的土地资源。新石器时代，尚不能大范围开垦种植，耕地仅局限在原始聚落附近。因此，新石器时代原始农业分布及耕地垦殖的特点是呈现出以原始聚落为中心的点状分布，还未形成一个完整的农业区域。而且，新石器时代因为聚落的经常迁移，耕地是很不稳定的。

### 2.1.2 春秋战国时期，中原地区已经形成连续的农耕区

到了夏、商、西周时期的奴隶社会，黄河流域的原始农业进一步发展，逐渐成为中原经济文化的中心。夏朝后期，青铜工具的出现大大提高了耕地垦殖效率；商朝开创了“井田制”①，促进了土地开发和农业发展；西周的“以土封侯”和“封邦建国”，将周人自西向东进行了大规模的迁移，促进了黄河中下游以及燕南、江淮、江汉地区的耕地开垦和社会经济发展。郑国的封地在今河南新郑一带，原是一片野草丛生的荒地，周人由渭水流域迁此后，土地得到迅速开发，到春秋时已是一个耕地连片的地区。在奴隶社会阶段，虽然耕地面积在逐步扩展，但就整个社会经济来说，仍然以牧业为主，种植业为辅。西周以后，在黄河流域才进入以种植业为主，牧业为辅的阶段。但总体上黄河流域依然属于亦农亦牧的地区，而在边远地区仍处于以牧为主的“逐水草迁徙”的游牧经济阶段。

商鞅变法后，土地私有制逐步代替分封制。土地私有激发了耕种者的劳动积极性，加上铁制农具和牛耕的逐步推广，促进了社会生产力的发展。齐、秦、魏、楚、赵、燕等国都实行“重农”和“奖励耕作”的政策。燕国开辟了辽河下游及其以东地区；秦国以给田宅等作为优惠条件，招三晋农民到秦国种地，同时强迁被其占领地区的人民开发汉中和巴蜀等地的荒地，并向关中及其以北、以西开拓；赵国在其北境开辟了不少农田；魏国实行“上田弃亩，下田弃圳”（意为：高地作畦田，低地作台田）等措施，使黄河两岸的高地低地都得到开发利用。秦国在成都平原兴修的都江堰和在关中建成的郑国渠，使成都平原和关中地区成为秦发动统一中国战争的重要粮食基地。

从春秋中叶到战国末年，广大的中原地区都开发起来了，原来各自孤立的农耕区域已经基本联成一个整体。黄河中下游人口持续繁衍，又促进了中原地区耕地的连片开发与农业发展。

---

① 井田制是中国古代社会的土地国有制度，出现于商朝，到西周时已发展得很成熟。字意为：因土地划分为许多方块，且形似“井”字形，故曰井田制。实则是周天子京畿之土地制度，有公田私田之分。“井田”一词，最早见于《谷梁传·宣公十五年》：“古者三百步为里，名曰井田”“井田者，九百亩，公田居一。”

### 2.1.3　秦汉时期，农耕区已经遍布中国

秦灭六国后，建立了我国历史上第一个中央集权的封建国家，大规模移民、垦荒实边，大大提高了耕地垦殖的地域空间范围。公元前 219—公元前 211 年，秦始皇先后向琅琊山（今山东诸城）、岭南（含东南沿海、珠江流域，包括今广东、广西桂平和崇左等地）、榆中、河套等地区移民约 200 万人垦荒定居，开辟了新的农耕区域。

汉文帝（公元前 179—公元前 157 年）采纳晁错“募民屯塞下”的建议，在内蒙古河套地区①大规模地建立民屯②，开垦土地抵御匈奴。汉武帝元朔二年（公元前 127 年），为抵御匈奴，从内地移民 10 万人到西北地区的朔方郡③进行屯垦④，新建了许多县城；元狩四年（公元前 119 年），迁徙关东⑤平民 72.5 万人，大部分安置在陇西⑥、北地⑦、西河⑧和上郡⑨屯垦，使农耕区域从黄河中下游发展到上游。汉武帝统一南越、平定西南夷后，不断将汉民、罪犯、豪强或难以统治的大姓，迁徙至岭南⑩的南海、桂林、象郡⑪和云南、贵州以及四川西南部的少数民族区域，屯垦落籍。为加强防卫，西汉王朝沿黄河自朔方向西至今居（今甘肃永登西北）实行军屯⑫，其中规模最大的是 60 万名将士屯垦于河西走廊一带，一面守卫，一面垦荒种地，就地解决军粮问题；在临羌（今青海湟源西）、至浩（今甘肃永登西）之间也建立了军屯，将中原的先进农耕、水利技术引进到青海。由于大批移民和实行屯垦，西北地区的耕地开发和农业生产在西汉时期有了显著发展。

东汉时期（公元 25—公元 220 年），以屯垦为国策，屯垦范围进一步扩大，在今辽宁、内蒙古和冀、晋、陕三省北部，青海、河西走廊以及新疆等地建立屯垦区。

三国时期（公元 220—公元 280 年）曹操早在建安元年（公元 196 年）就令军队就地屯垦，以充军饷；同时又招募和迁徙农民在许昌地区屯垦。屯垦成功后，推广到弘农⑬、颍川⑭、睢阳⑮等州郡以及淮河流域。蜀国在汉中，吴国在长江中下游西区也实行屯垦。至此，农耕区已经基本遍布中国，开垦的耕地多为平原地区及平坦高地，为古代中国经济发展与社会繁荣提供了坚实的物质基础。

---

① 河套地区是指黄河“几”字弯和其周边流域。

② 古代屯田的一种组织形式。由政府招募无地农民集体耕种官田或垦荒，按规定纳粮。

③ 朔方郡设置于西汉武帝时期，公元前 127 年（元朔二年）武帝派遣卫青、李息率兵出击匈奴，自云中（云中郡）出兵，西经高阙，再向西直到符离（今甘肃北部），收复了河套以南原秦王朝的辖地（通称“新秦中”），并在阴山以南的河谷地带设置了朔方郡。

④ 驻扎军队垦荒，《明史 · 费瓛传》：“以凉州多闲田，请给军屯垦。”

⑤ 古代关东通常指函谷关以东的地区。

⑥ 陇西郡，秦汉至隋唐行政区划，秦汉时郡治在狄道（今甘肃省临洮县南）。

⑦ 北地，指中国古代地名北地郡，西汉时北地郡位于治马岭县（在今寸肃庆阳市环县东南的马岭镇）。

⑧ 汉时西河郡是汉代名郡，西汉初由上郡析出，地在今黄河晋陕峡谷两岸。

⑨ 据传最早为战国时期魏文侯所置，秦惠王十年（公元前 328 年）魏献上郡 15 县于秦，为秦初三十六郡之一，郡治在肤施县（今绥德县），西汉、东汉时沿置，郡治未变。

⑩ 岭南，是我国南方五岭以南地区的概称，岭南自汉朝开始逐渐形成广府、客家、闽南三大民系，并形成独特的岭南文化。

⑪ 象郡，是秦朝设置的郡级行政区，辖今两广的西部、越南中北部。

⑫ 军屯起源于西汉时期，主要内容为命令卫、所的士兵就地屯田，不管是驻防内地还是边疆，每一兵士都由国家配给一定数量的土地自耕自种，以免去百姓的负担与转运粮饷的困难，实现军队的自我供给。

⑬ 弘农郡，西汉元鼎四年（公元前 113 年），汉武帝设置，故址在今天河南省灵宝市东北。

⑭ 颍川郡，秦王嬴政十七年（公元前 230 年）置。以颍水得名，治所在阳翟（今河南省许昌市禹州市）。

⑮ 睢阳郡，唐朝时期河南商丘地名，又名宋州。

### 2.1.4 唐宋时期,已经开发山区与低湿地

隋朝统一南北以后,政治稳定,人口增加,耕地面积扩大。据《通典》记载,隋朝建立之初至公元 618 年,耕地面积增加了 1.8 倍,在今河南、陕西一带设置了许多大粮仓,“储米粟多者千万石,少者不减数百万石”,说明当时农业生产有了很大的发展。

唐初实行府兵制,即兵农合一的军事制度,令在辽宁、河北、内蒙古、山西、陕西、青海、甘肃、新疆等边疆地区的驻军就地屯垦,开荒种地。据《续文献通考》记载,唐代天下总屯(垦)计 922 所。武则天当政时,曾以“田畴垦辟,家有余粮”有赏,“为政苛滥,户口流移”受罚为标准,对地方官进行考核,鼓励开垦耕地。唐朝东北地区东部的地方政权渤海国,不仅在今黑龙江、吉林、辽宁东部扩大了旱地的垦殖区域,而且发展了水田。山东、河南等地,也开垦了许多新耕地。河西走廊的农耕区,已断断续续地与天山南北逐渐发展起来的农耕区域衔接起来。吐蕃(今西藏)以逻些(今拉萨)为中心发展畜牧业,同时垦殖土地种植小麦、青稞和豌豆等。在江南地区,由于兴修水利与扩大农田面积相结合,开垦了大量的河滩地和荒坡地;长江下游一带已成为全国的重要产粮区。

北宋年间,由于与辽、金的长期战争,人口大量南迁,长江以北地区耕地荒芜不少。而在长江以南,社会环境相对稳定,人口激增,原有耕地已感不足,于是出现了“向山要地、与水争田”到处开荒的局面。因为长江以南山地多,山间盆地则是低湿平原。人民群众创造了梯田、湖田[①]、圩田[②]、沙田[③]、涂田[④]、架田[⑤]等多种土地开发利用方式,使江南土地资源得到空前的开发,耕地面积迅速扩大。到南宋时,随着汉人大规模地迁入岭南,沿海人口迅速增加,珠江三角洲围垦开发日趋繁盛,新的村镇不断出现。全国的农业重心已由黄河流域转移到了长江流域。北宋与南宋期间,汉人的大量南迁和南方地区经济发展繁荣,是山区林地和平原湿地被开垦的主要原因。

金也重视发展农业,将在与北宋战争中掠来的汉族农民迁徙到上京会宁府(今黑龙江阿城)一带充实其“内地”,同时实行“劝农督农”政策,鼓励扩大开荒,仅在松花江流域开发的耕地面积就有 21 万顷(1 顷等于当时的 100 亩,每亩合今 0.849 市亩)之多,其中不少是地势低洼的湿地。当时吉林、辽宁一带农业也相当发达,金统治的东北地区成为仅次于中原地区的农区。

### 2.1.5 新中国成立前,我国土地开垦已经达到极限

元朝建立前,蒙古贵族在被其占领的地区将大量的耕地变为牧场,耕地面积一度减少。但元统一全国后,为了税收,也开始采取一系列恢复农业生产的措施,多次下令禁止把农田变为

---

① 在湖泊地区开辟的水田,四周修筑围埝。《宋书·孔季恭传》:“山阴县土境褊狭,民多田少,灵符表徙无赀之家於馀姚、鄞、鄮三县界,垦起湖田。”

② 圩田也称“围田”。中国古代农民发明的改造低洼地、向湖争田的造田方法。春秋时,人们已利用堤防治洼地。关于圩田的最早记载,是《越绝书·吴地传》中的“鹿陂”。

③ 沙田是珠江口一种滩涂咸卤之地,通过围垦而成的种植田地。办法是造一条围堤把一片滩涂圈起来,等珠江口潮水涨,围堤水闸放下,使水不能灌入基围中。

④ 海潮夹带着泥沙沉淀在海滨,民户在沿海岸边筑墙,或者立桩抵抗潮泛,开垦成田称之为涂田。涂田设有排水和灌溉设施,出现于宋代,主要分布在浙东沿海地区。

⑤ 在沼泽中用木桩作架,挑选菰根等水草与泥土掺和,摊铺在架上,种植稻谷,叫架田,亦称葑田。这样种植的作物飘浮在水面,随水高下,不致淹没。宋、元时,江南、淮东和两广就有这种架田。

牧场，大力提倡垦殖，使耕地面积有所恢复。同时，把屯垦作为维护政权和供应军粮的手段，在全国遍置军屯和民屯。

元末战乱之后，土地大面积抛荒。明初，洪武帝朱元璋下令农民归耕，鼓励垦荒，开出的荒地归农民所有，免除 3 年租税；同时组织无地农民从人多地少的“狭乡”迁往人少地多的“宽乡”建立民屯，垦荒种地。在今河北沧州市，很多村庄以姓氏＋“官屯”二字冠名，如薛官屯、姚官屯、宋官屯，这是官方移民屯垦的证据。1370 年，苏、松、嘉、湖、杭农民 4000 余户迁往临濠[①]屯垦。洪武四年（1371 年），迁徙今内蒙古和山西一带的 32000 户农民至北平（今北京）置屯 254 个，进行屯垦。明廷实行戍兵屯垦制，规定每个卫所以十分之二三军士守城，十分之七八军士种地，形成较前代完备的军屯制度。洪武年间，全国军屯人数达 180 万人，其中参加垦种的有 120 万人之多；还从江苏、安徽、湖南、四川、河北、山西、陕西、甘肃等省移民至青海屯垦。洪武十九年在云南大兴屯政，各省移往云南的汉族人民有 45 万人，其中军屯一项即有 29 万人之多。为鼓励屯垦，迁入云南的屯军可携带家属，这些外籍戍军及家属后来大都留下来成为当地农民。现在云南的许多汉族人就是明朝初期从内地迁移来的军屯后代。永乐年间的军垦和民垦得到进一步发展。

应该指出的是，政府组织的军屯和民屯主要还是在平原；而山区的开发主要还是那些躲避战乱的农民为温饱而自发垦殖。

明末清初，经过长期的刀兵水火之灾，许多地方一片凋敝景象，田园荒芜，社会经济受到极其严重的破坏。清初顺治年间，制定《垦荒劝惩则例》，实行新垦地 3 年起征税和对地方官开垦考成（即进行垦殖业绩考核），对垦地多的大地主奖给官职等措施，使荒地垦殖开始转机，四五年内各省报垦荒数达 10 多万顷（1 顷约合 66667 平方米）。康熙年间，停止圈地，重订开垦考成办法，实行新垦地 6 年起征税等鼓励垦殖的政策，至康熙中期出现了垦殖高潮。雍正初年，迁湖广等省大批移民到四川落户开荒，同时实行新垦水田 6 年起征税、旱地 10 年起征税等进一步奖励垦殖的政策，各省再次出现了垦殖高潮。雍正五年（1727 年）奉天（今沈阳）旗屯[②]土地增至 236.8 万垧（东北地区，1 垧合 15 亩），比 1661 年增加 4.13 倍；雍正七年（1729 年），四川全省耕地达 45.9 万顷，为明代万历时的 3.4 倍。雍正末年，全国耕地面积达 890 万顷。从康熙末年至雍正年间“生齿日繁”，到乾隆时人口增长速度更为加快。乾隆六年（1741 年）全国人口 1.43 亿，乾隆二十七年（1762 年）破 2 亿大关，乾隆五十五年（1790 年）破 3 亿大关。清代，人口超过 100 万的大城市达到 5 个（北京，苏州，南京，扬州，杭州）。1843 年，全国小城镇有 1653 个，小集镇有 28000 多个。许多城市的占地规模不断向外扩展。在平坦的可垦荒地基本开完的情况下，为解决人多地少的矛盾，清廷曾发布谕令，允许自由开垦山头地角零星土地以至大片荒地并减免税赋。明朝后期传入中国的可以种植在山坡旱地的玉米和红薯这两种高产作物，对于开垦山地增加耕地和粮食供给起到了很大作用。

其实，顺治帝起初采取封禁政策，即“禁垦蒙地”，来保护祖先的发祥地；清朝入关后，建设柳条边（在长、宽、高各三尺土堆上种植柳条），来分隔中原汉地、蒙古地区、东北地区（张杰，1999）。但实际上，即使在禁垦期间，还是有一些内地贫民进入内蒙古地区私垦，进行零散土地

---

① 府名，治钟离县（今凤阳县临淮镇）。元至元十五年（1278 年）改濠州置，后复为濠州。朱元璋吴元年（1367 年）又改为临濠府。以城临濠河得名。

② 旗屯只以“八旗兵”为单位的一种军垦。

的开发。“自清康熙末年，山、陕北部贫民，由土默特渡河私向蒙人租地耕种，于是伊盟七旗境内，凡近长城黄河处，所在皆有汉人足迹”(潘复，1923)。伴随内地人口增加，人地矛盾加剧，外加雍正年间自然灾害频发，山东、直隶等地发生严重荒灾，激烈的社会矛盾和因战争赔款导致的财政危机，使清政府陷入空前的困境。光绪二十七年(1901年)，张之洞等提出“让内地移民到蒙地边疆地区开垦土地”的治蒙政策，同年，山西巡抚两次上谏“筹议开垦蒙地”来筹集清政府分摊的庚子赔款，要求改变对蒙政策。迫于国际势力和国内压力，清光绪28年(1902年)清政府任命蒙旗垦务大臣，前往蒙地西部推行垦务，对蒙实行新政，废除实行250多年的限制汉民移居蒙地的“边禁”政策，推行“移民实边”新政。开放蒙荒，正式改私垦为官垦，全面招垦。1902年，新政推行，正式打开了内地汉民进入草原地区的大门。内地移民大规模迁移至哲里木盟出现在乾隆后，至清末放垦前哲里木盟形成了以昌图府和长春府为中心，分别沿辽河西岸和松花江南部分布的两个重要农业区(衣保中，2011)。据刘海源主编的《内蒙古垦务》，1902—1911年10年间，哲里木盟共放出3155169.73垧地供开垦；新垦区主要分布在以洮南府为中心的洮儿河、叫来河、那金河三河沿岸地区和嫩江下游的大赉、安达、肇州一带，在哲盟地面形成继昌图府、长春府之后的又一大农业区。昭乌达盟的巴林二旗、扎鲁特二旗、阿鲁科尔沁旗和敖汉旗的部分地区也已被放垦，西部地区的伊克昭盟共放地亩约21170顷，乌兰察布6旗至1908年共放垦地亩7840顷(闫天灵，2002)。至光绪三十一年(1905年)，清廷直辖的察哈尔左右两翼共放垦44600余顷(杜心宽，1990年)，东北西部蒙地至光绪三十三年(1907年)，共放毛荒328511垧，到清朝灭亡时，已垦熟地112098垧(闫天灵，2002)。

经过清末的大规模放垦，塞外农区又向北推移一大步，农区前沿在哲盟已逼近兴安山地，在昭乌达盟接近锡盟草原，在乌兰察布盟和伊克昭盟二盟已深入到大青山后的广大地区，河套垦区进一步延伸。

中华民国成立后，孙中山倡导在东北、西北发展土地垦殖，并为关内移民提供了比较优惠的移垦条件，促进了东北荒地资源的开发。1923—1931年，东北地区耕地面积每年增加的幅度都在50万$hm^2$至100万$hm^2$。荒地资源较多的黑龙江省，1911年只有耕地300多万垧①，至1930年，在不到20年的时间内耕地面积增加一倍多，达731.4万垧(相当于584万$hm^2$，即8760万亩)。至1931年，东北地区的耕地面积已由1924年的813.33万$hm^2$(1.22亿亩)扩大到1373.33万$hm^2$(2.06亿亩)。

1931年“九·一八”事变后，日本军队占领了我国东北地区。日本帝国主义出于掠夺东北地区的资源和霸占东北的目的，制定了从其国内向东北移民100万户、500万人和占地1000万$hm^2$的侵略计划，并从1932年起组织大批由武装移民、集团移民和自由移民组成的“开拓团”②陆续入侵东北地区。仅黑龙江省就有47个县398个村驻有日本“开拓团”，移民人数达11.6万人，强占中国农民耕地100多万$hm^2$。日本侵略者还强迫中国“劳工”在东北修建了查哈阳、东辽河、前郭旗、盘锦四大灌区，为日本军需提供稻米。由于日本侵略者的疯狂掠夺式开

① 旧时计算土地面积的单位，各地不同，东北地区一垧一般合一公顷(十五市亩)；西北地区一垧合三亩或五亩。清代田土的计量规制，基本上沿袭明代。《明史·食货志》载：“凡田以近郭为上地，迤远为中地、下地。五尺为步，步二百四十为亩，亩百为顷。”清顺治十二年(1655年)，朝廷以“部铸弓颁行天下”，“凡丈地，五尺为弓，二百四十弓为亩”。一亩 =240弓；1顷=100亩；1亩=10分；1分=66.667平方米。

② 1936年5月，日本关东军制定了所谓的“满洲农业移民百万户移住计划。”大批日本农业贫民源源不断地涌入中国东北，成为“日本开拓团”。到1945年，日本组织了共计14批次、总数为7万户、20万人的集团式开拓移民团侵略中国东北。

发，到 1943 年东北地区的耕地面积达到 1553.33 万 $hm^2$，比 1931 年增加 13.2%。

抗日战争期间，土地开发处于低落时期。1942 年后方 13 省的耕地面积较 1937 年减少 17.3%，土地抛荒现象严重。但是，在陕甘宁边区，为了粉碎国民党政府的经济封锁，中共中央和毛泽东主席发出了“自己动手，丰衣足食”和“生产自给”的伟大号召，边区军民开展了大生产运动。据不完全统计，1939—1944 年边区的部队、机关和学校在大生产运动中共开垦荒地 6.29 万 $hm^2$。八路军 120 师 359 旅于 1941—1943 年开荒 1.80 万 $hm^2$，粮食做到自给有余。通过大生产运动、减租减息和互助合作，各抗日根据地的农业生产得到迅速恢复和发展。陕甘宁边区耕地由战前的 56.2 万 $hm^2$，增加到 1945 年的 101.4 万 $hm^2$，较抗战前增长 79.4%；晋察冀根据地，抗战期间共扩大耕地面积 12.13 万 $hm^2$。抗日战争期间，中国共产党领导的“边区”大都是山区，垦荒基本都是开垦的山坡地。到 1949 年新中国成立前夕，全国耕地总面积为 9788.13 万 $hm^2$（14.68 亿亩），其中水田占 23%，旱地占 77%，土地开垦达到了极限。

## 2.2　1949—1986 年期间的耕地开发

### 2.2.1　1949—1958 年

1949—1952 年全国进行的土地改革，极大地调动了广大农民的生产积极性，不仅使战争中荒废的土地迅速得到复耕，而且在“谁开谁有”的政策鼓励下，耕地面积逐步扩大。例如，河北省仅 1951 年上半年，34 个山区县农民就修整梯田 3.20 万 $hm^2$，开滩地 2.60 万 $hm^2$，扩大了耕地面积。这也说明，适宜耕种的土地资源已经开垦殆尽，耕地只好进一步上山下滩。

创办军垦农场、国营农场和建立移民新村，是新中国成立初期大规模开发土地资源的主要形式，开发了新疆、黑龙江、海南、云南等地大面积的荒地资源。1949 年 12 月，毛泽东主席发布军队参加生产建设工作的指示。根据这个指示，20 世纪 50～60 年代，新疆和黑龙江建立了军垦农场、国营农场和移民新村。

1949 年新疆和平解放。为巩固边防、加快发展，减轻新疆当地政府和各族人民的经济负担，1950 年 1 月，驻新疆人民解放军将主要力量投入到生产建设之中，当年实现粮食大部分自给、食油蔬菜全部自给。1953 年，新疆军区将所属部队整编为国防部队和生产部队两个部分，其中生产部队建设军垦农牧团场 43 个，拥有耕地 7.726 万 $hm^2$。1954 年 10 月，中央政府命令驻新疆人民解放军第二、第五、第六军大部，第二十二兵团全部，集体就地转业，脱离国防部队序列，组建“中国人民解放军新疆军区生产建设兵团”，即今天的新疆生产建设兵团。此后，全国各地大批优秀青壮年、复转军人、知识分子、科技人员加入兵团行列，投身新疆建设。兵团以屯垦戍边为使命，遵循“不与民争利”的原则，在天山南北的戈壁、沙漠和盐碱滩上，开荒造田，建成了一个个农牧团场，逐步建立起涵盖食品加工、轻工纺织、钢铁、煤炭、建材、电力、化工、机械等门类的工业体系，教育、科技、文化、卫生等各项社会事业取得长足发展。截至 2013 年底，兵团下辖 14 个师，176 个团，辖区面积 706 万 $hm^2$，耕地 124.48 万 $hm^2$，总人口 270.14 万，占新疆总人口的 11.9%。

1947 年，中共中央东北局财经委员会召开会议决定试办国营农场。1949 年东北人民委员会成立第一个国营农场的管理机构。1956 年国家成立农垦部，并在黑龙江垦区成立铁道兵农垦局，后改为牡丹江农垦局和合江农垦局。1958 年，王震将军率 10 万复转官兵挺进北大荒，掀起了垦区大规模开发建设的高潮。1963 年东北农垦总局成立。1968 年毛泽东批示组建沈阳军区黑龙江生产建设兵团。1972 年黑龙江省设立国营农场管理局。1976 年黑龙江省国营农场总局成立。1997 年“黑龙江省国营农场总局”更名为“黑龙江省农垦总局”，所辖 9 个管理局更名为分局，为总局派出机构。1998 年 3 月，经国务院批准，组建黑龙江北大荒集团，与农垦总局并列，二者为“一套机构，两块牌子”，实行政企分开。2018 年 12 月 16 日，黑龙江北大荒农垦集团总公司挂牌成立，标志着黑龙江农垦垦区集团化、农场企业化改革迈出重要步伐，宣告行政管理时代结束，黑龙江农垦整建制转变成为由财政部代表国务院履行出资人职责的农垦企业集团。

到 2013 年，黑龙江省农垦总局辖区总面积 554 万 $hm^2$，有耕地 4353 万亩、林地 1387 万亩、草原 514 万亩、水面 385 万亩。黑龙江垦区已经成为我国耕地规模最大、现代化程度最高、综合生产能力最强的国家重要商品粮基地和粮食战略后备基地。

海南农垦集团创建于 1952 年 1 月，是次于新疆生产建设兵团、黑龙江农垦的全国第三大农垦。1952 年 1 月 1 日华南垦殖局海南分局成立，1957 年原农垦部决定华南垦殖局海南分局改名为海南农垦局，国营垦殖场改称国营农场，1988 年更名为海南农垦总局。海南农垦成立的目的不同于新疆生产建设兵团和黑龙江农垦总局的粮食生产，而是种植橡胶树，生产重要的工业原料橡胶。但为了解决农场职工自己的吃饭问题，也开垦了相当大面积的耕地，从无到有，现在有耕地 746 多万亩。

除了上述三个大规模的农垦集团外，全国很多省份其实都组建了不少国营农场，开垦成片荒地。在人口已经比较密集的农区，农民自发的“小开荒”比比皆是。

### 2.2.2 1959—1986 年

1959—1961 年，三年内我国除持续发生严重自然灾害外，“大跃进”运动中的农业浮夸风、牺牲农业发展工业的政策使全国粮食副食品短缺，国民经济严重失调。《中国灾情报告》记载，1958 年 3—5 月内蒙古大部分地区干旱，1960 年 3—5 月内蒙古东南部重旱。1960—1962 年内蒙古受灾土地面积分别为累计成灾 1092、1362、1500 亩，合计 3954 亩。由此引起的饥荒造成了更大面积的开垦，从《内蒙古统计年鉴—2002》中农业耕地面积的统计数字上来看，在 1960 年一年间新增耕地面积达 940.5 万亩。1959—1961 年耕地面积年平均增长率为 6.45%，在此期间新增开垦耕地面积为 1056 万亩，达到了内蒙古耕地垦荒的高潮。在这期间，不但西北、东北和海南三大农垦集团以及其他较小规模的国营农场继续扩展耕地，也有为了安排城市不能非农就业的人口，建立了新的国营农场，开荒种地，以解决城市商品粮不足的问题。

1966—1976 年“文化大革命”十年动乱期间，按照统计数据，没有出现耕地总面积净增的年份。但是，事实上，由于工业化发展缓慢，非农就业机会少，在化肥不足，单位面积增产不大的情况下，为满足同期的人口大量增加所需食物，只能是扩大耕地面积。不过各地为了少交公粮，即使开垦了耕地，也不上报。1996 年第一次全国土地调查公布的全国耕地面积（19.5 亿亩）比 1978 年的统计数据耕地面积（14.9 亿亩）多 4.6 亿亩，就是明证。但这个时期新开垦耕地的来源多数是半干旱区的草地、山地丘陵区的林（灌）地、滩涂、沼泽和盐碱地，质量很差，而且不集中连片。

# 2.3　1987 年以来耕地开垦

## 2.3.1　开垦土地主要是以补充建设占用耕地为目的的政府行为

从本质上说，开垦土地都是为了解决吃饭问题，无论是官方组织的垦荒，还是农民自发的垦荒，几千年来，概莫能外。即使已经全面进入小康社会的今天，国家组织开垦土地，也还是为了粮食安全，只不过是在更高膳食营养水平下的粮食安全。可以说，1987 年以前，耕地面积的扩大，都是因为自然农业不能通过单产的提高来满足增长人口的粮食需求。改革开放以后，由于化肥、良种、农膜和农机等农业生产资料的大量投入，粮食单产突飞猛进。新中国成立之初，我国粮食总产量只有 1 亿 t，到 1978 年，用了近 30 年的时间，粮食总产量增加到 3 亿 t；但到 1984 年，仅用了 6 年时间，粮食总产量就增加了 1 亿 t，达到 4 亿多 t。可以说，1986 年以后，我国已经告别了依靠扩大耕地面积来增产的时代，进入了一个依靠技术投入增产的年代。但是，改革开放使中国发展进入快车道，城市化、工业化各项非农建设占用了大量耕地。“六五”期间，全国耕地面积减少 3689 万亩，平均每年减少 738 万亩。其中，1985 年一年就减少耕地 1512 万亩。若照此发展下去，将给农业生产、粮食安全带来严重后果。为此，党中央国务院立下了“十分珍惜和合理利用每一寸耕地，切实保护耕地”的基本国策。面对各种建设大量占用耕地造成的耕地面积迅速下降的现实，必须保护耕地这个粮食安全的“压舱石”；同时，又要提供一定面积的建设用地支持国家发展，国家不得不提出耕地占补平衡政策——开垦耕地补充因建设占用而减少的耕地。因此，今天的开垦土地已经不同于历史上的土地开垦，开垦是为了补充建设占用造成的耕地减少，而不是像历史上那样，开垦是为了增加耕地。

起初，主要是通过开垦未利用地来补充耕地，因此称之为土地开发整理。1998 年发生的大洪水推动了全国性的大规模生态退耕。原国土资源部在《关于加强和改进土地开发整理工作的通知》(国土资发〔2005〕29 号）中要求，土地开发整理工作要以提高农业综合生产能力为出发点，大力开展基本农田整理，促进补充耕地数量、质量、生态三者统一。这个文件标志着，土地开发整理工作由以开垦未利用地为主转向以整理现有农田，提高土地质量为主。国土资源部在发布的《关于进一步加强土地整理复垦开发工作的通知》文件（国土资发〔2008〕176 号）中，首次将“开发”一词置于整理和复垦之后，并首次将“村庄土地整理”纳入土地整理工作之中。2008 年，首次以中央文件《中共中央关于推进农村改革发展若干重大问题的决定》的形式提出，为加强农业基础设施建设，要大规模实施土地整治。从此，在国土资源管理部门，“土地整治”一词逐渐取代“土地整理”。2010 年，“农村土地整治”一词，首次出现在国务院文件《国务院关于严格规范城乡建设用地增减挂钩试点 切实做好农村土地整治工作的通知》(国发〔2010〕47 号）中，国务院要求以农田整治为重点，并与散乱、废弃、闲置、低效利用的农村建设用地整治相结合，实施田水路林村综合整治，改善农村生产生活条件。当然，农村土地整治也有增加耕地的任务。2012 年国土资源部正式要求各地编制土地整治规划，更加突出对闲置、低效建设用地的整治。这一方面，可以整治集约利用耕地，减少新增建设用地，另一方面，也适度复垦出一些耕地。

其实，无论是土地开发整理项目，还是土地整理项目，以及此后的农村土地整治项目，都是由国土资源部门立项的，所以都有新增耕地的要求。只不过耕地占补平衡政策实行早期的土地开发整理项目，那时还有一些成片的可以作为耕地后备资源的所谓未利用地可以开垦；在项目区内，主要通过开垦未利用地来增加耕地；到后来已经没有成片的可以作为耕地后备资源的未利用地开垦，在土地整理复垦开发项目区，只是在农田中还夹杂着零星的未利用地和其他土地可以被开垦/复垦为耕地。到后来的农村土地整治项目，基本上是以复垦其他废弃地为耕地了。由土地开发整理，到土地整理复垦开发，再到农村土地整治，也反映了我国可以开垦为耕地的未利用地越来越少，几乎殆尽。

2001—2012 年，全国通过土地开发整理补充耕地 5000 多万亩，超过同期建设占用和自然灾害损毁耕地面积之和(国土资源部土地整治中心，2014)。据农村土地整治监测监管系统数据统计，“十三五”期间，截至 2020 年 6 月底，全国累计实施完成土地整治项目约 8.7 万个，共补充耕地 1827.98 万亩，已完成“十三五”规划补充 2000 万亩目标的 91.4%。其中，农用地整理、宜耕未利用地开发、农村建设用地整理分别占补充耕地总量的 35.94%、29.87%、24.65%。中东部发达地区已经没有什么“未利用地”耕地后备资源，农村建设用地整理已经成为补充耕地的主要途径之一。农村建设用地整理补充耕地成本是很高的，中西部地区无法承受，因此，中西部地区还只得开发所谓“宜耕未利用地”为主来补充耕地，即使这些地质量差、产量低，而且有生态风险。

### 2.3.2 南方已经没有农民自发开垦土地的现象，但北方还存在

与历史上的土地开垦不同的是，在黄河以南，特别是东南经济发达省份，除了为了占补平衡政府组织的土地开垦，基本没有农民为了温饱而进行的“小开荒”。原因之一是，农民有了更多的非农就业机会，他们可以从事其他劳动获得生计来源。原因之二是，本来已经开发过度的南方丘陵山区，所剩后备土地资源质量差，不宜开垦；而且，不但不新开荒，还出现了撂荒边际土地的现象。

而在整体地势平坦的北方，不但有政府组织的规模比较大的土地开发，也有农民自发的面广量大的“小开荒”。造成南北方土地开垦情况差异的原因是，北方地势平坦，且未利用地面积大，可以机械化规模经营；而北方农民非农就业机会少，也是重要原因(李超等，2019)。2009 年完成的第二次全国土地调查和 1996 年完成的第一次全国土地调查相比，北方耕地大面积增加，南方耕地面积大量减少就佐证了这一事实(见第 3 章)。全国地理国情监测数据表明，2019 年全国种植土地(含果树等经济作物)、建设用地(含设施农用地)均比 2015 年有所增加，全国草地面积有所减少，这说明了存在开垦草原的事实。

## 本章小结

中国农业开发历史悠久。春秋战国时期，中原地区已经形成连续的农区。秦汉时期，农耕区已经遍布中国。到唐宋时期，特别是宋朝，随着经济中心的南移，本来山地丘陵多、低湿地多的江南地区，山地与湿地得到大面积垦殖。中华人民共和国成立前，我国耕地开垦已经基本达到自然条件可垦的极限。中华人民共和国成立后，又对剩余不多的，主要分布在西北、东北和华南的耕地后备资源，进行了大量开垦。这些耕地开垦活动，都是在生产力不发达，耕地单产

低的情况下进行的。而改革开放后，我国经济快速发展、技术飞跃进步，耕地单产很高情况下的耕地开垦活动，主要是国家为了补充建设占用的耕地。

（本章作者　张凤荣）

## 参考文献

[1] 内蒙古档案局，内蒙古档案馆. 内蒙古垦务研究. 第 1 辑. 呼和浩特：内蒙古人民出版社，1990.

[2] 国土资源部土地整治中心. 中国土地整治发展研究报告. 北京：社会科学文献出版社，2014.

[3] 李超，张凤荣，张天柱，等. 农牧交错区耕地变化及其非边际化特征分析. 中国农业大学学报，2019，24(03)：146-155.

[4] 李元. 中国土地资源. 北京：中国大地出版社，2000.

[5] 潘复. 调查河套报告书. 北京：京华书局，1923.

[6] 衣保中，张立伟. 清代以来内蒙古地区的移民开垦及其对生态环境的影响. 史学集刊，2011(05)：88-96.

[7] 闫天灵. 塞外移民与近代内蒙古社会变迁研究. 江苏：南京大学，2002.

[8] 张杰. 柳条边、印票与清朝东北封禁新论. 中国边疆史地研究，1999(01)：78-85.

[9] 中华人民共和国国土资源部，国务院第二次全国土地调查领导小组办公室. 中国土地资源与利用. 北京：地质出版社，2018.

# 第3章

# 中国耕地的数量、质量与分布

耕地是农业生产的基础。理清中国耕地的数量、质量和分布状况，不仅对认清中国粮食的基础生产能力十分重要，而且对实施中国耕地数量、质量、生态“三位一体”保护，实现土地资源可持续利用十分重要。

## 3.1 第二次全国土地调查的耕地数量与分布

国务院决定，自2007年7月1日起，开展第二次全国土地调查(以下简称“土地二调”)，并以2009年12月31日为标准时点汇总土地二调数据成果。土地二调采用2007年8月10日中华人民共和国国家质量监督检验检疫总局和中国国家标准化管理委员会联合发布的《土地利用现状分类》(GB/T 21010—2007，以下简称《二调分类》)为标准进行调查制图。

土地二调的结果①显示，截至2009年12月31日，全国土地调查总面积为94780.57万 $hm^2$(1421708.6万亩)。其中，耕地13538.46万 $hm^2$(203076.8万亩)，占14.3%；园地1481.18万 $hm^2$(22217.7万亩)，占1.6%；林地25394.96万 $hm^2$(380924.3万亩)，占26.8%；草地28731.34万 $hm^2$(430970.1万亩)，占30.3%；城镇村及工矿用地2873.91万 $hm^2$(43108.7万亩)，占3.0%；交通运输用地794.19万 $hm^2$(11912.9万亩)，占0.8%；水域及水利设施用地4269.03万 $hm^2$(64035.5万亩)，占4.5%；其他土地17697.50万 $hm^2$(265462.5万亩)，占18.7%。

本节有关耕地数据、内容、图表部分参考或节选自土地二调成果②，反映的是2009年底的中国耕地数量与分布情况，但不含香港、澳门和台湾地区。

### 3.1.1 耕地定义

依据《二调分类》，耕地指种植农作物的土地，包括：熟地，新开发、复垦、整理地，休闲地(含轮歇地、轮作地)；以种植农作物(含蔬菜)为主，间有零星果树、桑树或其他树木的土地；平均每年能保证收获一季的已垦滩地和海涂；耕地中包括南方宽度<1.0米、北方宽度<2.0米固定的沟、渠、路和地坎(埂)；临时种植药材、草皮、花卉、苗木等的耕地，以及其他临时改变用途的耕地。

---

① 数据来源：《第二次全国土地调查——农村土地调查数据集》。

② 指《第二次全国土地调查成果分析》《中国土地资源与利用》《土地调查技术》等。

耕地划分为水田、水浇地和旱地3个二级土地利用类型(表3-1)。

表3-1　耕地分类与含义

| 一级类 | | 二级类 | | 含义 |
|---|---|---|---|---|
| 地类编码 | 地类名称 | 地类编码 | 地类名称 | |
| 01 | 耕地 | — | — | 指种植农作物的土地,包括:熟地,新开发、复垦、整理地,休闲地(含轮歇地、轮作地);以种植农作物(含蔬菜)为主,间有零星果树、桑树或其他树木的土地;平均每年能保证收获一季的已垦滩地和海涂;耕地中包括南方宽度<1.0 m、北方宽度<2.0 m固定的沟、渠、路和地坎(埂);临时种植药材、草皮、花卉、苗木等的耕地,以及其他临时改变用途的耕地。 |
| | | 011 | 水田 | 指用于种植水稻、莲藕等水生农作物的耕地,包括实行水生、旱生农作物轮种的耕地。 |
| | | 012 | 水浇地 | 指有水源保证和灌溉设施,在一般年景能正常灌溉,种植旱生农作物的耕地,包括种植蔬菜的非工厂化的大棚用地。 |
| | | 013 | 旱地 | 指无灌溉设施,主要靠天然降水种植旱生农作物的耕地,包括没有灌溉设施,仅靠引洪淤灌的耕地。 |

### 3.1.2　耕地面积与构成

土地二调成果显示,截至2009年12月31日,全国耕地总面积为13538.46万$hm^2$(203076.9万亩),占全国土地调查总面积的14.3%,在全国土地一级分类中的比重居第四位。其中:旱地7430.87万$hm^2$(111463.1万亩),占耕地总面积的54.9%,在耕地二级地类中居首位;水田3299.24万$hm^2$(49488.7万亩),占全国耕地总面积的24.4%,在耕地二级地类中居第二位;水浇地2808.34万$hm^2$(42125.1万亩),占全国耕地总面积的20.7%,在耕地二级地类中居末位。

### 3.1.3　耕地分布状况

全国13538.46万$hm^2$(203076.8万亩)耕地主要分布在东北区、西南区、西北区、湘鄂皖赣区、京津冀鲁区、晋豫区,耕地面积占全国的91.1%(表3-2)。从各省(自治区、直辖市)看,耕地面积在1000万$hm^2$以上的只有黑龙江;面积在500万～1000万$hm^2$的有内蒙古、河南、山东、吉林、四川、河北、云南、安徽、甘肃、湖北、新疆、辽宁12个省份;面积在100万～500万$hm^2$的有江苏、贵州、广西、湖南、山西、陕西、广东、重庆、浙江、福建、宁夏、江西12个省份;面积在1000 $hm^2$以下的有海南、青海、天津、西藏、北京、上海6个省份。

耕地二级地类的大概分布情况是:

水田:主要分布在我国东部和中部地带的秦岭、淮河一线以南地区,其中面积在80万$hm^2$以上的有湖南、安徽、四川、江苏、湖北、江西、黑龙江、广东、广西、浙江、云南、贵州、福建、重庆、吉林15个省份。这15个省份水田面积合计为3026.65万$hm^2$,占全国水田面积的91.7%。

水浇地:主要分布在我国京津冀鲁区、西北区、晋豫地区,其中面积在80万$hm^2$以上的有山东、新疆、河南、河北、内蒙古、甘肃、山西、陕西8个省份,这8个省份水浇地面积合计为

2487.31 万 $hm^2$，占全国水浇地面积的 88.6%。

旱地：主要分布在我国秦岭—淮河一线以北地区，其中面积在 100 万 $hm^2$ 以上的有黑龙江、内蒙古、吉林、云南、辽宁、甘肃、四川、贵州、山西、河南、陕西、安徽、河北、广西、山东、湖北、重庆、江苏 18 个省（自治区、直辖市）。这 18 个省（自治区、直辖市）旱地总面积为 6953.63 万 $hm^2$，占全国旱地面积的 93.6%。

**表 3-2 全国各省（自治区、直辖市）耕地及其二级地类面积统计表**　　万 $hm^2$

| 行政辖区 | 耕地 | 占全国比重/% | 水田 | 水浇地 | 旱地 |
|---|---|---|---|---|---|
| 全国 | 13538.46 | 100 | 3299.24 | 2808.34 | 7430.87 |
| 京津冀鲁区小计 | 1490.41 | 11 | 20.21 | 963.63 | 506.54 |
| 北京 | 22.72 | 0.2 | 0.22 | 17.20 | 5.29 |
| 天津 | 44.72 | 0.3 | 1.43 | 34.60 | 8.68 |
| 河北 | 656.14 | 4.8 | 8.98 | 392.39 | 254.77 |
| 山东 | 766.83 | 5.7 | 9.58 | 519.44 | 237.80 |
| 苏浙沪区小计 | 678.94 | 5 | 440.26 | 52.61 | 186.06 |
| 上海 | 18.98 | 0.1 | 12.96 | 5.43 | 0.58 |
| 江苏 | 461.29 | 3.4 | 274.09 | 47.18 | 140.02 |
| 浙江 | 198.67 | 1.5 | 153.21 | 0 | 45.46 |
| 闽粤琼区小计 | 460.38 | 3.4 | 319.53 | 16.24 | 124.61 |
| 福建 | 134.18 | 1 | 112.10 | 4.84 | 17.24 |
| 广东 | 253.22 | 1.9 | 167.94 | 11.35 | 73.93 |
| 海南 | 72.98 | 0.5 | 39.49 | 0.05 | 33.44 |
| 晋豫区小计 | 1226.04 | 9.1 | 76.03 | 569.06 | 580.94 |
| 山西 | 406.84 | 3 | 0.13 | 107.82 | 298.89 |
| 河南 | 819.20 | 6.1 | 75.90 | 461.24 | 282.05 |
| 湘鄂皖赣区小计 | 1845.41 | 13.7 | 1144.56 | 77.37 | 623.48 |
| 安徽 | 590.70 | 4.4 | 291.44 | 24.64 | 274.62 |
| 江西 | 308.91 | 2.3 | 251.05 | 1.81 | 56.05 |
| 湖北 | 532.30 | 3.9 | 271.77 | 50.62 | 209.91 |
| 湖南 | 413.50 | 3.1 | 330.30 | 0.30 | 82.90 |
| 西北区小计 | 2500.83 | 18.6 | 51.08 | 1037.05 | 1412.68 |
| 内蒙古自治区 | 918.93 | 6.8 | 8.70 | 278.94 | 631.28 |
| 陕西 | 399.76 | 3 | 16.51 | 107.22 | 276.03 |
| 甘肃 | 541.02 | 4 | 0.67 | 134.93 | 405.43 |
| 宁夏 | 128.81 | 1 | 19.42 | 30.64 | 78.74 |
| 新疆 | 512.31 | 3.8 | 5.78 | 485.32 | 21.20 |
| 西南区小计 | 2439.53 | 18.1 | 847.38 | 19.35 | 1572.78 |
| 重庆 | 243.84 | 1.8 | 97.66 | 0.09 | 146.09 |
| 四川 | 672.00 | 5 | 278.67 | 12.00 | 381.32 |

续表 3-2

| 行政辖区 | 耕地 | 占全国比重/% | 水田 | 水浇地 | 旱地 |
|---|---|---|---|---|---|
| 贵州 | 456.25 | 3.4 | 128.53 | 1.20 | 326.52 |
| 云南 | 624.39 | 4.6 | 144.81 | 5.67 | 473.90 |
| 广西 | 443.05 | 3.3 | 197.71 | 0.39 | 244.95 |
| 青藏区小计 | 103.10 | 0.7 | 4.15 | 45.24 | 53.72 |
| 青海 | 58.80 | 0.4 | 0 | 18.58 | 40.23 |
| 西藏 | 44.30 | 0.3 | 4.15 | 26.66 | 13.49 |
| 东北区小计 | 2793.82 | 20.6 | 395.99 | 27.78 | 2370.06 |
| 辽宁 | 504.19 | 3.7 | 63.64 | 18.12 | 417.43 |
| 吉林 | 703.04 | 5.2 | 81.57 | 5.92 | 615.56 |
| 黑龙江 | 1586.59 | 11.7 | 245.78 | 3.74 | 1337.07 |

资料来源：第二次全国土地调查 2009 年 12 月 31 日标准时点汇总数据，未含香港、澳门、台湾

全国耕地分布面积层次见图 3-1。

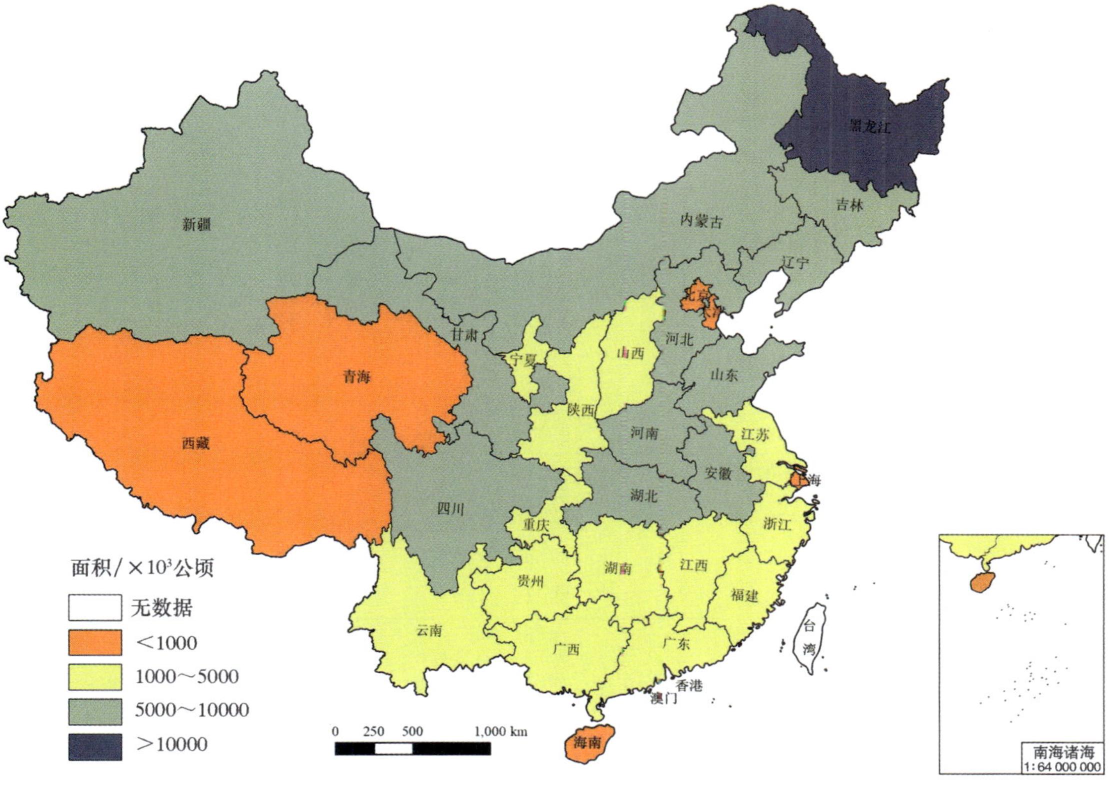


图 3-1　全国耕地分布面积层次图

（2009 年 12 月 31 日现状）

1. 水田分布状况

水田在全国分布广泛又相对集中，除青海外，其余省（自治区、直辖市）均有分布（表3-3）。从大区分布情况看，以湘鄂皖赣区、西南区为最多，两个大区水田面积之和占全国的60.4%；其次是苏浙沪区和东北区，分别占全国的13.3%、12%；再其次是闽粤琼区、晋豫区、西北地区，3个大区总共占全国的13.5%；最少的是京津冀鲁区和青藏区，分别占0.6%和0.1%。从各省（自治区、直辖市）分布情况看，水田主要集中在长江流域以南的湖南、安徽、四川、江苏、湖北、江西、广东、广西、浙江、云南、贵州、福建、重庆和东北的黑龙江、辽宁、吉林以及河南17个省（自治区、直辖市），总面积为3171.20万$hm^2$，占全国水田面积的96.1%。其中面积在200万$hm^2$以上的有湖南、安徽、四川、江苏、湖北、江西、黑龙江7个省。

水田占本省（自治区、直辖市）耕地面积的比重在60%以上的有6个省（直辖市），由多到少排序是福建、江西、湖南、浙江、上海、广东；在30%～60%的有7个省（自治区、直辖市），由多到少排序是江苏、海南、湖北、安徽、广西、四川、重庆；在10%～30%的有6个省（自治区），由多到少排序是贵州、云南、黑龙江、宁夏、辽宁、吉林；在10%以下的有10个省（自治区、直辖市），由多到少排序是西藏、河南、陕西、天津、河北、山东、新疆、北京、内蒙古、甘肃；山西水田面积为0.13万$hm^2$，青海没有水田。

**表3-3 各省（自治区、直辖市）水田面积统计表**

| 行政辖区 | 耕地总面积/万$hm^2$ | 水田面积/万$hm^2$ | 占全国水田面积比重/% | 占该省耕地总面积比重/% |
|---|---|---|---|---|
| 全国 | 13538.46 | 3299.24 | 100 | 24.4 |
| 京津冀鲁区小计 | 1490.41 | 20.21 | 0.60 | 1.4 |
| 北京 | 22.72 | 0.22 | 0 | 1.0 |
| 天津 | 44.72 | 1.43 | 0.04 | 3.2 |
| 河北 | 656.14 | 8.98 | 0.27 | 1.4 |
| 山东 | 766.83 | 9.58 | 0.29 | 1.2 |
| 苏浙沪区小计 | 678.94 | 440.26 | 13.34 | 64.8 |
| 上海 | 18.98 | 12.96 | 0.39 | 68.3 |
| 江苏 | 461.29 | 274.09 | 8.31 | 59.4 |
| 浙江 | 198.67 | 153.21 | 4.64 | 77.1 |
| 闽粤琼区小计 | 460.38 | 319.53 | 9.69 | 69.4 |
| 福建 | 134.18 | 112.10 | 3.4 | 83.5 |
| 广东 | 253.22 | 167.94 | 5.09 | 66.3 |
| 海南 | 72.98 | 39.49 | 1.2 | 54.1 |
| 晋豫区小计 | 1226.04 | 76.03 | 2.3 | 6.2 |
| 山西 | 406.84 | 0.13 | 0 | 0.0 |
| 河南 | 819.20 | 75.90 | 2.3 | 9.3 |
| 湘鄂皖赣区小计 | 1845.41 | 1144.56 | 34.69 | 62.0 |
| 安徽 | 590.70 | 291.44 | 8.83 | 49.3 |
| 江西 | 308.91 | 251.05 | 7.61 | 81.3 |

续表 3-3

| 行政辖区 | 耕地总面积/万 hm² | 水田面积/万 hm² | 占全国水田面积比重/% | 占该省耕地总面积比重/% |
|---|---|---|---|---|
| 湖北 | 532.30 | 271.77 | 8.24 | 51.1 |
| 湖南 | 413.50 | 330.30 | 10.01 | 79.9 |
| 西北区小计 | 2500.83 | 51.08 | 1.55 | 2.0 |
| 内蒙古 | 918.93 | 8.70 | 0.26 | 0.9 |
| 陕西 | 399.76 | 16.51 | 0.5 | 4.1 |
| 甘肃 | 541.02 | 0.67 | 0.02 | 0.1 |
| 宁夏 | 128.81 | 19.42 | 0.59 | 15.1 |
| 新疆 | 512.31 | 5.78 | 0.18 | 1.1 |
| 西南区小计 | 2439.53 | 847.38 | 25.69 | 34.7 |
| 重庆 | 243.84 | 97.66 | 2.96 | 40.1 |
| 四川 | 672.00 | 278.67 | 8.45 | 41.5 |
| 贵州 | 456.25 | 128.53 | 3.9 | 28.2 |
| 云南 | 624.39 | 144.81 | 4.39 | 23.2 |
| 广西 | 443.05 | 197.71 | 5.99 | 44.6 |
| 青藏区小计 | 103.10 | 4.15 | 0.13 | 4.0 |
| 青海 | 58.80 | 0.00 | 0.00 | 0.0 |
| 西藏 | 44.30 | 4.15 | 0.13 | 9.4 |
| 东北区小计 | 2793.82 | 395.99 | 12.00 | 14.2 |
| 辽宁 | 504.19 | 68.64 | 2.08 | 13.6 |
| 吉林 | 703.04 | 81.57 | 2.47 | 11.6 |
| 黑龙江 | 1586.59 | 245.78 | 7.45 | 15.5 |

资料来源：第二次全国土地调查 2009 年 12 月 31 日标准时点汇总数据，未含香港、澳门、台湾

2. 水浇地分布状况

水浇地主要分布在旱作不稳定的干旱、半干旱地区，以西北区、京津冀鲁区、晋豫区的面积最为集中，3 个大区的水浇地面积之和占全国的 91.5%。

按水浇地占各省(自治区、直辖市)耕地面积的比重，以新疆(94.73%)最高，第二到七位分别为天津(77.37%)，北京(75.70%)，山东(67.74%)，西藏(60.18%)，河北(59.80%)，河南(56.30%)(表 3-4)。

**表 3-4　各省(自治区、直辖市)水浇地面积统计表**

| 行政辖区 | 耕地总面积/万 hm² | 水浇地面积/万 hm² | 占全国水浇地面积比重/% | 占该省耕地总面积比重/% |
|---|---|---|---|---|
| 全国 | 13538.46 | 2808.34 | 100.00 | 20.74 |
| 京津冀鲁区小计 | 1490.41 | 963.63 | 34.31 | 64.66 |
| 北京 | 22.72 | 17.20 | 0.61 | 75.70 |
| 天津 | 44.72 | 34.60 | 1.23 | 77.37 |
| 河北 | 656.14 | 392.39 | 13.97 | 59.80 |
| 山东 | 766.83 | 519.44 | 18.50 | 67.74 |

续表 3-4

| 行政辖区 | 耕地总面积/万 $hm^2$ | 水浇地面积/万 $hm^2$ | 占全国水浇地面积比重/% | 占该省耕地总面积比重/% |
|---|---|---|---|---|
| 苏浙沪区小计 | 678.94 | 52.61 | 1.87 | 7.75 |
| 上海 | 18.98 | 5.43 | 0.19 | 28.61 |
| 江苏 | 461.29 | 47.18 | 1.68 | 10.23 |
| 浙江 | 198.67 | 0.00 | 0.00 | 0.00 |
| 闽粤琼区小计 | 460.38 | 16.24 | 0.57 | 3.53 |
| 福建 | 134.18 | 4.84 | 0.17 | 3.61 |
| 广东 | 253.22 | 11.35 | 0.40 | 4.48 |
| 海南 | 72.98 | 0.05 | 0.00 | 0.07 |
| 晋豫区小计 | 1226.04 | 569.06 | 20.26 | 46.41 |
| 山西 | 406.84 | 107.82 | 3.84 | 26.50 |
| 河南 | 819.20 | 461.24 | 16.42 | 56.30 |
| 湘鄂皖赣区小计 | 1845.41 | 77.37 | 2.75 | 4.19 |
| 安徽 | 590.70 | 24.64 | 0.88 | 4.17 |
| 江西 | 308.91 | 1.81 | 0.06 | 0.59 |
| 湖北 | 532.30 | 50.62 | 1.80 | 9.51 |
| 湖南 | 413.50 | 0.30 | 0.01 | 0.07 |
| 西北区小计 | 2500.83 | 1037.05 | 36.92 | 41.47 |
| 内蒙古自治区 | 918.93 | 278.94 | 9.93 | 30.35 |
| 陕西 | 399.76 | 107.22 | 3.82 | 26.82 |
| 甘肃 | 541.02 | 134.93 | 4.80 | 24.94 |
| 宁夏 | 128.81 | 30.64 | 1.09 | 23.79 |
| 新疆 | 512.31 | 485.32 | 17.28 | 94.73 |
| 西南区小计 | 2439.53 | 19.35 | 0.68 | 0.79 |
| 重庆 | 243.84 | 0.09 | 0.00 | 0.04 |
| 四川 | 672.00 | 12.00 | 0.43 | 1.79 |
| 贵州 | 456.25 | 1.20 | 0.04 | 0.26 |
| 云南 | 624.39 | 5.67 | 0.20 | 0.91 |
| 广西 | 443.05 | 0.39 | 0.01 | 0.09 |
| 青藏区小计 | 103.10 | 45.24 | 1.61 | 43.88 |
| 青海 | 58.80 | 18.58 | 0.66 | 31.60 |
| 西藏 | 44.30 | 26.66 | 0.95 | 60.18 |
| 东北区小计 | 2793.82 | 27.78 | 0.99 | 0.99 |
| 辽宁 | 504.19 | 18.12 | 0.65 | 3.59 |
| 吉林 | 703.04 | 5.92 | 0.21 | 0.84 |
| 黑龙江 | 1586.59 | 3.74 | 0.13 | 0.24 |

资料来源：第二次全国土地调查 2009 年 12 月 31 日标准时点汇总数据，未含香港、澳门、台湾

3. 旱地分布状况

我国旱地主要分布在东北区、西南区和西北区，3 个大区旱地面积之和占全国旱地总面积的 72.1%。旱地在各大区的分布，按面积多少依次为东北区、西南区、西北区、湘鄂皖赣区、晋豫区、京津冀鲁区、苏浙沪区、闽粤琼区、青藏区。各省(自治区、直辖市)的旱地，以黑龙江最多，为 1337.07 万 $hm^2$；面积在 400 万～700 万 $hm^2$ 的有内蒙古、吉林、辽宁、云南、甘肃 5 个省(自治区)；面积在 100 万～400 万 $hm^2$ 的有四川、贵州、山西、河南、陕西、安徽、河北、广西、山东、湖北、重庆、江苏 12 个省(自治区、直辖市)；面积在 30 万～100 万 $hm^2$ 的有湖南、宁夏、广东、江西、浙江、青海、海南 7 个省(自治区)；其余 6 个省(自治区、直辖市)的旱地面积都在 30 万 $hm^2$ 以下。各省(自治区、直辖市)旱地面积详见表 3-5。

表 3-5 各省(自治区、直辖市)旱地面积统计表

| 行政辖区 | 耕地总面积/万 $hm^2$ | 旱地总面积/万 $hm^2$ | 占全国旱地面积比重/% | 占该省耕地总面积比重/% |
|---|---|---|---|---|
| 全国 | 13538.46 | 7430.87 | 100 | 54.9 |
| 京津冀鲁区小计 | 1490.41 | 506.54 | 6.82 | 34.0 |
| 北京 | 22.72 | 5.29 | 0.07 | 23.3 |
| 天津 | 44.72 | 8.68 | 0.12 | 19.4 |
| 河北 | 656.14 | 254.77 | 3.43 | 38.8 |
| 山东 | 766.83 | 237.80 | 3.2 | 31.0 |
| 苏浙沪区小计 | 678.94 | 186.06 | 2.5 | 27.4 |
| 上海 | 18.98 | 0.58 | 0.01 | 3.1 |
| 江苏 | 461.29 | 140.02 | 1.88 | 30.4 |
| 浙江 | 198.67 | 45.46 | 0.61 | 22.9 |
| 闽粤琼区小计 | 460.38 | 124.61 | 1.67 | 27.1 |
| 福建 | 134.18 | 17.24 | 0.23 | 12.8 |
| 广东 | 253.22 | 73.93 | 0.99 | 29.2 |
| 海南 | 72.98 | 33.44 | 0.45 | 45.8 |
| 晋豫区小计 | 1226.04 | 580.94 | 7.82 | 47.4 |
| 山西 | 406.84 | 298.89 | 4.02 | 73.5 |
| 河南 | 819.20 | 282.05 | 3.8 | 34.4 |
| 湘鄂皖赣区小计 | 1845.41 | 623.48 | 8.39 | 33.8 |
| 安徽 | 590.70 | 274.62 | 3.7 | 46.5 |
| 江西 | 308.91 | 56.05 | 0.75 | 18.1 |
| 湖北 | 532.30 | 209.91 | 2.82 | 39.4 |
| 湖南 | 413.50 | 82.90 | 1.12 | 20.0 |
| 西北区小计 | 2500.83 | 1412.68 | 19.02 | 56.5 |
| 内蒙古 | 918.93 | 631.28 | 8.5 | 68.7 |
| 陕西 | 399.76 | 276.03 | 3.71 | 69.0 |
| 甘肃 | 541.02 | 405.43 | 5.46 | 74.9 |

续表 3-5

| 行政辖区 | 耕地总面积/万 $hm^2$ | 旱地总面积/万 $hm^2$ | 占全国旱地面积比重/% | 占该省耕地总面积比重/% |
|---|---|---|---|---|
| 宁夏 | 128.81 | 78.74 | 1.06 | 61.1 |
| 新疆 | 512.31 | 21.20 | 0.29 | 4.1 |
| 西南区小计 | 2439.53 | 1572.78 | 21.17 | 64.5 |
| 重庆 | 243.84 | 146.09 | 1.97 | 59.9 |
| 四川 | 672.00 | 381.32 | 5.13 | 56.7 |
| 贵州 | 456.25 | 326.52 | 4.39 | 71.6 |
| 云南 | 624.39 | 473.90 | 6.38 | 75.9 |
| 广西 | 443.05 | 244.95 | 3.3 | 55.3 |
| 青藏区小计 | 103.10 | 53.72 | 0.72 | 52.1 |
| 青海 | 58.80 | 40.23 | 0.54 | 68.4 |
| 西藏 | 44.30 | 13.49 | 0.18 | 30.5 |
| 东北区小计 | 2793.82 | 2370.06 | 31.89 | 84.8 |
| 辽宁 | 504.19 | 417.43 | 5.62 | 82.8 |
| 吉林 | 703.04 | 615.56 | 8.28 | 87.6 |
| 黑龙江 | 1586.59 | 1337.07 | 17.99 | 84.3 |

资料来源：第二次全国土地调查 2009 年 12 月 31 日标准时点汇总数据，未含香港、澳门、台湾

## 3.2 中国耕地质量状况

### 3.2.1 基于种植制度(熟制)的耕地质量分析

气候直接影响种植制度和作物分布特征。对于耕地来说，由气候决定的种植制度即熟制影响着耕地的基础生产力。这里以县为基础单元，以土地二调成果县级数据为依据，揭示我国各种植制度区内的耕地面积及其类型比例(图 3-2 和表 3-6)。由表 3-6 可以看出，全国一熟区耕地面积占全国耕地面积的 37.7%；水浇地可两熟，旱地可二熟或一熟，但一般一熟的黄淮海区(Ⅵ区)和西南高原山地区(Ⅶ区)耕地面积占了全国耕地总面积的 31.82%。尽管黄淮海区(Ⅵ区)水浇地可两熟，却是以地下水持续开采和地下水位不断下降为代价的。可是麦稻两熟的江淮平原丘陵区(Ⅷ区)，耕地仅占全国的 4.41%；水旱二熟三熟的四川盆地区(Ⅸ区)，耕地仅占全国的 3.68%；水田三熟、二熟的长江中下游平原丘陵区(Ⅹ区)，耕地仅占全国的 9.86%。曾经“江淮熟，天下足”，但现在这些江南“鱼米之乡”，耕地比例如此之少，可见中国耕地总体质量不高，粮食安全须重视。

众所周知，黑土是东北地区特有的十分稀缺的自然资源，东北黑土区是我国土质最为肥沃的区域。黑土具有土壤肥力高、结构好、有机质丰富和非常适合农作物生长的特点，黑土的有机质平均含量达到 3%～10%。深厚的黑土层不但供给作物生长需要的养分，而且松软透气、保蓄水分能力强，自然肥力高，“捏把黑土冒油花，插根筷子能发芽”，这是黑土地上广为流传的一句顺口溜。东北地区是我国重要的粮食主产区，其粮食产量连年占全国总产量 20%以上。

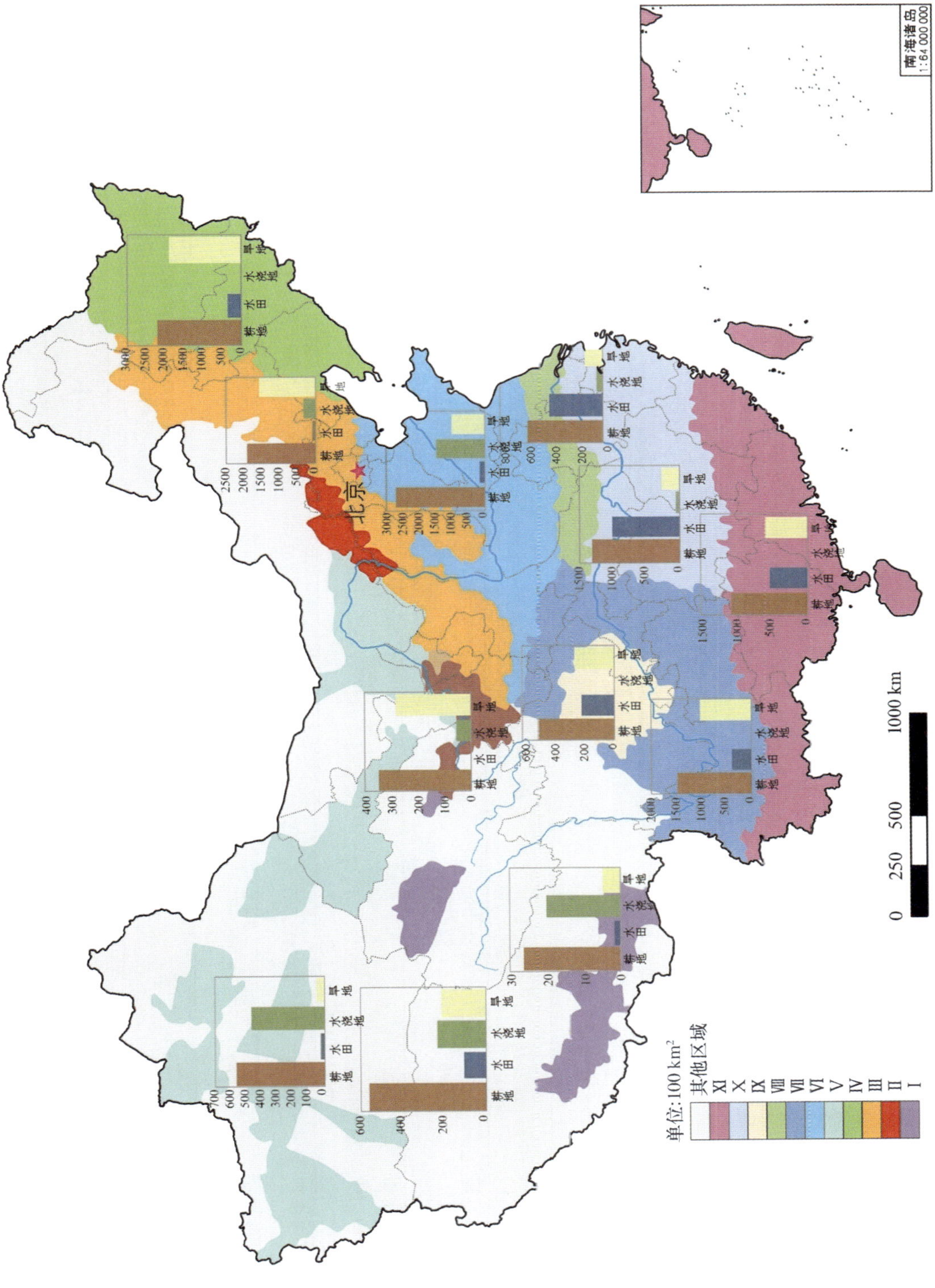


图 3-2　全国种植制度一级区内耕地面积及类型特征简图

**表 3-6　各种植制度区耕地面积及其比重**

| 种植制度一级区名称 | 耕地 | | | 水田 | | 水浇地 | | 旱地 | |
|---|---|---|---|---|---|---|---|---|---|
| | 面积/$km^2$ | 占全国耕地总面积/% | 占该区土地总面积/% | 面积/$km^2$ | 占本区耕地总面积/% | 面积/$km^2$ | 占本区耕地总面积/% | 面积/$km^2$ | 占本区耕地总面积/% |
| 青藏高原喜凉作物一熟轮歇区(Ⅰ区) | 2637 | 0.20 | 0.83 | 119 | 4.53 | 2047 | 77.61 | 471 | 17.86 |
| 北部中高原半干旱凉温作物一熟区(Ⅱ区) | 34939 | 2.59 | 20.81 | 247 | 0.71 | 5883 | 16.84 | 28809 | 82.45 |
| 东北西北低高原半干旱温凉作物一熟区(Ⅲ区) | 191234 | 14.15 | 25.62 | 4060 | 2.12 | 32859 | 17.18 | 154317 | 80.70 |
| 东北平原丘陵半湿润喜温作物一熟区(Ⅳ区) | 223827 | 16.56 | 40.16 | 35162 | 15.71 | 1312 | 0.59 | 187353 | 83.70 |
| 西北干旱灌溉温凉作物一熟区(Ⅴ区) | 56704 | 4.20 | 5.07 | 1344 | 2.37 | 48683 | 85.85 | 6677 | 11.78 |
| 黄淮海水浇地二熟旱地二熟一熟区(Ⅵ区) | 280069 | 20.72 | 46.83 | 17977 | 6.42 | 155245 | 55.43 | 106847 | 38.15 |
| 西南高原山地水田二熟旱地二熟一熟区(Ⅶ区) | 150091 | 11.10 | 19.33 | 39974 | 26.63 | 561 | 0.37 | 109556 | 73.00 |
| 江淮平原丘陵麦稻两熟区(Ⅷ区) | 59544 | 4.41 | 38.12 | 41893 | 70.36 | 3654 | 6.14 | 13997 | 23.51 |
| 四川盆地水旱二熟三熟区(Ⅸ区) | 49767 | 3.68 | 31.52 | 21472 | 43.15 | 786 | 1.58 | 27509 | 55.27 |
| 长江中下游平原丘陵水田三熟二熟区(Ⅹ区) | 133224 | 9.86 | 21.38 | 100227 | 75.23 | 4250 | 3.19 | 28747 | 21.58 |
| 华南晚三熟与热三熟(Ⅺ区) | 113194 | 8.37 | 15.19 | 54766 | 48.38 | 924 | 0.82 | 57504 | 50.80 |
| 纯林区和纯牧区(Ⅻ区) | 58616 | 4.33 | 1.67 | 10947 | 18.68 | 24760 | 42.24 | 22909 | 39.08 |

资料来源：第二次全国土地调查2009年12月31日标准时点汇总数据，未含香港、澳门、台湾

但是黑土由于光温水的条件限制，作物只能一年一熟，目前种植玉米的亩产可达650 kg，种植大豆的亩产可达200 kg。红壤地区的有机质含量仅1%～3%，但由于所处的光温水条件适宜，可实现一年两熟，亩产可达1000 kg以上。由此可见，即使红壤有机质含量不如黑土高，亚热带红壤地区一年两熟的双季稻产量比温带地区黑土一年一熟的单季稻产量高，所以，从广义地力来说，红壤的地力高于黑土。因此，一年多熟的耕地其质量也即基础生产力，比一年一熟的耕地高。因此，保护耕地应优先保护好南方水热条件好、多熟的耕地。

### 3.2.2　基于地形分析的中国耕地质量状况

1. 不同地貌类型县的土地利用结构与耕地比例

这里以县级行政单位为基础单元，根据各县域内山地、丘陵和平原3类地貌所占比例，以比例最大的地貌类型作为该县的地貌分类类型，将全国县级行政单位划分为山地县、丘陵县和平原县3类（图3-3）。需要指出的是，山地县并不意味着其境内没有平原，大部分山地县内有称为“坪”或“坝”的或小或大的山间平原，甚至山前平原，如北京市的昌平区按山地、丘陵和平原3类地貌所占比例分类，其属于山地县，但昌平区南部有相当大面积的山前平原。同样，平原县并不意味着其境内没有山地，如北京市的顺义区按山地、丘陵和平原3类地貌所占比例分类，其属于平原县，但顺义区北部也有小面积的山地。按县域个数计，全国山地县最多，占53.50%；丘陵县最少，占12.05%；平原县居中，占34.48%。按国土面积计，山地县的面积占55.93%，丘陵县的面积占6.18%，平原县的面积占37.89%。从空间上，我国西藏自治区全

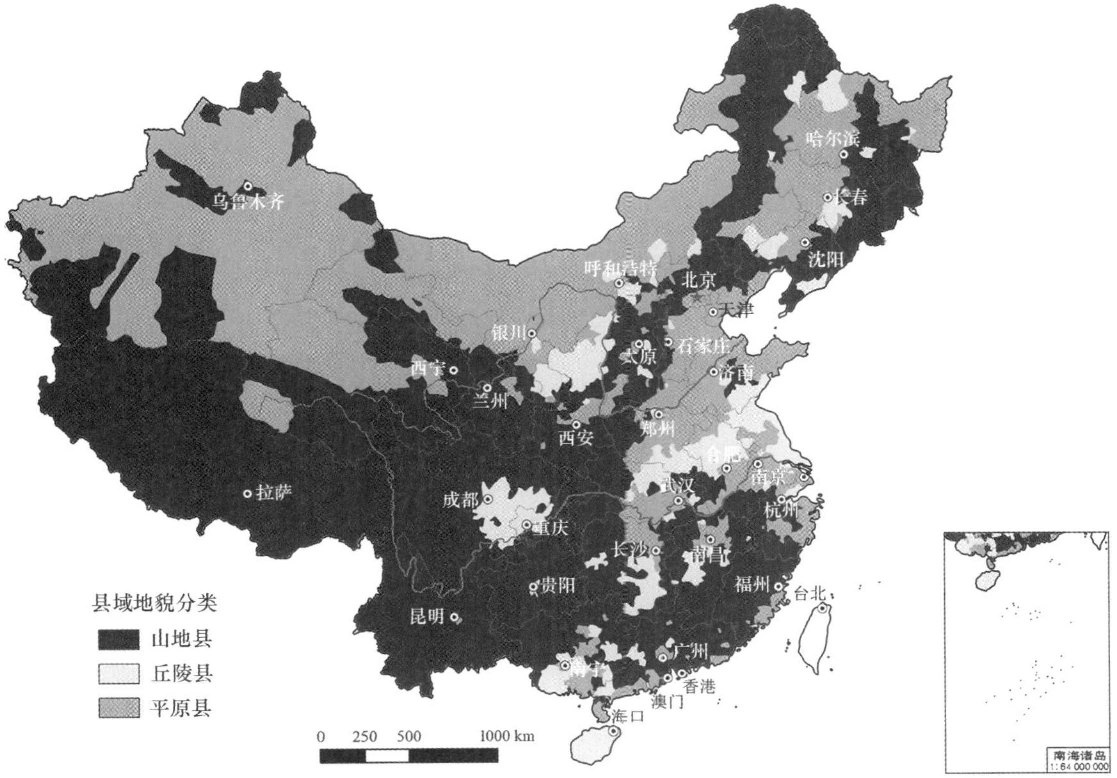


图3-3　基于地貌类型的中国县域分类简图

境、西南地区、内蒙古自治区东北部、东北东部及南方大部分区域属于山地县；丘陵县主要分布在四川盆地、陕西省北部黄土丘陵地区、江南丘陵及广西壮族自治区南部和海南省北部地区；平原县主要分布在东北平原、黄淮海平原和长江中下游平原地区，以及新疆维吾尔自治区和内蒙古自治区中西部的高平原。

分别统计全国山地县、丘陵县和平原县的土地二调成果中的耕地数据，得到我国不同地貌类型县的土地利用结构(表 3-7)。可以看出，虽然山地县耕地所占的比例最小，但山地县的平均耕地面积都达到县域总面积的 17.45%，说明人地压力大，山区开垦比例大，耕地质量不高，因为山区耕地往往是看天吃饭的旱地。丘陵县的平均耕地面积比例已经达到 38.99%，开发程度如此高，也说明总体耕地质量低，因为与山区县一样，丘陵区耕地也大多是旱地。平原县是平均耕地面积比例最大的区域，平均耕地面积占县域总面积的比例为 40.9%，这里人类活动最为活跃，城市化建设占用土地面积的比例也大。但毫无疑问，平原县的耕地质量最高，这是由于平原地区地平土厚、水资源丰富。

**表 3-7 中国不同地貌类型县的土地利用结构** %

| 县域类型 | 耕地 | 园地 | 林地 | 牧草地 | 居民点及工矿用地 | 交通用地 | 水域 | 未利用土地 |
|---|---|---|---|---|---|---|---|---|
| 山地县 | 17.45 | 2.14 | 44.86 | 11.94 | 3.87 | 0.77 | 4.12 | 14.86 |
| 丘陵县 | 38.99 | 3.10 | 22.46 | 5.44 | 9.04 | 1.73 | 9.97 | 9.26 |
| 平原县 | 40.90 | 2.98 | 10.60 | 9.86 | 11.27 | 2.13 | 10.71 | 11.56 |
| 全国平均 | 28.11 | 2.54 | 30.36 | 10.45 | 7.04 | 1.35 | 7.09 | 13.05 |

资料来源：第二次全国土地调查 2009 年 12 月 31 日标准时点汇总数据，未含香港、澳门、台湾

2. 中国耕地坡度分级与分布

根据《第二次全国土地调查技术规程》(TD/T 1014—2007)和《利用 DEM 确定耕地坡度分级技术规定(试行)》，土地二调采用最新的 1∶1万(地形地貌复杂破碎地区)或 1∶5万数字高程模型(DEM)确定耕地地形坡度分级。即按照耕地所在区域的地面坡度，分为 5 个坡度级：小于等于 2°的为Ⅰ级，大于 2°小于等于 6°的为Ⅱ级，大于 6°小于等于 15°的为Ⅲ级，大于 15°小于等于 25°的为Ⅳ级，大于 25°的为Ⅴ级，其中Ⅰ级视为平地，除Ⅰ级外，每个坡度级内的耕地又分为梯田和坡耕地两种类型。

(1)中国坡耕地地形坡度分级　依据耕地所处地势的坡面坡度，按照坡度等级划分，土地二调结果的 20.31 万亩耕地中，处在坡度 2°以下地形的耕地面积为 11.60 亿亩，处在坡度 2°～6°地形的耕地面积为 3.25 亿亩，处在坡度为 6°～15°地形的耕地面积为 3.04 亿亩，处在坡度为 15°～25°地形的耕地面积为 1.60 亿亩，处在坡度在 25°以上地形的耕地面积为 0.82 亿亩，分别占全国耕地总面积的 57.1%、15.9%、15.0%、7.9% 和 4.1%(图 3-4)。处在平缓地形(≤6°)的耕地主要集中在东北区、西北区、京津冀鲁区、湘鄂皖赣区，占全国平缓耕地总面积的 72.3%；处在缓坡地形(6°～15°、15°～25°)耕地主要集中在西南区、西北区和湘鄂赣皖区，占全国缓坡耕地的 60%；处在陡坡地形(＞25°)耕地主要集中在西南区和西北区，占全国陡坡耕地的 79.4%。

作为资源禀赋的关键要素之一，地形决定了耕地资源微观地理环境下光、热、水、土资源的再分配，影响土壤发育的方向和程度，进而影响耕地质量。比如，按照土地利用现状分类，山坡

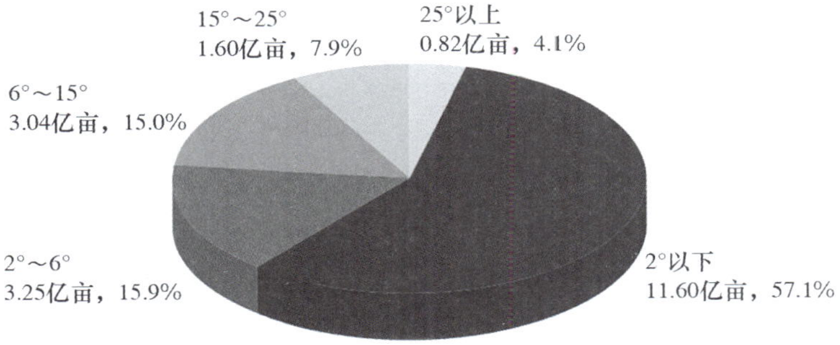


**图 3-4 全国各坡度等级地形的耕地面积比例**

上的旱地与平原上的旱地是一样的，但受降水量的影响和地形对降水再分配的影响，即使在同一地区，它们的土壤水分状况也是不同的，山坡上旱地的土壤水分状况不如平原上的旱地。地形坡度大的区域的耕地，不但容易导致水土流失，土壤瘠薄，水分条件差，生产力低，而且往往道路崎岖，耕地也畸零破碎，耕作条件差，难以机械化规模种植，在城市化非农就业机会增加的时代，也是最容易被边际化撂荒的耕地（2014—2015 年中国各省山区县耕地撂荒率见图 3-5）。同时，在土地整治过程中，地形坡度越大，工程措施越复杂且工程量越大。

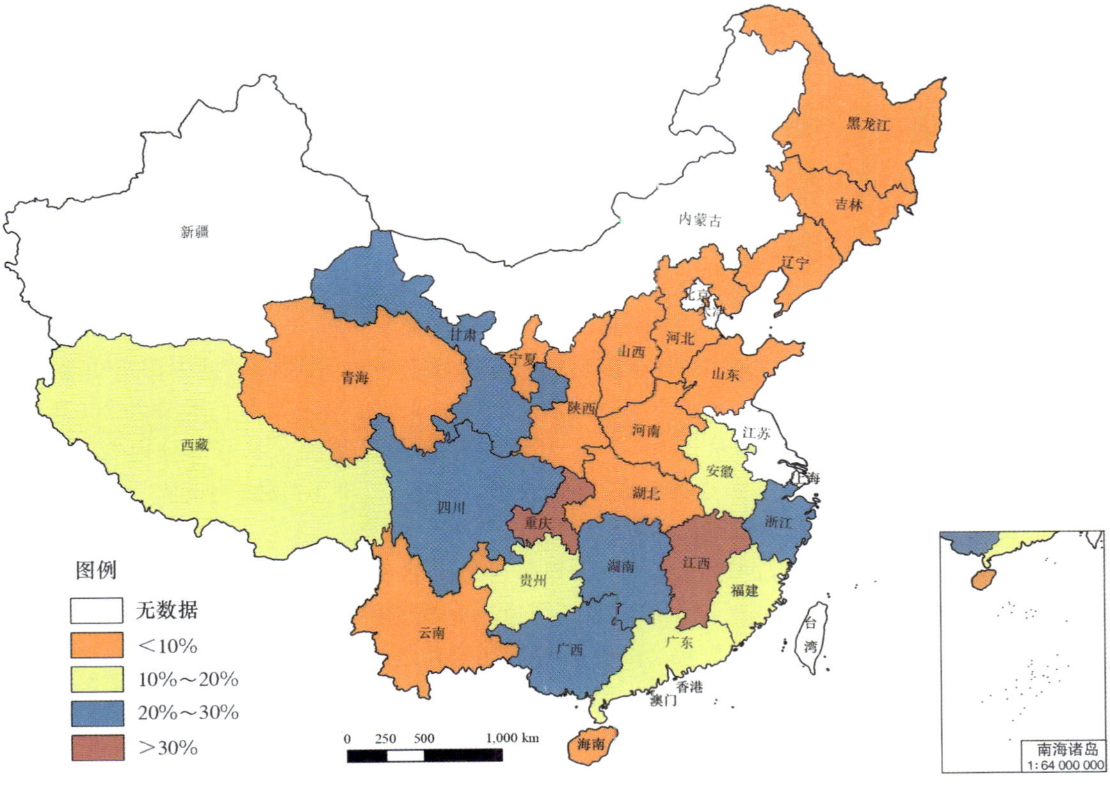


注：不包括香港、台湾和澳门

**图 3-5 2014—2015 年中国各省山区县耕地撂荒率**（李升发等，2017）

(2)中国坡耕地和梯田基本情况　坡耕地是我国水土流失的重要来源地，也是目前广大山区群众赖以生存和发展的生产用地。在西北黄土高原区、西南岩溶区、西南紫色土区、东北黑土区、南方红壤区、北方土石山区等水土流失严重地区，大量的坡耕地导致严重的水土流失，破坏了耕地资源，降低了土地生产力，危及国家粮食安全、生态安全和防洪安全，制约经济社会的可持续发展。

土地二调成果显示(表 3-8)，全国地形坡度大于 2°的耕地中，坡耕地面积为 5.91 亿亩，占全国耕地总面积的 29.1%；梯田仅 2.79 亿亩，占全国耕地总面积的 13.8%。坡耕地水土流失，造成土层薄，易发生干旱，养分贫瘠，产量比同地形坡度上的梯田低得多。同一地区，比如黄土高原，同样都是旱地，梯田比坡耕地的产量高 20%～100%(山崙，1981；徐勇等，2008)。在地形坡度 25°以上的 0.82 亿亩耕地中，坡耕地有 6464.74 万亩，梯田仅占 1778.88 万亩，这部分坡耕地的水土流失现象相当严重，也正因为严重的水土流失，石漠化严重，产量极低。这部分耕地，不应再纳入“18 亿亩耕地红线”的数量保护范围，应该退耕还林还草，恢复生态。此外，由于山区梯田地块小、各级梯田之间的田间道路较窄，不能实现机械化生产，因此，近年来山区梯田存在大量的撂荒现象。

### 3.2.3　基于耕地质量分等的中国耕地质量状况

1. 全国耕地质量分等工作介绍

1998 年，国土资源部将全国农用地分等定级估价工作纳入了国土资源大调查项目计划。虽然称为全国“农用地”分等定级估价，但其后开展的分等定级估价工作实际上均以“耕地”作为评价对象，其他农用地类型如园地、林地、草地等并未开展工作。按照“规程先行、分省组织、统一汇总”的思路组织开展全国范围的农用地分等定级估价工作。2003 年我国正式颁布了《农用地分等规程》(TD/T 1004—2003)(以下简称《规程》)等 3 个行业标准(2012 年 3 个行业标准全部上升为国家标准，即《农用地质量分等规程》(GB/T 28407—2012)(以下简称《规程》)，2008 年底全面完成了 31 个省(自治区、直辖市，不含港澳台地区)的耕地分等工作，建立了全国统一可比的 1∶50 万耕地质量等别数据库。这是国家统一组织的对全国耕地质量等别进行的第一次全面调查与评定，形成的全国耕地质量等别调查与评定成果是中国历史上第一份耕地质量等成果，填补了全国耕地质量等别研究的空白(程锋等，2014)。本节以 2008 年底的全国 1∶50 万耕地质量等数据库①为基础，分析我国耕地质量状况。本节部分内容、表格参考或节选自第一轮国土资源大调查系列成果(胡存智，2013)，以下不再逐一标注。

2. 耕地质量分等的原理与计算方法

(1)耕地自然质量等指数的原理　《规程》划分耕地自然质量等指数的原理是作物生产力原理，即在作物的光合速率一定(各种作物的光合速率是固定的)和投入与管理水平最优的情况下，该作物的产量决定于光照、温度、水分、土壤等因素综合影响下的耕地质量。

(2)耕地自然质量等指数的计算方法　《规程》计算耕地自然质量等指数的方法是在作物最大光合产量的基础上，通过光照、温度、水分、土壤条件等影响作物产量的因素，对作物最大光合产量进行逐级修正，其计算公式如下：

$$R_{ij}=\alpha_{tj}\cdot C_{Lij}\cdot \beta_j \tag{3-1}$$

① 数据来源：自然资源部国土整治中心。

**表 3-8　耕地坡度分级面积表**

万 $hm^2$

| 行政辖区 | 耕地面积 | 平地 | 梯田及坡地面积 | | | | | | | | | | | |
|---|---|---|---|---|---|---|---|---|---|---|---|---|---|---|
| | | ≤2° | 2°～6° | | | 6°～15° | | | 15°～25° | | | >25° | | |
| | | 面积 | 合计 | 梯田 | 坡地 | 合计 | 梯田 | 坡地 | 合计 | 梯田 | 坡地 | 合计 | 梯田 | 坡地 |
| 全国 | 13538.46 | 7735.61 | 2161.18 | 664.46 | 1496.72 | 2026.48 | 764.94 | 1261.54 | 1065.61 | 312.97 | 752.64 | 549.57 | 118.59 | 430.98 |
| 京津冀鲁区小计 | 1490.41 | 1217.55 | 154.64 | 69.37 | 85.27 | 99.10 | 45.27 | 53.83 | 16.65 | 7.73 | 8.92 | 2.45 | 1.97 | 0.48 |
| 北京 | 22.72 | 20.25 | 1.17 | 0.20 | 0.97 | 1.07 | 0.36 | 0.71 | 0.16 | 0.07 | 0.09 | 0.07 | 0.02 | 0.04 |
| 天津 | 44.72 | 44.72 | 0.00 | 0.00 | 0.00 | 0.00 | 0.00 | 0.00 | 0.00 | 0.00 | 0.00 | 0.00 | 0.00 | 0.00 |
| 河北 | 656.14 | 542.86 | 62.50 | 23.02 | 39.48 | 44.44 | 18.82 | 25.61 | 5.74 | 2.68 | 3.06 | 0.60 | 0.28 | 0.33 |
| 山东 | 766.83 | 609.73 | 90.97 | 46.16 | 44.82 | 53.59 | 26.09 | 27.51 | 10.75 | 4.99 | 5.77 | 1.78 | 1.67 | 0.11 |
| 苏浙沪区小计 | 678.94 | 595.35 | 23.53 | 15.56 | 7.97 | 27.20 | 16.25 | 10.95 | 26.51 | 14.51 | 12.00 | 6.35 | 2.33 | 4.02 |
| 上海 | 18.98 | 18.98 | 0.00 | 0.00 | 0.00 | 0.00 | 0.00 | 0.00 | 0.00 | 0.00 | 0.00 | 0.00 | 0.00 | 0.00 |
| 江苏 | 461.29 | 461.29 | 0.00 | 0.00 | 0.00 | 0.00 | 0.00 | 0.00 | 0.00 | 0.00 | 0.00 | 0.00 | 0.00 | 0.00 |
| 浙江 | 198.67 | 115.08 | 23.53 | 15.56 | 7.97 | 27.20 | 16.25 | 10.95 | 26.51 | 14.51 | 12.00 | 6.35 | 2.33 | 4.02 |
| 闽粤琼区小计 | 460.38 | 237.67 | 88.36 | 62.91 | 25.45 | 78.50 | 68.83 | 9.68 | 31.03 | 27.22 | 3.82 | 24.80 | 23.13 | 1.68 |
| 福建 | 134.18 | 38.00 | 28.41 | 23.04 | 5.36 | 33.67 | 29.04 | 4.62 | 21.20 | 18.41 | 2.79 | 12.91 | 11.60 | 1.31 |
| 广东 | 253.22 | 150.95 | 40.59 | 34.80 | 5.79 | 40.44 | 38.24 | 2.20 | 9.41 | 8.68 | 0.73 | 11.83 | 11.51 | 0.32 |
| 海南 | 72.98 | 48.73 | 19.36 | 5.07 | 14.30 | 4.40 | 1.54 | 2.86 | 0.42 | 0.13 | 0.29 | 0.07 | 0.02 | 0.04 |
| 晋豫区小计 | 1226.04 | 789.54 | 193.80 | 46.40 | 147.40 | 153.48 | 62.45 | 91.03 | 53.02 | 20.43 | 32.58 | 36.21 | 8.95 | 27.26 |
| 山西 | 406.84 | 90.74 | 136.51 | 26.97 | 109.54 | 104.19 | 48.41 | 55.78 | 40.75 | 16.76 | 23.99 | 34.65 | 8.51 | 26.14 |
| 河南 | 819.20 | 698.80 | 57.29 | 19.43 | 37.86 | 49.28 | 14.04 | 35.24 | 12.27 | 3.68 | 8.59 | 1.56 | 0.44 | 1.12 |
| 湘鄂皖赣区小计 | 1845.41 | 1065.58 | 354.21 | 190.77 | 163.45 | 281.03 | 167.06 | 113.97 | 105.17 | 53.46 | 51.71 | 39.43 | 12.60 | 26.83 |
| 安徽 | 590.70 | 494.88 | 74.38 | 5.04 | 69.34 | 16.04 | 4.16 | 11.88 | 4.54 | 1.89 | 2.65 | 0.86 | 0.25 | 0.61 |
| 江西 | 308.91 | 141.33 | 71.76 | 51.72 | 20.04 | 75.56 | 60.50 | 15.06 | 16.60 | 13.62 | 2.98 | 3.67 | 2.89 | 0.78 |
| 湖北 | 532.30 | 281.21 | 99.78 | 68.05 | 31.73 | 73.32 | 30.34 | 42.97 | 47.25 | 14.12 | 33.13 | 30.76 | 7.49 | 23.27 |
| 湖南 | 413.50 | 148.17 | 108.30 | 65.97 | 42.33 | 116.11 | 72.05 | 44.06 | 36.78 | 23.84 | 12.95 | 4.14 | 1.96 | 2.18 |

续表 3-8

| 行政辖区 | 耕地面积 | 平地 | 梯田及坡地面积 | | | | | | | | | | | |
|---|---|---|---|---|---|---|---|---|---|---|---|---|---|---|
| | | ≤2° | 2°～6° | | | 6°～15° | | | 15°～25° | | | >25° | | |
| | | 面积 | 合计 | 梯田 | 坡地 | 合计 | 梯田 | 坡地 | 合计 | 梯田 | 坡地 | 合计 | 梯田 | 坡地 |
| 西北区小计 | 2500.83 | 1385.61 | 408.14 | 24.07 | 384.07 | 328.84 | 57.02 | 271.82 | 242.40 | 46.32 | 196.08 | 135.82 | 12.73 | 123.09 |
| 内蒙古 | 918.93 | 570.45 | 264.83 | 3.17 | 261.66 | 80.97 | 0.46 | 80.52 | 2.60 | 0.00 | 2.60 | 0.07 | 0.00 | 0.07 |
| 陕西 | 399.76 | 133.96 | 51.19 | 6.60 | 44.59 | 70.38 | 14.34 | 56.04 | 50.27 | 8.85 | 41.43 | 93.95 | 9.39 | 84.55 |
| 甘肃 | 541.02 | 141.94 | 47.39 | 11.15 | 36.24 | 138.95 | 32.46 | 106.49 | 171.53 | 32.19 | 139.33 | 41.22 | 3.20 | 38.02 |
| 宁夏 | 128.81 | 61.75 | 16.31 | 0.93 | 15.37 | 32.69 | 9.75 | 22.94 | 17.60 | 5.28 | 12.32 | 0.46 | 0.13 | 0.33 |
| 新疆 | 512.31 | 477.52 | 28.43 | 2.21 | 26.22 | 5.85 | 0.02 | 5.83 | 0.40 | 0.00 | 0.40 | 0.11 | 0.00 | 0.11 |
| 西南区小计 | 2439.53 | 356.99 | 393.70 | 250.25 | 143.45 | 824.15 | 334.64 | 489.51 | 564.00 | 138.11 | 425.89 | 300.68 | 56.24 | 244.44 |
| 重庆 | 243.84 | 7.93 | 29.36 | 25.33 | 4.03 | 82.97 | 45.39 | 37.58 | 68.52 | 14.25 | 54.27 | 55.07 | 6.36 | 48.71 |
| 四川 | 672.00 | 72.77 | 110.59 | 77.85 | 32.74 | 298.68 | 116.06 | 182.62 | 140.75 | 29.65 | 111.10 | 49.22 | 5.49 | 43.73 |
| 贵州 | 456.25 | 23.10 | 54.57 | 26.75 | 27.81 | 162.52 | 50.64 | 111.88 | 134.22 | 24.88 | 109.33 | 81.85 | 11.37 | 70.48 |
| 云南 | 624.39 | 92.58 | 69.95 | 31.82 | 38.14 | 181.40 | 56.56 | 124.84 | 189.70 | 49.03 | 140.67 | 90.76 | 16.13 | 74.63 |
| 广西 | 443.05 | 160.62 | 129.24 | 88.51 | 40.73 | 98.59 | 65.99 | 32.60 | 30.82 | 20.30 | 10.52 | 23.79 | 16.89 | 6.90 |
| 青藏区小计 | 103.10 | 45.18 | 15.83 | 3.08 | 12.75 | 27.73 | 12.02 | 15.71 | 11.56 | 4.98 | 6.59 | 2.79 | 0.58 | 2.21 |
| 青海 | 58.80 | 19.67 | 9.41 | 2.08 | 7.33 | 20.80 | 10.31 | 10.49 | 8.42 | 4.24 | 4.18 | 0.50 | 0.14 | 0.36 |
| 西藏 | 44.30 | 25.51 | 6.43 | 1.01 | 5.42 | 6.93 | 1.71 | 5.22 | 3.14 | 0.73 | 2.41 | 2.29 | 0.45 | 1.85 |
| 东北区小计 | 2793.82 | 2042.12 | 528.95 | 2.05 | 526.90 | 206.45 | 1.41 | 205.04 | 15.27 | 0.22 | 15.06 | 1.03 | 0.06 | 0.97 |
| 辽宁 | 504.19 | 318.83 | 121.79 | 2.05 | 119.75 | 57.81 | 1.38 | 56.44 | 5.14 | 0.21 | 4.93 | 0.62 | 0.06 | 0.55 |
| 吉林 | 703.04 | 505.51 | 118.57 | 0.00 | 118.57 | 73.31 | 0.04 | 73.27 | 5.36 | 0.00 | 5.36 | 0.30 | 0.00 | 0.30 |
| 黑龙江 | 1586.59 | 1217.78 | 288.59 | 0.00 | 288.59 | 75.34 | 0.00 | 75.34 | 4.77 | 0.00 | 4.77 | 0.11 | 0.00 | 0.11 |

资料来源：第二次全国土地调查 2009 年 12 月 31 日标准时点汇总数据，未含香港、澳门、台湾

式中：$R_{ij}$ 为第 $i$ 个分等单元第 $j$ 种指定作物的自然质量等指数；$\alpha_{tj}$ 为第 $j$ 种作物的光温(气候)生产潜力指数；$C_{Lij}$ 为第 $i$ 个分等单元内第 $j$ 种指定作物的农用地自然质量分；$\beta_j$ 为当地主要种植作物产量折算成水稻、玉米和小麦这 3 种基准作物的产量的系数。

作物的 $\alpha_t$ 是假设在土壤没有任何限制，管理水平最佳，养分和水分充分满足作物生长要求情况下的作物生产潜力，实际上是计算理想状态下的某作物的最大光合产量。事实上，$\alpha_t$ 值与气候条件决定的种植制度即熟制密切相关，是一个根据不同作物的光合速率，利用模型计算的由积温决定的区域生产潜力值。《规程》给出了全国各县的主要粮食作物的生产潜力 $\alpha_t$，不用各地方自行计算。

现实中，绝对没有限制的土壤是不存在的。由于二层厚度、土壤质地、剖面构型(包括障碍层次)、养分含量、pH 等土壤因素存在着各种不同的限制性，而使作物的光温水生产潜力受到限制。《规程》用土地适宜性评级的方法计算除气候条件之外的其他土地限制因子的修正值，即《规程》中的 $C_{Lij}$。各地分等工作中基本上都采用加权平均法，计算 $C_{Lij}$，即分等单元(由土地利用现状图、地形图、土壤图叠加形成的多边形图斑)指定作物的耕地自然质量分，计算公式为：

$$C_{Lij}=\frac{\sum_{k=1}^{m} w_k \cdot f_{ijk}}{100} \tag{3-2}$$

式中：$i$ 为分等单元编号；$j$ 为评价作物编号；$k$ 为灌溉、排水、地形坡度、各种土壤性质等分等因素的编号；$m$ 为分等因素的数目；$f_{ijk}$ 为第 $i$ 个分等单元内第 $j$ 种作物第 $k$ 个分等因素的指标分值，取值为(0～100)。$w_k$ 为第 $k$ 个分等因素的权重。

《规程》给出了全国各县耕地分等因素的指标分值 $f_{ijk}$ 和权重 $w_k$ 的参考值。

3. 基于全国耕地质量等的耕地分布情况

(1)全国耕地自然质量等结果　根据全国耕地质量等级调查与评定成果(1∶50 万全国农用地分等国家级汇总数据库)，按公式(3-1)计算得到的分等单元的 $R_{ij}$ 值将全国耕地划分为 15 个等，1 等最好，15 等最差。各等别耕地面积及其占全部耕地面积的比例如表 3-9、图 3-6 所示。

表 3-9　全国农用地自然质量等划分结果表

| 自然质量等 | 面积/$hm^2$ | 面积比例/% |
|---|---|---|
| 1 | 241206 | 0.19 |
| 2 | 1205230 | 0.96 |
| 3 | 2727495 | 2.18 |
| 4 | 3019081 | 2.41 |
| 5 | 4102626 | 3.28 |
| 6 | 12269541 | 9.81 |
| 7 | 13764075 | 11.00 |
| 8 | 12144969 | 9.71 |
| 9 | 13809619 | 11.04 |
| 10 | 18056867 | 14.43 |
| 11 | 15737472 | 12.58 |

续表 3-9

| 自然质量等 | 面积/$hm^2$ | 面积比例/% |
|---|---|---|
| 12 | 11356114 | 9.08 |
| 13 | 8099934 | 6.47 |
| 14 | 4291606 | 3.43 |
| 15 | 4289227 | 3.43 |
| 合计 | 125115063 | 100.00 |

资料来源:《中国耕地质量等级调查与评定(全国卷)》

由图 3-6 可知,全国耕地自然质量等呈近似的正态分布。其中,自然质量 6～12 等的面积较大,各等面积均大于 1000 万 $hm^2$,占全国分等耕地面积的 77.65%;质量最好的 1 等地面积最小,只有 24 余万 $hm^2$,仅占全国分等耕地面积的 0.19%;质量最差的 15 等地较多,有约 429 万 $hm^2$,占全国分等耕地面积的 3.43%。

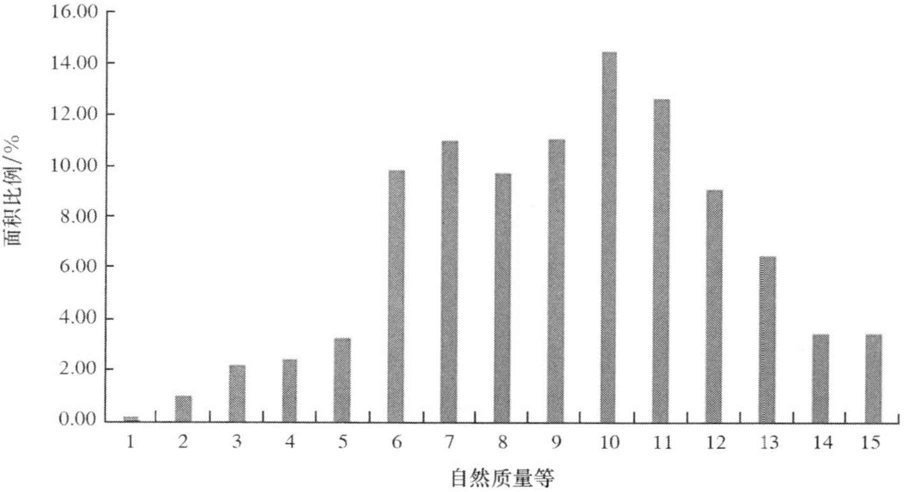


**图 3-6　全国农用地自然质量等面积比例构成图**

(2)全国耕地自然质量等分省分布　对全国耕地自然质量等进行分省面积统计的结集显示,全国自然质量等最高的 1～3 等耕地主要分布在广东、湖北、湖南、浙江、安徽、江西和海南 7 个省,共有 417.39 万 $hm^2$,占全国分等耕地面积的 3.34%,其中广东、湖北、湖南面积最大,依次为 157.34 万 $hm^2$、125.58 万 $hm^2$ 和 122.45 万 $hm^2$,浙江、安徽面积较大,分别有 9.62 万 $hm^2$、1.27 万 $hm^2$,江西和海南面积较小,都不足 1 万 $hm^2$。全国耕地自然质量等最低的 13～15 等地主要分布在内蒙古、甘肃、黑龙江、陕西、贵州、河北、山西、宁夏、青海、新疆、四川、吉林、湖南、辽宁、西藏自治区、江西、海南、福建、云南、湖北、天津 21 省(自治区、直辖市),共有 1668.08 万 $hm^2$,占全国分等耕地面积的 13.33%,其中内蒙古、甘肃、黑龙江、陕西、贵州、河北、山西、宁夏、青海、新疆、四川的分等耕地面积依次为 642.72 万 $hm^2$、289.21 万 $hm^2$、201.93 万 $hm^2$、171.77 万 $hm^2$、112.94 万 $hm^2$、90.23 万 $hm^2$、36.71 万 $hm^2$、30.65 万 $hm^2$、27.09 万 $hm^2$、22.21 万 $hm^2$、20.27 万 $hm^2$,其余省份面积均不足 20 万 $hm^2$。

湖南因为由光温决定的熟制多,地形复杂,土壤差异大,划分的耕地等别个数最多,为 15

个；其次是湖北，划分了 13 个等别。地形平坦单一的上海市最少，为 3 个等别；其次为江苏，共划分了 4 个等别。

对 31 个省（自治区、直辖市）耕地自然质量等的最高等、最低等和平均等进行统计，结果见表 3-10。

**表 3-10　31 个省（自治区、直辖市）自然质量等范围与平均等统计表**

| 省份 | 最高等 | 最低等 | 平均等 |
|---|---|---|---|
| 北京 | 7 | 11 | 8.8 |
| 天津 | 7 | 13 | 9.3 |
| 河北 | 6 | 15 | 9.6 |
| 山西 | 6 | 14 | 10.3 |
| 内蒙古 | 8 | 15 | 14.2 |
| 辽宁 | 7 | 13 | 10.0 |
| 吉林 | 8 | 14 | 9.9 |
| 黑龙江 | 8 | 14 | 11.4 |
| 上海 | 5 | 7 | 5.9 |
| 江苏 | 5 | 8 | 6.0 |
| 浙江 | 2 | 12 | 6.8 |
| 安徽 | 3 | 11 | 7.7 |
| 福建 | 4 | 13 | 7.1 |
| 江西 | 3 | 13 | 9.0 |
| 山东 | 4 | 12 | 6.8 |
| 河南 | 5 | 11 | 7.1 |
| 湖北 | 1 | 13 | 5.4 |
| 湖南 | 1 | 15 | 5.0 |
| 广东 | 1 | 9 | 3.6 |
| 广西 | 5 | 12 | 8.1 |
| 海南 | 3 | 13 | 8.1 |
| 重庆 | 7 | 12 | 9.6 |
| 四川 | 4 | 14 | 9.2 |
| 贵州 | 8 | 15 | 11.3 |
| 云南 | 6 | 13 | 10.6 |
| 西藏 | 10 | 14 | 11.8 |
| 陕西 | 6 | 15 | 11.2 |
| 甘肃 | 7 | 14 | 12.5 |
| 青海 | 11 | 15 | 12.6 |
| 宁夏 | 6 | 15 | 11.2 |
| 新疆 | 6 | 14 | 10.9 |
| 全国 | 1 | 15 | 9.2 |

资料来源：《中国耕地质量等级调查与评定（全国卷）》

全国耕地自然质量等1等地分布在湖南、湖北、广东3省，面积依次为21.19万$hm^2$、2.72万$hm^2$、0.22万$hm^2$，全国耕地自然质量等最低等15等地分布在内蒙古、陕西、河北、宁夏、贵州、青海、湖南7个省(自治区)，面积依次为422.24万$hm^2$、2.97万$hm^2$、1.75万$hm^2$、0.97万$hm^2$、0.96万$hm^2$、268$hm^2$、116$hm^2$。

全国耕地平均自然质量等为9.2等，耕地自然质量总体最优的前三位是广东、湖南和湖北，平均等依次为3.6等、5.0等和5.4等；总体质量最差的前三位是甘肃、青海和内蒙古，平均等依次为12.5等、12.6等和14.2等(图3-7)。

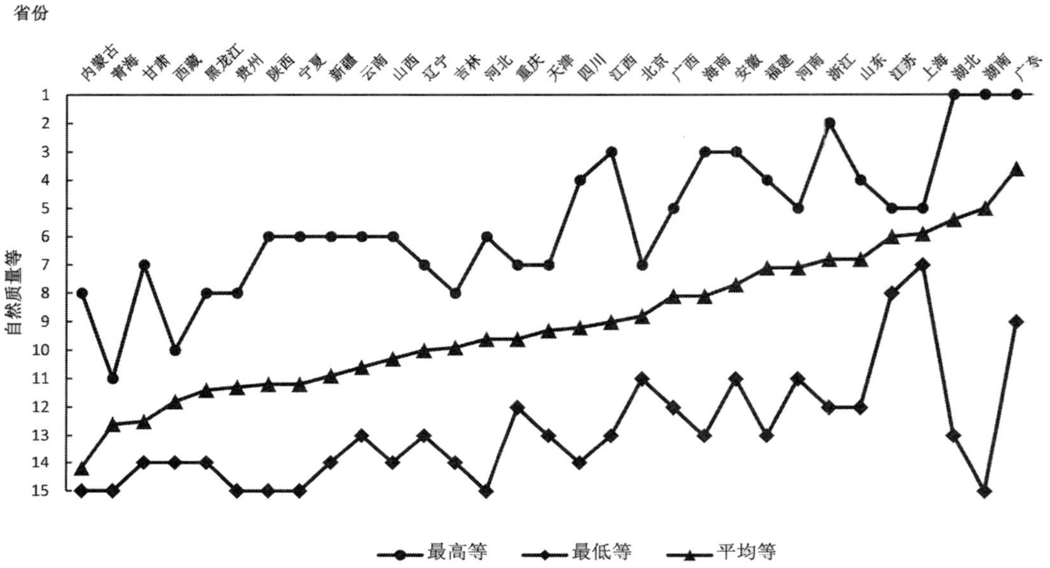


图3-7 各省份自然质量等分布曲线图

结合各省优高中低等地分布情况(表3-11)及其所处的地形条件可知，我国优质耕地主要集中在水热条件较好(即多熟区)、地势较为平坦的平原地区，比如上海、江苏等平原区省份，由于山地分布较少、有灌溉的耕地分布比例较大，因而省内优质耕地占比也较高。而山地(一般分布旱地较多)、水热条件较差(即一熟区)的地区耕地质量相对较差。在山地分布比例较大、水热条件较差的省份，比如重庆、贵州等山地省份和内蒙古、甘肃、新疆等西北干旱省份，劣质耕地分布较多。

表3-11 31个省(自治区、直辖市)优高中低等地面积比例统计表 %

| 省份 | 优等地 | 高等地 | 中等地 | 低等地 |
|---|---|---|---|---|
| 北京 | — | 39.37 | 60.63 | — |
| 天津 | — | — | 99.93 | 0.07 |
| 河北 | — | 23.84 | 45.11 | 31.06 |
| 山西 | — | 4.03 | 50.45 | 45.51 |
| 内蒙古 | — | 0.10 | 12.49 | 87.41 |
| 辽宁 | — | 0.63 | 96.95 | 2.43 |

续表 3-11

| 省份 | 优等地 | 高等地 | 中等地 | 低等地 |
|---|---|---|---|---|
| 吉林 | — | 1.10 | 93.02 | 5.88 |
| 黑龙江 | — | 0.10 | 82.36 | 17.54 |
| 上海 | 0.81 | 99.19 | — | — |
| 江苏 | 0.05 | 99.95 | — | — |
| 浙江 | 5.69 | 50.04 | 44.26 | 0.01 |
| 安徽 | 0.94 | 41.90 | 57.16 | — |
| 福建 | 0.36 | 39.24 | 56.99 | 3.41 |
| 江西 | 2.55 | 71.68 | 25.50 | 0.27 |
| 山东 | 0.04 | 57.20 | 42.76 | — |
| 河南 | — | 79.29 | 20.71 | — |
| 湖北 | 35.54 | 49.06 | 15.36 | 0.04 |
| 湖南 | 16.1 | 38.88 | 40.42 | 4.60 |
| 广东 | 22.54 | 75.90 | 1.56 | — |
| 广西 | 0.34 | 55.67 | 43.99 | — |
| 海南 | 3.71 | 54.50 | 37.34 | 4.45 |
| 重庆 | — | 15.29 | 84.71 | — |
| 四川 | 0.16 | 41.42 | 56.03 | 2.38 |
| 贵州 | — | 1.05 | 72.81 | 26.14 |
| 云南 | 0.03 | 6.39 | 93.25 | 0.33 |
| 西藏 | — | — | 80.96 | 19.04 |
| 陕西 | — | 20.15 | 37.10 | 42.76 |
| 甘肃 | — | 0.16 | 29.38 | 70.46 |
| 青海 | — | — | 41.55 | 58.45 |
| 宁夏 | — | 12.76 | 48.92 | 38.32 |
| 新疆 | — | 0.79 | 85.39 | 13.82 |

注：按照 1～4 等、5～8 等、9～12 等、13～15 等分别划分优等地、高等地、中等地和低等地。
资料来源：《中国耕地质量等级调查与评定(全国卷)》

# 3.3　耕地面积的分析

## 3.3.1　对国家公布耕地数据的分析

### 1. 对 1996 年之前的耕地统计数据的分析

新中国成立后，耕地统计得到了较快发展。在 3 年国民经济恢复时期，各地区都进行了耕地统计，但标准和组织实施不统一。1952 年，为配合全国大规模经济建设的需要，我国在确立中央统一管理统计体系的同时，研究、建立了全国统一的统计制度，耕地统计被列为农业统计的重要内容。1963 年 3 月 16 日国务院通过的《统计工作试行条例》第二章第十条对国家统计的主要指标做出了规定，把耕地面积及与此相关的开荒面积、灌溉面积等列入了国民经济基本统计报表，由当时的人民公社依靠严密的行政体系记录填报，耕地统计得到了较好的实施。但是，由于各地按当地的习惯(亩)进行统计，面积计量标准不统一，加之不少地方为追求字面上的单位面积产量，瞒报了大量耕地"帮忙田"，致使耕地面积的统计数据长期偏低，没有反映出我国耕地规模的真实情况。而且以统计数据为依据的中国耕地面积，自 20 世纪 60 年代以来还呈现持续下降的趋势，到 1980 年下降为 9930.5 万 $hm^2$(约 14.9 亿亩)。但众所周知，改革开放以前，为了填饱肚子，一直在开垦新的耕地，此阶段耕地面积是增加的。因此，这一时期的耕地"统计面积"比实有耕地数量偏小很多且可靠性差(封志明等，2005)。针对这一问题，"六五"期间，全国农业区划委员会、中国科学院综合考察委员会、地理研究所和遥感研究所、国家土地管理局、农业部土壤肥料技术总站等部门分别开展了以耕地为重点的土地利用调查工作，综合各家调查结果，20 世纪 80 年代初期我国实有耕地总面积为 13250 万～13970 万 $hm^2$(20 亿～21 亿亩)(毕于运等，2000)。

2. 对土地一调和土地二调耕地数据的分析

从 1984 年开始，原国家土地管理局组织开展了第一次全国土地利用详查工作(以下简称土地一调)。土地一调首次采用遥感、不同比例尺地形图和全野外调查相结合的现代科学技术和方法、全国统一的土地分类和技术规程，获得了统一丈量尺度的全国土地利用数据。全国各县调查历时十多年，最后将原始调查数据和年度耕地等重要地类变更调查数据相结合，统一时点到 1996 年 10 月 31 日，得到一、二级土地分类面积的全国土地利用汇总数据，其中，全国耕地面积为 19.51 亿亩。土地一调工作第一次全面、翔实、准确地获取了全国土地利用类型数据，从每一个地块到村、乡、县、地、省，都有第一手资料(包括数据、图件和文字报告)支撑，结束了长期以来我国土地资源家底不清的局面，2000 年公开出版全部土地一调成果，为编制国民经济、社会发展计划和制定有关政策及科学决策提供了重要依据。之所以说土地一调数据全面，主要是指其调查结果覆盖全部陆地，土地分类类型界限明确，没有交叉；所谓翔实、准确，主要是以航空为主的遥感资料和大比例尺地形图为底图进行调绘成图，可实地检查，与过去的分级上报统计数字相比，较为准确。

土地利用是动态的，随着社会经济发展，土地利用也发生着变化。为了了解土地利用变化，1996 年以后，国家每年组织开展全国土地利用变更调查，形成了年度土地利用变化数据，为国家宏观调控及国土资源规划、管理、保护和合理利用提供了不可缺少的重要基础数据。但此时开展的年度变更调查不是"全面变更"，重点是针对建设用地、耕地占补平衡和土地开发复垦整理相关的地块开展"局部变更"调查，因此，变更调查范围并不全面，也存在着地方漏报瞒报的情况。同时，由于经费投入、人员队伍和技术手段、制度建设等方面条件的制约，加上人为因素的干扰，土地利用变更调查数据的可靠性无法保障，导致变更成果不能全面、准确地反映土地利用现状，不能满足现实土地管理工作的需要。因此，必须开展第二次全国土地利用现状调查(以下简称"土地二调")。

2006 年 12 月，国务院部署开展了土地二调工作，历时 3 年时间全面完成了调查任务。土地二调是新中国成立以来首次采用统一的土地利用分类国家标准，首次采用政府统一组织、地方实地调查、国家掌握质量的组织模式，首次采用覆盖全国遥感影像的调查底图，全面查清了全国土地利用现状，掌握了各类土地资源底数。根据土地二调结果，截至 2009 年 12 月 31 日，全国耕地 13538.5 万 $hm^2$(约 20.31 亿亩)。

土地二调耕地数据比基于土地一调数据逐年变更到2008年底的耕地数(18.26亿亩)多出1358.7万$hm^2$(约2亿亩),主要原因有以下几个:一是土地一调依然存在瞒报耕地面积的情况,因为1996年以前还有农业税,特别是1996年对万年完成的各县土地一调数据进行统一时点对准时,有些地方趁机瞒报了耕地面积;而到土地二调时不但已经取消了农业税,而且中央还实施各种农业补贴政策,因此此前各地少报、瞒报的耕地面积都开始显露出来;二是自1996年实行耕地占补平衡政策,各地政府组织土地开垦,再加上后备土地资源丰富的东北、西北地区农民自发地"开荒种田",也增加了不少耕地,如土地二调仅黑龙江的耕地面积就多出6000多万亩,内蒙古、新疆等省(自治区)的耕地面积也都有较大幅度上升,内蒙古土地二调耕地面积比土地一调耕地面积多了近1500万亩;三是土地二调以陆地资源卫星为调查底图,在技术上提高了调查的精度。

但土地二调数据中也有一些失实的方面。

(1)果园等一些"可调整地类"依然调查统计为耕地　为了比较利益,20世纪90年代中期以来,许多农民,特别是南方水热条件好、适宜多熟作物种植的地区,很多粮田改种果树等非粮作物,甚至挖塘养鱼。在我国加入WTO后,大田粮食作物的国家市场竞争力也不如劳动密集型的果树等经济作物,所以政府为了让农民增收,也允许乃至鼓励耕地"非粮化"。

面对这个现实,2009年3月2日,国务院第二次全国土地调查领导小组办公室发布《关于在第二次全国土地调查中增加可调整地类的通知》(国土调查办发〔2009〕9号),明确了第二次全国土地调查中可调整地类的含义,即指按照《关于搞好农用地管理　促进农业生产结构调整工作的通知》(国土资发〔1999〕511号)精神,自1999年以后,除生态退耕以外,因农业结构调整,将耕地改为园地、林地、草地和坑塘水面,且耕作层未被破坏的土地。可调整地类包括可调整果园、可调整茶园、可调整其他园地、可调整有林地、可调整其他林地(耕地改为未成林地、苗圃)、可调整人工牧草地和可调整坑塘水面。即对于原有地类为耕地,实地现状为非耕地的,可以按照可调整地类属性认定,形成了所谓的可调整园地、可调整林地、可调整草地、可调整坑塘等。这些"可调整地类"耕地在土地二调中依然作为耕地统计,增加了土地二调的耕地面积。

专栏3-1

## 关于在第二次全国土地调查中增加可调整地类的通知

国土调查办发〔2009〕9号

各省、自治区、直辖市第二次土地调查领导小组办公室,国土资源厅(国土环境资源厅、国土资源局、国土资源和房屋管理局、规划和国土资源管理局),解放军土地管理局、新疆生产建设兵团国土资源局:

为准确掌握耕地现状以及变化状况,科学评价耕地保有量及生产潜力,经研究,决定在第二次全国土地调查中增加可调整地类的调查内容,现将有关事项通知如下:

一、可调整地类含义

可调整地类指按照《关于搞好农用地管理　促进农业生产结构调整工作的通知》(国土资发〔1999〕511号)精神,1999年以后除生态退耕以外,因农业结构调整原因,将耕地改为园地、林地、草地和坑塘水面，且耕作层未被破坏的土地。包括：可调整果园、可调整茶园、可调整其他园地、可调整有林地、可调整其他林地（耕地改为未成林地、苗圃）、可调整人工牧草地和可调整坑塘水面。

二、调查方法和要求

没有开展或正在开展外业调查的地区，应按照可调整地类含义，参照土地变更调查成果资料，在外业调查时，实地调查耕作层破坏情况。对符合可调整地类条件的，在外业调查表中记录，并标注在外业调查底图上。

已完成农村土地调查的地区，由国土资源部门组织熟悉情况的管理人员和技术人员，按照可调整地类含义，依据土地变更调查成果资料，内业在土地利用现状图上或数据库中直接认定，并在数据库中补充相关内容；对于在内业难以认定的，应到实地进行补充调查。

三、数据库建设

对于认定的可调整地类，在数据库该图斑属性的"地类备注"中作记录，代码为"k"。第二次土地调查所应用的数据库软件，应补充可调整地类面积统计、汇总和查询等相关功能。

国务院第二次全国土地调查领导小组办公室

二〇〇九年三月二日

(2)山区撂荒耕地依然作为耕地统计　受城市化影响，非农就业机会增加，山区畸零狭小的耕地更容易边际化而被撂荒。但是，这些山区被撂荒的耕地，土地二调中依然被认定为耕地，这部分耕地实际上加大了土地二调的耕地面积。

(3)半干旱区有些"非法"耕地没有被调查统计为耕地　我国温带半干旱区，年均降水量在250～500 mm，其天然植被为草原，历史上曾是优良牧场。因为降水量在正常年景可以满足旱作农业，所以，历史上，这里是农民北迁的目的地，政府也组织过大面积垦荒。即便在城市化创造了大量非农就业机会的今天，这里由于地广人稀，土地较为平坦，可以机械化种植，实现规模经济，耕地也没有被边际化，不像山区畸零狭小的耕地易被大量撂荒。但是，这个地区的过度开发导致生态系统退化形势严峻，过度农垦导致草原生态系统失衡，挤占或损毁生态空间。因此，早在20世纪，《内蒙古自治区人民政府关于严禁乱开滥垦　加强生态环境保护与建设的命令》(内政发〔1999〕1号)就已经明确，必须停止一切开垦天然草地和宜林地等非法扩大耕地的行为。原内蒙古国土资源厅第一次土地调查数据成果公报显示，内蒙古耕地面积为746.3万 $hm^2$。2009年底，土地二调结果中内蒙古耕地为918.93万 $hm^2$，比基于土地一调数据逐年变更到2008年的耕地面积多出196.33万 $hm^2$，这196.33万 $hm^2$ 耕地不是国家组织土地整理、复垦开发补充的耕地，而是农民自发开垦的耕地①。土地二调结束时，可能考虑到有些"非

① 中华人民共和国自然资源部网站，原内蒙古国土资源厅《关于内蒙古自治区第二次土地调查主要数据成果的公报》. http://www.mnr.gov.cn/zt/td/decdc/dccg/gscg/201807/t20180704_1999417.html.

法开垦”耕地是“不稳定耕地”，即位于林区、草原、河滩地、沙漠化等区域，属于难以稳定利用的耕地，大约 2000 万亩并没有纳入全国土地二调数据汇总（中华人民共和国自然资源部网站，2018）。

2020 年 8 月 10 日，《新华每日电讯》刊发的内蒙古陈巴尔虎旗为完成造林指标，在 2 万多亩将熟庄稼上开沟毁粮事件也间接说明了这个现实，该事件在社会上引起强烈反响。据新闻报道，这些产粮“麦田”位于陈巴尔虎旗特尼河林场内，是陈巴尔虎旗已垦林地草原退耕还林还草试点地块。笔者认为，所谓“已垦林地草原”其实就是农民非法擅自毁林开垦的耕地，虽然这些土地主要发挥粮食生产功能，但土地二调时，地方政府可能为了满足管理目标需要，故意隐藏了此类耕地；或是位于生态退耕范围、生态红线范围等，未被认定为耕地。试问，如果是几十年前砍伐林地垦为耕地而且给予农民承包经营证，谁敢如此铲粮？可能正是由于这些耕地未被认定为耕地，不受法律保护，才会让当地管理者打着农民“违法种植”的旗号，大肆铲粮毁田。但在国土三调中，地类认定是按照“所见即所得”原则，这些耕地形态特征在遥感影像上与普通耕地没有差别，必然被认定为耕地。因此可以推断，在长城以北、西北、东北地区国土三调耕地实际面积可能高于土地二调值。

专栏 3-2

### （一）新闻报道材料一：铲毁 2 万多亩将熟麦子油菜，为完成退耕指标？

图 1　2020 年 8 月 2 日，陈巴尔虎旗特尼河林场大片麦田、油菜田被铲出一道道黑绿相间的“斑马线”

图 2　2020 年 8 月 2 日，陈巴尔虎旗特尼河林场一处被毁的麦田

图 3　2020 年 8 月 2 日，陈巴尔虎旗特尼河林场一处
被毁的麦田里，一些突击种上的树苗已经枯萎

2020 年 7 月以来，内蒙古自治区呼伦贝尔市陈巴尔虎旗铲毁 2 万多亩即将成熟的麦子、油菜，突击完成退耕还林指标。据估算，已造成数百万斤麦子、油菜籽损毁。

记者采访此事之后，该旗已暂停铲毁余下的2万多亩庄稼，待秋收后再退耕还林。

记者现场看到，陈巴尔虎旗特尼河林场大片大片麦田、油菜田里，被铲出一道道触目惊心、黑绿相间的“斑马线”。“再有十多天就要收割了，现在毁了实在可惜！”附近群众说。

据了解，铲毁庄稼地，是为了退耕还林。2019年末，呼伦贝尔市成为内蒙古退耕还林还草试点，自治区给市里下达退耕还林还草指标20万亩，市里给该旗下达5万多亩指标。

对此，陈巴尔虎旗林业和草原局回应：“种植户在未签订合同情况下，强行种植，林场工作人员进行现场制止，种植户依然进行播种，属于违法行为。”据介绍，从今年春耕前的3月25日起，旗里多次下达停止和禁止种植的通知。

为何要违法种植？种植户表示，退耕还林是有补偿的，春耕时旗里并没有明确补偿方案。虽然收到了禁令，但不知如何补偿，为了今年不减收就先种上了。

能否收完庄稼再种树？陈巴尔虎旗一名干部说，上级催着8月31日前完成退耕还林，只能抢时间完成任务，“除非退耕还林试点工作不干，否则不容商量”。

据了解，内蒙古此次退耕还林有3个试点地区。截至6月，其他两地已完成全年主要任务，而呼伦贝尔仅完成一小部分，在内蒙古相关部门督查中受到批评。

之后，该旗退耕还林工作“前松”变“后紧”。知情人士说，陈巴尔虎旗前期落实上级政策缓慢，没有及时出台明确补偿方案，徒下禁令而没管住春耕，错过春季退耕还林关键时机；后期又草草退耕、匆匆造林，铲毁2万多亩将熟的麦子和油菜。

多位基层工作经验丰富的受访干部说，9月种树不算晚，应该向上级如实报告实际情况，申请待收完粮食再种树，这样既可以完成工作任务，又不白白损毁农作物。

新闻链接：http://www.xinhuanet.com/2020-08/10/c_1126346216.htm

## （二）新闻报道材料二：内蒙古调查陈巴尔虎旗“毁粮造林”事件

2020年8月10日，《新华每日电讯》刊发内蒙古陈巴尔虎旗为完成造林指标在2万多亩将熟庄稼上开沟毁粮事件，在社会上引起强烈反响。事件曝光后，内蒙古自治区和呼伦贝尔市两级党委、政府立即彻查此事，相关人员正在接受调查。

11日，呼伦贝尔市委、市政府主要负责人到试点地块现场调查了解情况，要求陈巴尔虎旗政府制定周密方案，妥善解决矛盾焦点，制定实施有力措施，依法有序推进工作，确保按时保质保量完成试点任务。11日晚，由多个部门组成的内蒙古自治区政府督察组也抵达陈巴尔虎旗，详细调查了解事件经过。

据介绍，2020年，上级下达给陈巴尔虎旗已垦林地草原退耕还林还草试点任务5.35万亩。3月下旬，旗林草局下发通知，要求试点地块停止种植，此后又多次通过文件、短信、微信告知退耕户，不得在退耕地块播种。4月26日，退耕户在未经林场同意，未签订种植合同的情况下，擅自在退耕地块上播种作业，林场工作人员第一时间赶赴现场并制止了耕种行为。但退耕户在林场工作人员离开后继续种植。经当地公安局、检察院等相关部门研究，决定对种植户进行行政处罚，待退耕还林还草任务完成后执行。

6月中旬，林场与退耕户签订了退耕协议，旗林业和草原局在2.1万亩退耕还林试点区域内陆续开沟种植树苗。

“不管什么理由，针对工作推进中出现的问题，我们都要举一反三，科学统筹、合理安排，在确保顺利秋收的同时，高质量有序完成退耕还林工作。”呼伦贝尔市委相关负责人向记者表示，已责成当地组织力量加快对农作物有序收割、清运、仓储工作。同时采取边收割边造林两不误措施，加快还林还草工作。

新闻链接：http://www.ccdi.gov.cn/yaowen/202008/t20200813_223732.html

（4）东北区有些“非法”耕地也没有被调查统计为耕地　东北地区是我国湿地面积分布最大的区域，列入世界湿地名录的44处中有12处在东北。当时，由于我国缺少湿地保护的专门法规，农业、林业、渔业、海洋等政府部门采用要素式的管理体制，不同部门之间存在着管理体制与机制冲突。例如，在原国土资源部用于第二次全国土地调查的土地利用分类体系中，沼泽、滩涂等湿地被列为“未利用地”，也就是“荒地”。所以，在利益的驱动下，出现了不少“蚕食”湿地开垦为耕地的现象，私自围垦、偷垦湿地现象屡禁不止。但是在这些由开垦湿地而来的耕地中，对于未根据规划列入土地开发整理项目的“非法”开垦耕地，土地二调并未按照耕地来认定，也未参照耕地管理。因此，土地二调中某些这类耕地也就没有统计到耕地面积当中。

2011年8月12日，央视《经济半小时》曝光的黑龙江大片湿地被偷垦成耕地事件就说明了湿地被偷垦的现象普遍存在。

专栏3-3

### 新闻报道材料：黑龙江大片湿地被偷垦成耕地　转租暴利惊人

晚上好，欢迎收看《经济半小时》，今天我们继续聚焦水流困局。今天我们来关注一个较为特殊的水资源——湿地。湿地被称为“地球之肾”，在净化环境、分解毒素方面有着不可替代的作用。尽管湿地只覆盖了地球表面6%的面积，但却是地球上20%的已知物种的栖息之地，它是自然界最重要的生态系统和人类最宝贵的水资源之一。然而我们的记者在黑龙江采访时发现，这里的湿地正在一片一片地消失。

在同江市八岔赫哲族乡有这样一块湿地，当地人叫十里泡，这里是赫哲族世世代代捕鱼打渔的地方，如今已经成为当地有名的一处景点。这里不仅有野生的荷花，还有不少野鸭子等水禽动物。然而这片本来就不算大的湿地，被开垦出了一大块耕地。同江市八岔赫哲族乡新颜村新宏屯村民王锁贵告诉记者，这块地原来就是十里泡的分岔湿地，而这块耕地是2009年开垦的，大约有400多亩。

……

当地村民说，与十里泡仅隔一条路的这些地，曾经也是他们村里开垦的土地，后来发大水这里就撂荒了。1996 年当地政府重新复耕了这里的两万多亩土地。1997 年又在鸭绿河以北开垦了五六万亩耕地，而这些耕地和十里泡在内的区域都属于三江自然保护区的范围。村民告诉记者，把这些湿地都换成耕地以后，对这边气候产生了很大影响。比如把这些湿地都换成耕地以后，该下雨的时候不下了。

那么开垦这片土地的人到底是谁，自称承包一里泡的人又是谁呢？通过当地乡政府，记者找到了十里泡的承包合同。这份签订于 2004 年的合同上显示，承包人是新宏村的楚合新，承包期限是 20 年，但是 20 年的租金却只有 40000 元，折合成每年的租金只有 2000 元。

早在 1998 年，黑龙江省就出台了“关于加强湿地保护的决定”，但是从文件出台之后，滥砍滥伐森林和毁坏草原、湿地开荒的现象仍然时有发生。2001 年黑龙江省又出台了“关于进一步加强生态环境保护和建设的决定”，要求现有湿地一律停止垦植和采掘，而且不再允许开荒行为。黑龙江八岔岛国家级自然保护区管理局副局长付贵告诉记者，从 1998 年国务院下发了一个 8 号文件以后，就规定不再允许毁草、毁林、毁湿等一系列开荒行为。但是这些文件并没有阻止住违法开垦湿地的现象。

2004 年抚远县三江自然保护区仅立案的湿地非法开垦案件就有 20 起，涉及被开垦湿地约 4361 亩；2008 年八岔岛自然保护区也查处了一起开荒违法行为，涉及几十亩；而那些偷偷摸摸小片开荒的事情就更难以统计和查处。付贵告诉记者，不排除拱拱地头，湿地可能被蚕食的现象，但是到现在他们还没有掌握这种情况。

导致开荒毁坏湿地的现象难以杜绝的原因到底是什么？在三江平原采访的时候，当地人最主要的说法就是，现在粮食价格上涨，土地收益增加是最根本的原因。据记者了解，现在一亩耕地的承包价格已经达到了 400 元左右，如果有 1000 亩耕地的话，一年什么都不用做，每年就可以有 40 万元的收入。同江市粮食自给办公室主任王学文告诉记者，因为粮价高了，现在都是农民争着抢着包地，所以就采取竞价的方式，水稻田现在每晌地承包租金能达到四五千元，粮价和十年之前相差太大了。

在三江湿地保护区的实验区，有大量的耕地，这些耕地大部分都被外来的耕种者承包。而拥有这些土地的原承包人则根本不用自己耕种。这个来自黑龙江绥化市的家庭在抚远县海青乡总共承包了 25 $hm^2$ 耕地，这些耕地都处在三江湿地保护区范围内。包地农户说，每一垧地(15 亩)租金是 4000 元。仅他们一家的租金就是 112000 元，而在这个地方一共有 4 家人，他们都来自绥化市，在 4 家人当中，他们承包的耕地是最少的，他们 4 家人与原承包人签订了一个合同，这个合同就有上百公顷耕地，也就是上千亩。地最多的一家，在最里边，从这走到里边要一个半小时。据介绍，有的原承包人还负责在湿地上铺一条简易的路。

记者在三江湿地保护区，现在还能看到刚刚开出来的道路，这些道路修好之后，大型机械就可以进到湿地深处开垦，由于湿地远离城乡，这样的违法行为往往很难被发现。

其实这里每年都会出现破坏湿地的现象，有的是农民私自开垦，也有一些是管理部门的人员参与到违法开垦湿地。

……

1949 年之后，三江平原经历了 4 次大的开荒高潮。第一次是 20 世纪五六十年代部分专业部队形成的一个开荒高潮。第二次是 1971 年以后，大批知识青年到三江平原开垦荒原。第三次是 1979 年以后，三江平原遭遇干旱，当时的开荒条件比较好，又形成了一次大面积的开荒高潮。第四次就是 20 世纪 90 年代，黑龙江省鼓励开荒种田，形成了第四次开荒高潮。刘兴土院士说，20 世纪 50 年代，原来的沼泽地都是集中连片的，连通行都很困难。到 2000 年经过四次开荒以后，现在只剩下一些零星的湿地，保护区留下来的一些湿地也大面积地开垦了，没有了。他们通过遥感图像解析以后发现，现在的沼泽地只剩下 83 万 $hm^2$ 了。如果再加上一些河流、湖泊这些水面的话，还有 44 万 $hm^2$，所以现在剩下湿地的面积，也就是 130 万 $hm^2$，应该说损失了 80%。

1975 年之前，三江平原几乎没有什么沟渠，但是 2004 年的沟渠图显示，用来排水和灌溉的沟渠已经遍布整个三江平原。原来三江平原是以湿地为主的大面积连片的，现在是以耕地为主了，80%都是耕地，湿地也就占百分之十几了。

……

新闻链接：https://tv.cctv.com/2011/08/12/VIDE1336929476147149.shtml

3. 对 2009—2016 年度土地变更调查数据的分析

土地利用现状变更调查是针对现有的土地利用现状数据库和遥感影像数据，通过外业实地调查来获取土地利用现状、权属及行政区划变化的信息，并将调查获取到的数据用于土地利用数据库的更新。在土地二调工作完成后，从 2010 年起，原国土资源部按照《土地调查条例》的要求，组织各地开展年度土地变更调查工作，每年变更调查的成果都及时地向社会发布，作为建设用地的审批管理、耕地保护责任目标考核、土地督察和执法监察管理的根本依据，为实现国土资源“以数管地”向“以图管地”的转变。基于第二次全国土地调查的土地利用年度变更调查数据发布的历年国土资源公报①显示，因建设占用，我国每年损失耕地面积达 220 万～280 万亩。

根据土地二调数据及其以后的年度变更调查数据②，2009—2016 年中国耕地变化情况如图 3-8 所示。2009—2016 年间，全国耕地总面积减少了 46.16 万 $hm^2$。其中旱地变化最大，减少了 81.81 万 $hm^2$；其次是水田，增加了 24.05 万 $hm^2$；水浇地变化最小，增加了 11.61 万 $hm^2$。全国超过 70%的省份耕地有所减少，减少较多的是河南、湖北，面积均超过 7.5 万 $hm^2$。耕地增加

① 中华人民共和国国土资源部．2013 中国国土资源公报，2014.04.
中华人民共和国国土资源部．2014 中国国土资源公报，2015.04.
中华人民共和国国土资源部．2015 中国国土资源公报，2016.04.
中华人民共和国国土资源部．2016 中国国土资源公报，2017.04.

② 中华人民共和国自然资源部．2017 中国土地矿产海洋资源统计公报，2018.05.
中华人民共和国自然资源部．2017 中国国土资源统计年鉴．北京：地质出版社，2018.04.

较多的是新疆、广东，面积均超过 7.5 万 $hm^2$。

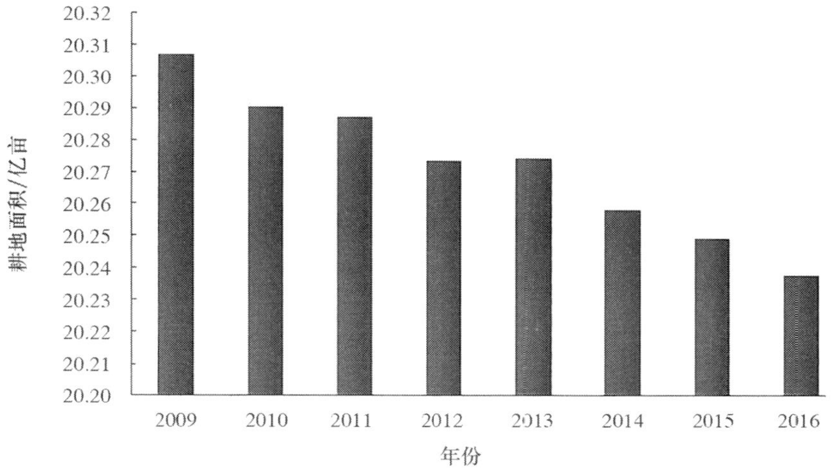


**图 3-8　耕地数量变化情况**(第二次全国土地调查及其变更调查数据)

但变更调查也存在一些问题和漏洞，使得根据变更调查编制的年度公报数据与真实状况存在一定差距。一是受地方管理目标影响，年度变更调查采用"国家总体掌控、地方实地调查"的组织模式，部分地区在变更调查中存在未如实上报数据、变更调查不到位的突出问题，主要表现为少报建设用地；没有"农转用"计划指标的已占用的耕地不进行上报，影响了年度变更调查结果的真实性、准确性。二是受人为和技术因素影响，由于变更调查内容多、范围广、时间紧、任务重，且涉及多个部门共同参与，在实际执行阶段受时间和空间的影响，部分地区存在部门间配合不到位、工作了解不足、专业技术人员配备不齐、管理意识不够、技术不到位等问题，影响调查结果的全面性、准确性和真实性。

### 3.3.2　我国现状耕地分析

1. 土地三调地类认定标准对耕地面积的影响

2017 年 10 月 16 日，国务院决定自 2017 年起开展第三次全国土地调查(2018 年调整为第三次全国国土调查，简称"土地三调")。目前土地三调工作基本结束，已经完成调查数据汇总，计划于 2021 年发布调查成果。

土地三调与土地二调相比，耕地面积存在差异的原因主要有以下几点：一是土地三调更加注重充分运用精细化遥感资料等现代调查技术，强调"所见即所得"的调查方法，即以现状卫星影像为基准，更加客观地提取土地利用现状。二是地类调查认定中，土地三调将土地二调中认定的"可调整"耕地从耕地地类中剔除(如土地二调时将原来耕地现状是果园的，按耕地统计只是标注为"可调整果园")。

按照国家标准《土地利用现状分类》(GB/T 21010—2017)中的"耕地"定义，即"指种植农作物的土地，包括熟地、新开发地、复垦地、整理地、休闲地(含轮歇地、休耕地)；以种植农作物(含蔬菜)为主，间有零星果树、桑树或其他树木的土地；平均每年能保证收获一季的已垦滩地和海涂。耕地中包括南方宽度<1.0 m，北方宽度<2.0 m 固定的沟、渠、路和地坎(埂)；临时种植药材、草皮、花卉、苗木等的耕地，临时种植果树、茶树和林木且耕作层未破坏的耕地，以及

其他临时改变用途的耕地”。但是国务院第三次全国国土调查领导小组办公室2019年发布的《关于调整第三次全国国土调查有关内容与要求的补充通知》(国土调查办发〔2019〕7号)[①](专栏3-4)指出,将《第三次全国国土调查实施方案》(国土调查办发〔2018〕18号)、《第三次全国国土调查技术规程》原规定调查为耕地,并标注为“临时种植园木”“临时种植林木”“临时坑塘”“观赏园艺”“速生林木”和“绿化草地”的地块,不再按耕地调查,按实地现状调查地类。具体调整为:对原标注为“临时种植园木”“临时种植林木”和“临时坑塘”,分别细化调查为果园、茶园、其他园地、乔木林、灌木林、其他林地、坑塘水面等地类,标注“即可恢复”属性,即清理后即可直接恢复耕种。对其他第二次全国土地调查时的耕地及其后的新增耕地,而实地为种植园用地、林地、草地及坑塘水面的,按现状调查地类,标注“工程恢复”属性,即清理后仍需要采取工程措施才能恢复耕种(图3-9)。

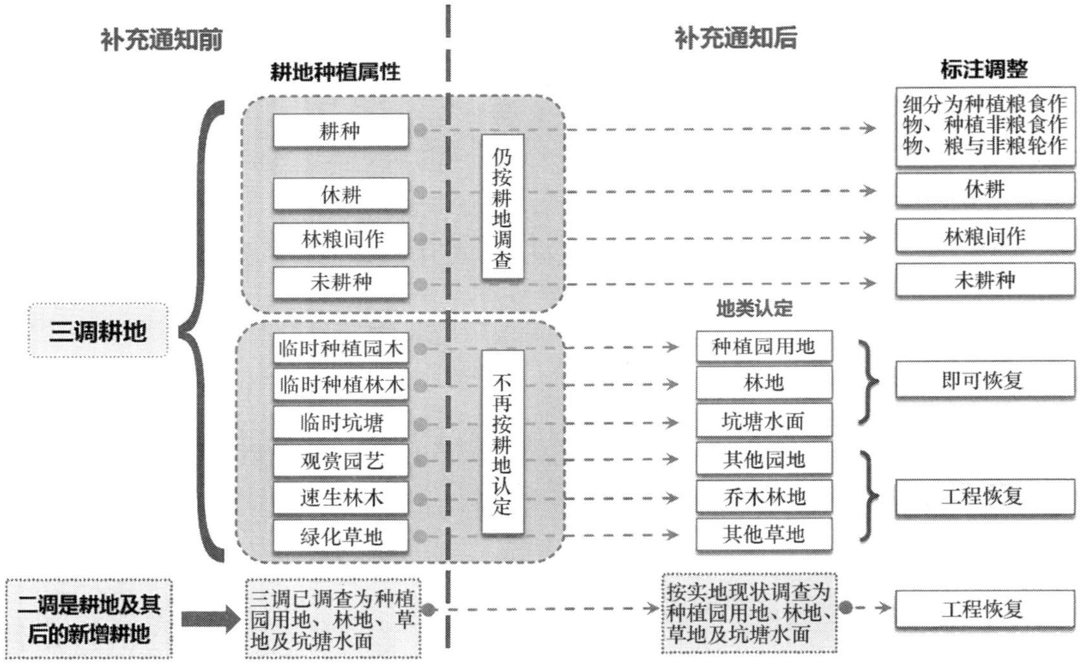


图3-9 第三次全国国土调查耕地调查认定规则变化前后对比

可以预测,按照第三次全国国土调查认定规则,将土地二调后的新增“可调整地类”不再按耕地认定,并将“存量”“可调整地类”全部调出耕地,按现状调查地类,必将使土地三调耕地面积调查结果低于土地二调面积,调查结果将更接近我国实有耕地面积。

(1)长城以南耕地面积土地三调数会低于土地二调数 长城以南温暖湿润地区,由于土地的多宜性,可以种植多种作物。因此,耕地改种果树的“非粮化”面积很大,甚至种植花卉苗木的耕地也很多,土地二调时以“可调整地类”标注,依然统计为耕地,这次土地三调不再将其作为耕地统计,这会使我国长城以南耕地面积低于土地二调值。

另外,土地二调时将撂荒的耕地作为耕地统计,土地三调不再按耕地进行调绘,且这部分撂荒耕地面积很大。因为我国黄河以南山地(含丘陵)面积大,坡耕地面积大。根据中科院地

① http://gi.mnr.gov.cn/201903/t20190321_2402382.html.

专栏 3-4

## 国务院第三次全国国土调查领导小组办公室<br>关于调整第三次全国国土调查有关内容与要求的补充通知

国土调查办发〔2019〕7号

各省、自治区、直辖市第三次国土调查领导小组办公室、自然资源主管部门，新疆生产建设兵团第三次国土调查领导小组办公室、自然资源主管部门，中央军委后勤保障部军事设施建设局：

为落实国务院第三次全国国土调查电视电话会议部署，按照全国省级第三次国土调查领导小组办公室主任会议和自然资源部第三次全国国土调查工作推进电视电话会议要求，经研究，对第三次全国国土调查的部分内容进行调整和补充，对相关调查要求进一步明确和完善。现将有关事项通知如下：

一、调整耕地调查和标注的要求

将《第三次全国国土调查实施方案》(国土调查办发〔2018〕18号，以下简称《实施方案》)、《第三次全国国土调查技术规程》(以下简称《技术规程》)原规定调查为耕地，并标注为“临时种植园木”“临时种植林木”“临时坑塘”“观赏园艺”“速生林木”和“绿化草地”的地块，不再按耕地调查，按实地现状调查地类。具体调整为：对原标注为“临时种植园木”“临时种植林木”和“临时坑塘”，分别细化调查为果园、茶园、其他园地、乔木林、灌木林、其他林地、坑塘水面等地类，标注“即可恢复”属性，即清理后即可直接恢复耕种。对其他第二次全国土地调查时的耕地及其后的新增耕地，而实地为种植园用地、林地、草地及坑塘水面的，按现状调查地类，标注“工程恢复”属性，即清理后仍需要采取工程措施才能恢复耕种。

二、补充细化耕地种植属性标注

将《实施方案》《技术规程》规定的耕地种植属性标注调整为“种植粮食作物”“种植非粮作物”“粮与非粮轮作”“休耕”“林粮间作”和“未耕种”。其中，“种植粮食作物”“种植非粮作物”和“粮与非粮轮作”三种属性是通过实地调查对原“耕种”属性的细分，“种植粮食作物”指种植谷类、豆类和薯类作物，“种植非粮作物”指种植蔬菜、棉花、油料、糖类、饲草、烟叶等作物，“粮与非粮轮作”指粮食作物与非粮作物轮种、间种和套种等情况；“休耕”“林粮间作”和“未耕种”未作调整；取消原“临时种植牧草”属性标注，将其纳入“种植非粮作物”进行标注。初始调查成果按2018年种植情况进行标注，统一时点更新成果按2019年种植情况进行标注。

全部耕地图斑均应标注种植属性。对细化调查为“河道耕地”“湖区耕地”“林区耕地”“牧区耕地”“沙荒耕地”和“石漠化耕地”的耕地，应同步标注“种植粮食作物”“种植非粮作物”和“粮与非粮轮作”属性。

三、调整临时用地调查要求

将《实施方案》《技术规程》关于临时用地的调查要求调整为，按实际使用范围调查为建设用地，不再按原地类调查，并将实际占地范围以及批准文号以单独图层的方式存储在数据库中，按《关于明确第三次全国国土调查县级调查成果报送要求的通知》(国土调查办发〔2018〕22号)要求，同步提交批准文件扫描件。其中，工程建设附属的临时用地按用地工程主体的地类调查，临时勘探及采矿用地方式改革试点的临时用地按采矿用地调查。临时用地的认定依据是实地已建设，并且临时用地合同(协议)经依法批准且在有效期内，未经批准或不在有效期内的，不得在单独图层表示。

四、调整拆除未尽地块调查要求

将《实施方案》《技术规程》关于未拆除到位和拆除未复耕或复绿等地块的调查要求调整为，依据原建构筑物认定地类，并将"拆除未尽"范围以单独图层方式存储在数据库中。其中，属于建设用地拆除未尽的，按建构筑物对应的二级地类调查，属于设施农用地拆除未尽的，按设施农用地调查，属于临时用地拆除未尽的，按建设用地调查，同步在"临时用地"和"拆除未尽"单独图层表示。实地已复耕或复绿的，按现状调查。

五、补充对废弃地块进行标注

对于废弃的公路、铁路和尾矿，在分别按公路用地、铁路用地和采矿用地调查的基础上，增加标注"废弃"属性。

六、调整线状地物交叉情况的调查要求

将《实施方案》《技术规程》关于线状地物交叉的调查要求，调整为地面线状地物连续表示。但对于农村道路、过街天桥等线状地物跨越公路、铁路等，应保持公路、铁路贯通。线状地物平面交互时，应保持高等级的道路贯通。线状地物穿过隧道时，线状地物断在隧道两端。因线状地物交叉重叠十分复杂，各地可制定相应的表示规则，开展细化调查，但应按国家统一要求上报调查成果。

七、补充填报举证材料与图斑关联信息

对所有举证的图斑，应填写举证图斑信息表，信息表由县级调查单位按三调图斑逐一填写。信息表包括举证系统中的举证图斑预编号和三调数据库中对应图斑的标识码等信息。提交县级调查成果时，举证图斑信息表应一并提交。

本通知印发后，《实施方案》《技术规程》涉及上述调整的内容和要求不再执行，以本通知为准；本通知未涉及的内容，仍以《实施方案》《技术规程》为准。《国土调查数据库标准》另行下发，数据库建设及其质量检查，依据最新数据库标准执行。请各省级第三次国土调查领导小组办公室根据上述调整要求，尽快通知到各级第三次国土调查领导小组办公室和承担三调任务的作业队伍，并开展补充培训，确保调整内容和要求传达到每个人。已按照《实施方案》《技术规程》完成或正在开展调查的地区，请按本通知，尽快组织对调查成果予以调整和补充。

国务院第三次全国国土调查领导小组办公室

2019年3月19日

理所李秀彬研究员团队开展的中国山区耕地撂荒程度及空间分布抽样调查显示，在235个调查村庄中，78.3%的村庄出现耕地撂荒现象；基于县栏本统计的2014—2015年全国山区县耕地撂荒率为14.32%；山区耕地撂荒率在省级尺度上呈现出南高北低的空间格局，其中，长江流域一带的山区耕地撂荒率最高，东北的长白山区最低。基于县样本面积加权平均的分省撂荒率分析显示，中国撂荒率最高的省份为江西和重庆，2014—2015年的撂荒率分别达到34.03%、32.49%；其次是广西、四川、浙江、湖南、甘肃，撂荒率在20%～30%；再次为安徽、福建、广东、贵州、海南和西藏等省份，撂荒率在10%～20%；河北省、吉林省、辽宁省、陕西省等北方省份的撂荒率基本在3%以下。从空间分布上，撂荒率呈现南高北低的分布格局，长江流域一带的山区撂荒率最高，而东北地区的撂荒率最低（李升发等，2017）。

（2）长城以北、西北、东北地区耕地面积土地三调数会大于土地二调数　在土地三调中，地类认定是按照"所见即所得"的原则，对于土地二调中未纳入耕地面积统计的长城以北、西北、东北地区（例如半干旱区）农民擅自开垦的"非法"耕地，由于其形态特征在遥感影像上与普通耕地没有差别，土地三调中必然将其认定为耕地，纳入耕地统计范畴。可以预测，按照第三次全国国土调查"所见即所得"的认定规则，我国长城以北、西北、东北地区耕地面积将大于土地二调值，土地三调耕地面积将更加接近实际耕地面积。

2. 基于遥感数据的中国耕地变化分析

目前，很多专家和学者基于Landsat MSS/TM/ETM、GlobeLand30等卫星遥感图像解译获取的土地利用/覆被数据进行了中国耕地的变化研究。其中，对1990—2015年中国1∶10万土地利用数据库（基于Landsat MSS/TM/ETM影像数据）的分析表明，我国耕地面积先增后减，在2000年耕地面积达到最大。耕地变化的空间格局可以概括为"南减北增，新增耕地的重心逐步由东北向西北"的特征（顾行发等，2017；刘洛等，2014；许丽丽等，2015；刘纪远等，2018），并且平原、丘陵和台地（地形起伏度＜200 m）是耕地开发和占用首选的地貌类型（程维明等，2018）；基于GlobeLand30数据的中国耕地变化研究也得到了类似的结果，相关研究表明，2000—2010年间中国耕地总量变化呈现"西增东减，总量减少且破碎化加重"的趋势，耕地面积的分布表现出了"南退西移"的趋势（王佳月等，2017；Yu Q等，2018；胡悦琴等，2020）。本书作者又利用欧洲航空局土地覆被数据分析了中国耕地变化，结果是，1990—2015年全国耕地总面积呈现出先增后减的趋势，减少的区域集中于经济发达、城市化发展迅速的平原地区，新增耕地主要分布于耕地后备资源较丰富，但城市化进程慢的西北、东北地区。上述基于遥感数据所进行的我国耕地变化分析详见本书第4章第4.3节。

3. 中国现状耕地面积的基本判断

根据本节前两部分（3.3.1和3.3.2）的分析，我们判断，2020年土地三调结束时，因为农业结构调整和退耕造林的耕地已经归类为果园、茶园、其他园地、坑塘水面、林地等地类，如果再去除撂荒的耕地，全国耕地总面积大概还有124万$km^2$（18.5亿亩）左右。在分布格局上，与土地二调结束时基本一致；但与土地二调相比，也有一些变化：东南经济发达省份耕地面积减少；珠三角、长三角、黄淮海平原、成都平原，包括关中平原等平原地区，耕地减少；山区耕地减少，特别是长江流域、珠江流域上游山区、黄河中游丘陵沟壑区；而东北和西北地区耕地面积增加，尤其是西北地区增加的量会较大。这种耕地数量增减的区域变化，也使得总体上耕地质量与潜在产能在下降，因为东南湿热地区、平原地区减少的都是优质高产耕地，而北方耕地增加不能从总体上抵消水热条件好的耕地减少造成的耕地质量和产能降低，这是由于北方耕地的光温水产能与现实产量低于南方耕地。

## 本章小结

中国耕地的数量与质量分布总体上受气候和地形条件的影响，但社会经济发展对耕地的分布也产生了一定影响。

东北区和西北区，再加上京津冀鲁豫晋六省市，这些北方省份的耕地占全国耕地总面积的65%以上。可是，长江流域及其以南地区的水资源量占全国的80%以上，水资源和耕地资源空间分布的不匹配，使得我国耕地质量总体不高。从积温方面看，北方只能一年一熟，而南方可以一年两熟或一年多熟，即北方地区耕地的光温生产潜力不高。从地形上看，我国山地、丘陵面积大，平原仅占国土面积的12%，但山地县耕地占县域总面积的平均比例为17.45%，丘陵县的耕地占县域总面积的平均比例已经达到38.99%。由于山地丘陵区耕地大多是旱地，且土壤瘠薄，处在坡度2°以下地形的耕地面积不到全国耕地总面积的50%，处在大于15°坡度以上的耕地占全国耕地总面积的11%，这不仅说明了山区低产田面积大，而且也说明山区水土流失现象频发，严重威胁了区域生态安全。

（本章作者　李超　张凤荣　张天柱）

## 参考文献

[1] 毕于运，郑振源．建国以来中国实有耕地面积增减变化分析．资源科学，2000，22(02)：8-12．
[2] 程锋，王洪波，郧文聚．中国耕地质量等级调查与评定．中国土地科学，2014，28(2)：75-82．
[3] 程维明，高晓雨，马廷，等．基于地貌分区的1990—2015年中国耕地时空特征变化分析．地理学报，2018，73(9)：1613-1629．
[4] 封志明，刘宝勤，杨艳昭．中国耕地资源数量变化的趋势分析与数据重建：1949—2003．自然资源学报，2005，20(01)：35-43．
[5] 顾行发，汪克．中国可持续发展遥感监测报告2016．北京：社会科学文献出版社，2017．
[6] 胡存智．中国耕地质量等级调查与评定(全国卷)．北京：中国大地出版社，2013．
[7] 胡悦琴，马燕飞，张伟科．中国陆地区土地利用/覆被时空格局变化及驱动力分析．农学学报，2020，10(04)：26-35．
[8] 李升发，李秀彬，辛良杰，等．中国山区耕地撂荒程度及空间分布——基于全国山区抽样调查结果．资源科学，2017，39(10)：1801-1811．
[9] 刘洛，徐新良，刘纪远，等．1990—2010年中国耕地变化对粮食生产潜力的影响．地理学报，2014，69(12)：1767-1778．
[10] 刘纪远，宁佳，匡文慧，等．2010—2015年中国土地利用变化的时空格局与新特征．地理学报，2018，73(5)：789-802．
[11] 山崙．黄土高原水土流失区旱作农业的增产途径．水土保持通报，1981(1)：33-41．

[12] 王佳月，辛良杰．基于GlobeLand30数据的中医耕地与粮食生产的时空变化分析．农业工程学报，2017，33(22)：1-8．

[13] 许丽丽，李宝林，袁烨城，等．2000—2010年中国耕地变化与耕地占补平衡政策效果分析．资源科学，2015，37(8)：1543-1551．

[14] 徐勇，杨波，刘国彬，等．黄土高原作物产量及水土流失地形分异模拟．地理学报，2008，63(11)：1218-1226．

[15] Yu Q，Hu Q，van Vliet J，Verburg P. H，Wu W. GlobeLand30 shows little cropland area loss but greater fragmentation in China. International Journal of Applied Earth Observation and Geoinformation，2018，66：37-45．

[16] 中华人民共和国国家质量监督检验检疫总局，中国国家标准化管理委员会．《农用地质量分等规程》(GB/T 28407—2012)．北京：中国标准出版社，2012．

[17] 中华人民共和国国家质量监督检验检疫总局，中国国家标准化管理委员会．《土地利用现状分类》(GB/T 21010—2007)．

[18] 中华人民共和国国土资源部，国务院第二次全国土地调查领导小组办公室．第二次全国土地调查成果分析．北京：地质出版社，2017．

[19] 中华人民共和国国土资源部，国务院第二次全国土地调查领导小组办公室．第二次全国土地调查——农村土地调查数据集．北京：地质出版社，2017．

[20] 中华人民共和国国土资源部，国务院第二次全国土地调查领导小组办公室．中国土地调查技术．北京：地质出版社，2017．

[21] 中华人民共和国国土资源部，国务院第二次全国土地调查领导小组办公室．中国土地资源与利用．北京：地质出版社，2017．

# 第4章

# 城市化对耕地分布变化的影响

城市化和工业化是我国现代化发展的必然趋势，是经济社会发展的推动力。城市化进程中必然有大量耕地、未利用地等其他地类转为建设用地，为城市建设提供发展空间。此外，城市化创造的大量非农就业机会，使得农村地区的大量劳动力转移到城市地区非农就业，也会造成农村地区畸零狭小的耕地被抛荒，减少了人类活动对生态脆弱、边际土地的压力。因此，研究城市化对耕地数量与分布的影响，有助于我们在推进城市化进程中，将其侵占耕地的负面效应降到最低，对于保障国家粮食安全具有重要意义。

## 4.1 中国城市化及其效应

### 4.1.1 中国城市化发展历程

城市化进程，是从以农业为主，产业结构相对松散的、城市化水平较低的初期阶段，向集约化程度高、产业结构相对复杂、城市化中高阶段发展的过程，大体可分为城市化初期、城市化中期、城市化后期3个阶段(刘世庆等，2007)。其中，城市化初期阶段的人口城市化率为10%～30%，此阶段农业社会色彩仍然比较浓厚，国民经济中农业比重大，工业类型单一，第三产业不发达；城市化中期阶段的人口城市化率为30%～60%，此阶段已经具备了一定的工业化基础，经济实力有所增长，城市规模扩展较快，第二、第三产业发展较快。城市化后期阶段的人口城市化率一般在60%以上，此阶段从事农业的绝对人口规模不大，农村剩余劳动力减少，大量人口聚集于城市，为发展城市的第二、三产业提供条件。

城市化初期：探索发展阶段(1949—1978年)。此阶段中国城市化发展的特点是在探索中曲折前进。新中国成立初期，我国常住人口城市化率只有10.6%。国民经济恢复与“一五”时期，大力开展新城镇建设和旧城镇改造运动，城市数量和城市人口持续增加。1949—1957年，城镇人口由5765万人增至9949万人，增长了72.5%，人口城市化率由10.6%提高到15.4%。1958年以后，全国开始了盲目赶超英国的“大跃进”运动，盲目追求工业化速度，导致工业化脱离农业发展这个基础，农村人口暴发性地涌进城市，城市人口急剧增长，致使我国城市化进入了一个盲目冒进的发展阶段，到1960年，中国城市化率达到了19.8%。1960年后，由于大跃进时期国民经济的严重失调以及自然灾害和国际形势变化，国民经济全面调整，在城镇建设方面采取了大规模压缩城镇人口和城市数目的措施，一大批新设置的市退回到县的建制，一部分地级市降为县级市，人口流动受到户籍政策的严格控制，城市化进程有所波动。在 20 世纪 60 年代至 1978 年，受文化大革命的影响，我国的城市化进程基本停滞，常住人口城市化率基本保持在 17%～18%（胡顺延等，2002；向春玲，2013；周毅，2015）。

城市化中期：快速发展阶段（1979 年后）。1978 年，党的十一届三中全会作出了实行改革开放的重大决策，标志着中国城市化的发展进入了一个新的时期。在经济高速增长条件下，城市化迅速推进，城乡之间壁垒逐渐松动并被打破，特别是乡镇企业的发展，使得中国城市化呈现以小城镇迅速扩张、人口就地城市化为主的特点。其中，1978—1984 年是改革开放以后城市化发展的恢复阶段。此阶段城市贸易开放和小城镇迅速发展，同时，大量农民进入城市和小城镇，出现大量城镇暂住人口。此阶段，“先进城后建城”特征明显，城市建设多年徘徊局面结束，城市化率由 1978 年的 17.92%提高到 1984 年的 23.01%，年均提高 0.85 个百分点。此后，以城市建设和建立经济开发区为主要动力，沿海地区新兴小城镇不断涌现，1992 年，中国城市化率提高到 27.63%。以 1992 年邓小平南方谈话和同年 10 月党的十四大的召开为标志，我国进入了全面建立社会主义市场经济体制的新时期。此后，中国的城市化进程大大加快。大批农村剩余劳动力加速向第二、三产业转移。1993 年，设市标准放宽进一步促进了城市化发展。20 世纪 90 年代后期，市场经济活力持续增强，珠三角、长三角等城市群逐步成形，城市集聚效应更加明显（向春玲，2013；周毅，2015）。2011 年末，我国的城乡结构发生历史性变化，常住人口城市化率达到 51.27%，工作和生活在城镇的人口比重超过了 50%，比 1978 年末提高 33.35 个百分点，年均提高 1.01 个百分点。2012 年，党的十八大提出“走中国特色新型城市化道路”，我国城市化开始进入以人为本、规模和质量并重的新阶段。2019 年末，我国常住人口城市化率首次突破 60%，达到了 60.6%（国家统计局，2020）。中国已经经历了城市化初期和城市化中期两个阶段，进入了城市化后期阶段；考虑到中国庞大的人口基数，未来一段时间城市化依然会快速发展。

新中国成立后中国城市化率变化情况见图 4-1。

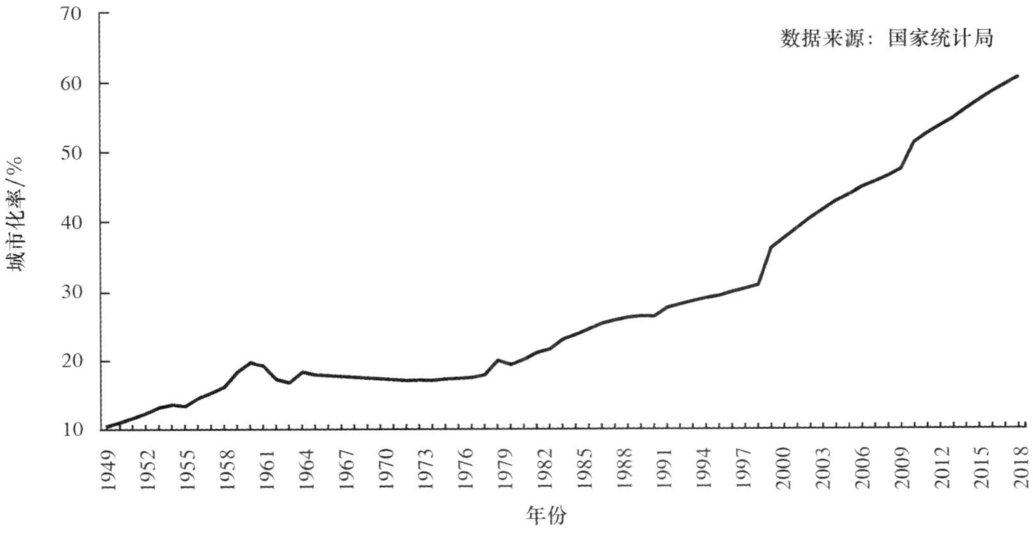


**图 4-1　新中国成立后中国城市化率变化情况**

### 4.1.2 城市化发展对耕地的影响

世界各国的城市化历史经验表明，城市化过程也是城市建设规模不断扩张，侵占大量耕地的过程。无论是早期欧洲国家，如英国、法国、德国等，还是较晚时期的亚洲国家，如日本、韩国等，在城市化发展初期都是以耕地大量减少为代价的。中国也不例外，据第二次全国土地调查数据，截至2009年12月31日，全国耕地总面积为13538.46万$hm^2$(203076.8万亩)，占全国土地调查总面积的14.3%。1996—2008年全国非农建设年均占用耕地20.80万$hm^2$，2009—2012年，尽管非农建设占用耕地的面积有所减少，但年均占用仍然达到了17.35万$hm^2$。

另一方面，城市化也促进了农村劳动力的转移。2019年末，我国常住人口城市化率首次突破60%，达到了60.6%。农村青壮年劳动力大量流入城市，使得农村"空心化"、农村人口"老龄化"现象不断加剧(刘彦随和刘玉，2010)。农村人口老龄化导致了农村劳动力素质不断降低，会进一步造成部分耕地，尤其是地形条件较差的边际化耕地被撂荒。《2016年中国国土资源公报》中数据显示，截至2016年末，全国耕地面积较上一年减少33.65万$hm^2$，除建设占用以外，耕地撂荒、生态退耕也是耕地面积减少的重要原因。

## 4.2 中国建设用地变化及特征

### 4.2.1 数据来源与分析

本章采用从欧洲航空局获取的土地覆被数据(1992年和2015年，空间分辨率为300 m)对中国的建设用地变化进行分析。该数据是以AVHRR、MERIS等卫星获取的遥感影像为数据源，采用Globe-Cover非监督分类，同时还依赖于机器学习算法和多时相数据对比校正的方法获得。由于欧航局土地利用覆被数据的图例类型与国内通用的土地利用分类标准略有不同，根据ESA CCI-LC产品与政府间气候变化专门委员会(IPCC)设置的土地类别对应关系，将其分类系统中的地类合并，重构了耕地、林地、草地、水域、居民用地和未利用地等6种土地利用/覆被类型，具体的归类结果如表4-1所示。

**表4-1 中国土地利用/覆被分类体系与ESA CCI-LC分类体系对应表**

| 编号 | 土地利用类型 | ESA CCI-LC 编号 | ESA CCI-LC 类型含义 |
|---|---|---|---|
| 1 | 耕地 | 10 | 雨养农田 |
| | | 20 | 灌溉农田 |
| | | 30 | 混合植被，其中农田(>50%)/天然植被(乔木、灌木、草本)(<50%) |
| 2 | 林地 | 40 | 混合植被，其中农田(<50%)/天然植被(乔木、灌木、草本)(>50%) |
| | | 50 | 常绿阔叶林(郁闭度>15%) |
| | | 60 | 落叶阔叶林(郁闭度>15%) |
| | | 70 | 常绿针叶林(郁闭度>15%) |

续表 4-1

| 编号 | 土地利用类型 | ESA CCI-LC 编号 | ESA CCI-LC 类型含义 |
|---|---|---|---|
| 2 | 林地 | 80 | 落叶针叶林(郁闭度＞15%) |
| | | 90 | 针阔混交林 |
| | | 100 | 混合植被,乔木、灌木(＞50%)/草本覆盖物(＜50%) |
| 3 | 草地 | 110 | 混合植被,乔木、灌木(＜50%)/草本覆盖物(＞50%) |
| | | 120 | 灌木丛 |
| | | 130 | 草地 |
| | | 140 | 地衣和苔藓 |
| 4 | 水域 | 160 | 生长树木的淡水湿地 |
| | | 170 | 生长树木的咸水湿地 |
| | | 180 | 生长灌木/草丛的淡水湿地 |
| | | 210 | 水体 |
| 5 | 建设用地 | 190 | 城市化区域 |
| 6 | 未利用地 | 150 | 稀疏植被(覆盖度＜15%) |
| | | 200 | 裸地 |
| | | 220 | 冰川及永久积雪 |

注:由于欧航局土地利用覆被数据始于 1992 年,为了便于分析,本章中以 1992 年的数据代表 1990 年。

### 4.2.2　中国建设用地数量变化特征

以欧航局土地利用覆被数据为基础,对中国土地利月类型变化情况进行分析,结果表明,1990—2015 年,全国建设用地面积持续增加,由 1990 年的 347.70 万 $hm^2$ 增加到 2015 年的 1227.92 万 $hm^2$。其中 2000 年以后,全国建设用地的增长速度大大加快(图 4-2)。

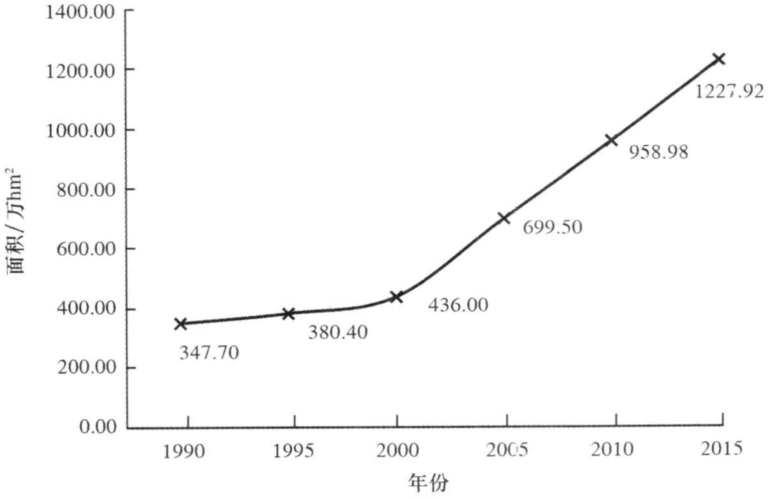


图 4-2　1990—2015 年中国建设用地增长情况

对不同时期新增建设用地的最主要来源进行分析。结果表明，1990—2015年不同时期内，建设用地最主要的来源均为耕地。其中，1990—2000年，建设用地的增长速度较为缓慢。在2000年以后，随着社会经济的发展以及城市化进程的迅速加快，越来越多的耕地被建设用地侵占，此阶段新增建设用地的来源绝大多数为耕地（图4-3）。

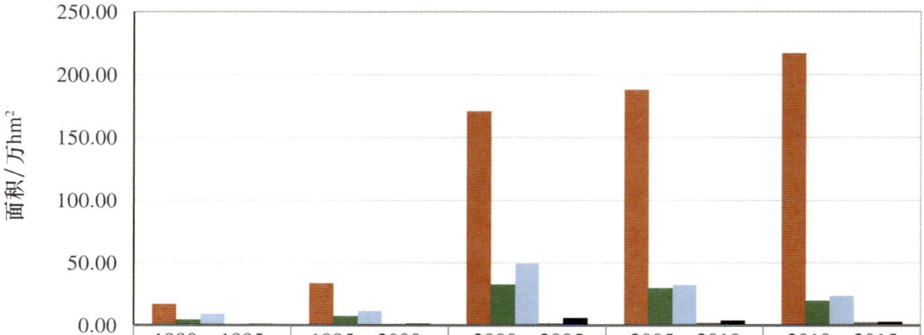


| | 1990—1995 | 1995—2000 | 2000—2005 | 2005—2010 | 2010—2015 |
|---|---|---|---|---|---|
| 耕地-建设用地 | 16.93 | 33.66 | 170.90 | 188.00 | 216.91 |
| 林地-建设用地 | 4.54 | 7.40 | 32.64 | 29.83 | 19.67 |
| 草地-建设用地 | 9.26 | 11.52 | 49.34 | 32.55 | 23.77 |
| 水域-建设用地 | 0.61 | 1.08 | 1.71 | 2.26 | 2.65 |
| 未利用地-建设用地 | 1.01 | 1.33 | 6.04 | 4.02 | 3.02 |

年份

**图4-3　1990—2015年不同时期中国新增建设用地来源分析**

### 4.2.3　新增建设用地空间变化特征

结合中国自然地理区划方面众多专家多年的科研成果，并参考全国高校地理专业师生普遍使用的《中国自然地理》教材将全国划分为华北、东北、华东、华中、华南、西南、西北、青藏八大地理区域（表4-2）。

**表4-2　全国地理分区及其范围**

| 地理区域 | 范围 |
|---|---|
| 华北 | 北京、天津、河北、山西、内蒙古中部（呼和浩特市、包头市、乌兰察布市） |
| 东北 | 黑龙江、吉林、辽宁、内蒙古东部（呼伦贝尔市、兴安盟、通辽市、赤峰市、锡林郭勒盟） |
| 华东 | 上海、江苏、浙江、安徽、江西、山东、福建，以及台湾 |
| 华中 | 河南、湖北、湖南 |
| 华南 | 广东、广西、海南，以及香港、澳门 |
| 西南 | 重庆、四川、贵州、云南 |
| 西北 | 陕西、甘肃、宁夏、新疆、内蒙古西部（阿拉善盟、巴彦淖尔市、乌海市、鄂尔多斯市） |
| 青藏 | 青海、西藏 |

以欧航局土地利用覆被数据为基础，对我国主要的地理分区的建设用地空间变化特征进行分析发现，在空间分布上，1990—2015 年中国建设用地新增区域主要集中在我国的东部地区。华北地区、华东地区是建设用地扩张最明显的区域(图 4-4)。尤其是华东地区，在 2010—2015 年，新增建设用地面积为 117.92 万 $hm^2$，是 1990—1995 年期间的 10 倍以上(表 4-3)。

**表 4-3　不同时期各区域新增建设用地数量**　$hm^2$

| 区域 | 1990—1995 年 | 1995—2000 年 | 2000—2005 年 | 2005—2010 年 | 2010—2015 年 |
|---|---|---|---|---|---|
| 东北 | 5.24 | 12.41 | 47.04 | 20.52 | 25.05 |
| 华北 | 5.40 | 9.01 | 57.57 | 47.58 | 42.56 |
| 青藏 | 0.04 | 0.16 | 0.95 | 0.93 | 1.70 |
| 华东 | 10.44 | 16.41 | 66.83 | 102.11 | 117.92 |
| 华中 | 2.73 | 3.91 | 35.00 | 35.80 | 29.63 |
| 西南 | 1.62 | 3.11 | 11.43 | 15.59 | 16.14 |
| 华南 | 5.72 | 7.49 | 26.45 | 18.58 | 12.15 |
| 西北 | 0.88 | 1.77 | 14.98 | 15.38 | 20.83 |

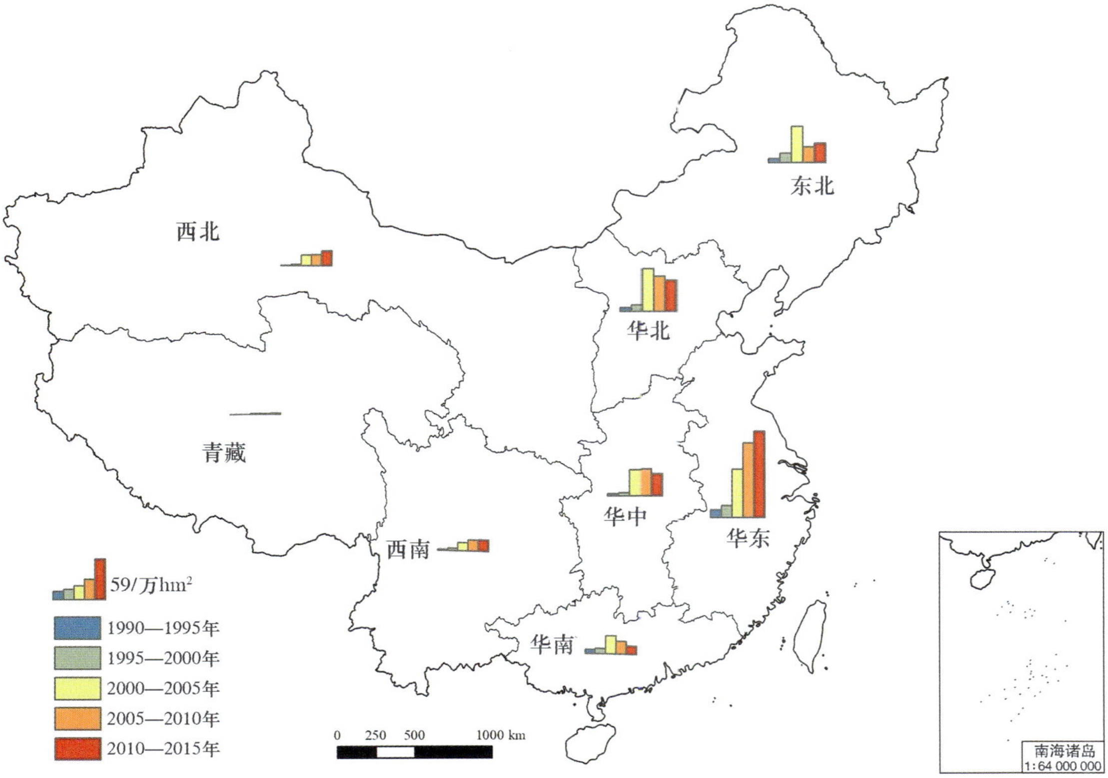


图 4-4　1990—2015 年全国不同区域新增建设用地空间变化概况

但是，2010年欧航局土地利用覆被数据中全国建设用地面积仅为959万$hm^2$，比国务院第二次全国土地调查数据(2009年)的2874万$hm^2$小很多。这是因为欧航局土地利用覆被数据的原始影像空间分辨率(300 m×300 m)较低，仅能够解译出面积较大的城镇，但无法有效解译出数量众多但面积较小的农村居民点和独立工矿用地。根据第二次全国土地调查数据，2009年，全国城镇村及工矿用地共2874万$hm^2$，其中城市352.8万$hm^2$、建制镇372.3万$hm^2$、村庄1847.3万$hm^2$、采矿用地225.5万$hm^2$、风景名胜及特殊用地76.1万$hm^2$。因此，可以认为，欧航局2010年土地覆被数据中的959万$hm^2$建设用地仅包括城镇及部分较大的农村居民点和独立工矿用地。

国务院第二次全国土地调查领导小组办公室编著的《中国土地资源与利用》中的统计数据显示，全国的居民点及工矿用地从20世纪80年代初的1792万$hm^2$(1980—1984年期间土地概查数)扩展到2009年的2874万$hm^2$(二次土地调查数)，其建设用地新增区域主要集中在东部的华北平原、长江三角洲和珠江三角洲等地区，其变化趋势和利用欧航局土地利用覆被数据分析的结果类似。

值得提出的是，改革开放以来，随着城市化的快速发展，我国乡村常住人口和农业户籍人口数量变化分别于1996年和2001年进入快速减少的新阶段，年均分别减少1121万人和579万人，而1996年以来农村居民点用地面积仍呈增长趋势，年均增长0.12%。这主要是由于农村居民点用地效率依然粗放，再加上农村二、三产业发展也会占地，这在北方地区和东部沿海地区更为突出。在城乡二元结构体制的影响下，尽管我国农村地区人口减少，但农村居民点用地面积却不减反增(李裕瑞等，2010；刘继来等，2018)。

## 4.3 中国耕地变化及特征

城市化的快速发展带来的建设用地扩张和耕地保护之间的矛盾越来越突出。本节将深入探讨在快速城市化背景下，我国耕地资源的时间和空间变化特征。

### 4.3.1 已有基于遥感数据的中国耕地变化研究结果

应用遥感技术进行土地利用变化监测研究是当前土地资源领域研究的重要组成部分，很多专家和学者基于不同的遥感(解译)数据对中国耕地的变化情况进行了研究。

1. 基于1∶10万土地利用数据的中国耕地变化

为研究利用空间遥感技术开展大尺度资源环境宏观调查与动态研究的方法，并通过研究最终建立起国家资源环境动态信息系统，“八五”和“九五”期间，中国科学院主持了一系列的国家资源环境项目，集中全国各方面的力量，基于Landsat MSS、TM和ETM遥感图像，主要通过全国各地的相关专家对图像光谱、纹理、色调等的认识，结合地形图进行目视解译，最终建立了中国1∶10万土地利用数据库(以下简称科学院土地数据)。该数据库计划每5年更新一次，目前包括1990年、1995年、2000年、2005年、2010年和2015年6期1∶10万土地利用数据。

基于上述数据，2017年，中国科学院发布的《中国可持续发展遥感监测报告2016》(顾行发等，2017)显示，在近20多年遥感监测期间，我国耕地变化最显著，其动态变化面积高于所有其他土地类型；耕地面积先增后减，呈现明显的阶段性特征，2000年面积最大。2010年耕地21.36亿亩，依然多于20世纪80年代。其主要是由于全国新开发的耕地面积在增加，但是质量较好的传统耕地、良田在减少。具体情况如下：

1990—2010 年，中国耕地总量基本保持平衡，但在前后两个 10 年耕地数量变化表现出不同的特征。其中，1990—2000 年耕地面积净增加 2.83 万 $km^2$，耕地总量变化总体趋势是南减北增，新增耕地主要集中在北方干旱半干旱区的东部，耕地减少主要发生在长江中下游地区；2000—2010 年耕地净减少 1.02 万 $km^2$，主要是由于东部沿海地区城镇居民工矿用地的扩张和中西部生态脆弱区退耕还林还草占用了大量耕地。此外，北方干旱半干旱区的西部也发生局部地区耕地开垦现象，新增耕地的重心逐步由东北向西北移动（刘洛等，2014）。2010—2015 年中国耕地变化的空间格局与 2000—2010 年基本一致，仍然是“南减北增，新增耕地的重心逐步由东北向西北移动”，5 年间耕地面积共减少 $4.9\times10^3 km^2$，总量基本持衡，但各区域[①]耕地变化的范围和速率有明显的差异（图 4-5）（刘纪远等，2018）。从耕地面积变化趋势来看，东部耕地减少放缓，中部耕地减少加速，东北和西部耕地增加速度加快。其中，东部和中部地区 5 年间耕地面积分别持续减少了 $5.5\times10^3$ $km^2$ 和 $5.1\times10^3$ $km^2$，东北和西部耕地 5 年间耕地面积分别持续增加了 $0.5\times10^3$ $km^2$ 和 $5.2\times10^3$ $km^2$。

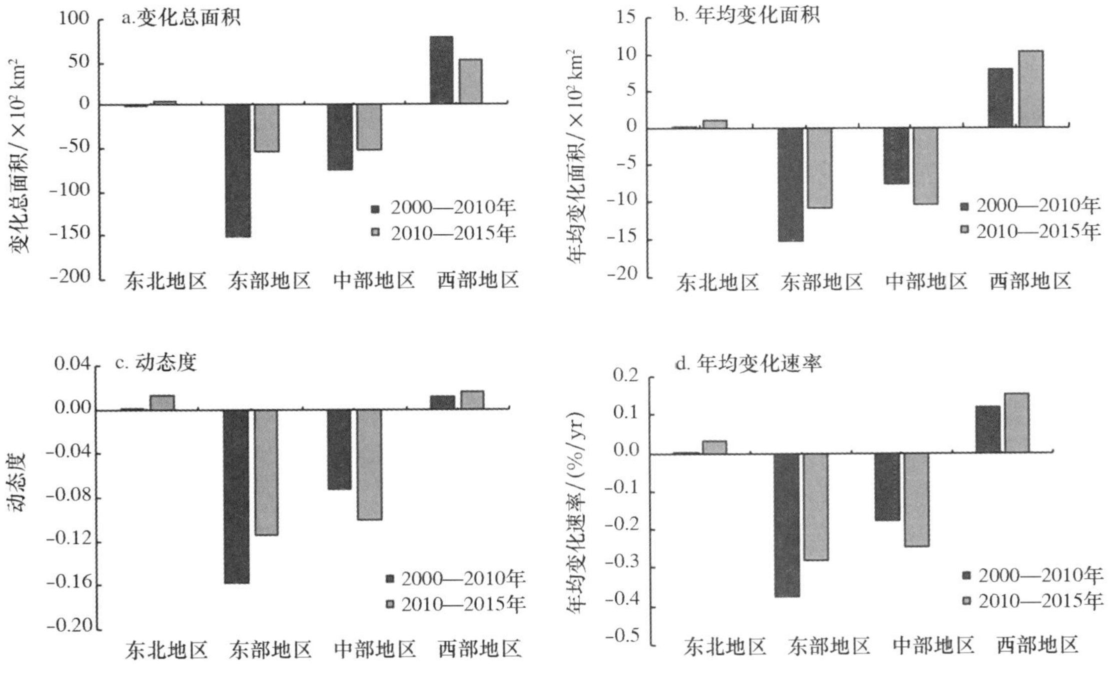


**图 4-5　2000—2010 年和 2010—2015 年中国不同分区耕地变化统计**（刘纪远等，2018）

此外，中科院地理所研究团队根据 1990—2015 年土地利用数据和地貌分区数据，分析了 1990—2015 年不同地貌分区下的中国耕地分布以及耕地的新增与流失方向。结果表明，我国耕地变化在空间上呈现“南减北增，新增耕地的重心向西北移动”的特征。从地貌形态类型上

① 按照我国区域差异，将全国分为东部、中部、西部、东北 4 大区域进行分析。其中，东北地区包括黑龙江、吉林、辽宁，面积约为 79.0 万 $km^2$；东部地区包括北京、天津、河北、山东、江苏、上海、浙江、福建、广东、海南、台湾、澳门、香港，面积约为 95.5 万 $km^2$；中部地区包括山西、河南、安徽、湖北、湖南、江西，面积约为 102.8 万 $km^2$；西部地区包括内蒙古、宁夏、陕西、重庆、贵州、广西、云南省、四川、甘肃、青海、新疆、西藏，面积约为 682.7 万 $km^2$。

看，新增耕地和流失耕地均主要集中在地势低缓的平原地区（58.6%和60.9%），其次为台地和丘陵，随着起伏度的增大，耕地面积逐渐减少。平原、丘陵和台地起伏度小（<200 m），成为耕地开发和占用首选的地貌类型；而山地起伏度大，耕地利用难度较大，耕地开发避开山地，而且山地上已有的少量耕地也逐渐被弃耕，所以山地类型上的耕地变化较小，尤其是极大起伏山地上没有耕地分布（程维明等，2018）。

2. 基于 GlobeLand30 的中国耕地变化

GlobeLand30 是我国自主研发的世界上首套 30m 分辨率全球地表覆盖信息产品，也是中国向国际社会提供的首个全球性地理信息高技术产品，已有来自世界五大洲 120 多个国家和联合国多个机构的 7000 多用户，主要用于全球变化研究、生态环境监测、可持续发展规划等方面。

根据 2000—2010 年 GlobeLand30 数据，中国的耕地主要分布在以“大兴安岭—阴山—贺兰山”为界的东部季风区，西部地区耕地分布较少。2000 年、2010 年两期中国耕地面积分别为 204.34 万 $km^2$、202.29 万 $km^2$（胡悦琴等，2020），10 年间总量变化呈现“西增东减，总量减少且破碎化加重”的趋势，这一问题在作为中国主要粮食生产基地的华北平原尤为明显，10 年间耕地面积减少 1.95 万 $km^2$。

2000—2010 年间，耕地与林地、草地和建设用地之间的转换最多，耕地面积的分布表现出了“南退西移”的趋势。中国耕地变化区域差异明显，原本耕地资源较少的西部地区耕地面积增加明显，特别是西北、西南地区，耕地增加较多；而东部地区的耕地变化主要表现为面积减少，其中，东北、华北、华中、华东及华南地区的省份耕地减少较多。总的来看，全国耕地面积净减少了 104.03 万 $hm^2$，年均减少 10.4 万 $hm^2$。从省份层面上看，耕地增加的省份多分布在西部地区，位于东部地区的省份耕地面积几乎都处于减少状态，有 21 个省（自治区、直辖市）的耕地面积表现为减少。其中，内蒙古、河南、山东、江苏和河北的耕地减少最多，达 20 万 $hm^2$ 以上（王佳月等，2017；Yu Q 等，2018）。

### 4.3.2 基于欧航局土地覆被数据的中国耕地变化

在前文建设用地变化特征分析的基础上，本节采用欧洲航空局土地覆被数据进行中国耕地变化分析，并与目前已有的研究进行对比。

1. 耕地数量变化特征

对欧航局土地利用覆被数据的分析结果显示，1990—2015 年中国耕地面积呈现出先增后减的趋势，整体上变化波动不大，基本维持在 18300 万～18800 万 $hm^2$，耕地面积从 1990 年的 18322.24 万 $hm^2$ 增加到 2000 年的 18733.86 万 $hm^2$。2000 年以后，由于生态退耕工程的实施和建设用地快速扩张，我国耕地面积变化从净增加转变为快速减少（国务院第二次全国土地调查领导小组办公室，2017），到 2015 年，全国耕地面积为 18482.17 万 $hm^2$。研究时期内，全国耕地净增加 159.93 万 $hm^2$（图 4-6）。

1990—2015 年不同时期内，耕地的主要变化类型是转变为建设用地和林地。其中，2000 年以后，由于中国经济的飞速发展，城市化进程也随之大大加快，因此耕地转变为建设用地的面积迅速增加。图 4-7 显示，1990 年以来，建设用地侵占耕地的面积逐年增加，其中 2000 年后增加趋势更为明显，2000—2005 年、2005—2010 年、2010—2015 年建设占用耕地面积分别达 170.90 万 $hm^2$、188.00 万 $hm^2$、216.91 万 $hm^2$。研究时期内全国不同时期新增耕地的主要来

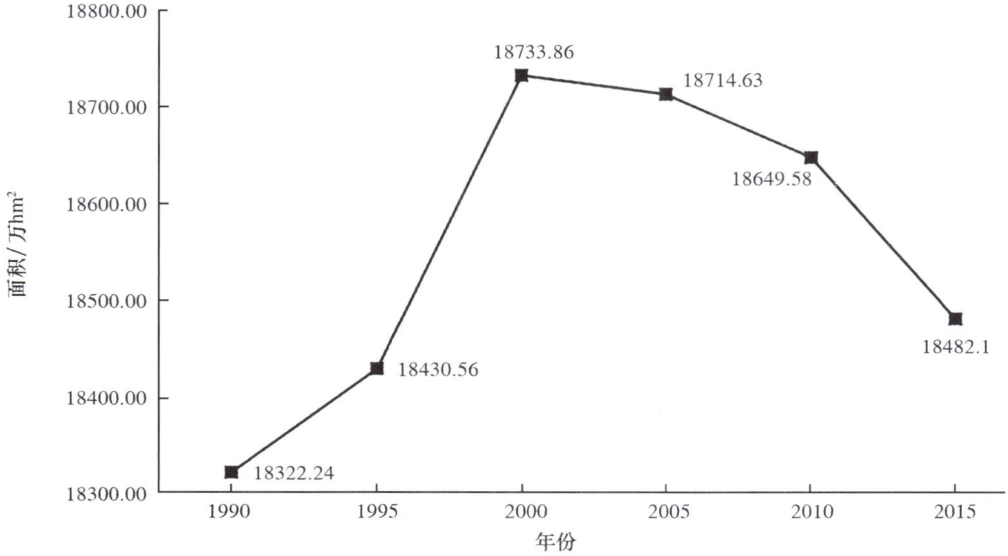


**图 4-6　1990—2015 年中国耕地数量变化情况**

源是林地、草地、未利用地，在耕地占补平衡政策的影响下，这些土地被开垦为耕地。其中，1990—1995 年，林地是新增耕地的主要来源；1995 年以后，林地、草地和未利用地是新增耕地的主要来源(图 4-8)。

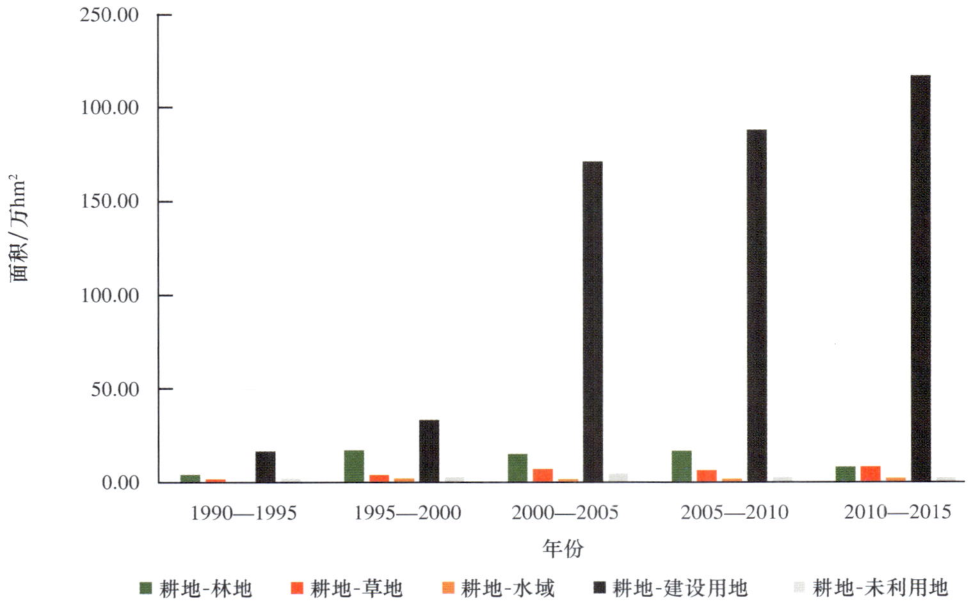


**图 4-7　1990—2015 年不同时期中国耕地流失去向**

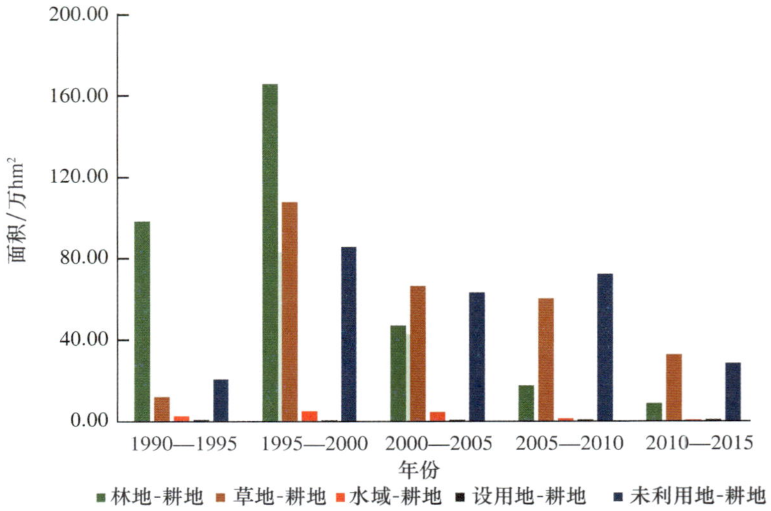


**图 4-8　1990—2015 年不同时期中国新增耕地来源**

2. 1990—2015 年耕地增减区域及其分布特征

1990—2015 年期间，我国耕地减少的区域主要集中在经济发达、城市化发展迅速的平原地区，如京津冀都市圈、长江三角洲、珠江三角洲、中原城市群、成都平原（图 4-9），这些地区的耕地土层较厚，灌溉条件便利，属于高质量耕地区。研究时期内，耕地流失的去向大多以转变为建设用地为主。与此同时，新增的耕地则主要分布在西北、东北地区，这些地区耕地后备资源丰富，大量的林地、草地、未利用地转变为耕地。

1）流失耕地主要位于平原和台地，新增耕地主要位于丘陵和山地

参考 1∶100 万中国地貌图，对不同地貌条件下的耕地变化进行分析。中国 1∶100 万数字地貌图根据坡度、地形起伏度和海拔高度，将中国陆地划分为 7 个基本地貌形态及其 4 个地貌面海拔高度等级组合成 25 个基本地貌形态类型（周成虎等，2009）。为了便于分析，将上述 25 个基本地貌形态类型归并为平原、台地、丘陵、小起伏山地、中起伏山地、大起伏山地 6 类（表 4-4、图 4-10）。

**表 4-4　中国陆地基本地貌形态分类**（周成虎等，2009）

| 起伏度 | 海拔 | | | | 归并后类型 |
| --- | --- | --- | --- | --- | --- |
| | 低海拔（＜1000 m） | 中海拔（1000～3500 m） | 高海拔（3500～5000 m） | 极高海拔（＞5000 m） | |
| 平原（一般＜30 m） | 低海拔平原 | 中海拔平原 | 高海拔平原 | 极高海拔平原 | 平原 |
| 台地（一般＞30 m） | 低海拔台地 | 中海拔台地 | 高海拔台地 | 极高海拔台地 | 台地 |
| 丘陵（＜200 m） | 低海拔丘陵 | 中海拔丘陵 | 高海拔丘陵 | 极高海拔丘陵 | 丘陵 |
| 小起伏山地（200～500 m） | 小起伏低山 | 小起伏中山 | 小起伏高山 | 小起伏极高山 | 小起伏山地 |
| 中起伏山地（500～1000 m） | 中起伏低山 | 中起伏中山 | 中起伏高山 | 中起伏极高山 | 中起伏山地 |
| 大起伏山地（1000～2500 m） | — | 大起伏中山 | 大起伏高山 | 大起伏极高山 | 大起伏山地 |
| 极大起伏山地（＞2500 m） | — | — | 极大起伏高山 | 极大起伏极高山 | |

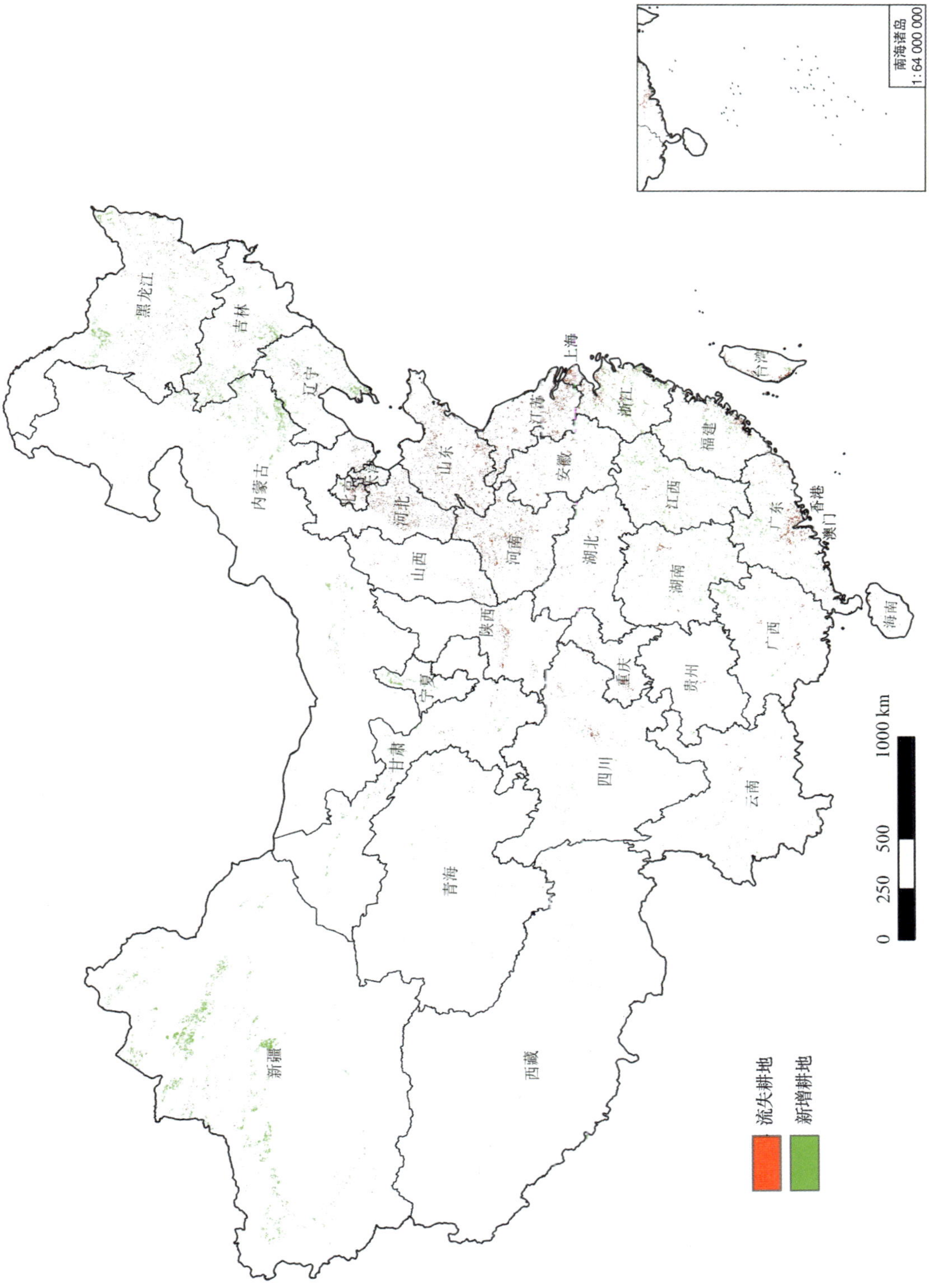


图 4-9　1990—2015年中国耕地增减情况

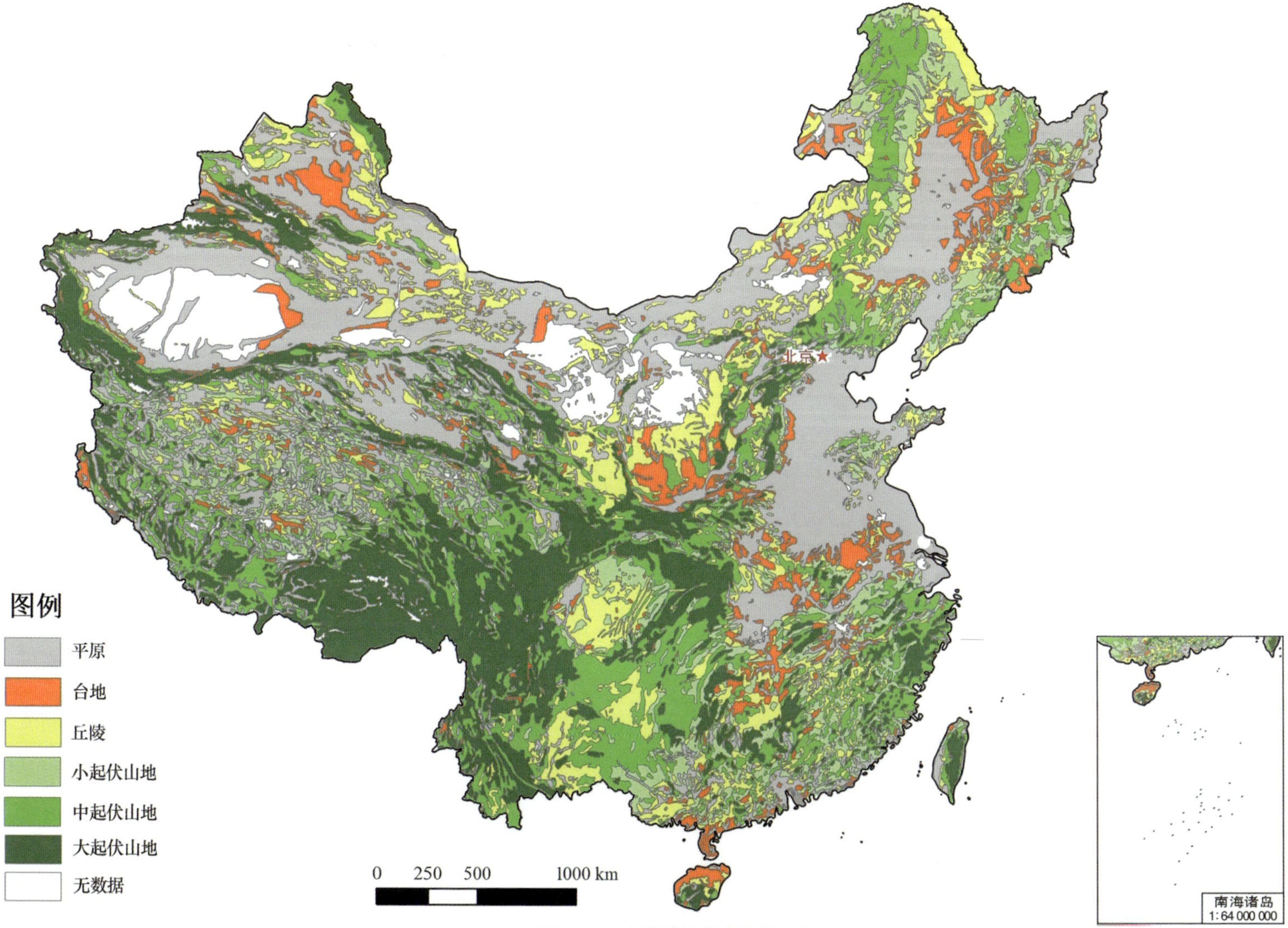


图 4-10　中国陆地基本地貌形态

将以欧航局土地利用覆被数据为基础的 1990—2015 年耕地变化图与地貌类型分布图进行叠加分析，结果表明，从不同地貌类型区耕地变化的情况来看，平原地区是耕地变化最剧烈的地区，其中新增耕地和流失耕地的面积分别为 436.14 万 $hm^2$ 和 470.41 万 $hm^2$（图 4-11）。对比不同地貌区新增耕地和流失耕地的数量可以发现，在地势较为平缓、起伏度较低的平原和台地上，流失耕地的面积大于新增耕地，这表明地势平坦的地区城市化发展侵占了大量优质耕地。而在丘陵和小、中、大起伏山地上，新增耕地面积大于流失耕地面积，这表明在城市化加速、平原地区人地矛盾突出的背景下，这些地形条件较差的山地丘陵区也逐渐被开垦为耕地。这也在一定程度上反映出，在当前我国耕地占补平衡政策驱使下，平原地区的优质耕地大量被侵占，而与此同时新增耕地却主要分布于地形条件较差的丘陵山区。虽然全国耕地的总量可以维持在一定的数量，但新增耕地的质量却不容乐观。

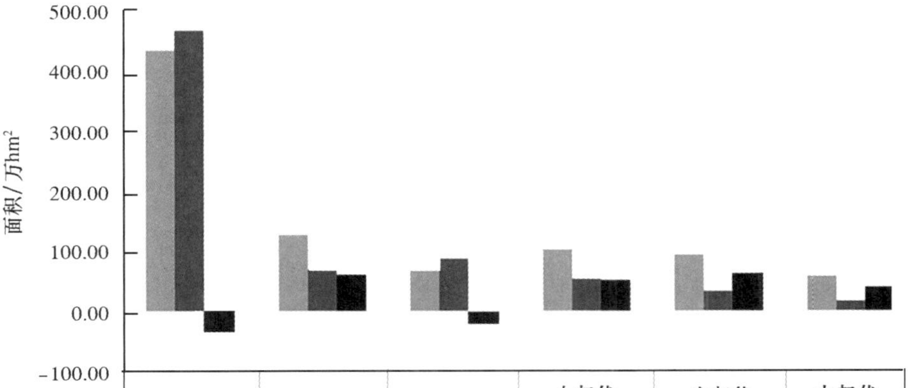


| | 平原 | 丘陵 | 台地 | 小起伏山地 | 中起伏山地 | 大起伏山地 |
|---|---|---|---|---|---|---|
| 新增耕地 | 436. 16 | 125.83 | 64.74 | 102.15 | 92.19 | 56.74 |
| 流失耕地 | 470.41 | 67.74 | 85.24 | 52.81 | 31.36 | 16.90 |
| 耕地净变化 | -34.27 | 58.09 | -20.50 | 49.34 | 60.83 | 39.84 |

图 4-11　1990—2015 年全国不同地貌区耕地变化情况

2）流失耕地主要位于暖温带和亚热带地区，新增耕地主要位于中温带地区

中国南北跨纬度广，各地接受太阳辐射热量的多少不等。根据各地≥10℃积温的不同，中国自北而南有寒温带、中温带、暖温带、亚热带、热带等温度带，以及特殊的青藏高寒区。受地形条件限制，我国的耕地主要分布于东部地区的中温带、暖温带和亚热带地区（表 4-5）。

表 4-5　中国主要气候分区及基本特征

| 温度带 | 主要分布地区 | ≥10℃积温/℃ | 生长期/月数 | 作物熟制 | 主要农作物 |
|---|---|---|---|---|---|
| 寒温带 | 黑龙江与内蒙古的北部 | ＜1600 | 3 | 一年一熟 | 马铃薯，大麦 |
| 中温带 | 长城以北，内蒙古大部分，准噶尔盆地 | 1600～3400 | 4～7 | 一年一熟 | 春小麦，大豆，玉米，高粱，甜菜 |

续表 4-5

| 温度带 | 主要分布地区 | ≥10℃积温/℃ | 生长期/月数 | 作物熟制 | 主要农作物 |
|---|---|---|---|---|---|
| 暖温带 | 长城以南，秦岭淮河以北，塔里木盆地 | 3400～4500 | 5～8 | 两年三熟为主 | 冬小麦，棉花 |
| 亚热带 | 秦岭淮河以南的大部分地区 | 4500～8000 | 8～12 | 一年两熟为主 | 水稻，甘蔗，油菜 |
| 热带 | 台、粤、滇的南部、琼 | ＞8000 | 全年 | 一年两至三熟 | 热带经济作物，如香蕉，菠萝，剑麻，咖啡，可可，天然橡胶等 |
| 高原气候带 | 青、藏、川西 | ＜2000 | 0～7 | 一年一熟 | 青稞 |

从不同气候带的耕地变化情况来看，暖温带、亚热带、中温带是我国耕地变化分布范围最广的 3 种气候类型。其中，一年一熟中温带，即西北、内蒙古、东北等地区，这些地区耕地后备资源较丰富，同时人口呈净流出的状态（吴垠，2020），城市化进程缓慢，城市建设侵占耕地的数量较少，因此，该地区新增耕地面积和流失耕地面积分别为 461.51 万 $hm^2$ 和 113.37 万 $hm^2$，耕地净增加 348.14 万 $hm^2$，是新增耕地最明显的地区。一年两熟暖温带和亚热带东部地区，包括华北平原、长江中下游平原、长江三角洲、珠江三角洲等，这些地区处于人口净流入状态（肖金城，2020），因此，其耕地变化情况和中温带地区正好相反，其中暖温带新增耕地和流失耕地分别为 155.01 万 $hm^2$ 和 328.07 万 $hm^2$，亚热带新增耕地和流失耕地分别为 236.43 万 $hm^2$ 和 265.74 万 $hm^2$（图 4-12）。

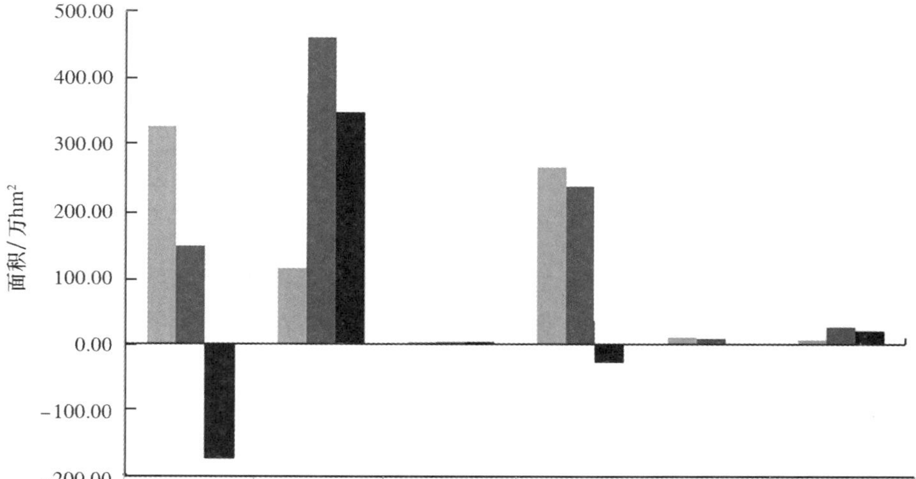


| | 暖温带 | 中温带 | 寒温带 | 亚热带 | 热带 | 青藏高原区 |
|---|---|---|---|---|---|---|
| 流失耕地 | 328.07 | 113.37 | 0.04 | 265.74 | 10.75 | 6.44 |
| 新增耕地 | 155.01 | 461.51 | 0.42 | 236.43 | 8.60 | 26.21 |
| 耕地净变化 | −173.07 | 348.14 | 0.38 | −29.32 | −2.15 | 19.78 |

**图 4-12　1990—2015 年全国不同气候带耕地数量变化**

从不同地理区域来看，1990—2015 年，东北、西北、青藏地区的新增耕地面积多于流失耕地面积（图 4-13）。尤其是东北地区和西北地区，耕地分别净增加 187.70 万 $hm^2$ 和 257.30 万 $hm^2$。除上述地区以外，华东、华北、华中等地区的新增耕地面积小于流失耕地面积。耕地面积表现为下降的趋势。其中城市化发展迅速的华东、华北、华中地区是耕地减少最严重的区域，1990—2015 年，上述 3 个地区耕地面积分别减少了 133.53 万 $hm^2$、82.16 万 $hm^2$、57.90 万 $hm^2$，这些地区城市化进程的加快使得耕地被侵占的现象越来越严重（图 4-13）。

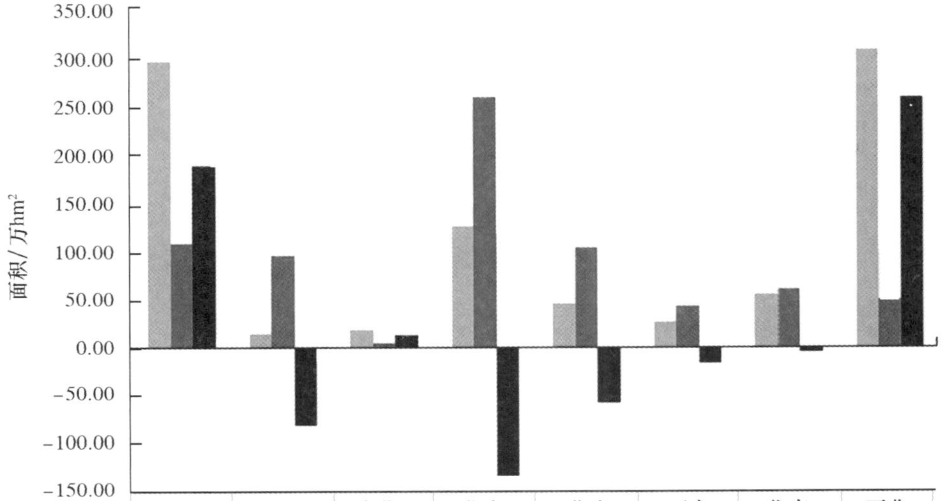


| | 东北 | 华北 | 青藏 | 华东 | 华中 | 西南 | 华南 | 西北 |
|---|---|---|---|---|---|---|---|---|
| 新增耕地 | 295.05 | 14.11 | 18.91 | 124.83 | 45.72 | 27.08 | 55.70 | 306.78 |
| 流失耕地 | 107.35 | 96.27 | 5.42 | 258.36 | 103.62 | 43.18 | 60.72 | 49.49 |
| 耕地净变化 | 187.70 | -82.16 | 13.49 | -133.53 | -57.90 | -16.11 | -5.03 | 257.30 |

**图 4-13　1990—2015 年全国不同地区耕地变化情况**

采用欧航局土地利用覆被数据进行的耕地变化分析结果和国土部门“二调”的统计数据以及其他相关学者的研究成果（刘纪远等，2014；顾行发等，2017；程维明等，2018）类似。但是欧航局土地利用覆被数据耕地面积和“二调”相比有较大的差异。其中“二调”结果显示我国耕地面积为 13539 万 $hm^2$（20.31 亿亩），而相比之下，欧航局土地利用覆被数据和中科院土地利用数据中的耕地面积分别为 18650 万 $hm^2$（27.97 亿亩）和 17878 万 $hm^2$（26.81 亿亩）。这种差异主要是因为根据“二调”规程，耕地扣除了田坎以及南方宽度大于 1 m、北方宽度大于 2m 的道路和沟渠，而欧航局和中科院的土地利用/覆被数据其原始影像分辨率较低，没有进行这种“剔除”，造成了实际耕地面积偏大。

在不同省份耕地数量的具体分析中，我们还可以发现，相比较而言，北方地区尤其是西北和东北地区，欧航局土地利用覆被数据的耕地面积和“二调”结果的耕地面积相差的更多。其原因不难解释，相较于其他地区而言，东北、西北地区耕地后备资源丰富，当地大量的草地、未利用地等被开垦为耕地。这些新增地块面积较大，欧航局利用 300 m 卫星影像解译的土地利用覆被数据可以有效地将其识别。而第二次全国土地调查数据汇总时，东北和内蒙古地区由草原和湿地开垦而来的一些“非法开垦”耕地是不被确认为耕地的。因此北方部分省份的耕地面积和“二调”相比相差较大，其中黑龙江、内蒙古、新疆的耕地面积比“二调”结果分别多出 293.69 万 $hm^2$、508.05 万 $hm^2$、475.86 万 $hm^2$（图 4-14，表 4-6）。

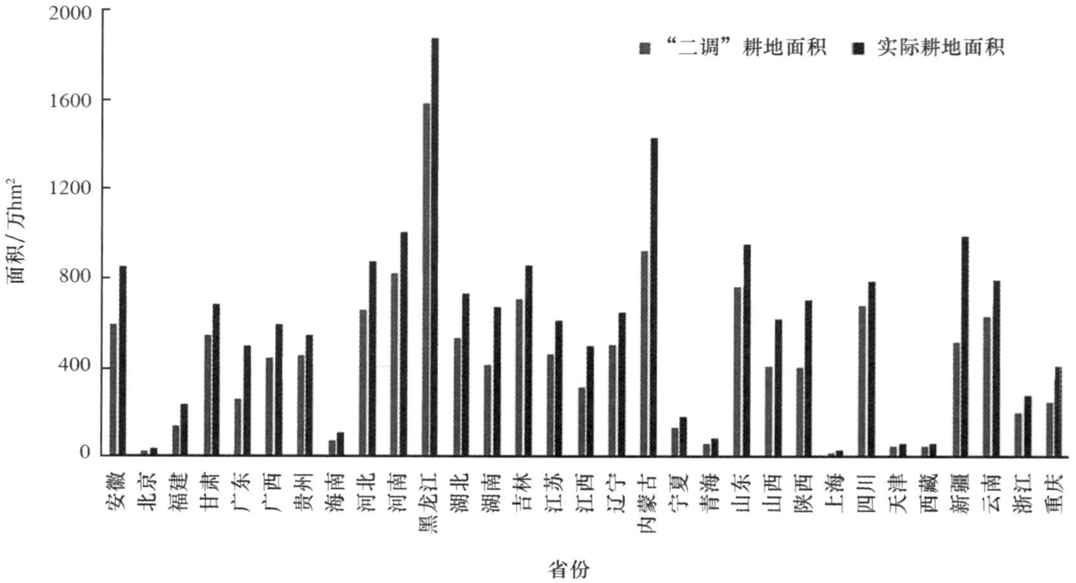


图 4-14　中国不同省份“二调”面积和实际耕地面积（欧航局土地利用覆被数据）对比

表 4-6　中国不同省份“二调”面积和实际耕地面积（欧航局土地利用覆被数据）

| 省份 | 耕地面积/万 $hm^2$ | | 省份 | 耕地面积/万 $hm^2$ | |
|---|---|---|---|---|---|
| | “二调” | 实际 | | “二调” | 实际 |
| 安徽 | 590.70 | 848.77 | 辽宁 | 504.19 | 646.18 |
| 北京 | 22.72 | 36.40 | 内蒙古 | 918.93 | 1426.98 |
| 福建 | 134.18 | 232.07 | 宁夏 | 128.81 | 177.98 |
| 甘肃 | 541.02 | 682.33 | 青海 | 58.8 | 84.04 |
| 广东 | 253.22 | 494.52 | 山东 | 766.83 | 948.26 |
| 广西 | 443.05 | 589.39 | 山西 | 406.84 | 617.12 |
| 贵州 | 456.25 | 544.04 | 陕西 | 399.76 | 720.74 |
| 海南 | 72.98 | 107.77 | 上海 | 18.98 | 29.68 |
| 河北 | 656.14 | 871.25 | 四川 | 672 | 785.10 |
| 河南 | 819.2 | 1004.28 | 天津 | 44.72 | 61.12 |
| 黑龙江 | 1586.59 | 1880.28 | 西藏 | 44.3 | 60.20 |
| 湖北 | 532.3 | 730.11 | 新疆 | 512.31 | 988.17 |
| 湖南 | 413.5 | 666.93 | 云南 | 624.39 | 785.88 |
| 吉林 | 703.04 | 852.40 | 浙江 | 198.67 | 271.98 |
| 江苏 | 461.29 | 607.15 | 重庆 | 243.84 | 404.58 |
| 江西 | 308.91 | 493.90 | 全国 | 13538.46 | 18649.58 |

3. 耕地重心向西、北方向移动

重心作为一个来源于经典力学的物理学概念，其含义是指物体各个部分受到重力的作用点。将重心概念扩展到区域重心，是样本平均数在二维空间上的延伸，指在某一时间区域的某种要素在空间平面上力矩达到平衡的点。重心分析旨在了解区域内各发展要素在空间上的均衡点，这种发展要素可以是经济总量重心、人口总量重心、污染重心、土地利用类型重心、干旱重心等经济、社会、生态环境多方面（高志强和刘纪远，2C06）。

耕地变化的重心位置由耕地变化的空间状态决定（程维明等，2018）。采用耕地重心模型，可以分析我国不同时期耕地重心的位移情况。空间上，重心模型反映区域发展指标与形心分析的契合程度，便于分析研究区域要素在空间上的流动性与聚集性。在时间上，重心动态变化表示区域要素分布的对比和转移，有助于深化研究区域发展历程、状态和趋势（吴凯等，2019）。

重心坐标的计算方法见以下公式：

$$(X,Y)=\left(\frac{\sum_{i=1}^{n}M_iX_i}{\sum_{i=1}^{n}M_i},\frac{\sum_{i=1}^{n}M_iY_i}{\sum_{i=1}^{n}M_i}\right) \tag{4-1}$$

式中：$(X,Y)$为重心坐标；$M_i$ 为平面 $i$ 的质量或权重；$X_i$ 为平面 $i$ 点的经度或坐标；$Y_i$ 为平面 $i$ 点的纬度或坐标，即$(X,Y)$是平面 $i$ 点的地理坐标。

重心空间移动距离的计算采用欧氏距离公式：

$$D_{i-j}=R\times\sqrt{(y_i-y_j)^2+(x_i-x_j)^2} \tag{4-2}$$

式中：$D_{i-j}$ 表示 2 个不同时期区域重心空间移动的距离；第 $i$ 个时期和第 $j$ 个时期的区域重心所处位置的地理坐标（经度值和纬度值）分别为$(X_i,Y_i)$、$(X_j,Y_j)$；$R$ 是把地理坐标单位（经纬度）转化为平面距离（km）的系数，通常取值为常数，即 111.111；区域重心从 $i$ 时期到 $j$ 时期在经度和纬度上移动的实际距离则分别为$R\times(X_i-X_j)$、$R\times(Y_i-Y_j)$。

利用公式（4-1），在 ArcGIS 平台上，利用欧航局二地利用覆被数据计算出 1990—2015 年不同时期耕地重心的坐标（表 4-7）及其空间分布（图 4-15）。

**表 4-7　1990—2015 年不同时期耕地重心的坐标**

| 时期 | 经度 | 纬度 |
|---|---|---|
| 1990 年 | 114°06′08″E | 35°01′51″N |
| 1995 年 | 114°01′31″E | 35°02′34″N |
| 2000 年 | 113°58′43″E | 35°07′36″N |
| 2005 年 | 113°49′29″E | 35°10′30″N |
| 2010 年 | 113°38′22″E | 35°13′09″N |
| 2015 年 | 113°32′50″E | 35°19′51″N |

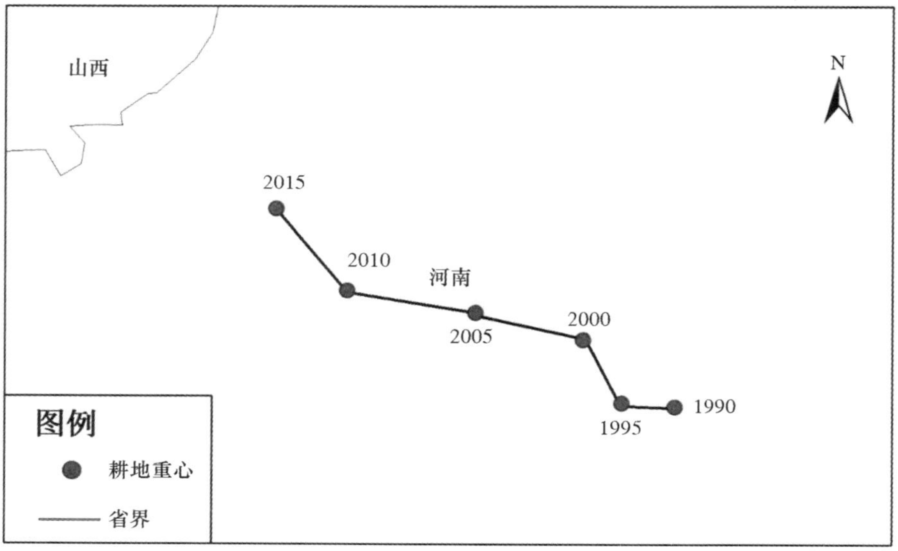


图 4-15 1990—2015 年中国耕地重心移动轨迹

图 4-15 显示，1990—2015 年，中国耕地重心均位于河南省境内，重心的轨迹变化情况具体表现为：方向上，基本上沿东南—西北的方向变化；空间距离上，1990—2015 年不同时期耕地的空间移动距离分别为 7.06 km、9.89 km、14.65 km、17.41 km、14.61 km；移动速度上，1990—2015 年耕地重心向西北方向的移动速度逐渐加快。

我国东西部地区的城市化发展的差异是造成耕地重心移动的主要影响因素。从人口变化来看，东部沿海多省市为主要的人口流入地，这些地区城市化发展迅速，而西北、东北地区多数城市人口呈下降的趋势（肖金城，2020；吴垠，2020），在这种大背景下，耕地重心必然会不断地向西北方向移动。

### 4.3.3 粮食生产重心的变化

粮食产量分布与耕地空间分布紧密相关。我国耕地主要分布在东部地区，粮食生产主要集中在东北、华北和南方地区。前文分析表明，我国耕地重心向西北方向移动，耕地空间分布的变化呈现出“南减北增”的特点，耕地的空间变化必然会对我国粮食生产造成一定的影响。

在粮食产量地域分布上，2020 年粮食产量排名前 10 的省份中，北方占据 6 席，其中黑龙江（7541 万 t）、河南（6826 万 t）、山东（5447 万 t）占据前三名，三省的粮食总产量占全国粮食生产的比重接近 3 成。其中，黑龙江以 7541 万 t 的粮食产量领跑全国，这一产量约为中国经济最强省广东同期产量的 6 倍（表 4-8）。

对比中国南北方省份粮食产量的变化，2000—2020 年，15 个北方省份粮食产量占全国总产量的比重，迅速从 45.65% 攀升至 59.22%；而南方省份粮食产量占比则从 2000 年的 54.35% 下降至 40.78%，跌幅达 13.57 个百分点。北粮南运，已经成了当下粮食产销格局的典型特征（国家统计局，2020）。

表 4-8　2020 年全国部分省份粮食产量

| 省份 | 粮食产量/万 t | 占比/% | 省份 | 粮食产量/万 t | 占比/% |
|---|---|---|---|---|---|
| 黑龙江 | 7541 | 11.26 | 广西 | 1370 | 2.05 |
| 河南 | 6826 | 10.20 | 陕西 | 1275 | 1.90 |
| 山东 | 5447 | 8.14 | 广东 | 1268 | 1.89 |
| 安徽 | 4019 | 6.00 | 甘肃 | 1202 | 1.80 |
| 吉林 | 3803 | 5.68 | 重庆 | 1081 | 1.61 |
| 河北 | 3796 | 5.67 | 贵州 | 1058 | 1.58 |
| 江苏 | 3729 | 5.57 | 浙江 | 606 | 0.91 |
| 内蒙古 | 3664 | 5.47 | 福建 | 502 | 0.75 |
| 四川 | 3527 | 5.27 | 宁夏 | 380 | 0.57 |
| 湖南 | 3015 | 4.50 | 天津 | 228 | 0.34 |
| 湖北 | 2727 | 4.07 | 海南 | 145 | 0.22 |
| 辽宁 | 2339 | 3.49 | 青海 | 107 | 0.16 |
| 江西 | 2164 | 3.23 | 西藏 | 103 | 0.15 |
| 云南 | 1896 | 2.83 | 上海 | 91 | 0.14 |
| 新疆 | 1583 | 2.36 | 北京 | 31 | 0.05 |
| 山西 | 1424 | 2.13 | 全国 | 66949 | 100.00 |

对比 2000 年和 2020 年各省粮食产量占当年全国总产量的比重变化，可以直观体现各省粮食产量占全国比重的变化趋势(图 4-16)。31 个省份中，20 年间粮食产量占全国比重增加的

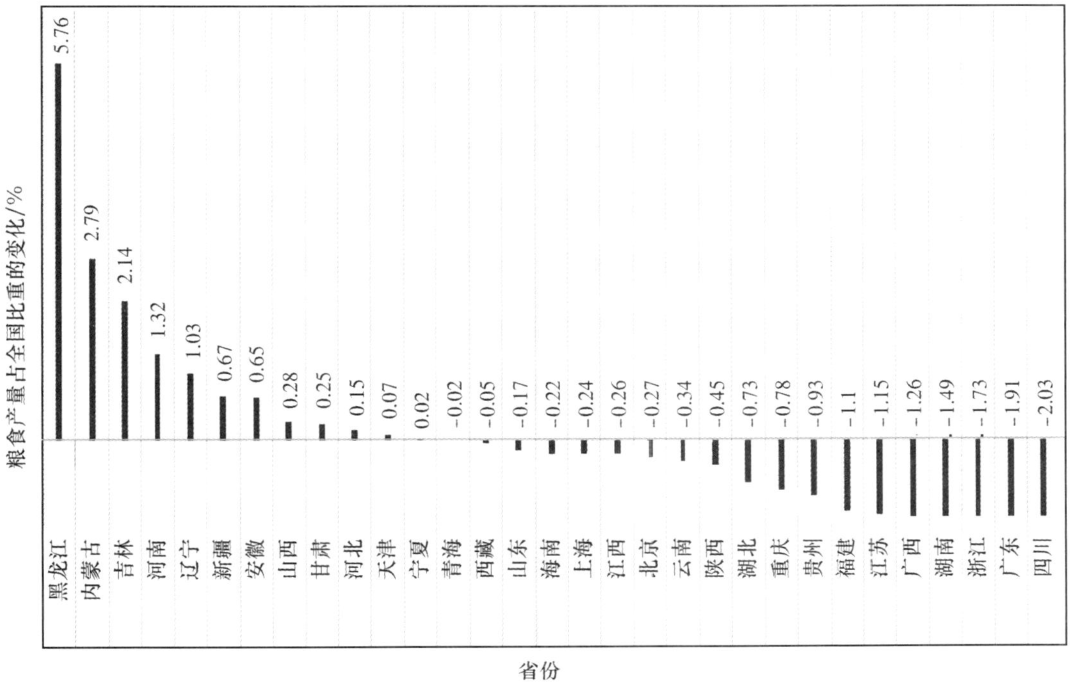


图 4-16　2000—2020 年粮食产量占全国比重的变化

仅有12省，除安徽以外，其余11省均为北方省份。其中，黑龙江、内蒙古、吉林3省(自治区)增幅最为明显，这3省(自治区)近20年粮食产量占全国的比重分别从5.51%、2.69%、3.54%，增长至11.26%、5.47%、5.68%。与之对应的是，四川、广东、浙江3省，近20年间粮食产量占全国的比重降幅最为显著，分别从2000年的7.30%、3.81%、2.63%，下降至2020年的5.27%、1.89%、0.91%。由此可见，2000年以来中国粮食生产重心北移的趋势明显。

## 本章小结

1990—2015年期间，随着城市化的发展，建设用地大规模持续扩张侵占耕地，但也有未利用地和部分草地乃至部分林地被开垦为耕地。其间，全国耕地总面积，呈现出先增后减的趋势。虽然整体上变化波动不大，但耕地重心由东南湿热地区不断向西北温干地区移动，并且移动速度表现出加快的趋势。耕地变化表现可以概括为"西增东减，北增南减，山地增平地减"的空间变化特征。耕地净增加的区域主要分布在东北地区和西北地区；而净减少的区域主要位于华北平原、长江中下游平原以及长三角、珠三角地区。从地貌类型来看，耕地净增加的区域主要分布在丘陵和山地，而耕地净减少的区域则主要分布在平原和台地。从不同气候带来看，耕地净增加的区域主要分布于一年一熟的中温带地区，而耕地减少的区域则主要分布在一年两熟或两年三熟的暖温带和一年两熟的亚热带地区。

1990—2015年，随着耕地重心的位移，耕地资源与水热资源不匹配的情况进一步加重。因此，尽管我国耕地数量基本维持了动态平衡，但是耕地质量却明显下降。这导致了近年来中国粮食生产重心北移的趋势明显，也是今天北粮南运的产销格局的根本原因。因此，如果在国家尺度上开展耕地占补平衡，不仅会造成该保护的良田没有保护好，还间接地鼓励地方开垦那些不适宜耕种的土地，造成环境和生态的恶化。未来，要在坚守耕地数量红线的基础上，进一步加强湿热地区和平原地区建设用地的节约集约利用和优质耕地的保护。

(本章作者　张天柱　张凤荣　李超)

## 参考文献

[1] Yu Q, Hu Q, van Vliet J, et al. GlobeLand30 shows little cropland area loss but greater fragmentation in China. International Journal of Applied Earth Observation and Geoinformation, 2018, 66, 37-45.
[2] 程维明，高晓雨，马廷，等. 基于地貌分区的1990—2015年中国耕地时空特征变化分析. 地理学报，2018，73(9)：1613-1629.
[3] 方创琳，刘晓丽，蔺雪芹. 中国城市化发展阶段的修正及规律性分析. 干旱区地理，2008，31(4)：512-523.
[4] 高志强，刘纪远. 1980—2000年中国LUCC对气候变化的响应. 地理学报，2006，61(8)：865-872.
[5] 顾行发，汪克. 中国可持续发展遥感监测报告2016. 北京：社会科学文献出版社，2017.
[6] 胡顺延、周明祖、水延凯. 中国城镇化发展战略. 北京：中共中央党校出版社，2002.

[7] 胡悦琴,马燕飞,张伟科. 中国陆地区土地利用/覆被时空格局变化及驱动力分析. 农学学报,2020,10(04):26-35.
[8] 李裕瑞,刘彦随,龙花楼. 中国农村人口与农村居民点用地的时空变化. 自然资源学报,2010,25(10):1629-1638.
[9] 刘纪远,匡文慧,张增祥,等. 20世纪80年代末以来中国土地利用变化的基本特征与空间格局. 地理学报,2014,69(1):3-14.
[10] 刘纪远,宁佳,匡文慧,等. 2010—2015年中国土地利用变化的时空格局与新特征. 地理学报,2018,73(5):789-802.
[11] 刘继来,刘彦随,李裕瑞,等. 2007—2015年中国农村居民点用地与农村人口时空耦合关系. 自然资源学报,2018,33(11):1861-1871.
[12] 刘洛,徐新良,刘纪远,等. 1990—2010年中国耕地变化对粮食生产潜力的影响. 地理学报,2014,69(12):1767-1778.
[13] 刘世庆,许英明,林睿. 中国城市化发展阶段探讨——基于中西部农村劳动力输出演变趋势问卷调查数据的实证分析. 开发研究,2007(2):1-8.
[14] 刘彦随,刘玉. 中国农村空心化问题研究的进展与展望. 地理研究,2010,29(1):35-42.
[15] 王春光. 农村流动人口的"半城市化"问题研究. 社会学研究,2006(5):107-122,244.
[16] 王佳月,辛良杰. 基于GlobeLand30数据的中国耕地与粮食生产的时空变化分析. 农业工程学报,2017,33(22):1-8.
[17] 吴凯,顾晋饴,何宏谋,等. 基于重心模型的丘陵山地区耕地利用转换时空特征研究. 农业工程学报,2019,35(7):247-254.
[18] 吴垠. 人口结构变化、城镇化刘易斯转折与区域人口流动趋势——从整体到分区的统计分析. 政治经济学评论,2020,11(05): 95-155.
[19] 向春玲. 中国城市化发展与反思. 昆明:云南教育出版社,2013.
[20] 肖金成,洪晗. 我国省际人口流动格局演变趋势及其城镇化效应. 城市问题,2020(08):22-32.
[21] 中华人民共和国国土资源部,国务院第二次全国土地调查领导小组办公室编著. 中国土地资源与利用. 北京:地质出版社,2017.
[22] 周成虎,程维明,钱金凯,等. 中国陆地1∶100万数字地貌分类体系研究. 地球信息科学学报,2009,11(6):707-724.
[23] 周毅. 中国城市化道路与模式研究. 北京:新华出版社,2015.

# 第5章

# 耕地后备资源状况

人的命脉在田，粮食生产根本在耕地。纵观我国历史，一直存在开垦其他土地为耕地的过程。直到20世纪末，我国还因为粮食单产低，不得不靠扩大耕地面积满足日益增长的人口对食物的需求，很多林地、草地、沼泽、滩涂、盐碱地等被开垦为耕地。进入21世纪，在优良品种和大量化肥投入的情况下，粮食单产已经很高了，但由于人口增加和膳食水平的提高，对粮食的需求还在增加，依然存在开垦其他地类为耕地的情况。特别是为了完成耕地占补平衡工作，我国政府一直在关注耕地后备资源的状况，并开展了多次调查评价。进入生态文明时代，我们对于耕地后备资源必须有一个清醒的认识。

## 5.1 耕地后备资源理论基础

### 5.1.1 耕地后备资源的概念

1. 后备土地资源的概念

所谓"后备"，指的是在数量一定的土地资源中，可以利用而没有得到利用的部分。但是，以今天生态学的观点，任何一种地类都有其功能作用，不会有"未利用地"。如此，后备土地资源就不存在了。因此，后备土地资源肯定是相对于人类发展而言的，是对人类发展有效用的，人类目前还没有开发利用它；至于它对于全球生态系统而言的效用，就只好暂时搁置一边了。

因此，后备土地资源指的是在一定区域内，在现有技术经济条件下，可以利用而尚未利用的土地资源。可以利用的含义是自然条件允许、技术上可行、经济上合理。

需要指出的是，土地具有多种功能，也就是说可以满足多方面的需求。越是那种自然禀赋好的土地资源，其功能用途越多。

后备土地资源的概念是在土地资源面积有限的前提下提出来的。就土地利用来说，各种需求存在着土地利用的竞争，在土地利用的过程中土地面积既不会减少也不会增加，某些土地利用类型的增加，必然意味着其他利用类型的土地相应地减少。因此，在土地总面积不变的情况下，如果对某类土地产品的需求增加，其他可以满足生产这种产品的土地就很可能转为该类土地用途；从这个意义上说，其他用途的土地就是这类土地的后备土地资源。

2. 耕地后备资源的概念

人们对土地资源的功能用途有多种要求。耕地是人类生存最需要的一种用途，其为人类提供食物。土地资源要满足耕作要求，就必须能够为作物生长提供水分与热量条件、土层厚度、土壤质地、养分等。因此，并不是所有土地都能够用作耕地，如寒带温度低的土地，没有土层的裸岩或土层很薄的土地就不能用作耕地。通常，适合耕作的土地也可以用作他用，但是适合其他用途的土地不见得可以用来耕种。比如，裸岩肯定不能耕种，但用以建筑就是很好的土地资源。因此，耕地后备资源指的是可以作为耕地的那部分后备土地资源。

综上所述，耕地后备资源指的是在一定区域内，在现有技术经济条件下，可以开垦为耕地的那一部分后备土地资源。可以开垦的含义是自然条件允许、技术上可行、经济上合理。

在前人的工作中，耕地后备资源也被称作宜农荒地、宜农后备土地资源等，这些都是从自然条件适宜的角度对未利用地中可作为耕地的那一部分资源的界定。但从一个"荒"字到"后备"这样的称呼变化，却昭示了越来越紧张的人地关系。耕地后备资源的概念是在各种需求对土地资源的竞争越来越激烈的背景下提出的，特别是在考虑"三生用地"(农业生产、生活居住和生态)的新时代。自 20 世纪 80 年代以来，随着各项建设占用大量耕地，国家启动了耕地"占补平衡"工作，根据《中华人民共和国土地管理法》，三大类土地中的"未利用地"，如沼泽、滩涂、沙地、盐碱地、荒草地(其他草地)等，都可以作为耕地后备资源。但是，随着"山水林田湖生命共同体"思想的提出和进入生态文明时代，沼泽、滩涂等被归类为湿地，不能再被当作未利用地进行开垦，耕地后备资源就更稀少紧缺了。

### 5.1.2　影响耕地后备资源供给的因素

耕地后备资源供给能力，即有多少耕地后备资源可供开发，受到自然因素、技术因素和经济因素的制约。

1. 自然因素

作为种植作物的耕地，首先要能够提供作物生长所必需的光、温、水、土等各种条件。然而，地球表面自然状况复杂多变，不同地区的土地资源存在着较大的差异，并不是所有土地资源都能满足作物生长所必需的条件。对作物生长影响较大的是气候、地形和土壤等自然因素。气候决定了作物生长所需的热量和水分条件，土壤为作物提供生长所需的物质和扎根条件，地形是对气候和土壤的重新组合。过于寒冷或者过于干旱的地方不适合作物的生长；土层过薄、土壤贫瘠的地方也不适合作物的生长；坡度较大的地方开垦则容易引起水土流失，导致土地退化，也不适合种植作物。这些不适合作物生长的地方就不能作为耕地后备资源。因此，我们把满足作物生长条件的后备土地资源的数量称作耕地后备资源的自然供给能力，指的是可以作为耕地的后备土地资源的自然存量，当然它受到总后备土地资源面积的制约。

2. 技术因素

人类对自然利用和改造的能力，随着科学技术的进步和生产力的上升而增强。比如，在我国温带北部，过去因为积温低而不能够种植玉米，至少是不能种植生长期长的玉米。但由于塑料薄膜技术的发展，地膜覆盖提高了土温，就可以种植玉米或可以种植较长生长期的玉米。我们现在认为的那些由于自然因素的限制而不能开发利用的土地资源，是因为科学技术还没有发达到足以让我们看到它可以被利用的那一面。因此，我们现在认为的可以在自然因素的限制下开发的土地资源，事实上，已经隐含了技术上的可行。也就是说，耕地后备资源的技术供给能力等于自然供给能力。即现在可以开垦的耕地后备资源的数量，受到自然供给的制约，是耕地后备资源自然供给中在现有技术上可行的那一部分。

由于不同地区间在经济技术发展方面存在着差异，各地区在开发后备土地资源的技术条件或能力上是不同的，这将会导致不同地区耕地后备资源虽然在自然条件上相同，但实际开发潜力却存在差异。

影响土地资源技术供给的因素包括两个方面。一是土地资源本身自然条件的差异所导致的技术改造难度的不同。如干旱缺水，则需修建水利设施，满足作物对水分的需要，但是缺水程度和取水的难易不同。对于灌溉水源来说南方相对比北方容易，平原修建灌溉渠道比山区相对容易。二是技术发展水平的不同导致土地资源技术供给量的差异。如对于发展滴灌，以色列的技术比我们国家先进，他们可以通过发展滴灌节约用水，使有限的水资源灌溉更多的沙漠为良田。

另外，技术上也可以通过改变作物的生理特性来适应不利的土地条件，比如通过培育改良，可以使作物在原本不适合生长的地区生长，或者通过技术使作物获得高产。这些都可以间接地增加耕地资源的供给，缓解对土地的压力。

3. 经济因素

人们利用土地是因为它能够给我们带来收益和满足。作为耕地，它在开发利用中为我们带来的最直接的收益是农产品。因此，我们可以通过衡量农产品的收益情况来判断耕种土地的获利能力。影响耕地后备资源供给的经济因素包括耕地的产品(农作物的收益)，以及由于对耕地后备资源进行开发和利用所带来的成本(土地开发成本和土地使用成本)。耕地后备资源开发利用成本同开发后所获得的收益之间的关系是决定耕地后备资源能否由潜在的自然供给变为现实的经济供给的主要原因。如果收益可以弥补成本并有一定的剩余，则此地作为耕地利用在经济上是可行的。

因此，耕地后备资源经济供给能力指的是耕地后备资源自然供给量中在开发利用过程中有利可图的那一部分耕地后备资源的数量，即它指的是在现有的技术条件下，在开发利用过程中，可以带来经济效益或经济上合算的耕地后备资源的数量。耕地后备资源经济供给反映了耕地后备资源的自然稀缺度及它们的相对获益性和总的利用效益。这种经济供给可以扩大或减少，但是最终受限于耕地后备资源的自然供给。



### 5.1.3 耕地后备资源供给与需求

供给和需求是经济学中两个相对应的概念，供给指的是可以利用的商品或资源的数量；需求指的是人们需要并愿意购买的商品数量。供给和需求相互联系、相互作用。当需求增加，商品价格上升，这种产品会给生产者带来更大的利润，生产者倾向于生产更多的产品，供给量就会增加；反之，生产者就会降低这种商品的产量。这看似是只要有需求，供给是可以无限的。但事实上，供给和需求这对关系最终取决于可供给量。因为，所有商品都离不开自然资源，自然资源是有限的。耕地后备资源的供给与需求，更是最终决定于耕地后备资源的自然可供给量，因为可以满足作物生长条件的土地资源是稀缺的。

基于一系列的假设条件，雷利·巴洛维提出了农业用地的长期供给曲线如图 5-1 所示。长期供给曲线 S 代表不同时期农业用地数量的不断增加，假设人口是按相同比率增长的，技术逐渐但相对稳定地改进。在供给曲线的左边是有弹性的，这是因为只有一小部分土地资源已经用于农业，还存在大部分适于农业的土地，不增加开发成本就可以大大增加土地经济供给总量。随着较好的土地用于农业和新开发农用地的相对成本增加，供给曲线越来越缺乏弹性，最终可以用于经济用途的土地资源数量受限于世界总土地面积。

由图 5-1 可以看出，未利用地的利用能力越来越低和未利用地转为耕地的进入成本越来越高。

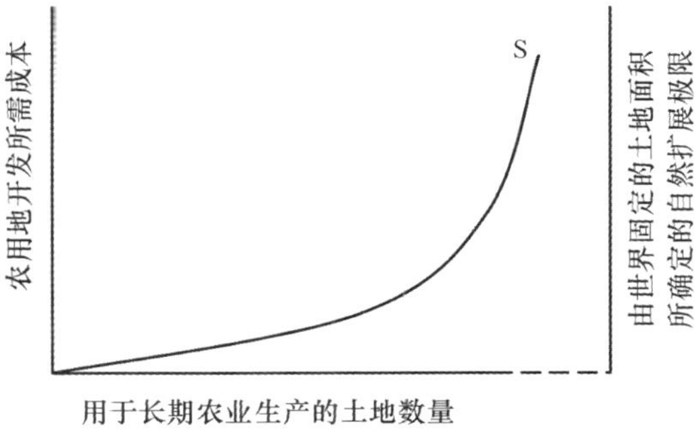


**图 5-1　农业用地的长期供曲线**

（假设长期的人口增长率相当一致，而长期的技术改进则是循序渐进的）

基于图 5-1 的结论，我们可以将耕地后备资源供给表示为图 5-2。其中，$L$ 表示地球表面土地资源的总面积，$L_1$ 表示已利用土地的总面积，$L_2$ 表示在自然条件和技术条件的限制下，所能开垦为耕地的土地资源的面积，$L_0$ 表示在经济条件的限制下，所能开垦为耕地的土地资源的面积，$\Delta L$ 表示耕地后备资源的供给量（数量上等于 $L_0-L_1$）。假设从 $O$ 点到 $L$ 点，未利用地的开发利用成本越来越高；$L_2$ 是常量（现阶段技术不发生变化）。

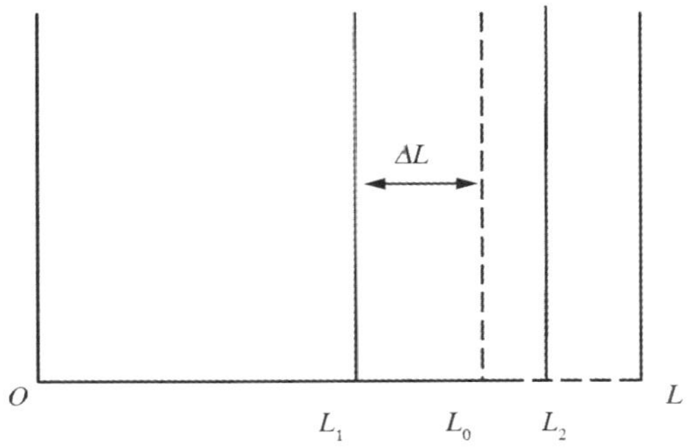


**图 5-2　后备耕地资源的供给量**

耕地资源的供给 $L_0$ 在 $L_1$、$L_2$ 之间变动，如果粮食的价格提高或者生产成本降低，$L_0$ 向右移动，但不会超过 $L_2$，耕地后备资源的供给增加；反之，$L_0$ 则向左移动，不会低于 $L_1$，耕地后备资源的供给量减少。

如果对粮食产品的需求增加，$L_1$ 向右移动，而粮食的价格和生产成本保持不变（即 $L_0$ 保持不动），耕地后备资源的供给量则会减少。在能够满足粮食需求的情况下，如果从事种植业所带来的收入小于从事其他行业带来的收入，那么 $L_1$ 也将向左移动，耕地后备资源的供给量增加。

对耕地后备资源的需求表现为派生需求，它是由最终产品的需求派生出来的，比如对耕地的需求是由于对粮食的需求派生而来的。需求改变导致土地利用方式的更替，当一种土地产品的价格升高（或降低）时，将会引起更多的原本不适合（或者适合）这种土地利用方式的土地进入（或者退出）这个领域。比如，当人口增加导致粮食需求增加，粮食的价格升高时（粮食的生产成本保持不变），可以作为耕地的后备土地资源就会增加，开垦增加，耕地面积扩大。纵观中国历史，大部分时间是其他土地作为耕地后备资源被垦荒者开垦，只有在战争时期，耕地荒芜转为其他用地，耕地面积减少。而 21 世纪以来，某些地区耕地荒芜则与城市化导致农民弃耕有关。

在供给和需求的共同作用下，决定了耕地后备资源的经济供给量。耕地后备资源的经济供给是动态的，随着需求和供给的改变而扩大或减少，但是最终受限于耕地后备资源的自然供给。

## 5.2 基于自然适宜性的我国耕地后备资源

本节介绍两个不同的全国耕地后备资源调查评价结果。虽然两者调查评价的方法存在差异，所用的“后备土地资源”底数也不一样，但是，这两个调查评价结果还是反映出我国耕地后备资源越来越短缺的现实。

### 5.2.1 根据全国“四荒”调查结果计算的宜耕后备土地资源状况

1990—1994年，全国农业区划委员会组织开展了全国县级农业综合开发后备土地资源调查，即“四荒”调查。“四荒”是指可供农业利用而目前尚未开发利用的荒山、荒地、荒滩（即河滩和湖滩，不包括海涂）和荒水（未利用于水产养殖的可养殖水面）的调查。“四荒”相当于后备农用地资源的概念。“四荒”调查没有计入可资农业开发的约153万$hm^2$沿海滩涂，也不包括工矿废弃地。全国农业区划委员会组织开展的“四荒”调查是一次专项调查，并非像覆盖陆地全域的土地利用现状调查。这次调查，为了摸清农业生产潜力，还包括了“四低”调查，即中低产田、低产园、低产林、低产水面的调查。

“四荒”调查结果表明：全国有“四荒”资源7090.06万$hm^2$（10.64亿亩），占全国土地总面积的7.38%。其中荒山荒地最多，有6680.48万$hm^2$，占“四荒”资源的94.22%；荒滩218.98万$hm^2$，占“四荒”资源的3.09%；荒水190.6万$hm^2$，占“四荒”资源的2.69%。荒山、荒地和荒滩的面积6899.46万$hm^2$，这“三荒”可用于农林牧业开发，而荒水可用于淡水养殖。

调查结果显示，“四荒”的分布为：①“四荒”资源主要分布在蒙新藏和云贵川地区，27%的“四荒”资源分布在内蒙古、新疆、西藏3个自治区，24%分布在云贵川3个省。这两个地区就占了全国“四荒”资源的一半多。其他如长江中下游区7省、市，黄土高原区3个省，华北区5个省、市和华南区4个省、自治区都在10%上下。东北区三省只占全国总数的7.9%。青藏区最少，只占2.3%。②贵州和海南两省“四荒”占比较高，“四荒”地占本省土地总面积的20%～30%；山西、河北、云南、广西、北京、宁夏、陕西、湖北、江西各省的“四荒”地占土地总面积在10%～20%；其他19个省（市、区）都在10%以下，其中青海、西藏和上海还不到1%，青海和西藏是因为可作为农业开发的后备资源太少了，上海则是因为土地开发利用程度很高，除了海涂已无其他后备土地资源可供开发。这些“四荒”资源都存在着多种障碍因素，是不便于或不容易开发的“边际”土地。内蒙古、新疆、西藏3个自治区和云、贵、川3个省，前三者气候干旱，那么多“四荒”肯定是以“宜牧”的“荒地”为主；后三者地形坡度大，已经出现了开垦过度，水土流失严重，甚至石漠化的现象。所以，这些荒山和荒地主要适用于林草，宜耕的并不多。

在“四荒”资源中，宜耕的面积947.63万$hm^2$。再加上调查期间可开发而未开发的153多万$hm^2$沿海滩涂，如果也都可开发为耕地的话，则耕地后备资源总共1100万$hm^2$（1.65亿亩）。

宜耕地在荒山、荒地和荒滩这三类宜农“三荒”面积中占比最高的是东北区，尤其在黑龙江，有近一半的宜农荒地可以开发为耕地；吉林也有近1/3的宜农荒地可以开发为耕地；其次是蒙新区，有近1/5的宜农荒地可开发为耕地，主要在宁夏的黄河灌区和新疆的绿洲；其他如华北区的天津、山东，黄土高原区的甘肃（主要是河西走廊），长江中下游区的上海、江苏，华南区的广东，青藏区的青海（主要在共和盆地和柴达木盆地），其宜农荒地中都有较高的宜耕地比重。其余省(自治区、直辖市)的宜农荒地,除海南、江西、陕西等省有较多的荒地适宜发展园地外,大都只适宜用于林牧业而不宜农耕。

“四荒”资源调查还表明:在20世纪90年代初,我国耕地后备资源38.3%集中在蒙新干旱区,其中新疆和内蒙古各有全国耕地后备资源的19.5%和14.2%。第二是东北区,占全国的19.5%,其中黑龙江一省就有全国耕地后备资源的14.7%。第三,在云南、宁夏、甘肃、四川、吉林各有占全国4%左右的耕地后备资源。而其余各省、直辖市、自治区的耕地后备资源都很少而且分布零散。全国第二次土地利用现状调查结果与全国第一次土地利用现状调查结果相比,增加的耕地主要在蒙新区和东北区,也佐证了“四荒”调查结果。

### 5.2.2　基于第一次全国土地利用现状调查面板数据的耕地后备资源评价

1. 数据与方法

为了进行中国农业资源综合生产能力与人口承载能力研究,20世纪末,鞠正山和张凤荣等利用第一次全国土地利用现状调查面板数据进行耕地后备资源评价。所采用的方法,就是以原国家土地管理局第一次土地利用现状调查(1996年)分县数据为基础,按照农业生态区划,逐级汇总各生态亚区和生态区未利用地中的荒草地、沼泽地、盐碱地和水域用地中的苇地与滩涂面积,得到每个生态亚区和生态区的荒草地、沼泽地、盐碱地、苇地与滩涂面积,作为待评价可垦后备土地资源。然后,再根据各省市(自治区、直辖市)坡耕地占总耕地面积的比例(反映了开发强度)和水土资源(以水定地)的状况,在分析自然条件以及保护生态环境的要求的基础上,利用专家打分的方法,分别按12个生态区给出了这些耕地后备资源的可垦率。如在给西北区设定可垦率时,考虑到该区水资源短缺,即使现有耕地有时也灌溉不上这个现实,本着以水定地原则,给予沙地、盐碱地等这些所谓的后备土地资源的可垦率极低。再如,对于黑龙江等东北区的沼泽、苇地,认为只有零星的沼泽、苇地可开垦,而集中连片的沼泽和苇地,作为湿地不能开垦,因此,给予了东北区当时作为耕地后备土地资源评价对象的沼泽与苇地的可垦率很低。而对于黄淮海平原、长江中下游的沼泽和苇地,因为其零星分布,形不成湿地环境,就给予了相对高一些的可垦率。

最后,计算出各生态区的可垦后备土地资源面积,即耕地后备资源,全国总共661万$hm^2$,各二级生态区的可垦后备土地资源如表5-1所示。

2. 农业生态区划分

我国国土辽阔,自然环境的地域差异很大,后备耕地资源的类型、质量、生产性能和开发利用途径差异也很大。为此,从区域农业生态系统功能的角度,根据自然环境、生态类型组合结构、社会经济结构及其功能的地域分布规律,按农业适宜性、生产力及其差异性,将特定的地域空间单元划分为不同的农业生态系统单元。其中:一级农业生态区12个(图5-3),划分依据以水热条件为主,主要考虑水热条件及匹配关系、积温、降水、干燥度、大地构造基本格局、大农业生态适宜性、生产潜力及大农业生产结构;二级农业生态亚区48个,划分依据以农业生态类型组合特征为主,主要考虑农业生态类型,即农用地组合特点、农业生态适宜类型,以及中地貌类型组合,即山地、丘陵、平原及其组合。二级农业生态亚区并不打破县级行政区,也即无论是农业生态区还是农业生态亚区均是由若干完整的县级行政区组成,这样可以利用社会经济统计数据。

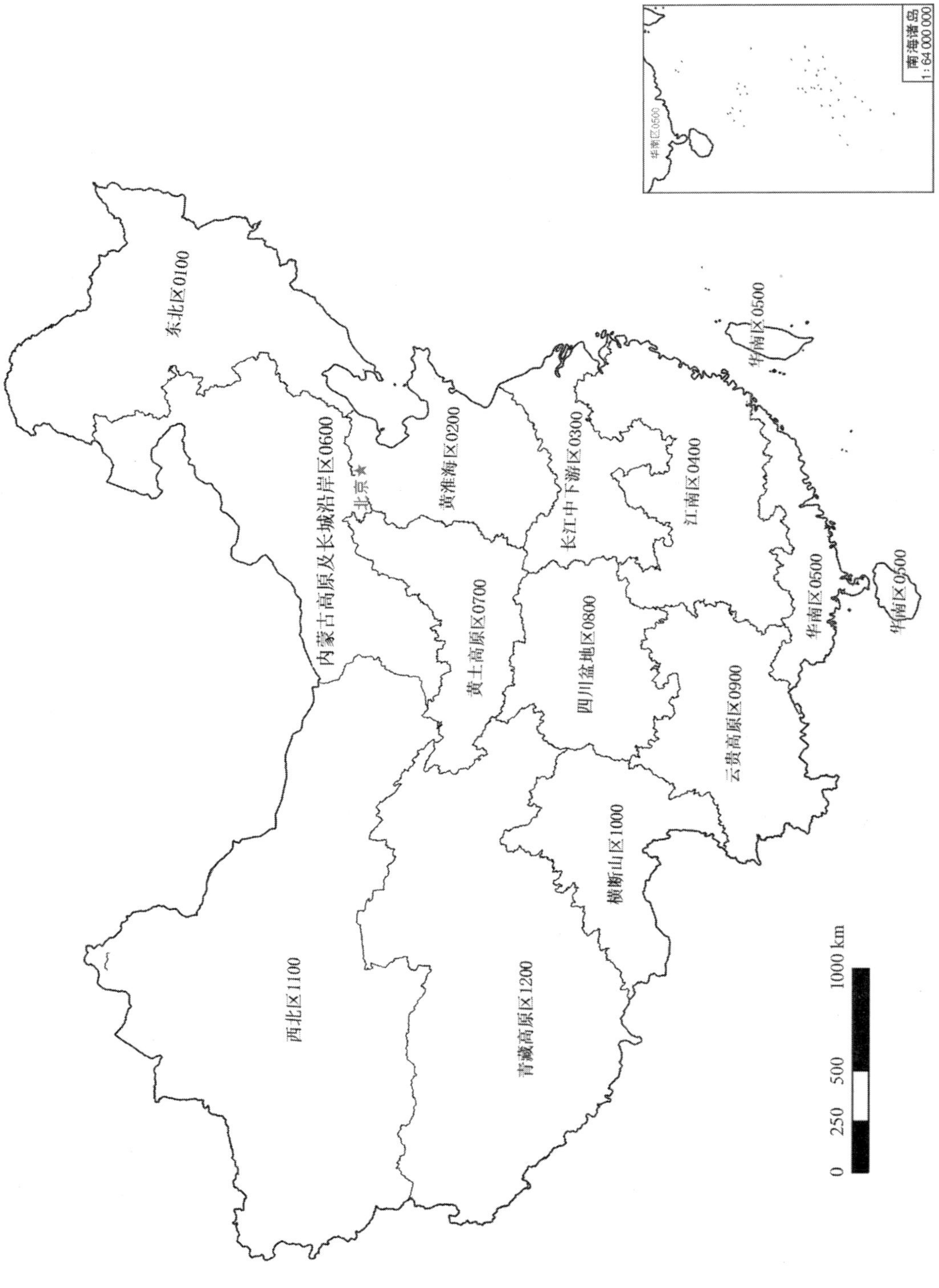
南海诸岛
1:64 000 000
东北区0100
黄淮海区0200
长江中下游区0300
江南区0400
华南区0500
内蒙古高原及长城沿岸区0600
北京
黄土高原区0700
四川盆地区0800
云贵高原区0900
横断山区1000
西北区1100
青藏高原区1200
0 250 500 1000 km

图 5-3 农业生态区

1）东北区（0100）

本区行政上包括黑龙江、吉林、辽宁（除朝阳地区外）三省及内蒙古东北部大兴安岭地区，农垦历史较晚，人均耕地较多，具备发展大规模机械化生产和多种经营的自然资源环境，是我国重要的商品粮基地，也是我国重要的林区。

2）黄淮海区（0200）

本区位于北纬 33°～41°，包括华北平原、山东丘陵和淮北平原 3 个亚区，是我国最大的平原，周边山地丘陵都在海拔 1500 m 以下。行政上包括北京市大部、天津市、河北省大部，河南省大部、山东全省、安徽与江苏二省淮北地区，地形平坦，土层深厚，沃野千里，是全国重要粮食生产基地之一，人口稠密，平原上村落密布，土地垦殖率也较高。

3）长江中下游区（0300）

本区的北界，西段大致相当于大巴山、武当山的东南麓、大别山的南麓；东段大致相当于淮河、苏北灌溉总渠；南界与中亚热带长江南岸丘陵盆地常绿阔叶林区接壤。长江中下游平原区由西向东，可以分为长江中游平原、豫南鄂北山地、长江下游平原 3 个亚区。长江中下游区自古以来就是“鱼米之乡”，经济发达，人口众多。

4）江南区（0400）

本区位于长江中下游平原以南，福州—英德—梧州一线以北，包括浙江、江西、安徽南部、湖北南部、湖南大部、广东及广西北部等地区。全区属中亚热带湿润地区，是一个人多地少、水热资源丰富、农林渔业比较发达、农业生产水平较高的地区。本区全区山多田少，但除少数山地海拔在 1000 m 以上外，大部分为低山丘陵，与山间谷地和盆地交错分布。粮食作物、经济作物、经济林产、淡水渔产等在全国均占有重要地位，也是我国三大林区之一，南方集体林区的主体，森林覆盖率高。

5）华南区（0500）

本区位于福州—大埔—英德—百色—新平—盈江一线以南，包括福建东南部、台湾省、广东中部及南部、广西南部、云南南部和西南部、海南省等。全区属高温多雨的热带—南亚热带季风气候，也是我国唯一适宜发展热带作物的地区，森林覆盖率高。本区农业人口平均每人占有耕地面积为各大农业区中最少的地区。大部是丘陵山地，宜农的平原有限，多数丘陵山坡也较陡峻。

6）内蒙古高原及长城沿线区（0600）

本区包括内蒙古自治区包头以东地区（除大兴安岭地区以外）、辽宁朝阳地区、河北承德和张家口地区、北京市延庆县、宁夏盐池和同心县等，处于由东部平原向蒙古高原、由半湿润向半干旱和干旱地区过渡的地带，地域辽阔，地形狭长；西部为牧区，中部为半农半牧区，东南部为农区，在我国畜牧业中占有重要地位。

本区大部分地区属于中温带半干旱大陆性季风气候，年降水量 200～450 mm，冬春少雨，风大且多，地面受风蚀造成沙漠化。我国北方的沙漠化土地绝大部分分布在本区内，是全国生态平衡严重失调地区之一。

7）黄土高原区（0700）

本区位于太行山以西、青海日月山以东、伏牛山和秦岭以北、长城以南，包括河北西部少数县、山西大部、河南西部、陕西中北部、甘肃中东部、宁夏南部及青海东部，是一个以旱杂粮生产为主、水土流失严重、产量不高不稳，亟待综合治理的地区。

黄土高原区具有典型的大陆季风气候特征，冬季寒冷干燥，夏季温暖湿润，雨热同步，是全国光能资源最丰富的地区之一。但春旱严重，夏雨集中。暴雨是引起土壤侵蚀最直接的外营力。

除去少数突起的石质山岭和上述这些地势较低的凹陷盆地外，本区将近70%的土地覆盖着深厚的黄土层，黄土颗粒很细，土质松软，在缺乏植被的情况下，遇水极易受侵蚀，加之本区夏雨集中且多暴雨，在长期的流水侵蚀下，地面被分割得支离破碎，形成塬、梁、峁和沟壑交错的地形。强烈的土壤侵蚀不仅使区内生态环境恶化，更由于大量泥沙注入黄河，从而使其成为世界上一条多泥沙河。由于河床不断抬高，河流泄洪能力逐渐降低，因而严重威胁着黄淮海平原的安全。

8)四川盆地区(0800)

四川盆地是我国中亚热带的一个独特而完整的自然地理区，它位于长江上游，是我国东部季风区域最大的内陆盆地，由西部的成都平原、川中海拔200～750 m的丘陵、台地及川东和周边的丘陵和海拔600～1000 m的低山组成。底部大部为丘陵所占据，边缘被一系列高大山脉所环绕，分为盆周山地、盆底丘陵平原两个亚区。行政上包括四川(包括现在的重庆)大部，以及湖北、陕西和甘肃与四川的交界地区(山区)。

四川盆地开垦历史悠久，从春秋战国时期就开始成为我国重要的农耕区，盆底平地地区平均垦殖系数达60%以上，盆中丘陵也超过40%，耕垦使区内天然植被锐减，除海拔500～1000 m的低山区尚保存少量成片的地带性常绿阔叶林外，500 m以下的丘陵地区多辟为农田，而且川西仅剩不多的森林正在受到严酷的砍伐。

本区紫色砂页岩容易风化，但盆周山地丘陵水土流失严重，因此，土壤肥力水平低。

9)云贵高原区(0900)

云贵高原区东起湖南雪峰山，往南经桂林、柳州一线之西，南界南盘江、红水河谷，西北与青藏高原区相接，北界四川盆地和鄂西南高原，包括贵州全部、云南大部，以及桂西北、川西南、川东南等广大地区，分为黔东北山地、黔滇桂岩溶山地丘陵、川滇高原、滇南河谷等四个亚区，是一个山地多、平坝地少、土地过度垦殖、坡耕地面积大、水土流失严重、经济比较落后的地区。

贵州高原属多阴雨的高原式亚热带气候，具有冬暖夏凉，多阴雨，少日照的特点。云南高原北有高山高原屏蔽，寒潮冷空气不易入侵；南有河谷相通，西南季风和东南季风较易进入。

全境以山地丘陵为主，云南高原山地占80.8%，丘陵地占14.2%，平地仅占5%；贵州高原山地占80.3%，丘陵占14.8%，平地仅占4.9%；坡耕地比重大，水土流失严重。

10)横断山区(1000)

横断山区指我国青藏高原东南缘、川滇藏境内，昌都、察隅一线以东，邛崃山、大凉山以西，北从北纬32°的德格、壤塘、刷经寺起，南达北纬26°附近的大理、渡口一线，分为川西高原、川藏高山峡谷、藏东南山地、滇西高山峡谷四个亚区。

横断山区地处青藏高原向云贵高原和四川盆地的过渡地带，山体与峡谷并列。山体高大，顶峰海拔常在5000 m以上，个别甚至超过6000 m，到高纬30°以南，峰岭仍有终年积雪。山间河川深切、峡谷众多，河流比降大，水流湍急。大部分地区海拔达3000 m，其边缘部分也在

1500～3000 m，只有极少数河谷在 1000 m 左右。这种强烈的地貌因素，使得其他自然地理因素，如气候、植被、土壤乃至整个自然综合体都呈现出明显的垂直变化。本区山高谷深，河流众多，水电资源丰富，但提水灌溉比较困难。但有不少面积广大的坝子，河流经过，具有灌溉条件。

11）西北区（1100）

本区包括新疆全部、甘肃河西走廊、宁夏中北部及内蒙古西部地区，是一个国境线长、气候干旱、地广人稀、依靠灌溉的绿洲农业和荒漠放牧业为主的地区。该区也是我国后备耕地资源最多的地区。本区又分为阿拉善高原、河西走廊、东疆、北疆和南疆。

本区深处内陆，海洋季风影响微弱，绝大部分属于干旱气候，是我国降水量最少的地方。除了部分山地和伊犁河谷外，年降水量普遍小于 250 mm，干燥度在 2.5 以上，其中一半以上地区的降水量小于 100 mm，干燥度在 4.0 以上，降水量不能满足农作物最低限度水分需要。在海拔 3500 m 以上的高山区，广泛分布着永久积雪和现代冰川，成为固体水库，夏季则部分消融补给河流，成为山麓地带农田灌溉的主要水源。但该区大部光能资源丰富，热量条件较好，年均温除山地外为 7～14℃，无霜期为 80～250 天，≥10℃积温为 2600～4500℃。晴天多，辐射强，日照时间长，年总辐射量、日照时数、日照百分率普遍大于东部季风区，生长期气温日较差大，这样条件的配合极有利于植物光合产物的积累，作物光温产量高，瓜果、甜菜等糖分含量高。但该区气候干旱，光、热、水、土资源配合上有较大缺陷。

12）青藏高原区（1200）

本区位于我国西南部，北起北纬 30°，南至北纬 26°，包括我国西南部祁连山、昆仑山以南，四川大雪山以西的整个青藏高原，又分为青海北部高原盆地、藏北青南高原、藏北高原和藏南高原谷地四个生态亚区。

本区海拔大部为 2600～4500 m，最高达 8000 多 m，高海拔是造成本区大部分地区热量不足的主要原因。在海拔 4500 m 以上的地区，最热月平均温度低于 10℃甚至低于 6℃，无绝对无霜期，谷类作物难以成熟，只宜放牧。东部和南部海拔 4000 m 以下地区≥10℃积温可达 1000～2000℃，可种植耐寒喜凉作物；最南部边缘河谷地带可种玉米、水稻等喜温作物。但本区空气稀薄，多晴朗天气，日照充足，光能资源丰富，是全国太阳辐射量最多的地区，日照时间长。虽然气温的日较差大（平均 14～16℃），但中午和夏季极少出现抑制光合作用的高温，因而植物光合作用强度大，净光合效率高，利于作物形成大穗、大粒、大块茎，作物的光温生产力高。

本区受喜马拉雅山脉、冈底斯山山脉、念青唐古拉山山脉等横亘东西的高大山脉的阻挡，印度洋湿润气流难以长驱直入，太平洋季风的影响因距离遥远也很弱，故全区总体上为干旱和半干旱气候，年降雨量 200～500 mm，只有南部较为湿润，越往西北，降雨越少，柴达木盆地西部则为干旱型，年降雨量不到 50 mm，水热生长期为零。本区地面对流发展旺盛，多积雨云，常形成雷暴、冰雹、大风等灾害性天气。

3. 耕地后备资源及其分布

在全国总共 661 万 $hm^2$ 的耕地后备资源中，各类可垦后备土地资源在二级生态区的分布如表 5-1 所示。

表 5-1 可垦后备土地资源 hm²

| 二级生态区 | 可垦苇地 | 可垦荒草地 | 可垦盐碱地 | 可垦沼泽地 | 可垦滩涂 | 小计 |
|---|---|---|---|---|---|---|
| 大小兴安岭 | 0.00 | 40653.90 | 0.00 | 19686.54 | 971.12 | 61311.55 |
| 东北平原区 | 0.00 | 820112.99 | 39961.81 | 164576.46 | 0.00 | 1024651.26 |
| 长白山山地 | 0.00 | 28496.31 | 0.00 | 5002.20 | 0.00 | 33498.51 |
| 辽宁平原丘陵 | 0.00 | 191741.31 | 3664.94 | 1946.34 | 0.00 | 197352.59 |
| 华北平原 | 0.00 | 696325.95 | 18154.89 | 2184.73 | 0.00 | 716665.57 |
| 山东丘陵 | 0.00 | 77548.47 | 5669.05 | 61.27 | 0.00 | 83278.79 |
| 淮北平原 | 0.00 | 141046.49 | 4551.83 | 2026.31 | 1581.40 | 149206.03 |
| 长江下游平原 | 0.00 | 172047.65 | 10525.47 | 1242.44 | 1351.70 | 185167.26 |
| 豫南鄂北山地 | 21422.13 | 59511.93 | 12.63 | 170.88 | 35968.10 | 117085.67 |
| 长江中游平原 | 0.00 | 170194.66 | 40.08 | 0.00 | 0.00 | 170234.74 |
| 东部山地丘陵 | 0.00 | 185243.21 | 828.53 | 178.70 | 1466.68 | 187717.11 |
| 中部山地丘陵 | 10533.07 | 96531.45 | 0.00 | 493.96 | 3022.19 | 110580.66 |
| 西部山地丘陵 | 3115.53 | 75139.05 | 5.36 | 86.65 | 43.48 | 78390.08 |
| 南岭山地 | 903.93 | 260546.86 | 21.01 | 0.00 | 1433.15 | 262904.94 |
| 闽粤丘陵平原 | 6167.40 | 57919.34 | 0.00 | 0.00 | 3212.42 | 67299.16 |
| 粤桂丘陵 | 0.00 | 143968.27 | 670.06 | 316.71 | 0.00 | 144955.04 |
| 雷州半岛海南丘陵 | 0.00 | 83726.83 | 254.10 | 479.32 | 0.00 | 84460.25 |
| 内蒙古草原 | 0.00 | 19597.66 | 1700.14 | 8804.11 | 0.00 | 30101.92 |
| 大兴安岭南部山地 | 0.00 | 11757.31 | 821.08 | 8124.63 | 20.93 | 20723.95 |
| 蒙东及长城沿线山地 | 0.00 | 213380.26 | 2833.05 | 2703.67 | 299.14 | 219216.12 |
| 河套银川平原 | 0.00 | 17703.48 | 39111.68 | 885.36 | 133.39 | 57833.91 |
| 鄂尔多斯高原 | 0.00 | 0.00 | 865.50 | 0.00 | 0.00 | 865.50 |
| 晋北忻同盆地 | 0.00 | 91336.04 | 8848.01 | 461.52 | 107.79 | 100753.36 |
| 晋东豫西丘陵山地 | 0.00 | 129071.79 | 47.36 | 177.86 | 633.19 | 129930.20 |
| 汾渭谷地 | 0.00 | 174419.41 | 3788.65 | 929.39 | 27.97 | 179165.42 |
| 陕北宁东丘陵沙地 | 0.00 | 345.71 | 1103.81 | 0.00 | 46.57 | 1496.10 |
| 晋陕甘黄土丘陵台地 | 0.00 | 40248.36 | 235.45 | 0.00 | 192.60 | 40676.41 |
| 宁南陇中黄土丘陵 | 17031.13 | 23395.09 | 287.60 | 0.00 | 5577.75 | 46291.57 |
| 青东丘陵 | 0.00 | 8932.70 | 17.91 | 431.52 | 12.61 | 9394.74 |
| 盆周山地 | 0.00 | 100115.29 | 8.16 | 344.65 | 45.34 | 100513.44 |
| 盆底丘陵平原 | 8392.80 | 265172.01 | 1.16 | 42.72 | 2859.41 | 276468.09 |
| 黔东北山地 | 871.93 | 3467.49 | 0.00 | 35.67 | 1952.05 | 6327.14 |
| 黔滇桂岩溶山地丘陵 | 1009.53 | 0.00 | 177.09 | 167.34 | 2120.49 | 3474.45 |

续表 5-1

| 二级生态区 | 可垦苇地 | 可垦荒草地 | 可垦盐碱地 | 可垦沼泽地 | 可垦滩涂 | 小计 |
|---|---|---|---|---|---|---|
| 川滇高原 | 2699.07 | 127574.06 | 54.07 | 405.51 | 127574.06 | 258306.78 |
| 滇南河谷 | 0.00 | 56061.54 | 0.00 | 2.23 | 56061.54 | 112125.32 |
| 川西高原 | 0.00 | 125.58 | 2.53 | 74.51 | 0.00 | 202.63 |
| 川藏高山峡谷 | 0.00 | 1004.70 | 0.00 | 0.00 | 0.00 | 1004.70 |
| 藏东南山地 | 0.00 | 8157.43 | 0.00 | 0.00 | 0.00 | 8157.43 |
| 滇西高山峡谷 | 0.00 | 22738.73 | 40.23 | 0.00 | 0.00 | 22778.96 |
| 阿拉善高原 | 0.00 | 0.00 | 988.37 | 0.00 | 0.00 | 988.37 |
| 河西走廊 | 0.00 | 35240.68 | 4082.59 | 0.00 | 0.00 | 39323.27 |
| 东疆盆地 | 0.00 | 101454.50 | 1680.34 | 0.00 | 0.00 | 103134.84 |
| 北疆山地绿洲荒漠 | 0.00 | 270100.92 | 4914.08 | 1040.18 | 0.00 | 276055.19 |
| 南疆山地绿洲荒漠 | 0.00 | 593140.96 | 32999.77 | 2034.11 | 0.00 | 628174.84 |
| 青海北部高原盆地 | 0.00 | 98485.62 | 29152.01 | 0.00 | 0.00 | 127637.62 |
| 藏北青南高原 | 0.00 | 94361.17 | 0.00 | 1087.94 | 0.00 | 95449.11 |
| 藏北高原 | 0.00 | 8200.30 | 0.00 | 149.62 | 0.00 | 8349.93 |
| 藏南高原 | 0.00 | 29748.83 | 934.47 | 97.26 | 0.00 | 30780.56 |
| 全国总计 | 72146.53 | 5846092.33 | 219054.83 | 226452.32 | 246715.07 | 6610461.08 |

耕地后备资源的分布，如图 5-4 所示。最多的是东北区(19.9%)，其次是西北区(15.8%)，黄淮海区(14.4%)居第三。其中，东北区中的东北平原的耕地后备资源约占全国的16%，华北区的华北平原约占 11%，西北区的新疆南部的山地绿洲荒漠约占 10%。西北区耕地后备资源的面积较大，是因为西北区土地资源的绝对面积较大，它包括了新疆的全部以及甘肃、内蒙古的部分地区。最少的是横断山区(不到 0.5%)，其次是青藏区(3.97%)，青藏高原区气候资源条件较差，横断山区的地形较复杂。

其余的几个生态区的耕地后备资源占全国耕地后备资源的 5%～10%，其中江南区 9.7%，黄土高原区 7.7%，长江中下游区 7.1%，云贵高原区 5.8%，四川盆地区 5.7%，内蒙古及长城沿线区 4.97%，分布较零散。其中，长江中下游区和四川盆地区由于自然条件较好，未利用的土地资源中可以开垦为耕地的较多。尽管分布比较零散，我国中部地区(黄淮海平原和黄土高原区)和东南部地区(长江中下游区、江南区、华南区以及四川盆地区)的宜耕后备土地资源也将近全国宜耕后备土地资源的一半，如图 5-4 所示的下半圈。

耕地后备资源中，面积最大的是荒草地，共 584.61 万 $hm^2$，占总耕地后备资源的 88.44%，可开垦为耕地的滩涂、沼泽、盐碱地分别占总耕地后备资源的 3.73%、3.43%、3.31%，可开垦为耕地的苇地最少，共 7.21 万 $hm^2$，不到总耕地后备资源 1.1%(图 5-5)。荒草地是耕地后备资源的主体，几乎在各个生态区中都有大面积分布，其中分布最多的是东北平原(14.0%)、华北平原(11.9%)和新疆南部的山地绿洲荒漠地区(10.1%)，这 3 个区恰好也是耕地后备资源分布最多的生态区。沼泽集中分布在东北平原区(72.7%)，盐碱地主要分布在东北平原区(18.2%)、河套银川平原区(17.9%)、南疆山地绿洲荒漠区(15.1%)和青海北部高原区(13.3%),苇地集中分布在豫南鄂北山地(29.7%)和宁南陇中黄土丘陵(23.6%)。

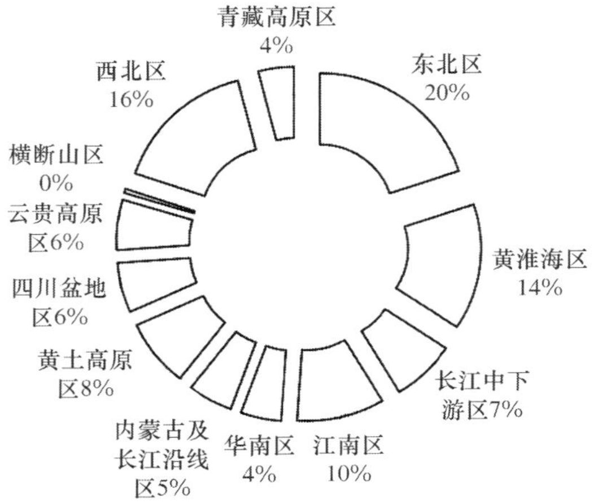


图 5-4 各生态区后备耕地资源占总后备耕地资源比重

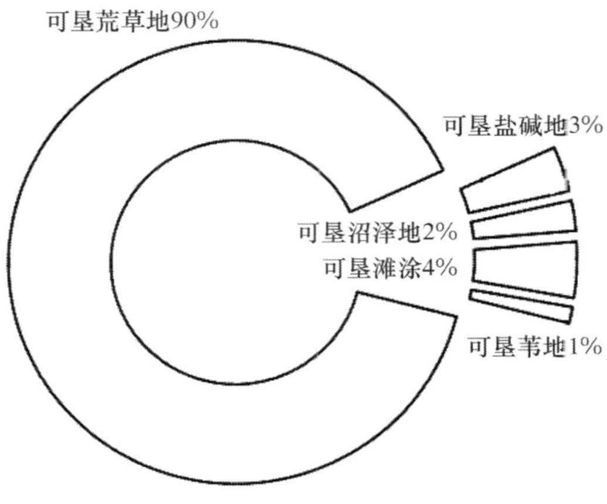


图 5-5 后备耕地资源各类型比重

资料来源:中国农业资源综合生产能力与人口承载能力

如果将12个农业生态区再进一步归类为东(东北区、黄淮海区、长江中下游区、江南区、华南区)、中(内蒙古高原及长城沿线区、黄土高原区、四川盆地区、云贵高原区)、西(横断山区、西北区、青藏高原区)三部分,则东部地区的耕地后备资源占全国耕地后备资源总数的56%,中部占24%,西部占20%。可以看出,耕地后备资源仍主要分布在东部地区,这同后备土地资源的分布趋势差异很大。后备土地资源的48%分布在西部地区,24%分布在中部地区,仅有28%分布在东部地区。耕地后备资源主要分布在水热条件较好的东部地区,这说明了虽然西部地区有大量的后备土地资源,但是适合开垦耕种的不多,具有开发潜力的地区仍然是东部和中部。

"四荒"调查得到的结果是我国目前宜耕的面积共947.63万$hm^2$(不含沿海滩涂),依据全国第一次土地利用调查数据进行耕地后备资源评价的结果是661.05万$hm^2$,后者比前者小,除因通过土地利用现状详查对未利用地的面积量算比较准确外,主要是经过20世纪90年代上半叶的土地开发,使后备土地资源进一步减少了。

## 5.3 基于经济适宜性的耕地后备资源

2000年,张迪和张凤荣以上一节所述耕地后备资源评价结果为基础,即基于全国第一次土地利用调查数据的荒草地、沼泽地、盐碱地、苇地与滩涂面积,通过给予可垦率计算得到的661.05万$hm^2$耕地后备资源数作为自然适宜的耕地后备资源基数,利用成本收益核算方法,进行耕地后备资源的经济适宜性评价。

### 5.3.1 收入与成本计算

收入/成本比($B/C$)是将贴现后的收入同贴现后的成本相比,计算公式如下:

$$B/C=\frac{\sum_{t=0}^{n}\frac{B_t}{(1+r)^t}}{\sum_{t=0}^{n}\frac{C_t}{(1+r)^t}} \tag{5-1}$$

式中：$t$ 为时间，$B$ 为收入，$B_t$ 为第 $t$ 年的收入；$C$ 为成本，$C_t$ 为第 $t$ 年的成本；$n$ 为项目的周期，本文中 $n=30$；$r$ 为贴现率，本文中 $r=0.12$。成本包括耕地后备资源开发成耕地的成本，类似于固定投资，以及耕地开发后种植经营成本，类似于"变动成本"。

1. 耕地后备资源开发成本

土地开发（开垦）成本的计算采用国土资源部土地整理中心《土地开发整理项目亩均预算标准技术报告》（1999 年）中的数据（表 5-2），该报告是在对全国大量的数据进行统计分析后形成的，具有一定的权威性。预算标准根据土地资源开发采取的工程措施和开发难易程度的不同，将标准划分三大类：平原、丘陵、滩涂。并根据自然条件、社会经济发展水平和土地开发整理的类型等将全国划分为 7 个区（不含青海、西藏）。单位开发费用以被开发的后备耕地资源的总面积为基数进行计算（不以净增耕地为计算基数），费用中只包括标准化农田建设的田面平整、田间灌溉渠道、田间路等整治工程费用，不包括修建水库、引水渠、防护林网等较大型配套工程费用。

**表 5-2 土地开发预算标准** 元/hm$^2$

| | 平原 | 丘陵 | 滩涂 | 备注 |
|---|---|---|---|---|
| 东南沿海 | 31050 | 33750 | 88800 | 上海、江苏、浙江、福建、广东、海南 |
| 环渤海区 | 26850 | 31800 | 38250 | 北京、天津、山东、河北、辽宁 |
| 东北地区 | 17250 | 18150 | 25350 | 黑龙江、吉林、内蒙古东部 |
| 中部地区 | 20400 | 43200 | 52200 | 河南、安徽、湖北、湖南、江西 |
| 西南地区 | 27450 | 41700 | 88800 | 重庆、四川、云南、贵州、广西 |
| 黄土高原区 | 26700 | 44700 | 96150 | 山西、陕西、宁夏、甘肃陇东南 |
| 西北区 | 19500 | 42600 | 93000 | 新疆、内蒙古西部、甘肃陇西 |

资料来源：国土资源部土地整理中心

2. 耕地经营成本

经营成本以现有耕作水平为基础，考虑种子、化肥、农药、灌溉等物质投入，不考虑机械投入、活劳动投入、运输成本以及农业税（当时还有农业税）。其中化肥、灌溉、农药等的物质投入数据来自《中国农业资源综合生产能力与人口承载能力》，由于种子的使用量在各生态区内差异不大，经过调查分析后采用统一值（表 5-3）。

**表 5-3 耕地的产量与投入** kg/hm$^2$

| 二级生态区 | 产量 | 物资投入 | | | | | | |
|---|---|---|---|---|---|---|---|---|
| | | 氮肥 | 磷肥 | 钾肥 | 复合肥 | 灌溉用水 | 农药 | 农膜 |
| 大小兴安岭区 | 2205.0000 | 12.30 | 11.10 | 0.75 | 12.75 | 124.42 | | |
| 东北平原区 | 4170.0000 | 63.60 | 16.50 | 5.10 | 27.60 | 523.66 | | |
| 长白山山地 | 2835.0000 | 45.60 | 5.40 | 6.45 | 34.20 | 811.37 | | |
| 辽宁平原丘陵 | 4995.0000 | 162.45 | 32.85 | 11.70 | 45.45 | 2397.82 | | |
| 华北平原 | 4215.0000 | 239.25 | 77.10 | 18.00 | 85.50 | 4169.09 | | |
| 山东丘陵 | 5145.0000 | 232.35 | 58.05 | 37.50 | 146.70 | 3579.68 | | |

续表 5-3

| 二级生态区 | 产量 | 物资投入 | | | | | | |
|---|---|---|---|---|---|---|---|---|
| | | 氮肥 | 磷肥 | 钾肥 | 复合肥 | 灌溉用水 | 农药 | 农膜 |
| 淮北平原 | 4005.0000 | 247.65 | 95.85 | 25.35 | 74.55 | 3373.77 | | |
| 长江下游平原 | 5152.5000 | 297.70 | 68.40 | 19.64 | 98.07 | 5676.00 | 7.48 | |
| 豫南鄂北山地 | 4381.5000 | 187.64 | 71.50 | 19.36 | 53.70 | 4500.92 | 12.04 | |
| 长江中游平原 | 5038.5000 | 285.81 | 102.46 | 55.64 | 70.02 | 6757.90 | 19.79 | |
| 东部山地丘陵 | 4534.5000 | 270.55 | 61.47 | 46.19 | 72.24 | 5941.03 | 12.88 | |
| 中部山地丘陵 | 4122.0000 | 191.88 | 62.80 | 46.85 | 51.83 | 7613.76 | 12.49 | |
| 西部山地丘陵 | 5151.0000 | 224.65 | 52.01 | 57.55 | 58.40 | 7212.58 | 15.64 | |
| 南岭山地 | 4461.0000 | 196.82 | 65.88 | 69.18 | 65.47 | 5086.47 | 6.51 | |
| 闽粤丘陵平原 | 4893.0000 | 346.15 | 98.26 | 121.37 | 121.46 | 8765.30 | | |
| 粤桂丘陵 | 4324.5000 | 151.81 | 52.60 | 63.34 | 59.70 | 3914.49 | | |
| 雷州半岛和海南丘陵 | 3615.0000 | 173.31 | 41.59 | 53.61 | 90.41 | 3713.95 | | |
| 内蒙古草原 | 1594.5000 | 19.03 | 9.80 | 1.75 | 9.06 | 839.18 | 1.08 | 0.27 |
| 大兴安岭南部山地 | 1437.0000 | 23.83 | 12.00 | 1.09 | 19.42 | 1192.33 | 0.77 | 1.23 |
| 蒙东及长城沿线山地 | 2911.5000 | 93.21 | 16.45 | 2.82 | 24.34 | 1555.47 | 3.09 | 1.98 |
| 河套银川平原 | 5530.5000 | 330.87 | 71.63 | 3.03 | 68.41 | 7810.70 | 3.03 | 8.28 |
| 鄂尔多斯高原 | | | | | | | | |
| 晋北忻同盆地 | 1771.5000 | 84.45 | 45.15 | 4.95 | | 1443.25 | | |
| 晋东豫西丘陵山地 | 2796.0000 | 180.15 | 118.35 | 34.20 | | 891.13 | | |
| 汾渭谷地 | 3549.0000 | 267.30 | 132.15 | 40.95 | | 3860.19 | | |
| 陕北宁东丘陵沙地 | 1396.5000 | 59.40 | 11.85 | 2.85 | | 901.24 | | |
| 晋陕甘黄土丘陵沟壑台塬 | 1609.5000 | 107.70 | 45.00 | 12.00 | | 448.32 | | |
| 宁南陇中黄土丘陵 | 1590.0000 | 54.75 | 33.75 | 5.55 | | 376.24 | | |
| 青东丘陵 | 3089.5000 | 78.15 | 39.75 | 12.00 | | 934.30 | | |
| 盆周山地 | 2725.5000 | 130.20 | 35.14 | 6.60 | 38.07 | 744.24 | 5.14 | 2.77 |
| 盆底丘陵平原 | 4615.5000 | 178.02 | 61.04 | 10.85 | 35.98 | 3005.89 | 9.19 | 4.64 |
| 黔东北山地 | 3300.0000 | 49.03 | 11.59 | 4.72 | 10.98 | 657.61 | 1.41 | 1.11 |
| 黔滇桂岩溶山地丘陵 | 3135.0000 | 73.48 | 21.62 | 8.84 | 19.00 | 795.29 | 2.48 | 3.13 |
| 川滇高原 | 3255.0000 | 74.80 | 20.99 | 10.49 | 23.08 | 1516.13 | 2.47 | 4.31 |
| 滇南河谷 | 2535.0000 | 19.73 | 6.77 | 1.12 | 10.24 | 940.84 | 1.77 | 0.34 |
| 川西高原 | 2388.0000 | 23.18 | 3.99 | 4.25 | 0.57 | 984.50 | | |
| 川藏高山峡谷 | 2293.0000 | 10.15 | 1.44 | 0.49 | 9.08 | 1657.19 | 3.73 | |
| 藏东南山地 | 3940.5000 | 16.78 | 8.85 | 1.80 | 18.14 | 1917.40 | 0.83 | |
| 滇西高山峡谷 | 2503.5000 | 50.57 | 13.93 | 5.70 | 8.86 | 1347.87 | | |
| 阿拉善高原 | 5310.0000 | 315.45 | 37.95 | 0.30 | 19.65 | 5365.85 | | |

续表 5-3

| 二级生态区 | 产量 | 物资投入 | | | | | | |
|---|---|---|---|---|---|---|---|---|
| | | 氮肥 | 磷肥 | 钾肥 | 复合肥 | 灌溉用水 | 农药 | 农膜 |
| 河西走廊 | 6090.0000 | 123.30 | 62.55 | 1.50 | 43.65 | 2951.77 | | |
| 东疆盆地 | 3465.0000 | 59.55 | 6.30 | 7.05 | 8.25 | 3992.02 | | |
| 北疆山地、绿洲、荒漠 | 4080.0000 | 31.95 | 9.30 | 0.75 | 13.95 | 2382.42 | | |
| 南疆山地、绿洲、荒漠 | 4245.0000 | 94.35 | 58.65 | 5.25 | 34.65 | 4923.29 | | |
| 青海北部高原盆地 | 2325.0000 | 14.55 | 6.00 | 0.60 | 17.40 | 873.32 | | |
| 藏北青南高原 | 1605.0000 | 3.30 | 8.25 | | 4.80 | 363.25 | | |
| 藏北高原 | | | | | | | | |
| 藏南高原谷地 | 3870.0000 | 33.45 | 15.90 | 1.80 | 13.50 | 2280.27 | | |

数据来源：中国农业资源综合生产能力与人口承载能力

农业生产资料（化肥、农药）的价格来源于中国工业信息网，水价按照全国规定计算（表 5-4）。将粮食作物的混合产量作为土地资源利用的主要收入，产量由统计年鉴（1995 年）获得。粮食价格取 1.10 元/kg。

**表 5-4　农用物资单价**　　元/kg

| 物资 | 氮肥纯量 | 磷肥纯量 | 钾肥纯量 | 复合肥纯量 | 农药纯量 | 农膜 | 水费 |
|---|---|---|---|---|---|---|---|
| 单价 | 2.6 | 2.6 | 3 | 3.2 | 30 | 9.2 | 0.05 |

资料来源：中国工业信息网（www.cnin.com）

将粮食产量按市价（收购价）折算为收入，再将各种农用物资投入乘以单价后得出单位面积耕地经营收入与成本（表 5-5）。

**表 5-5　单位面积耕地经营收入与成本**　　元/hm²

| 二级生态区 | 收入 | 成本 | | | | | | | | |
|---|---|---|---|---|---|---|---|---|---|---|
| | | 小计 | 氮肥 | 磷肥 | 钾肥 | 复合肥 | 水费 | 农药 | 种子 | 农膜 |
| 大小兴安岭区 | 2425.50 | 560.11 | 31.98 | 28.86 | 2.25 | 40.80 | 6.22 | | 450.00 | |
| 东北平原区 | 4587.00 | 788.06 | 165.36 | 42.90 | 15.30 | 88.32 | 26.18 | | 450.00 | |
| 长白山山地 | 3118.50 | 751.96 | 118.56 | 14.04 | 19.35 | 109.44 | 40.57 | | 450.00 | |
| 辽宁平原丘陵 | 5494.50 | 1258.21 | 422.37 | 85.41 | 35.10 | 145.44 | 119.89 | | 450.00 | |
| 华北平原 | 4636.50 | 1958.56 | 622.05 | 200.46 | 54.00 | 273.60 | 208.45 | | 600.00 | |
| 山东丘陵 | 5659.50 | 2115.96 | 604.11 | 150.93 | 112.50 | 469.44 | 178.98 | | 600.00 | |
| 淮北平原 | 4405.50 | 1976.40 | 643.89 | 249.21 | 76.05 | 238.56 | 168.69 | | 600.00 | |
| 长江下游平原 | 5667.75 | 2732.68 | 774.03 | 177.84 | 58.93 | 313.83 | 283.80 | 224.25 | 900.00 | |
| 豫南鄂北山地 | 4819.65 | 2389.91 | 487.87 | 185.89 | 58.07 | 171.84 | 225.05 | 361.18 | 900.00 | |
| 长江中游平原 | 5542.35 | 3231.93 | 743.12 | 266.39 | 166.93 | 224.05 | 337.89 | 593.55 | 900.00 | |
| 东部山地丘陵 | 4987.95 | 2816.38 | 703.43 | 159.83 | 138.58 | 231.17 | 297.05 | 386.32 | 900.00 | |
| 中部山地丘陵 | 4534.20 | 2623.89 | 498.88 | 163.27 | 140.54 | 165.86 | 380.69 | 374.65 | 900.00 | |

续表 5-5

| 二级生态区 | 收入 | 成本 | | | | | | | | |
|---|---|---|---|---|---|---|---|---|---|---|
| | | 小计 | 氮肥 | 磷肥 | 钾肥 | 复合肥 | 水费 | 农药 | 种子 | 农膜 |
| 西部山地丘陵 | 5666.10 | 2808.51 | 584.08 | 135.21 | 172.64 | 186.88 | 360.63 | 469.06 | 900.00 | |
| 南岭山地 | 4907.10 | 2449.56 | 511.74 | 171.29 | 207.53 | 209.50 | 254.32 | 195.17 | 900.00 | |
| 闽粤丘陵平原 | 5382.30 | 3246.51 | 900.00 | 255.46 | 364.11 | 388.67 | 438.27 | | 900.00 | |
| 粤桂丘陵 | 4756.95 | 2008.22 | 394.70 | 136.76 | 190.01 | 191.03 | 195.72 | | 900.00 | |
| 雷州半岛和海南丘陵 | 3976.50 | 2094.58 | 450.61 | 108.13 | 160.84 | 289.30 | 185.70 | | 900.00 | |
| 内蒙古草原 | 1753.95 | 636.22 | 49.49 | 25.48 | 5.25 | 28.99 | 41.96 | 32.54 | 450.00 | 2.51 |
| 大兴安岭南部山地 | 1580.70 | 702.73 | 61.96 | 31.19 | 3.28 | 62.15 | 59.62 | 23.25 | 450.00 | 11.29 |
| 蒙东及长城沿线山地 | 3202.65 | 1010.28 | 242.35 | 42.77 | 8.47 | 77.88 | 77.77 | 92.84 | 450.00 | 18.20 |
| 河套银川平原 | 6083.55 | 2282.05 | 860.25 | 186.24 | 9.09 | 218.90 | 390.53 | 90.84 | 450.00 | 76.20 |
| 鄂尔多斯高原 | | | | | | | | | | |
| 晋北忻同盆地 | 1948.65 | 873.97 | 219.57 | 117.39 | 14.85 | | 72.16 | | 450.00 | |
| 晋东豫西丘陵山地 | 3075.60 | 1523.26 | 468.39 | 307.71 | 102.60 | | 44.56 | | 600.00 | |
| 汾渭谷地 | 3903.90 | 1954.43 | 694.98 | 343.59 | 122.85 | | 193.01 | | 600.00 | |
| 陕北宁东丘陵沙地 | 1536.15 | 688.86 | 154.44 | 30.81 | 8.55 | | 45.06 | | 450.00 | |
| 晋陕甘黄土丘陵沟壑台塬 | 1770.45 | 1055.44 | 280.02 | 117.00 | 36.00 | | 22.42 | | 600.00 | |
| 宁南陇中黄土丘陵 | 1749.00 | 715.56 | 142.35 | 87.75 | 16.65 | | 18.81 | | 450.00 | |
| 青东丘陵 | 3398.45 | 839.26 | 203.19 | 103.35 | 36.00 | | 46.72 | | 450.00 | |
| 盆周山地 | 2998.05 | 1688.31 | 338.51 | 91.37 | 19.79 | 121.82 | 37.21 | 154.11 | 900.00 | 25.50 |
| 盆底丘陵平原 | 5077.05 | 2137.97 | 462.84 | 158.70 | 32.56 | 115.14 | 150.29 | 275.79 | 900.00 | 42.65 |
| 黔东北山地 | 3630.00 | 1192.44 | 127.49 | 30.13 | 14.16 | 35.13 | 32.88 | 42.41 | 900.00 | 10.24 |
| 黔滇桂岩溶山地丘陵 | 3448.50 | 1377.56 | 191.06 | 56.21 | 26.51 | 60.78 | 39.76 | 74.46 | 900.00 | 28.77 |
| 川滇高原 | 3580.50 | 1444.01 | 194.47 | 54.56 | 31.47 | 73.84 | 75.81 | 74.19 | 900.00 | 39.67 |
| 滇南河谷 | 2788.50 | 1108.40 | 51.31 | 17.61 | 3.37 | 32.77 | 47.04 | 53.16 | 900.00 | 3.15 |
| 川西高原 | 2626.80 | 1034.42 | 60.26 | 10.38 | 12.74 | 1.81 | 49.22 | | 900.00 | |
| 川藏高山峡谷 | 2522.30 | 1155.36 | 26.38 | 3.74 | 1.46 | 29.06 | 82.86 | 111.86 | 900.00 | |
| 藏东南山地 | 4334.55 | 1150.83 | 43.64 | 23.01 | 5.40 | 58.05 | 95.87 | 24.86 | 900.00 | |
| 滇西高山峡谷 | 2753.85 | 1180.56 | 131.49 | 36.22 | 17.10 | 28.35 | 67.39 | | 900.00 | |
| 阿拉善高原 | 5841.00 | 1700.91 | 820.17 | 98.67 | 0.90 | 62.88 | 268.29 | | 450.00 | |
| 河西走廊 | 6699.00 | 1224.98 | 320.58 | 162.63 | 4.50 | 139.68 | 147.59 | | 450.00 | |
| 东疆盆地 | 3811.50 | 868.36 | 154.83 | 16.38 | 21.15 | 26.40 | 199.60 | | 450.00 | |
| 北疆山地、绿洲、荒漠 | 4488.00 | 723.26 | 83.07 | 24.18 | 2.25 | 44.64 | 119.12 | | 450.00 | |
| 南疆山地、绿洲、荒漠 | 4669.50 | 1220.59 | 245.31 | 152.49 | 15.75 | 110.88 | 246.16 | | 450.00 | |
| 青海北部高原盆地 | 2557.50 | 604.58 | 37.83 | 15.60 | 1.80 | 55.68 | 43.67 | | 450.00 | |
| 藏北青南高原 | 1765.50 | 513.55 | 8.58 | 21.45 | | 15.36 | 18.16 | | 450.00 | |
| 藏北高原 | | | | | | | | | | |
| 藏南高原谷地 | 4257.00 | 740.92 | 86.97 | 41.34 | 5.40 | 43.20 | 114.01 | | 450.00 | |

由表 5-5 可知,我国除了东南部地区的黄淮海平原、长江中下游平原、江南区、华南区以及内蒙古及长城沿线、黄土高原、西北区的个别亚区每公顷粮食生产成本在 2000 元以上外,其余大部分地区的粮食生产成本均在 1000 元/$hm^2$ 左右。而每公顷粮食作物的收入除了东南部地区水平较平均外,其他各区的差异较大。产生这种现象的原因是,东南部地区的投入水平较高,产出的多少由投入决定,如长江中游平原投入比东部山地丘陵高,它的产出也比东部山地丘陵高;其他各生态区的大部分地区的投入水平较低,产出主要由自然条件共同决定,如,东北平原自然条件较好,产出就较高,而黄土高原自然条件差,虽然投入水平相差不多,产出却较低(图 5-6)。

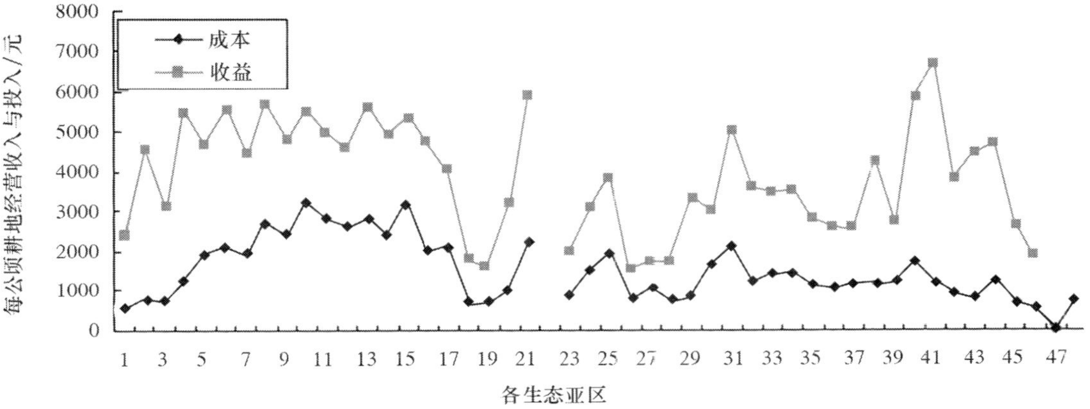


| | | | |
|---|---|---|---|
| 1 大小兴安岭区 | 13 西部山地丘陵 | 25 汾渭谷地 | 37 川藏高山峡谷 |
| 2 东北平原区 | 14 南岭山地 | 26 陕北宁东丘陵沙地 | 38 藏东南山地 |
| 3 长白山山地 | 15 闽粤丘陵平原 | 27 晋陕甘黄土丘陵沟壑台塬 | 39 滇西高山峡谷 |
| 4 辽宁平原丘陵 | 16 粤桂丘陵 | 28 宁南陇中黄土丘陵 | 40 阿拉善高原 |
| 5 华北平原 | 17 雷州半岛和海南丘陵 | 29 青东丘陵 | 41 河西走廊 |
| 6 山东丘陵 | 18 内蒙古草原 | 30 盆周山地 | 42 东疆盆地 |
| 7 淮北平原 | 19 大兴安岭南部山地 | 31 盆底丘陵平原 | 43 北疆山地、绿洲、荒漠 |
| 8 长江下游平原 | 20 蒙东及长城沿线山地 | 32 黔东北山地 | 44 南疆山地、绿洲、荒漠 |
| 9 豫南鄂北山地 | 21 河套银川平原 | 33 黔滇桂岩溶山地丘陵 | 45 青海北部高原盆地 |
| 10 长江中游平原 | 22 鄂尔多斯高原 | 34 川滇高原 | 46 藏北青南高原 |
| 11 东部山地丘陵 | 23 晋北忻同盆地 | 35 滇南河谷 | 47 藏北高原 |
| 12 中部山地丘陵 | 24 晋东豫西丘陵山地 | 36 川西高原 | 48 藏南高原谷地 |

**图 5-6　各生态亚区每公顷耕地经营收入与投入**

## 5.3.2　现有耕地经营的收入成本比

粮食销售收入减去各种农用物资总投入,得到各生态亚区的每公顷现有耕地的净收入;粮食销售收入除以各种农用物资总投入,得到各生态亚区的每公顷现有耕地的收入成本比(表 5-6)。

表 5-6　现有耕地经营收入/成本比

| 二级生态区 | 净收入/(元/$hm^2$) | 收入/成本 | 二级生态区 | 净收入/(元/$hm^2$) | 收入/成本 |
|---|---|---|---|---|---|
| 大小兴安岭区 | 1865.39 | 4.33 | 汾渭谷地 | 1949.47 | 2.00 |
| 东北平原区 | 3798.94 | 5.82 | 陕北宁东丘陵沙地 | 847.29 | 2.23 |
| 长白山山地 | 2366.54 | 4.15 | 晋陕甘黄土丘陵沟壑台塬 | 715.01 | 1.68 |
| 辽宁平原丘陵 | 4236.29 | 4.37 | 宁南陇中黄土丘陵 | 1033.44 | 2.44 |
| 华北平原 | 2677.94 | 2.37 | 青东丘陵 | 2559.20 | 4.05 |
| 山东丘陵 | 3543.54 | 2.67 | 盆周山地 | 1309.74 | 1.78 |
| 淮北平原 | 2429.10 | 2.23 | 盆底丘陵平原 | 2939.08 | 2.37 |
| 长江下游平原 | 2935.07 | 2.07 | 黔东北山地 | 2437.56 | 3.04 |
| 豫南鄂北山地 | 2429.74 | 2.02 | 黔滇桂岩溶山地丘陵 | 2070.94 | 2.50 |
| 长江中游平原 | 2310.42 | 1.71 | 川滇高原 | 2136.49 | 2.48 |
| 东部山地丘陵 | 2171.57 | 1.77 | 滇南河谷 | 1680.10 | 2.52 |
| 中部山地丘陵 | 1910.31 | 1.73 | 川西高原 | 1592.38 | 2.54 |
| 西部山地丘陵 | 2857.59 | 2.02 | 川藏高山峡谷 | 1366.94 | 2.18 |
| 南岭山地 | 2457.54 | 2.00 | 藏东南山地 | 3183.72 | 3.77 |
| 闽粤丘陵平原 | 2135.79 | 1.66 | 滇西高山峡谷 | 1573.29 | 2.33 |
| 粤桂丘陵 | 2748.73 | 2.37 | 阿拉善高原 | 4140.09 | 3.43 |
| 雷州半岛和海南丘陵 | 1881.92 | 1.90 | 河西走廊 | 5474.02 | 5.47 |
| 内蒙古草原 | 1117.73 | 2.76 | 东疆盆地 | 2943.14 | 4.39 |
| 大兴安岭南部山地 | 877.97 | 2.25 | 北疆山地、绿洲、荒漠 | 3764.74 | 6.21 |
| 蒙东及长城沿线山地 | 2192.37 | 3.17 | 南疆山地、绿洲、荒漠 | 3448.91 | 3.83 |
| 河套银川平原 | 3801.50 | 2.67 | 青海北部高原盆地 | 1952.92 | 4.23 |
| 鄂尔多斯高原 | | | 藏北青南高原 | 1251.95 | 3.44 |
| 晋北忻同盆地 | 1074.68 | 2.23 | 藏北高原 | | |
| 晋东豫西丘陵山地 | 1552.34 | 2.02 | 藏南高原谷地 | 3516.08 | 5.75 |
| 平均值 | 2375.21 | 2.93 | | | |

由图 5-6 和表 5-6 可以看出，在不考虑开发成本的情况下，我国各生态亚区现有耕地的收入都大于投入，即都有净收入，其平均收入/成本比为 2.9332，远远大于临界值 1。这说明在目前状况下，如果不考虑开发成本，对耕地的开发利用仍然是有利可图的。收入/成本比最高的前五位依次是北疆山地、绿洲、荒漠，东北平原，藏南高原谷地，河西走廊和东疆盆地；最低的依次为闽粤丘陵平原，晋陕甘黄土丘陵沟壑台塬，长江中游平原，中部山地丘陵，东部山地丘陵，盆周山地。高收入/成本比多分布在西北、东北地区，低收入/成本比多分布在中部、南部地区。

各生态区之间收入/成本比的差异存在着两种现象，四种形成原因：由于高投入高产出和低投入低产出形成的低收入/成本比，与由于低投入较高产出和较高投入高产出形成的高收入/成本比。

如图 5-6 和表 5-6 所示，在中部和南部人口密度较大，耕作历史较长的地区，收入/成本比普遍较低。长江中下游平原、江南区、华南区的收入/成本比都在 2.0 以下，远低于全国平均水平2.9332。这几个地区的成本水平比较高,闽粤丘陵平原和长江中游平原的成本为全国最高,达到3247元/$hm^2$和3232元/$hm^2$。黄土高原区及四川盆地区中的盆周山地地区的收入/成本比也较低,在2.0左右徘徊,但是,这个地区收入/成本比比较低的原因同南部的不同,南部地区收入/成本比较低的主要原因是高投入,这个地区的收入/成本比较低的主要原因是产出水平低,其中,晋陕甘黄土丘陵沟壑台塬地区每公顷产出只有1770元。

东北区的收入/成本比水平为全国最高,其中最高为东北平原(5.8206),最低为长白山山地(4.1472),平均产量—成本(4.6663)。在相对较低的投入水平下却获得较高的产量,这是本区收入/成本比较高的原因。较低的成本,一是因为雨热同期,依靠天然降水就能基本满足作物生长需要的水分,二是因为土壤的自然肥力高,化肥投入少,单产水平较高。本区因为主要利用土地的自然肥力获得收入,出现了黑土开垦以后有机质分解,土壤结构变坏,肥力下降等土地退化现象;成为专家和国家领导人关注的问题,因此国家现在开展了保护黑土地的行动。

内蒙古高原和大兴安岭南部山地收入/成本比较低,主要是因为投入和产出都比较低。河套银川平原的收入/成本比较低的主要原因是它的投入水平较高,灌溉耕地比重高达92.55%,化肥投入高出全国平均水平27%,产出水平比较高(高出全国平均水平36%)。蒙东及长城沿线山地是本区收入/成本比最高的,主要是因为在较低投入水平下获得了较高的产出,因为这里降水量较多,土壤的自然肥力水平较高。

西北区的收入/成本比较高(4.6646),只比东北区略低,主要是因为投入低,而产出较高,河西走廊和北疆山地、绿洲、荒漠的产出分别为全国平均产出水平的150%和100%,而化肥投入水平分别仅为全国平均水平的61%和15%。西北区大部分耕地为依靠灌溉的绿洲农业,也是本区产出较高的主要原因,本区灌溉耕地比重最低的也高达75%。该区依靠雪山融水,国家已经投资建成输水渠道。在采取渠道地面灌溉的情况下,灌溉成本几乎为零,而化肥的投入又低,这样造成低投入,高产出。

黄淮海区的平均收入/成本比偏低的主要原因是投入水平偏高,产出水平一般。其中,华北平原、山东丘陵和淮北平原的灌溉耕地的比重分别占74.37%、45.42%、39.37%;施肥水平分别是全国平均水平的111%、126%、117%;产出除山东丘陵外(超出全国平均产出26%),其余华北平原、淮北平原与全国平均产出水平持平。本区的后备耕地资源不具备经济供给能力。

黄土高原区的收入/成本比较低的主要原因是低产出,一是较高投入下的低产出(如汾渭谷地),二是低投入下的低产出。汾渭谷地的投入水平同黄淮海平原相当,但是产出却不足黄淮海平原的80%。除汾渭谷地外,各亚区投入产出水平均较低。灌溉面积比重大多在10%左右,最低的晋陕甘丘陵台地只有3%,晋北忻同盆地略高,为23.09%;化肥投入除晋东豫西丘陵山地(达到全国平均水平的86%)较高,大部分都只有全国平均投入水平的40%,最低的陕北宁东丘陵沙地仅有19%;产出除了晋东豫西丘陵山地和青东丘陵达到全国平均水平的69%和76%外,其余各区的产出仅有全国平均水平的40%左右。收入/成本比最高的青东丘陵投入水平同本区的平均水平一致,产出水平较高。总体上,本区收入/成本比较低的主要原因是低产出,这同南方山地丘陵区的低收入/成本比的原因不同。

长江中下游区、江南区、华南区、四川盆地区这几个区的收入/成本比较低的原因是投入高。本区灌溉耕地比重高,除四川盆地灌溉耕地的比重较低,仅占全部耕地的39.63%,其余各区的比重都在50%以上;化肥投入水平也较高,除江南区同全国平均水平相当,四川盆地(为全国平均施肥水平的68%)较低外,其余均超过全国平均施肥水平20%;产出水平也较高,除四川盆地同全国平均水平相当外，均高出全国平均水平10%。

云贵高原区和横断山区这两大生态区比较接近，其平均收入/成本比(2.6706)略低于全国平均水平，除了本区的自然条件的限制外，投入低也是主要原因之一。低投入造成低产出，采取广种薄收，使边际土地纳入生产，造成严重的水土流失，土地退化。

青藏高原区的收入/成本比在各亚区间变化较大，其中最高为藏南高原谷地(4.1887)，最低为藏北青南高原(2.0936)，青海北部高原盆地(2.8296)。本区的收入/成本比较高的主要原因是投入水平较低，产出水平相对较高，化肥投入水平除了藏南高原谷地的施肥水平达到了全国平均水平的17%，其余均在10%以下；产出水平却相对较高，藏南高原谷地的平均单产与全国平均水平相当。

在不考虑开发成本的情况下，各生态区的耕地后备资源开发后均具有获利能力，即，在不考虑开发成本的情况下，耕地后备资源经济供给量等于自然供给量，为661万 $hm^2$。

通过对现有耕地的收入/成本分析，可以初步推断，具有后备耕地资源经济供给能力的地区应当分布在收入成本比较高的地区。但是，从土地可持续利用角度，特别是考虑低投入的掠夺式经营带来的土地退化，应当审慎看待这一结果。在高投入较高产出地区，投入的增加已经不能带来收入的增加，在这种情况下，农民没有将资金转去开垦新的土地，说明此区经济发达，农业的比较利益低，因而活劳动投入低，疏于管理，使高投入没能够带来高产出，后备耕地资源经济供给能力自然低。在低投入低产出地区，低产出是此区收入/成本比较低的主要原因，而引起低产出的可能原因有两种：一是投入较低，二是当地的自然条件较差，即使高投入也不会带来高产出，因而农民又转向低投入。

### 5.3.3 将开发成本计入后的收入成本比

如果将开发成本按照30年折旧计入到成本中去，再加上经营成本，得到可垦平原后备土地资源开发为耕地后的收入/成本比、可垦丘陵山地后备土地资源开发为耕地后的收入/成本比以及可垦滩涂后备土地资源开发为耕地后的收入/成本比(表5-7，图5-7)。

**表5-7 将开发成本纳入后的新开耕地的收入/成本比**

| 二级生态区 | 可垦平原 | 可垦丘陵山地 | 可垦滩涂 | 二级生态区 | 可垦平原 | 可垦丘陵山地 | 可垦滩涂 |
|---|---|---|---|---|---|---|---|
| 大小兴安岭区 | 0.8753 | 0.8414 | 0.6422 | 陕北宁东丘陵沙地 | 0.3757 | 0.2429 | 0.1209 |
| 东北平原区 | 1.5152 | 1.4612 | 1.1374 | 晋陕甘黄土丘陵沟壑台塬 | 0.3933 | 0.2628 | 0.1349 |
| 长白山山地 | 1.0441 | 1.0064 | 0.7811 | 宁南陇中黄土丘陵 | 0.4246 | 0.2753 | 0.1373 |
| 辽宁平原丘陵 | 1.1573 | 1.0247 | 0.8915 | 青东丘陵 | 0.7981 | 0.5234 | 0.2639 |
| 华北平原 | 0.8377 | 0.754 | 0.6671 | 盆周山地 | 0.5651 | 0.4238 | 0.232 |
| 山东丘陵 | 0.9908 | 0.8946 | 0.7941 | 盆底丘陵平原 | 0.8737 | 0.6698 | 0.3781 |
| 淮北平原 | 0.9266 | 0.5808 | 0.5063 | 黔东北山地 | 0.7645 | 0.557 | 0.2936 |
| 长江下游平原 | 0.8183 | 0.7805 | 0.4021 | 黔滇桂岩溶山地丘陵 | 0.6958 | 0.5128 | 0.2743 |

续表 5-7

| 二级生态区 | 可垦平原 | 可垦丘陵山地 | 可垦滩涂 | 二级生态区 | 可垦平原 | 可垦丘陵山地 | 可垦滩涂 |
|---|---|---|---|---|---|---|---|
| 豫南鄂北山地 | 0.9235 | 0.5987 | 0.5258 | 川滇高原 | 0.7117 | 0.5265 | 0.2831 |
| 长江中游平原 | 0.8989 | 0.6161 | 0.548 | 滇南河谷 | 0.5992 | 0.4342 | 0.2273 |
| 东部山地丘陵 | 0.7105 | 0.6781 | 0.3515 | 川西高原 | 0.5747 | 0.4143 | 0.2155 |
| 中部山地丘陵 | 0.8271 | 0.5455 | 0.4808 | 川藏高山峡谷 | 0.5359 | 0.3895 | 0.2047 |
| 西部山地丘陵 | 0.9959 | 0.665 | 0.5879 | 藏东南山地 | 0.922 | 0.6699 | 0.3519 |
| 南岭山地 | 0.9283 | 0.6046 | 0.5314 | 滇西高山峡谷 | 0.5816 | 0.4234 | 0.223 |
| 闽粤丘陵平原 | 0.7172 | 0.6866 | 0.3668 | 阿拉善高原 | 1.3481 | 0.8112 | 0.434 |
| 粤桂丘陵 | 0.7783 | 0.7378 | 0.3582 | 河西走廊 | 1.7639 | 1.005 | 0.5184 |
| 雷州半岛和海南丘陵 | 0.6404 | 0.6076 | 0.2972 | 东疆盆地 | 1.122 | 0.6084 | 0.3044 |
| 内蒙古草原 | 0.5593 | 0.2921 | 0.1431 | 北疆山地、绿洲、荒漠 | 1.3878 | 0.7355 | 0.3632 |
| 大兴安岭南部山地 | 0.4923 | 0.26 | 0.1281 | 南疆山地、绿洲、荒漠 | 1.2311 | 0.7011 | 0.3615 |
| 蒙东及长城沿线山地 | 0.9005 | 0.4985 | 0.2526 | 青海北部高原盆地 | | | |
| 河套银川平原 | 1.2201 | 0.7746 | 0.4311 | 藏北青南高原 | | | |
| 鄂尔多斯高原 | | | | 藏北高原 | | | |
| 晋北忻同盆地 | 0.4535 | 0.2983 | 0.1508 | 藏南高原谷地 | | | |
| 晋东豫西丘陵山地 | 0.6118 | 0.4235 | 0.2253 | 平均值 | 0.8419 | 0.6121 | 0.3907 |
| 汾渭谷地 | 0.7083 | 0.504 | 0.2762 | | | | |

从表 5-7、图 5-7 可以看出，在将开发成本纳入后，全国大部分地区的收入/成本比在 1 以下，即无利可图。除东北区的东北平原的全部可垦后备土地资源具备经济适宜性，长白山山地、辽宁平原丘陵、河西走廊的可垦平原和丘陵山地，河套银川平原、阿拉善高原、东疆盆地以及南疆和北疆的可垦平原具备经济适宜性外，大部分地区的耕地后备资源的开垦都经济不适宜。无利可图的耕地后备资源开发，只能是国家投资开发后交给农民耕种。农民自己是不会投资开发耕地的。但是，在东北区、河套灌区和西北绿洲区，收入/成本比大于 1，这里因为不需要灌溉或灌溉成本低，而经营投入少；因为地形平坦、土层深厚，其开发成本也低。这些地区的耕地面积增加也佐证了这个事实，而且增加的耕地面积有相当大的部分是农民或开发大户开垦的。不过，东北区的耕地开发大多数是占用的湿地，未来已经不允许开发。西北的灌溉农业区，受水资源限制，未来，从自然适宜性上就已经很少有耕地后备资源。

在开发后的耕地同现有耕地的耕作水平相似的情况下，我国后备耕地资源的经济供给量为 236.09 万 $hm^2$，是其自然供给量的 35.7%。其中东北区 125.55 万 $hm^2$，占 53.2%；西北区 104.77 万 $hm^2$，占 44.4%；内蒙古及长城沿线区 5.77 万 $hm^2$，占 2.4%。

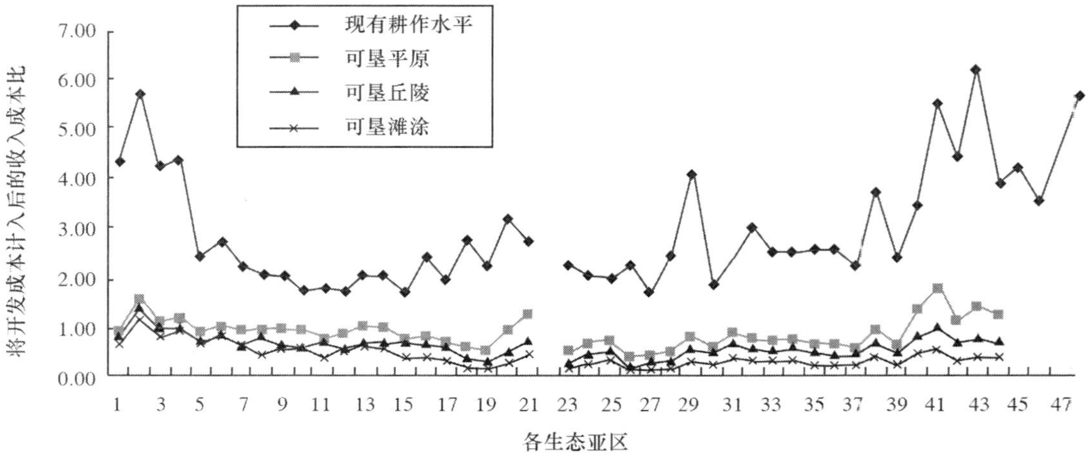


1 大小兴安岭区
2 东北平原区
3 长白山山地
4 辽宁平原丘陵
5 华北平原
6 山东丘陵
7 淮北平原
8 长江下游平原
9 豫南鄂北山地
10 长江中游平原
11 东部山地丘陵
12 中部山地丘陵
13 西部山地丘陵
14 南岭山地
15 闽粤丘陵平原
16 粤桂丘陵
17 雷州半岛和海南丘陵
18 内蒙古草原
19 大兴安岭南部山地
20 蒙东及长城沿线山地
21 河套银川平原
22 鄂尔多斯高原
23 晋北忻同盆地
24 晋东豫西丘陵山地
25 汾渭谷地
26 陕北宁东丘陵沙地
27 晋陕甘黄土丘陵沟壑台塬
28 宁南陇中黄土丘陵
29 青东丘陵
30 盆周山地
31 盆底丘陵平原
32 黔东北山地
33 黔滇桂岩溶山地丘陵
34 川滇高原
35 滇南河谷
36 川西高原
37 川藏高山峡谷
38 藏东南山地
39 滇西高山峡谷
40 阿拉善高原
41 河西走廊
42 东疆盆地
43 北疆山地、绿洲、荒漠
44 南疆山地、绿洲、荒漠
45 青海北部高原盆地
46 藏北青南高原
47 藏北高原
48 藏南高原谷地

**图 5-7 将开发成本计入后的收入成本比**

## 5.4 基于生态安全的耕地后备资源调查评价

2014 年 4 月，为保护耕地红线，有效利用国土资源，科学实施国土综合整治，积极推进生态文明建设，国土资源部办公厅印发了《关于开展全国耕地后备资源调查评价工作的通知》(国土资厅发〔2014〕13 号)，在全国部署开展了新一轮耕地后备资源调查评价工作。本轮耕地后备资源调查是在第二次全国土地利用现状调查数据和 2012 年度变更调查数据的基础上，划分评价区域、设定评价指标、确定评价对象，对全国可开垦土地和可复垦采矿用地的类型、面积、分布情况进行细致调查，数据精准到每块图斑，较为准确地反映了全国耕地后备资源现实情况。

这次耕地后备资源调查评价的一大特点是采用“一票否决”的限制性方法，而且特别重视生态安全，首次引入了生态限制性指标。

### 5.4.1 调查评价方法

调查评价整体工作按照内业为主、外业为辅，定性定量相结合，采取主导因素“限制性因子”评价法，确定每一评价单元的宜耕性。

1)准备工作

为保证全国顺利完成耕地后备资源调查评价工作,在工作方案、技术方案的基础上,制定耕地后备资源调查评价技术规定、成果提交办法等相关技术标准,规范耕地后备资源调查评价工作,保证调查评价成果的科学性和统一性;通过试点完善相关技术标准,并对各地进行技术培训。

2)构建评价单元

评价单元要根据评价对象图斑具体情况进行确定。通过内外业调查,将每一评价指标信息填注到评价对象图斑属性信息表中,如评价对象图斑某一指标评价结果不同,则需要拆分图斑,以保证图斑属性相对均一,形成评价单元,并对评价单元的图斑进行编号。最小上图面积为 15 $mm^2$,不满足上图要求的图斑,根据实际情况,综合到相邻的评价单元中。

3)划分评价区

将全国耕地后备资源划分为 12 个一级区,分别为 1 东北区、2 黄淮海区、3 长江中下游区、4 江南区、5 华南区、6 内蒙古高原及长城沿线区、7 黄土高原区、8 四川盆地、9 云贵高原区、10 横断山区、11 西北区、12 青藏高原区。这个分区与第 3 章中全国耕地分等工作中制定的耕作制度分区相同(胡存智,2013)。

4)设定评价指标

评价指标涉及生态环境、立地条件、气候条件、区位指标等 4 个方面,具体包括:生态条件、年积温、年降水量和灌溉条件、土壤污染状况、排水条件、土层厚度和母质条件、地形坡度、盐渍化程度、土壤质地、土壤 pH、耕作便利度等评价指标(表 5-8)。可以看到,评价指标中特别注意了生态指标,比如后备土地资源如果处于生态保护区内,其质量再好,也不作为耕地后备资源;后备土地资源的坡度如果大于 15°,即使土层厚,降雨量满足作物需求,也不能作为耕地后备资源,这样黄土高原丘陵沟壑区的其他草地(荒草地),就不能成为耕地后备资源;以及其他开发后可能导致土地退化,或引起地质灾害的后备土地资源都不能作为耕地后备资源。中国地域广阔,自然条件千差万别,因此表 5-8 只是给出了指导性评价指标,各地根据各评价区耕作制度对土地条件的要求和区域自然资源条件,从中选用不同的评价指标。

**表 5-8　耕地后备资源的不宜耕评价指标表**

| 评价指标 | 不宜耕指标 |
|---|---|
| 生态条件 | 生态保护区内,开发可能导致土地退化或引起地质灾害 |
| 年积温 | <1800℃ |
| 年降水量和灌溉条件 | 天然降水量<350 mm 且无灌溉条件,不能满足作物生长要求 |
| 土壤污染状况 | 土壤遭受污染 |
| 排水条件 | 无排水条件 |
| 土层厚度和母质条件 | 北方<60 cm 且无客土土源<br>南方<30 cm,基岩为难风化岩石且无客土土源 |
| 地形坡度 | 可开垦地类≥15°、可复垦地类≥6° |
| 盐渍化程度 | 土壤盐渍化程度重度以上且无灌溉排水条件 |
| 土壤质地 | 土壤质地为砾质土或更粗或岩石露头度大于 2% |
| 土壤 pH | pH≥9.5 或≤4.0 |
| 耕作便利度 | 难以到达耕种 |

5)制作调查评价底图

国家组织队伍,在2012年土地调查数据库中提取其他草地(043)、沿海滩涂(115)、内陆滩涂(116)、盐碱地(124)、沼泽地(125)、沙地(126)、裸地(127)、工矿用地(204)等地类图斑,作为调查对象图层,即这些"未利用地"是后备土地资源。

评价指标中,年积温、年降水量相关资料由国家收集和整理,与调查对象图层叠加,标注不满足年积温和年降水量要求的图斑,制作调查评价底图。

6)收集资料和整理

地方接收国家下发的调查评价底图,结合土壤普查、农业普查、土地利用总体规划、土地整治规划、生态保护区规划等成果和资料,获取生态环境、地形地貌、气象、水文、土壤等耕地后备资源宜耕性评价指标数据。对有数字化条件的评价指标进行数字化,并根据2012年正射遥感影像图或土地调查数据库进行纠正,建立评价指标图层。

7)补充调查

若现有资料不能满足地方调查评价工作要求,包括资料不足、不实、不详、陈旧等,进行外业补充调查,补充、修正评价指标数据。

8)宜耕性评价

通过内、外业调查,将收集到的指标资料分别设计成各种评价指标专题图,再经过数字化,利用GIS技术叠加获取评价单元的相关评价指标的评价结果。采取"限制性因子"评价法,对评价单元进行评价。评价单元参评指标中,有任何一项指标项为不宜耕条件的,划分为不宜耕,其余为耕地后备资源。

9)评价结果属性信息标注

将评价过程中耕地后备资源调查评价结果标注在评价单元属性信息表中。依据耕地后备资源调查评价结果,建立耕地后备资源调查评价图层"HBTC",分类型对图斑属性进行标注。不宜耕土地标注为"FHB",宜耕土地标注为"GDHB"。所有评价单元的属性信息,包含综合评价结果,以及所有单项指标评价结果。按照技术要求,对评价过程和结果进行自检、互检、专检,并签字记录。

10)县级成果建库与成果汇总

利用数据库建库软件,按照耕地后备资源调查评价数据库建设规范要求,建设符合数据库标准的县级耕地后备资源调查评价数据库。

县级数据库建设完成后,利用国家下发的质量检查软件进行内业检查,内业检查发现问题,通过外业核查修正后,方进行调查评价数据统计汇总,同时撰写县级耕地后备资源调查评价报告。成果经相关部门核查和验收后,按照要求逐级上报。上报的县级成果包括:耕地后备资源调查评价数据库;耕地后备资源调查评价分类型统计表;耕地后备资源调查评价报告;其他相关成果(内、外业形成的数字化成果)。县级成果提交给省级后,各省汇总成耕地后备资源调查评价分县分类型统计表;并撰写省级耕地后备资源调查评价工作报告、技术报告和分析报告。

### 5.4.2 调查评价结果

1. 耕地后备资源总量分布

全国耕地后备资源总量为535.28万$hm^2$,其中可开垦耕地后备资源面积为516.27万$hm^2$,

占总量的96.45%；可复垦耕地后备资源面积为19.01万hm$^2$，占总量的3.55%(表5-9)。

耕地后备资源调查评价结果显示，全国31个省(自治区、直辖市)均有耕地后备资源分布，但分布极不均匀。新疆、黑龙江、河南、云南、甘肃五省(自治区)耕地后备资源总量占全国总量的47.00%。其中，新疆76.01万hm$^2$，黑龙江71.59万hm$^2$，河南36.72万hm$^2$，云南34.08万hm$^2$，甘肃33.18万hm$^2$，分别占全国耕地后备资源面积总量的14.20%、13.37%、6.86%、6.37%和6.20%。北京、天津、上海、海南、西藏、重庆6个省(自治区、直辖市)耕地后备资源之和仅为3.84万hm$^2$，仅占全国耕地后备资源总量的0.72%，占比极低。其中，北京758.70 hm$^2$，天津2096.29 hm$^2$，上海4394.07万hm$^2$，海南6812.05 hm$^2$，西藏10023.79 hm$^2$，重庆14353.31 hm$^2$，分别占我国耕地后备资源面积总量的0.01%、0.04%、0.08%、0.13%、0.19%和0.27%，这6省(自治区、直辖市)的耕地后备资源已接近枯竭状态。

可开垦土地占全国可开垦土地总量比超过5%的省份有新疆、黑龙江、河南、云南、甘肃、河北6省(自治区)，其中新疆、黑龙江占比超过了10%，开垦量相对较大。占比低于1%的省份有北京、天津、宁夏、上海、江苏、浙江、福建、海南、重庆、西藏、青海11个省(自治区、直辖市)，可开垦耕地后备资源临近枯竭。

可复垦土地占全国可复垦土地总量比超过5%的省份有河北、黑龙江、山东、江苏、河南、湖北、安徽、陕西8个省(自治区)，其中河北和黑龙江超过了10%，说明这些省份仍然具有复垦补充耕地的条件。占比低于1%的省份有上海、海南、西藏、北京、天津、浙江、宁夏、青海、重庆、新疆、广西、福建、广东、江西、湖南15个省(自治区、直辖市)这些省份可复垦补充耕地的能力较弱。

**表5-9　全国各省市区耕地后备资源**

| 区名 | 行政区名称 | 耕地后备资源总量 | | | | | |
|---|---|---|---|---|---|---|---|
| | | 面积/hm$^2$ | 占全国比/% | 可开垦土地 | | 可复垦土地 | |
| | | | | 面积/hm$^2$ | 占全国比/% | 面积/hm$^2$ | 占全国比/% |
| 全国 | | 5352769.68 | 100.00 | 5162667.89 | 100.00 | 190101.79 | 100.00 |
| 东北区 | 辽宁 | 93104.94 | 1.74 | 90482.82 | 1.75 | 2622.12 | 1.38 |
| | 吉林 | 261508.21 | 4.89 | 255079.76 | 4.94 | 6428.45 | 3.38 |
| | 黑龙江 | 715871.66 | 13.37 | 689895.45 | 13.36 | 25976.21 | 13.66 |
| | 小计 | 1070484.81 | 20.00 | 1035458.03 | 20.06 | 35026.78 | 18.43 |
| 华北区 | 北京 | 758.70 | 0.01 | 679.55 | 0.01 | 79.15 | 0.04 |
| | 天津 | 2096.29 | 0.04 | 2018.97 | 0.04 | 77.32 | 0.04 |
| | 河北 | 298700.78 | 5.58 | 269359.72 | 5.22 | 29341.06 | 15.43 |
| | 山东 | 210008.60 | 3.92 | 185978.52 | 3.60 | 24030.08 | 12.64 |
| | 河南 | 367192.55 | 6.86 | 350573.88 | 6.79 | 16618.67 | 8.74 |
| | 小计 | 878756.92 | 16.42 | 808610.64 | 15.66 | 70146.28 | 36.90 |
| 黄土高原区 | 山西 | 214667.22 | 4.01 | 209930.08 | 4.07 | 4737.14 | 2.49 |
| | 陕西 | 108582.64 | 2.03 | 97012.47 | 1.88 | 11570.17 | 6.09 |
| | 甘肃 | 331769.88 | 6.20 | 329302.56 | 6.38 | 2467.32 | 1.30 |
| | 小计 | 655019.74 | 12.24 | 636245.11 | 12.32 | 18774.63 | 9.88 |

续表 5-9

| 区名 | 行政区名称 | 耕地后备资源总量 | | | | | |
|---|---|---|---|---|---|---|---|
| | | 面积/$hm^2$ | 占全国比/% | 可开垦土地 | | 可复垦土地 | |
| | | | | 面积/$hm^2$ | 占全国比/% | 面积/$hm^2$ | 占全国比/% |
| 蒙新区 | 内蒙古 | 148215.06 | 2.77 | 145608.47 | 2.82 | 2606.58 | 1.37 |
| | 宁夏 | 43710.85 | 0.82 | 43617.57 | 0.84 | 93.28 | 0.05 |
| | 新疆 | 760069.76 | 14.20 | 759516.31 | 14.71 | 553.45 | 0.29 |
| | 小计 | 951995.67 | 17.79 | 948742.35 | 18.38 | 3253.31 | 1.71 |
| 长江中下游区 | 上海 | 4394.07 | 0.08 | 4393.99 | 0.09 | 0.08 | 0.00 |
| | 江苏 | 65025.08 | 1.21 | 48135.49 | 0.93 | 16889.59 | 8.88 |
| | 浙江 | 30618.26 | 0.57 | 30537.28 | 0.59 | 80.98 | 0.04 |
| | 安徽 | 87319.29 | 1.63 | 74900.29 | 1.45 | 12419.00 | 6.53 |
| | 江西 | 89981.23 | 1.68 | 88254.38 | 1.71 | 1726.85 | 0.91 |
| | 湖北 | 156527.56 | 2.92 | 141239.59 | 2.74 | 15287.97 | 8.04 |
| | 湖南 | 238843.30 | 4.46 | 236975.80 | 4.59 | 1867.50 | 0.98 |
| | 小计 | 672708.79 | 12.57 | 624436.82 | 12.10 | 48271.97 | 25.39 |
| 华南区 | 福建 | 34142.94 | 0.64 | 33453.87 | 0.65 | 689.07 | 0.36 |
| | 广东 | 78047.10 | 1.46 | 76710.47 | 1.49 | 1336.63 | 0.70 |
| | 广西 | 141029.35 | 2.63 | 140485.64 | 2.72 | 543.71 | 0.29 |
| | 海南 | 6812.05 | 0.13 | 6803.75 | 0.13 | 8.29 | 0.00 |
| | 小计 | 260031.44 | 4.86 | 257453.73 | 4.99 | 2577.70 | 1.36 |
| 西南区 | 重庆 | 14353.31 | 0.27 | 14020.45 | 0.27 | 332.86 | 0.18 |
| | 四川 | 242230.04 | 4.53 | 235297.62 | 4.56 | 6932.42 | 3.65 |
| | 贵州 | 218301.39 | 4.08 | 215744.47 | 4.18 | 2556.92 | 1.35 |
| | 云南 | 340801.41 | 6.37 | 338738.30 | 6.56 | 2063.11 | 1.09 |
| | 小计 | 815686.15 | 15.24 | 803800.84 | 15.57 | 11885.31 | 6.25 |
| 青藏区 | 西藏 | 10023.79 | 0.19 | 10001.28 | 0.19 | 22.51 | 0.01 |
| | 青海 | 38062.37 | 0.71 | 37919.08 | 0.73 | 143.29 | 0.08 |
| | 小计 | 48086.16 | 0.90 | 47920.36 | 0.93 | 165.80 | 0.09 |

### 2. 可开垦耕地后备资源类型

耕地后备资源中可开垦土地占比较高，占耕地后备资源总量的 96.45%，为 516.27 万 $hm^2$。其中，可开垦其他草地 343.43 万 $hm^2$，可开垦沿海滩涂 2.06 万 $hm^2$，可开垦内陆滩涂 46.42 万 $hm^2$，可开垦盐碱地 66.35 万 $hm^2$，可开垦沼泽地 10.21 万 $hm^2$，可开垦沙地 4.72 万 $hm^2$，可开垦裸地 43.08 万 $hm^2$，分别占耕地后备资源总面积的 64.16%、0.38%、8.67%、12.40%、1.91%、0.88%和 7.99%。可开垦耕地后备资源类型以可开垦其他草地和可开垦盐碱地为主，部分区域可开垦内陆滩涂与可开垦裸地占比也很高(表 5-10)。

全国可开垦其他草地主要分布在新疆、黑龙江、云南和甘肃，其中新疆可开垦其他草地 52.11 万 $hm^2$，占全国可开垦其他草地总量的 15.17%。可开垦草地占比超过 50%的省份有 24 个，仅 7 个省(自治区、直辖市)低于 50%。

## 表 5-10 耕地后备资源类型分布

| 区名 | 行政区名称 | 合计 | 可开垦土地 | | | | | | | | | | | | | | | | 可复垦土地 | |
|---|---|---|---|---|---|---|---|---|---|---|---|---|---|---|---|---|---|---|---|---|
| | | | 小计 | | 可开垦其他草地 | | 可开垦沿海滩涂 | | 可开垦内陆滩涂 | | 可开垦盐碱地 | | 可开垦沼泽地 | | 可开垦沙地 | | 可开垦裸地 | | 可复垦采矿用地 | |
| | | | 面积/hm² | 比例/% | 面积/hm² | 比例/% | 面积/hm² | 比例/% | 面积/hm² | 比例/% | 面积/hm² | 比例/% | 面积/hm² | 比例/% | 面积/hm² | 比例/% | 面积/hm² | 比例/% | 面积/hm² | 比例/% |
| 全国 | | 5352769.68 | 5162667.89 | 96.45 | 3434345.99 | 64.16 | 20570.42 | 0.38 | 464224.00 | 8.67 | 663493.78 | 12.40 | 102110.08 | 1.91 | 47154.37 | 0.88 | 430769.24 | 8.05 | 190101.79 | 3.55 |
| 东北区 | 辽宁 | 93104.94 | 90482.82 | 97.18 | 82904.07 | 89.04 | 212.62 | 0.23 | 5753.04 | 6.18 | 135.87 | 0.15 | 290.51 | 0.31 | 78.29 | 0.08 | 1108.42 | 1.19 | 2622.12 | 2.82 |
| | 吉林 | 261508.21 | 255079.76 | 97.54 | 109147.57 | 41.74 | 0.00 | 0.00 | 16174.60 | 6.19 | 117526.17 | 44.94 | 5648.20 | 2.16 | 1233.92 | 0.47 | 5349.30 | 2.05 | 6428.45 | 2.46 |
| | 黑龙江 | 715871.66 | 689895.45 | 96.37 | 363194.59 | 50.73 | 0.00 | 0.00 | 104755.96 | 14.63 | 119052.67 | 16.63 | 84238.41 | 11.77 | 161.82 | 0.02 | 18492.00 | 2.58 | 25976.21 | 3.63 |
| | 小计 | 1070484.81 | 1035458.03 | 96.73 | 555246.23 | 51.87 | 212.62 | 0.02 | 126683.60 | 11.83 | 236714.71 | 22.11 | 90177.12 | 8.42 | 1474.03 | 0.14 | 24949.72 | 2.33 | 35026.78 | 3.27 |
| 华北区 | 北京 | 758.70 | 679.55 | 89.57 | 597.26 | 78.72 | 0.00 | 0.00 | 51.73 | 6.82 | 0.00 | 0.00 | 0.00 | 0.00 | 0.00 | 0.00 | 30.56 | 4.03 | 79.15 | 10.43 |
| | 天津 | 2096.29 | 2018.97 | 96.31 | 1944.51 | 92.76 | 0.00 | 0.00 | 13.50 | 0.64 | 0.00 | 0.00 | 0.00 | 0.00 | 0.00 | 0.00 | 60.96 | 2.91 | 77.32 | 3.69 |
| | 河北 | 298700.78 | 269359.72 | 90.18 | 155580.49 | 52.09 | 85.99 | 0.03 | 35353.78 | 11.84 | 40767.69 | 13.65 | 4483.89 | 1.50 | 5683.55 | 1.90 | 27404.33 | 9.17 | 29341.06 | 9.82 |
| | 山东 | 210008.60 | 185978.52 | 88.56 | 97149.35 | 46.26 | 98.09 | 0.05 | 12038.64 | 5.73 | 45307.25 | 21.57 | 11.57 | 0.01 | 1404.82 | 0.67 | 29968.80 | 14.27 | 24030.08 | 11.44 |
| | 河南 | 367102.55 | 350573.80 | 95.47 | 195709.31 | 53.30 | 0.00 | 0.00 | 96553.15 | 26.29 | 1504.18 | 0.41 | 1788.41 | 0.49 | 12918.88 | 3.52 | 42099.95 | 11.47 | 16618.67 | 4.53 |
| | 小计 | 878756.92 | 808610.64 | 92.02 | 450980.92 | 51.32 | 184.08 | 0.02 | 144010.80 | 16.39 | 87579.12 | 9.97 | 6283.87 | 0.72 | 20007.25 | 2.28 | 99564.60 | 11.33 | 70146.28 | 7.98 |
| 黄土高原区 | 山西 | 214667.22 | 209930.08 | 97.79 | 172302.26 | 80.26 | 0.00 | 0.00 | 16074.88 | 7.49 | 10005.59 | 4.66 | 179.66 | 0.08 | 183.93 | 0.09 | 11183.76 | 5.21 | 4737.14 | 2.21 |
| | 陕西 | 108582.64 | 97012.47 | 89.34 | 82697.82 | 76.16 | 0.00 | 0.00 | 6828.75 | 6.29 | 2190.55 | 2.02 | 462.55 | 0.43 | 3058.63 | 2.82 | 1774.17 | 1.63 | 11570.17 | 10.66 |
| | 甘肃 | 331769.88 | 329302.56 | 99.26 | 246678.86 | 74.35 | 0.00 | 0.00 | 6880.11 | 2.07 | 22528.66 | 6.79 | 275.69 | 0.08 | 6976.09 | 2.10 | 45963.15 | 13.85 | 2467.32 | 0.74 |
| | 小计 | 655019.74 | 636245.11 | 97.13 | 501678.94 | 76.59 | 0.00 | 0.00 | 29783.74 | 4.55 | 34724.80 | 5.30 | 917.90 | 0.14 | 10218.65 | 1.56 | 58921.08 | 9.00 | 18774.63 | 2.87 |
| 蒙新区 | 内蒙古 | 148215.06 | 145608.47 | 98.24 | 56045.03 | 37.81 | 0.00 | 0.00 | 5288.94 | 3.57 | 83594.95 | 56.40 | 0.00 | 0.00 | 0.00 | 0.00 | 679.56 | 0.46 | 2606.58 | 1.76 |
| | 宁夏 | 43710.85 | 43617.57 | 99.79 | 20950.21 | 47.93 | 0.00 | 0.00 | 1402.42 | 3.21 | 11751.35 | 26.88 | 1370.74 | 3.14 | 1627.59 | 3.72 | 6515.26 | 14.91 | 93.28 | 0.21 |
| | 新疆 | 760069.76 | 759513.79 | 99.93 | 521086.71 | 68.56 | 0.00 | 0.00 | 761.64 | 0.10 | 201615.86 | 26.53 | 319.62 | 0.04 | 6652.63 | 0.88 | 29079.24 | 3.83 | 553.45 | 0.07 |
| | 小计 | 951995.67 | 948739.83 | 99.66 | 598078.62 | 62.82 | 0.00 | 0.00 | 7453.00 | 0.78 | 296962.16 | 31.19 | 1690.36 | 0.18 | 8280.22 | 0.87 | 36274.06 | 3.81 | 3253.31 | 0.34 |

续表 5-10

| 区名 | 行政区名称 | 合计 | 可开垦土地 | | | | | | | | | | | | | | | | 可复垦土地 | |
|---|---|---|---|---|---|---|---|---|---|---|---|---|---|---|---|---|---|---|---|---|
| | | | 小计 | | 可开垦其他草地 | | 可开垦沿海滩涂 | | 可开垦内陆滩涂 | | 可开垦盐碱地 | | 可开垦沼泽地 | | 可开垦沙地 | | 可开垦裸地 | | 可复垦采矿用地 | |
| | | | 面积/hm² | 比例/% | 面积/hm² | 比例/% | 面积/hm² | 比例/% | 面积/hm² | 比例/% | 面积/hm² | 比例/% | 面积/hm² | 比例/% | 面积/hm² | 比例/% | 面积/hm² | 比例/% | 面积/hm² | 比例/% |
| 长江中下游区 | 上海 | 4394.07 | 4393.99 | 100.00 | 609.63 | 13.87 | 1609.47 | 36.63 | 1768.78 | 40.25 | 0.00 | 0.00 | 0.00 | 0.00 | 0.00 | 0.00 | 406.11 | 9.24 | 0.08 | 0.00 |
| | 江苏 | 65025.08 | 48135.49 | 74.03 | 13644.52 | 20.98 | 392.18 | 0.60 | 23024.86 | 35.41 | 6184.28 | 9.51 | 478.08 | 0.74 | 1258.97 | 1.94 | 3152.60 | 4.85 | 16889.59 | 25.97 |
| | 浙江 | 30618.26 | 30537.28 | 99.74 | 5661.38 | 18.49 | 17517.25 | 57.21 | 4877.61 | 15.93 | 244.59 | 0.80 | 3.04 | 0.01 | 11.66 | 0.04 | 2221.75 | 7.26 | 80.98 | 0.26 |
| | 安徽 | 87319.29 | 74900.29 | 85.78 | 32894.30 | 37.67 | 0.00 | 0.00 | 30554.57 | 34.99 | 25.53 | 0.03 | 413.46 | 0.47 | 208.68 | 0.24 | 10803.75 | 12.37 | 12419.00 | 14.22 |
| | 江西 | 89981.23 | 88254.38 | 98.08 | 76930.07 | 85.50 | 0.00 | 0.00 | 7704.94 | 8.56 | 0.24 | 0.00 | 208.28 | 0.23 | 250.77 | 0.28 | 3160.08 | 3.51 | 1726.85 | 1.92 |
| | 湖北 | 156527.56 | 141239.48 | 90.23 | 99251.41 | 63.41 | 0.00 | 0.00 | 27963.37 | 17.86 | 11.90 | 0.01 | 151.99 | 0.10 | 1177.74 | 0.75 | 12683.18 | 8.10 | 15287.97 | 9.77 |
| | 湖南 | 238843.30 | 236975.80 | 99.22 | 179930.84 | 75.33 | 0.00 | 0.00 | 25618.69 | 10.73 | 0.80 | 0.00 | 527.75 | 0.22 | 78.75 | 0.03 | 30818.97 | 12.90 | 1867.50 | 0.78 |
| | 小计 | 672708.79 | 624436.71 | 92.82 | 408921.92 | 60.79 | 19518.90 | 2.90 | 121512.82 | 18.06 | 6467.34 | 0.96 | 1782.60 | 0.26 | 2986.57 | 0.44 | 63246.44 | 9.40 | 48271.97 | 7.18 |
| 华南区 | 福建 | 34142.94 | 33453.87 | 97.98 | 28486.40 | 83.43 | 273.92 | 0.80 | 2126.17 | 6.23 | 14.36 | 0.04 | 0.00 | 0.00 | 77.95 | 0.23 | 2475.07 | 7.25 | 689.07 | 2.02 |
| | 广东 | 78047.10 | 76710.47 | 98.29 | 59111.77 | 75.74 | 380.90 | 0.49 | 3566.19 | 4.57 | 643.33 | 0.82 | 359.99 | 0.46 | 1118.05 | 1.43 | 11530.24 | 14.77 | 1336.63 | 1.71 |
| | 广西 | 141029.35 | 140485.64 | 99.61 | 116402.35 | 82.54 | 0.00 | 0.00 | 112.75 | 0.08 | 338.51 | 0.24 | 236.32 | 0.17 | 100.38 | 0.07 | 23295.33 | 14.32 | 543.71 | 0.39 |
| | 海南 | 6812.05 | 6803.75 | 99.88 | 5850.09 | 85.88 | 0.00 | 0.00 | 739.82 | 10.86 | 0.00 | 0.00 | 0.00 | 0.00 | 0.00 | 0.00 | 213.85 | 3.14 | 8.29 | 0.12 |
| | 小计 | 260031.44 | 257453.73 | 99.01 | 209850.61 | 80.70 | 654.82 | 0.25 | 6544.93 | 3.71 | 996.20 | 0.38 | 596.31 | 0.23 | 1296.38 | 0.50 | 37514.49 | 13.24 | 2577.70 | 0.99 |
| 西南区 | 重庆 | 14353.31 | 14020.45 | 97.68 | 10996.48 | 76.61 | 0.00 | 0.00 | 590.31 | 4.11 | 0.00 | 0.00 | 0.00 | 0.00 | 0.00 | 0.00 | 2433.66 | 16.96 | 332.86 | 2.32 |
| | 四川 | 242230.04 | 235297.62 | 97.14 | 206428.27 | 85.22 | 0.00 | 0.00 | 10640.43 | 4.39 | 0.00 | 0.00 | 30.77 | 0.01 | 40.60 | 0.02 | 18157.55 | 7.50 | 6932.42 | 2.86 |
| | 贵州 | 218301.39 | 215744.47 | 98.83 | 174222.72 | 79.81 | 0.00 | 0.00 | 2976.90 | 1.36 | 0.00 | 0.00 | 302.11 | 0.14 | 482.56 | 0.22 | 37760.18 | 17.30 | 2556.92 | 1.17 |
| | 云南 | 340801.41 | 338738.30 | 99.39 | 277680.12 | 81.48 | 0.00 | 0.00 | 10724.56 | 3.15 | 0.34 | 0.00 | 284.63 | 0.08 | 20.06 | 0.01 | 50028.59 | 14.68 | 2063.11 | 0.61 |
| | 小计 | 815686.15 | 803800.84 | 98.54 | 669327.59 | 82.06 | 0.00 | 0.00 | 24932.20 | 3.06 | 0.34 | 0.00 | 617.51 | 0.08 | 543.22 | 0.07 | 108379.98 | 13.29 | 11885.31 | 1.46 |
| 青藏区 | 西藏 | 10023.79 | 10001.28 | 99.78 | 7185.17 | 71.68 | 0.00 | 0.00 | 2343.26 | 23.38 | 0.00 | 0.00 | 0.00 | 0.00 | 259.39 | 2.59 | 213.46 | 2.13 | 22.51 | 0.22 |
| | 青海 | 38062.37 | 37919.08 | 99.62 | 33072.44 | 86.89 | 0.00 | 0.00 | 959.66 | 2.52 | 48.50 | 0.13 | 44.41 | 0.12 | 2088.66 | 5.49 | 1705.41 | 4.48 | 143.29 | 0.38 |
| | 小计 | 48086.16 | 47920.36 | 99.66 | 40257.61 | 83.72 | 0.00 | 0.00 | 3302.92 | 6.87 | 48.50 | 0.10 | 44.41 | 0.09 | 2348.05 | 4.88 | 1918.87 | 3.99 | 165.80 | 0.34 |

可开垦盐碱地主要分布在新疆，占比为 30.39%，其次为吉林、黑龙江和内蒙古，在各省耕地后备资源中，以上 4 个省(自治区)可开垦盐碱地占比超过 10%。

可开垦内陆滩涂主要分布在黑龙江和河南，两省之和占全国可开垦内陆滩涂总量的 43.36%，其余各省也均有分布，但分布量较少。可开垦内陆滩涂占比超过各省耕地后备资源量 10%的省份有西藏、海南、湖南、湖北、安徽、浙江、江苏、上海、河南、河北、黑龙江 11 个省(自治区、直辖市)，且分布主要与水资源有关。

而可开垦沙地、可开垦沿海滩涂的面积则较少。可开垦沙地占全国耕地后备资源总量的 0.88%，主要分布在河南、河北、甘肃、新疆等中西部地区；可开垦沿海滩涂面积仅占全国耕地后备资源总量的 0.38%，主要分布在浙江和上海，两省占比之和达 92.98%。这两类用地在不同地域所起的生态作用较大，需谨慎开发。

3. 集中连片耕地后备资源分布

全国集中连片耕地后备资源面积达 188.80 万 $hm^2$，占全国耕地后备资源总量的 35.27%。其中可开垦集中连片耕地后备资源为 185.63 万 $hm^2$，占集中连片耕地后备资源总量的 98.32%。相反，可复垦耕地后备资源主要由人为及自然因素导致废弃的土地构成，分布面广且成片面积小(表 5-11)。

集中连片耕地后备资源主要集中在新疆、黑龙江、吉林、甘肃 4 省(自治区)，4 省之和占全国集中连片耕地后备资源总量的 63.83%。其中，新疆 58.67 万 $hm^2$，黑龙江 34.72 万 $hm^2$，吉林 13.81 万 $hm^2$，甘肃 13.31 万 $hm^2$，分别占我国集中连片耕地后备资源面积总量的 31.07%、18.39%、7.32%和 7.05%。目前集中连片耕地后备资源较少或几乎没有的省份主要有北京、天津、重庆、西藏、海南、福建、上海 7 个省(自治区、直辖市)。

表 5-11 表明，我国北方集中连片的耕地后备资源较为丰富，其中以新疆数量最多，黑龙江次之，再次为东北区的吉林、黄土高原区的甘肃以及华北区的河南。以上 5 省的集中连片耕地后备资源面积都在 10 万 $hm^2$ 以上，占全国的比例依次为 31.07%、18.39%、7.32%、7.05%、5.75%。不难看出集中连片耕地后备资源广泛分布于地广人稀、地形平坦、经济欠发达的地区，而经济较发达、人口众多的北京、天津、重庆、广东、上海集中连片的耕地后备资源较少，地形较为崎岖、山地众多的西藏、海南、福建集中连片的耕地后备资源也较少。北京、天津、重庆、西藏、海南、上海、福建、广东集中连片耕地后备资源接近枯竭，均不足 1 万 $hm^2$。

**表 5-11　集中连片耕地后备资源分布情况**

| 区名 | 行政区名称 | 耕地后备资源集中连片量 | | | | | |
|---|---|---|---|---|---|---|---|
| | | 面积/$hm^2$ | 占全国比/% | 可开垦土地 | | 可复垦土地 | |
| | | | | 面积/$hm^2$ | 占全国比/% | 面积/$hm^2$ | 占全国比/% |
| 全国 | | 1888043.94 | 100.00 | 1856294.06 | 100.00 | 31749.88 | 100.00 |
| 东北区 | 辽宁 | 11106.19 | 0.59 | 10850.41 | 0.58 | 255.78 | 0.81 |
| | 吉林 | 138148.79 | 7.32 | 138059.99 | 7.44 | 88.80 | 0.28 |
| | 黑龙江 | 347246.02 | 18.39 | 330551.36 | 17.81 | 16694.66 | 52.58 |
| | 小计 | 496501.00 | 26.30 | 479461.76 | 25.83 | 17039.24 | 53.67 |

续表 5-11

| 区名 | 行政区名称 | 耕地后备资源总量 | | | | | |
|---|---|---|---|---|---|---|---|
| | | 面积/hm² | 占全国比/% | 可开垦土地 | | 可复垦土地 | |
| | | | | 面积/hm² | 占全国比/% | 面积/hm² | 占全国比/% |
| 华北区 | 北京 | 0.00 | 0.00 | 0.00 | 0.00 | 0.00 | 0.00 |
| | 天津 | 73.85 | 0.00 | 73.85 | 0.00 | 0.00 | 0.00 |
| | 河北 | 83267.86 | 4.41 | 81925.13 | 4.41 | 1342.72 | 4.23 |
| | 山东 | 57702.03 | 3.06 | 55246.81 | 2.98 | 2455.22 | 7.73 |
| | 河南 | 108639.24 | 5.75 | 106722.68 | 5.75 | 1916.56 | 6.04 |
| | 小计 | 249682.98 | 13.22 | 243968.47 | 13.14 | 5714.50 | 18.00 |
| 黄土高原区 | 山西 | 53177.14 | 2.82 | 53115.81 | 2.86 | 61.33 | 0.19 |
| | 陕西 | 31916.49 | 1.69 | 31049.37 | 1.67 | 867.12 | 2.73 |
| | 甘肃 | 133080.68 | 7.05 | 132661.23 | 7.15 | 419.45 | 1.32 |
| | 小计 | 218174.31 | 11.56 | 216826.41 | 11.68 | 1347.90 | 4.25 |
| 蒙新区 | 内蒙古 | 56580.23 | 3.00 | 54960.41 | 2.96 | 1619.82 | 5.10 |
| | 宁夏 | 16218.07 | 0.86 | 16212.28 | 0.87 | 5.79 | 0.02 |
| | 新疆 | 586665.62 | 31.07 | 586597.03 | 31.60 | 68.59 | 0.22 |
| | 小计 | 659463.92 | 34.93 | 657769.72 | 35.43 | 4390.00 | 13.33 |
| 长江中下游区 | 上海 | 3663.11 | 0.19 | 3663.11 | 0.20 | 0.00 | 0.00 |
| | 江苏 | 20171.01 | 1.07 | 16317.87 | 0.88 | 3853.14 | 12.14 |
| | 浙江 | 19483.25 | 1.03 | 19483.25 | 1.05 | 0.00 | 0.00 |
| | 安徽 | 22653.74 | 1.20 | 21743.99 | 1.17 | 909.75 | 2.87 |
| | 江西 | 13380.08 | 0.71 | 13289.51 | 0.72 | 90.57 | 0.29 |
| | 湖北 | 18249.53 | 0.97 | 17354.45 | 0.93 | 895.08 | 2.82 |
| | 湖南 | 14265.02 | 0.76 | 14258.14 | 0.77 | 6.88 | 0.02 |
| | 小计 | 111865.74 | 5.92 | 106110.32 | 5.72 | 5755.42 | 18.13 |
| 华南区 | 福建 | 2326.70 | 0.12 | 2326.70 | 0.13 | 0.00 | 0.00 |
| | 广东 | 8913.79 | 0.47 | 8844.90 | 0.48 | 68.89 | 0.22 |
| | 广西 | 11270.95 | 0.60 | 11270.95 | 0.61 | 0.00 | 0.00 |
| | 海南 | 561.61 | 0.03 | 561.61 | 0.03 | 0.00 | 0.00 |
| | 小计 | 23073.05 | 1.22 | 23004.16 | 1.24 | 68.89 | 0.22 |
| 西南区 | 重庆 | 202.86 | 0.01 | 202.86 | 0.01 | 0.00 | 0.00 |
| | 四川 | 55577.46 | 2.94 | 55555.05 | 2.99 | 22.41 | 0.07 |
| | 贵州 | 31275.49 | 1.66 | 31168.85 | 1.68 | 106.64 | 0.34 |
| | 云南 | 19479.02 | 1.03 | 19478.34 | 1.05 | 0.68 | 0.00 |
| | 小计 | 106534.83 | 5.64 | 106405.10 | 5.73 | 129.73 | 0.41 |

续表 5-11

| 区名 | 行政区名称 | 耕地后备资源总量 | | | | | |
|---|---|---|---|---|---|---|---|
| | | 面积/$hm^2$ | 占全国比/% | 可开垦土地 | | 可复垦土地 | |
| | | | | 面积/$hm^2$ | 占全国比/% | 面积/$hm^2$ | 占全国比/% |
| 青藏区 | 西藏 | 226.06 | 0.01 | 226.06 | 0.01 | 0.00 | 0.00 |
| | 青海 | 22522.06 | 1.19 | 22522.06 | 1.21 | 0.00 | 0.00 |
| | 小计 | 22748.12 | 1.20 | 22748.12 | 1.23 | 0.00 | 0.00 |

4. 集中连片可开垦耕地后备资源类型

全国的集中连片可开垦耕地后备资源类型中，可开垦其他草地占全国集中连片耕地后备资源总量的 54.54%，面积为 102.98 万 $hm^2$；最少的为可开垦沿海滩涂，面积 1.96 万 $hm^2$，占 1.04%。可开垦盐碱地占全国集中连片耕地后备资源总量的 22.22%，位列各类型占比的第二，其次是可开垦内陆滩涂、可开垦裸地、可开垦沼泽地、可复垦采矿用地和可开垦沙地，占比分别为 9.91%、6.35%、3.18%、1.68%、1.08%。全国可开垦其他草地主要分布在新疆和黑龙江，新疆的集中连片可开垦其他草地面积达 40.55 $hm^2$，占全国集中连片可开垦其他草地面积的 39.38%。可开垦盐碱地主要分布在新疆、黑龙江、吉林；可开垦内陆滩涂主要分布在黑龙江、河南、安徽、江苏和湖北；可开垦裸地主要分布在河南、新疆、甘肃、河北和山东；可开垦沼泽地主要分布在黑龙江，吉林、河北和河南也有一定分布，其余省份分布较少；可开垦沿海滩涂则主要分布在沿海各省，主要是拥有淤泥质和基岩质海岸的各省（直辖市）包括浙江、上海、江苏、辽宁、福建、广东（表 5-12）。

5. 零散耕地后备资源的分布特征

耕地后备资源总量减去成片分布的耕地后备资源数量，即是零散分布耕地后备资源的数量。全国零散分布的耕地后备资源数量为 346.47 万 $hm^2$，占耕地后备资源总量的 64.73%，其中可开垦土地数量为 330.64 万 $hm^2$，占 95.43%，可复垦土地数量为 15.84 万 $hm^2$，占 4.57%。虽然可开垦土地依旧占有绝对优势，但无论是相对于全部耕地后备资源还是集中连片的耕地后备资源，可复垦土地的比重都有所上升。各省（自治区、直辖市）零散分布可开垦耕地后备资源占零散分布耕地后备资源的比例也多有下降。北京、河北、山东、陕西、江苏、安徽、湖北 7 个省（直辖市）的零散分布可复垦土地占该省耕地后备资源比值均超过 10%（具体见表 5-13）。这进一步说明可复垦土地的点状分布特点。

从空间分布来看，各省间零散分布耕地后备资源的数量差异缩小，其中黑龙江零散分布耕地后备资源数量最多，为 36.86 万 $hm^2$，占全国的 10.64%。其次为云南，数量为 32.13 万 $hm^2$，占全国的 9.27%。河北、河南、湖南 3 省零散分布的耕地后备资源面积也在 20 万 $hm^2$ 以上。其余的各省之间面积差异较小。东北区、华北区和长江中下游区的各省零散分布耕地后备资源面积之和约占全国零散分布耕地后备资源的 15%。其中上海、北京、天津、海南、西藏零散分布耕地后备资源不足 10000 $hm^2$，上海零散分布耕地后备资源面积为 730.96 $hm^2$，北京为 758.70 $hm^2$，天津为 2022.44 $hm^2$，海南为 6250.44 $hm^2$，西藏为 9797.73 $hm^2$，分别占全国的 0.02%、0.02%、0.06%、0.18%、0.28%。

表 5-12　集中连片耕地后备资源类型分布

| 区名 | 行政区名称 | 合计 | 可开垦土地 | | | | | | | | | | | | | | | | 可复垦土地 | |
|---|---|---|---|---|---|---|---|---|---|---|---|---|---|---|---|---|---|---|---|---|
| | | | 小计 | | 可开垦其他草地 | | 可开垦沿海滩涂 | | 可开垦内陆滩涂 | | 可开垦盐碱地 | | 可开垦沼泽地 | | 可开垦沙地 | | 可开垦裸地 | | 可复垦采矿用地 | |
| | | | 面积/hm² | 比例/% | 面积/hm² | 比例/% | 面积/hm² | 比例/% | 面积/hm² | 比例/% | 面积/hm² | 比例/% | 面积/hm² | 比例/% | 面积/hm² | 比例/% | 面积/hm² | 比例/% | 面积/hm² | 比例/% |
| 全国 | | 1888043.94 | 1856294.06 | 98.32 | 1029797.21 | 54.54 | 19604.45 | 1.04 | 187148.72 | 9.91 | 419507.83 | 22.22 | 60071.04 | 3.18 | 20316.27 | 1.08 | 119848.53 | 6.35 | 31749.88 | 1.68 |
| 东北区 | 辽宁 | 11106.19 | 10850.41 | 97.70 | 9596.73 | 86.41 | 151.60 | 1.37 | 1031.43 | 9.29 | 0.00 | 0.00 | 44.32 | 0.40 | 0.00 | 0.00 | 26.33 | 0.24 | 255.78 | 2.30 |
| | 吉林 | 138148.79 | 138059.99 | 99.94 | 41987.92 | 30.39 | 0.00 | 0.00 | 3989.00 | 2.89 | 89547.14 | 64.82 | 2324.06 | 1.68 | 54.24 | 0.04 | 157.63 | 0.11 | 88.80 | 0.06 |
| | 黑龙江 | 347246.02 | 330551.36 | 95.19 | 102521.53 | 29.52 | 0.00 | 0.00 | 78018.38 | 22.47 | 96512.89 | 27.79 | 51204.14 | 14.75 | 68.89 | 0.02 | 2225.53 | 0.64 | 16694.66 | 4.81 |
| | 小计 | 496501.00 | 479461.76 | 96.57 | 154106.18 | 31.04 | 151.60 | 0.03 | 83038.81 | 16.72 | 186060.03 | 37.47 | 53572.52 | 10.79 | 123.13 | 0.02 | 2409.49 | 0.49 | 17039.24 | 3.43 |
| 华北区 | 北京 | 0.00 | 0.00 | 0.00 | 0.00 | 0.00 | 0.00 | 0.00 | 0.00 | 0.00 | 0.00 | 0.00 | 0.00 | 0.00 | 0.00 | 0.00 | 0.00 | 0.00 | 0.00 | 0.00 |
| | 天津 | 73.85 | 73.85 | 100.00 | 73.85 | 100.00 | 0.00 | 0.00 | 0.00 | 0.00 | 0.00 | 0.00 | 0.00 | 0.00 | 0.00 | 0.00 | 0.00 | 0.00 | 0.00 | 0.00 |
| | 河北 | 83267.86 | 81925.13 | 98.39 | 45671.55 | 54.85 | 0.00 | 0.00 | 8995.37 | 10.80 | 9952.66 | 11.95 | 3846.24 | 4.62 | 1659.39 | 1.99 | 11799.91 | 14.17 | 1342.72 | 1.61 |
| | 山东 | 57702.03 | 55246.81 | 95.75 | 21725.65 | 37.65 | 0.04 | 0.00 | 5828.67 | 10.10 | 16806.33 | 29.13 | 4.43 | 0.01 | 601.06 | 1.04 | 10280.63 | 17.82 | 2455.22 | 4.25 |
| | 河南 | 108639.24 | 106722.68 | 98.24 | 42649.97 | 39.26 | 0.00 | 0.00 | 35597.56 | 32.77 | 87.09 | 0.08 | 1341.06 | 1.23 | 3085.50 | 2.84 | 23961.50 | 22.06 | 1916.56 | 1.76 |
| | 小计 | 249682.98 | 243968.47 | 97.71 | 110121.02 | 44.10 | 0.04 | 0.00 | 50421.60 | 20.19 | 26846.08 | 10.75 | 5191.73 | 2.08 | 5345.95 | 2.14 | 46042.04 | 18.44 | 5714.50 | 2.29 |
| 黄土高原区 | 山西 | 53177.14 | 53115.81 | 99.88 | 47226.25 | 88.81 | 0.00 | 0.00 | 3405.33 | 6.40 | 1838.76 | 3.46 | 22.07 | 0.04 | 4.51 | 0.01 | 618.89 | 1.16 | 61.33 | 0.12 |
| | 陕西 | 31916.49 | 31049.37 | 97.28 | 28620.38 | 89.67 | 0.00 | 0.00 | 253.06 | 0.79 | 574.54 | 1.80 | 46.09 | 0.14 | 1504.77 | 4.71 | 50.53 | 0.16 | 867.12 | 2.72 |
| | 甘肃 | 133080.68 | 132661.23 | 99.68 | 85597.51 | 64.32 | 0.00 | 0.00 | 955.92 | 0.72 | 20461.62 | 15.38 | 6.95 | 0.01 | 4517.26 | 3.39 | 21121.97 | 15.87 | 419.45 | 0.32 |
| | 小计 | 218174.31 | 216826.41 | 99.38 | 161444.14 | 74.00 | 0.00 | 0.00 | 4614.31 | 2.11 | 22874.92 | 10.48 | 75.11 | 0.03 | 6026.54 | 2.76 | 21791.39 | 9.99 | 1347.90 | 0.62 |
| 蒙新区 | 内蒙古 | 56580.23 | 54960.41 | 97.14 | 28307.96 | 50.03 | 0.00 | 0.00 | 3483.03 | 6.16 | 23130.10 | 40.88 | 0.00 | 0.00 | 0.00 | 0.00 | 39.31 | 0.07 | 1619.82 | 2.86 |
| | 宁夏 | 16218.07 | 16212.28 | 99.96 | 8797.49 | 54.24 | 0.00 | 0.00 | 355.84 | 2.19 | 4098.43 | 25.27 | 199.77 | 1.23 | 1341.59 | 8.27 | 1419.16 | 8.75 | 5.79 | 0.04 |
| | 新疆 | 586665.62 | 586597.03 | 99.99 | 405493.87 | 69.12 | 0.00 | 0.00 | 334.87 | 0.06 | 152720.42 | 26.03 | 180.59 | 0.03 | 5064.96 | 0.86 | 22802.32 | 3.89 | 68.59 | 0.01 |
| | 小计 | 659463.92 | 657769.72 | 99.74 | 442599.32 | 67.12 | 0.00 | 0.00 | 4173.74 | 0.63 | 179948.95 | 27.29 | 380.36 | 0.06 | 6406.55 | 0.97 | 24260.79 | 3.68 | 1694.20 | 0.26 |

续表 5-12

| 区名 | 行政区名称 | 合计 | 可开垦土地 | | | | | | | | | | | | | | | | 可复垦土地 | |
|---|---|---|---|---|---|---|---|---|---|---|---|---|---|---|---|---|---|---|---|---|
| | | | 小计 | | 可开垦其他草地 | | 可开垦沿海滩涂 | | 可开垦内陆滩涂 | | 可开垦盐碱地 | | 可开垦沼泽地 | | 可开垦沙地 | | 可开垦裸地 | | 可复垦采矿用地 | |
| | | | 面积/hm² | 比例/% | 面积/hm² | 比例/% | 面积/hm² | 比例/% | 面积/hm² | 比例/% | 面积/hm² | 比例/% | 面积/hm² | 比例/% | 面积/hm² | 比例/% | 面积/hm² | 比例/% | 面积/hm² | 比例/% |
| 长江中下游区 | 上海 | 3663.11 | 3663.11 | 100.00 | 360.56 | 9.84 | 1572.05 | 42.92 | 1543.27 | 42.13 | 0.00 | 0.00 | 0.00 | 0.00 | 0.00 | 0.00 | 187.23 | 5.11 | 0.00 | 0.00 |
| | 江苏 | 20171.01 | 16317.87 | 80.90 | 1086.32 | 5.39 | 341.31 | 1.69 | 10470.21 | 51.91 | 3386.26 | 16.79 | 200.47 | 0.99 | 0.00 | 0.00 | 833.30 | 4.13 | 3853.14 | 19.10 |
| | 浙江 | 19483.25 | 19483.25 | 100.00 | 146.33 | 0.75 | 17090.56 | 87.72 | 1854.60 | 9.52 | 180.47 | 0.93 | 0.00 | 0.00 | 0.00 | 0.00 | 211.29 | 1.08 | 0.00 | 0.00 |
| | 安徽 | 22653.74 | 21743.99 | 95.98 | 3181.44 | 14.04 | 0.00 | 0.00 | 13015.92 | 57.46 | 0.00 | 0.00 | 89.77 | 0.40 | 16.79 | 0.07 | 5440.07 | 24.01 | 909.75 | 4.02 |
| | 江西 | 13380.08 | 13289.51 | 99.32 | 10347.74 | 77.34 | 0.00 | 0.00 | 2425.04 | 18.12 | 0.00 | 0.00 | 110.39 | 0.83 | 10.34 | 0.08 | 396.00 | 2.96 | 90.57 | 0.68 |
| | 湖北 | 18249.53 | 17354.45 | 95.10 | 6948.98 | 38.08 | 0.00 | 0.00 | 9770.62 | 53.54 | 0.00 | 0.00 | 31.87 | 0.17 | 0.00 | 0.00 | 602.98 | 3.30 | 895.08 | 4.90 |
| | 湖南 | 14265.02 | 14258.14 | 99.95 | 9532.97 | 66.83 | 0.00 | 0.00 | 3494.94 | 24.50 | 0.00 | 0.00 | 0.00 | 0.00 | 0.00 | 0.00 | 1230.23 | 8.62 | 6.88 | 0.05 |
| | 小计 | 111865.74 | 106110.32 | 94.86 | 31604.34 | 28.25 | 19003.92 | 16.99 | 42574.60 | 38.06 | 3566.73 | 3.19 | 432.50 | 0.39 | 27.13 | 0.02 | 8901.10 | 7.96 | 5755.42 | 5.14 |
| 华南区 | 福建 | 2326.70 | 2326.70 | 100.00 | 2017.28 | 86.70 | 180.60 | 7.76 | 71.81 | 3.09 | 0.00 | 0.00 | 0.00 | 0.00 | 10.54 | 0.45 | 46.47 | 2.00 | 0.00 | 0.00 |
| | 广东 | 8913.79 | 8844.90 | 99.23 | 5688.38 | 63.82 | 268.29 | 3.01 | 177.60 | 1.99 | 211.12 | 2.37 | 99.45 | 1.12 | 451.15 | 5.06 | 1948.91 | 21.86 | 68.89 | 0.77 |
| | 广西 | 11270.95 | 11270.95 | 100.00 | 7070.91 | 62.74 | 0.00 | 0.00 | 0.00 | 0.00 | 0.00 | 0.00 | 5.30 | 0.05 | 0.00 | 0.00 | 4194.74 | 37.22 | 0.00 | 0.00 |
| | 海南 | 561.61 | 561.61 | 100.00 | 212.60 | 37.86 | 0.00 | 0.00 | 349.01 | 62.14 | 0.00 | 0.00 | 0.00 | 0.00 | 0.00 | 0.00 | 0.00 | 0.00 | 0.00 | 0.00 |
| | 小计 | 23073.05 | 23004.16 | 99.70 | 14989.17 | 64.96 | 448.89 | 1.95 | 598.42 | 2.59 | 211.12 | 0.92 | 104.75 | 0.45 | 461.69 | 2.00 | 6190.12 | 26.83 | 68.89 | 0.30 |
| 西南区 | 重庆 | 202.86 | 202.86 | 100.00 | 202.86 | 100.00 | 0.00 | 0.00 | 0.00 | 0.00 | 0.00 | 0.00 | 0.00 | 0.00 | 0.00 | 0.00 | 0.00 | 0.00 | 0.00 | 0.00 |
| | 四川 | 55577.46 | 55555.05 | 99.96 | 51731.26 | 93.08 | 0.00 | 0.00 | 818.73 | 1.47 | 0.00 | 0.00 | 0.00 | 0.00 | 0.00 | 0.00 | 3005.06 | 5.41 | 22.41 | 0.04 |
| | 贵州 | 31275.49 | 31168.85 | 99.66 | 27805.49 | 88.91 | 0.00 | 0.00 | 77.25 | 0.25 | 0.00 | 0.00 | 292.98 | 0.94 | 0.00 | 0.00 | 2993.13 | 9.57 | 106.64 | 0.34 |
| | 云南 | 19479.02 | 19478.34 | 100.00 | 16372.28 | 84.05 | 0.00 | 0.00 | 226.91 | 1.16 | 0.00 | 0.00 | 0.00 | 0.00 | 0.00 | 0.00 | 2879.15 | 14.78 | 0.68 | 0.00 |
| | 小计 | 106534.83 | 106405.10 | 99.88 | 96111.89 | 90.22 | 0.00 | 0.00 | 1122.89 | 1.05 | 0.00 | 0.00 | 292.98 | 0.28 | 0.00 | 0.00 | 8877.34 | 8.33 | 129.73 | 0.12 |
| 青藏区 | 西藏 | 226.06 | 226.06 | 100.00 | 147.62 | 65.30 | 0.00 | 0.00 | 68.75 | 30.41 | 0.00 | 0.00 | 0.00 | 0.00 | 9.69 | 4.29 | 0.00 | 0.00 | 0.00 | 0.00 |
| | 青海 | 22522.06 | 22522.06 | 100.00 | 18673.53 | 82.91 | 0.00 | 0.00 | 535.59 | 2.38 | 0.00 | 0.00 | 21.09 | 0.09 | 1915.59 | 8.51 | 1376.26 | 6.11 | 0.00 | 0.00 |
| | 小计 | 22748.12 | 22748.12 | 100.00 | 18821.15 | 82.74 | 0.00 | 0.00 | 604.34 | 2.66 | 0.00 | 0.00 | 21.09 | 0.09 | 1925.28 | 8.46 | 1376.26 | 6.05 | 0.00 | 0.00 |

## 表 5-13 零散分布耕地后备资源分布

| 区名 | 行政区名称 | 合计 | 可开垦土地 | | | | | | | | | | | | | | | | 可复垦土地 | |
|---|---|---|---|---|---|---|---|---|---|---|---|---|---|---|---|---|---|---|---|---|
| | | | 小计 | | 可开垦其他草地 | | 可开垦沿海滩涂 | | 可开垦内陆滩涂 | | 可开垦盐碱地 | | 可开垦沼泽地 | | 可开垦沙地 | | 可开垦裸地 | | 可复垦采矿用地 | |
| | | | 面积/hm² | 比例/% | 面积/hm² | 比例/% | 面积/hm² | 比例/% | 面积/hm² | 比例/% | 面积/hm² | 比例/% | 面积/hm² | 比例/% | 面积/hm² | 比例/% | 面积/hm² | 比例/% | 面积/hm² | 比例/% |
| 全国 | | 3464725.73 | 3306373.83 | 95.43 | 2404548.78 | 69.40 | 965.97 | 0.03 | 277075.28 | 8.00 | 243985.95 | 7.04 | 42039.04 | 1.21 | 26838.09 | 0.77 | 310920.72 | 8.97 | 158351.90 | 4.57 |
| 东北区 | 辽宁 | 81998.75 | 79632.41 | 97.11 | 73307.34 | 89.40 | 61.02 | 0.07 | 4721.61 | 5.76 | 135.87 | 0.17 | 246.19 | 0.30 | 78.29 | 0.10 | 1082.09 | 1.32 | 2366.34 | 2.89 |
| | 吉林 | 123359.42 | 117019.77 | 94.86 | 67159.65 | 54.44 | 0.00 | 0.00 | 12185.60 | 9.88 | 27979.03 | 22.68 | 3324.14 | 2.69 | 1179.68 | 0.96 | 5191.67 | 4.21 | 6339.65 | 5.14 |
| | 黑龙江 | 368625.64 | 359344.09 | 97.48 | 260673.06 | 70.71 | 0.00 | 0.00 | 26737.58 | 7.25 | 22539.78 | 6.11 | 33034.27 | 8.96 | 92.93 | 0.03 | 16266.47 | 4.41 | 9281.55 | 2.52 |
| | 小计 | 573983.81 | 555996.27 | 96.87 | 401140.05 | 69.89 | 61.02 | 0.01 | 43644.79 | 7.60 | 50654.68 | 8.83 | 36604.60 | 6.38 | 1350.90 | 0.24 | 22540.23 | 3.93 | 17987.54 | 3.13 |
| 华北区 | 北京 | 758.70 | 679.55 | 89.57 | 597.26 | 78.72 | 0.00 | 0.00 | 51.73 | 6.82 | 0.00 | 0.00 | 0.00 | 0.00 | 0.00 | 0.00 | 30.56 | 4.03 | 79.15 | 10.43 |
| | 天津 | 2022.44 | 1945.12 | 96.18 | 1870.66 | 92.50 | 0.00 | 0.00 | 13.50 | 0.67 | 0.00 | 0.00 | 0.00 | 0.00 | 0.00 | 0.00 | 60.96 | 3.01 | 77.32 | 3.82 |
| | 河北 | 215432.92 | 187434.59 | 87.00 | 109908.94 | 51.02 | 85.99 | 0.04 | 26358.41 | 12.24 | 30815.03 | 14.30 | 637.65 | 0.30 | 4024.15 | 1.87 | 15604.42 | 7.24 | 27998.34 | 13.00 |
| | 山东 | 152306.57 | 130731.71 | 85.83 | 75423.70 | 49.52 | 98.05 | 0.06 | 6209.97 | 4.08 | 28500.92 | 18.71 | 7.14 | 0.00 | 803.76 | 0.53 | 19688.17 | 12.93 | 21574.86 | 14.17 |
| | 河南 | 258553.31 | 243851.20 | 94.31 | 153059.34 | 59.20 | 0.00 | 0.00 | 60955.59 | 23.58 | 1417.09 | 0.55 | 447.35 | 0.17 | 9833.38 | 3.80 | 18138.45 | 7.02 | 14702.11 | 5.69 |
| | 小计 | 629073.94 | 564642.17 | 89.76 | 340859.90 | 54.18 | 184.04 | 0.03 | 93589.20 | 14.88 | 60733.04 | 9.65 | 1092.14 | 0.17 | 14661.29 | 2.33 | 53522.56 | 8.51 | 64431.78 | 10.24 |
| 黄土高原区 | 山西 | 161490.08 | 156814.27 | 97.10 | 125076.01 | 77.45 | 0.00 | 0.00 | 12669.55 | 7.85 | 8166.83 | 5.06 | 157.59 | 0.10 | 179.42 | 0.11 | 10564.87 | 6.54 | 4675.81 | 2.90 |
| | 陕西 | 76666.15 | 65963.10 | 86.04 | 54077.44 | 70.54 | 0.00 | 0.00 | 6575.69 | 8.58 | 1616.01 | 2.11 | 416.46 | 0.54 | 1553.86 | 2.03 | 1723.64 | 2.25 | 10703.05 | 13.96 |
| | 甘肃 | 198689.20 | 196641.33 | 98.97 | 161081.35 | 81.07 | 0.00 | 0.00 | 5924.19 | 2.98 | 2067.04 | 1.04 | 268.74 | 0.14 | 2458.83 | 1.24 | 24841.18 | 12.50 | 2047.87 | 1.03 |
| | 小计 | 436845.43 | 419418.70 | 96.01 | 340234.80 | 77.88 | 0.00 | 0.00 | 25169.43 | 5.76 | 11849.88 | 2.71 | 842.79 | 0.19 | 4192.11 | 0.96 | 37129.69 | 8.50 | 17426.73 | 3.99 |
| 蒙新区 | 内蒙古 | 91634.83 | 90648.07 | 98.92 | 27737.07 | 30.27 | 0.00 | 0.00 | 1805.90 | 1.97 | 60464.85 | 65.98 | 0.00 | 0.00 | 0.00 | 0.00 | 640.25 | 0.70 | 986.76 | 1.08 |
| | 宁夏 | 27492.78 | 27405.29 | 99.68 | 12152.72 | 44.20 | 0.00 | 0.00 | 1046.58 | 3.81 | 7652.92 | 27.84 | 1170.97 | 4.26 | 286.00 | 1.04 | 5096.10 | 18.54 | 87.49 | 0.32 |
| | 新疆 | 173404.14 | 172919.28 | 99.72 | 115592.84 | 66.66 | 0.00 | 0.00 | 426.77 | 0.25 | 48896.05 | 28.20 | 139.03 | 0.08 | 1587.67 | 0.92 | 6276.92 | 3.62 | 484.86 | 0.28 |
| | 小计 | 292531.75 | 290972.64 | 99.47 | 155482.63 | 53.15 | 0.00 | 0.00 | 3279.25 | 1.12 | 117013.82 | 40.00 | 1310.00 | 0.45 | 1873.67 | 0.64 | 12013.27 | 4.11 | 1559.11 | 0.53 |

续表 5-13

| 区名 | 行政区名称 | 合计 | 可开垦土地 | | | | | | | | | | | | | | | | 可复垦土地 | |
|---|---|---|---|---|---|---|---|---|---|---|---|---|---|---|---|---|---|---|---|---|
| | | | 小计 | | 可开垦其他草地 | | 可开垦沿海滩涂 | | 可开垦内陆滩涂 | | 可开垦盐碱地 | | 可开垦沼泽地 | | 可开垦沙地 | | 可开垦裸地 | | 可复垦采矿用地 | |
| | | | 面积/$hm^2$ | 比例/% | 面积/$hm^2$ | 比例/% | 面积/$hm^2$ | 比例/% | 面积/$hm^2$ | 比例/% | 面积/$hm^2$ | 比例/% | 面积/$hm^2$ | 比例/% | 面积/$hm^2$ | 比例/% | 面积/$hm^2$ | 比例/% | 面积/$hm^2$ | 比例/% |
| 长江中下游区 | 上海 | 730.96 | 730.88 | 99.99 | 249.07 | 34.07 | 37.42 | 5.12 | 225.51 | 30.85 | 0.00 | 0.00 | 0.00 | 0.00 | 0.00 | 0.00 | 218.88 | 29.94 | 0.08 | 0.01 |
| | 江苏 | 44854.07 | 31817.62 | 70.94 | 12558.20 | 28.00 | 50.87 | 0.11 | 12554.65 | 27.99 | 2798.02 | 6.24 | 277.61 | 0.62 | 1258.97 | 2.81 | 2319.30 | 5.17 | 13036.45 | 29.06 |
| | 浙江 | 11135.01 | 11054.03 | 99.27 | 5515.05 | 49.53 | 426.69 | 3.83 | 3023.01 | 27.15 | 64.12 | 0.58 | 3.04 | 0.03 | 11.66 | 0.10 | 2010.46 | 18.06 | 80.98 | 0.73 |
| | 安徽 | 64665.55 | 53156.30 | 82.20 | 29712.86 | 45.95 | 0.00 | 0.00 | 17538.65 | 27.12 | 25.53 | 0.04 | 323.69 | 0.50 | 191.89 | 0.30 | 5363.68 | 8.29 | 11509.25 | 17.80 |
| | 江西 | 76601.15 | 74964.87 | 97.86 | 66582.33 | 86.92 | 0.00 | 0.00 | 5279.90 | 6.89 | 0.24 | 0.00 | 97.89 | 0.13 | 240.43 | 0.31 | 2764.08 | 3.61 | 1636.28 | 2.14 |
| | 湖北 | 138278.03 | 123885.14 | 89.59 | 92302.43 | 66.75 | 0.00 | 0.00 | 18192.75 | 13.16 | 11.90 | 0.01 | 120.12 | 0.09 | 1177.74 | 0.85 | 12080.20 | 8.74 | 14392.89 | 10.41 |
| | 湖南 | 224578.28 | 222717.66 | 99.17 | 170397.87 | 75.87 | 0.00 | 0.00 | 22123.75 | 9.85 | 0.80 | 0.00 | 527.75 | 0.23 | 78.75 | 0.04 | 29588.74 | 13.18 | 1860.62 | 0.83 |
| | 小计 | 560843.05 | 518326.50 | 92.42 | 377317.81 | 67.28 | 514.98 | 0.09 | 78938.22 | 14.07 | 2900.61 | 0.52 | 1350.10 | 0.24 | 2959.44 | 0.53 | 54345.34 | 9.69 | 42516.55 | 7.58 |
| 华南区 | 福建 | 31816.24 | 31127.17 | 97.83 | 26469.12 | 83.19 | 93.32 | 0.29 | 2054.36 | 6.46 | 14.36 | 0.05 | 0.00 | 0.00 | 67.41 | 0.21 | 2428.60 | 7.63 | 689.07 | 2.17 |
| | 广东 | 69133.31 | 67865.57 | 98.17 | 53423.39 | 77.28 | 112.61 | 0.16 | 3388.59 | 4.90 | 432.21 | 0.63 | 260.54 | 0.38 | 666.90 | 0.96 | 9581.33 | 13.86 | 1267.74 | 1.83 |
| | 广西 | 129758.40 | 129214.69 | 99.58 | 109331.44 | 84.26 | 0.00 | 0.00 | 112.75 | 0.09 | 338.51 | 0.26 | 231.02 | 0.18 | 100.38 | 0.08 | 19100.59 | 14.72 | 543.71 | 0.42 |
| | 海南 | 6250.44 | 6242.14 | 99.87 | 5637.49 | 90.19 | 0.00 | 0.00 | 390.81 | 6.25 | 0.00 | 0.00 | 0.00 | 0.00 | 0.00 | 0.00 | 213.85 | 3.42 | 8.29 | 0.13 |
| | 小计 | 236958.39 | 234449.57 | 98.94 | 194861.44 | 82.23 | 205.93 | 0.09 | 5946.51 | 2.51 | 785.08 | 0.33 | 491.56 | 0.21 | 834.69 | 0.35 | 31324.37 | 13.22 | 2508.81 | 1.06 |
| 西南区 | 重庆 | 14150.45 | 13817.59 | 97.65 | 10793.62 | 76.28 | 0.00 | 0.00 | 590.31 | 4.17 | 0.00 | 0.00 | 0.00 | 0.00 | 0.00 | 0.00 | 2433.66 | 17.20 | 332.86 | 2.35 |
| | 四川 | 186652.58 | 179742.57 | 96.30 | 154697.01 | 82.88 | 0.00 | 0.00 | 9821.70 | 5.26 | 0.00 | 0.00 | 30.77 | 0.02 | 40.60 | 0.02 | 15152.49 | 8.12 | 6910.01 | 3.70 |
| | 贵州 | 187025.90 | 184575.62 | 98.69 | 146417.23 | 78.29 | 0.00 | 0.00 | 2899.65 | 1.55 | 0.00 | 0.00 | 9.13 | 0.00 | 482.56 | 0.26 | 34767.05 | 18.59 | 2450.28 | 1.31 |
| | 云南 | 321322.39 | 319259.96 | 99.36 | 261307.84 | 81.32 | 0.00 | 0.00 | 10497.65 | 3.27 | 0.34 | 0.00 | 284.63 | 0.09 | 20.06 | 0.01 | 47149.44 | 14.67 | 2062.43 | 0.64 |
| | 小计 | 709151.32 | 697395.74 | 98.34 | 573215.70 | 80.83 | 0.00 | 0.00 | 23809.31 | 3.36 | 0.34 | 0.00 | 324.53 | 0.05 | 543.22 | 0.08 | 99502.64 | 14.03 | 11755.58 | 1.66 |
| 青藏区 | 西藏 | 9797.73 | 9775.22 | 99.77 | 7037.55 | 71.83 | 0.00 | 0.00 | 2274.51 | 23.21 | 0.00 | 0.00 | 0.00 | 0.00 | 249.70 | 2.55 | 213.46 | 2.18 | 22.51 | 0.23 |
| | 青海 | 15540.31 | 15397.02 | 99.08 | 14398.91 | 92.66 | 0.00 | 0.00 | 424.07 | 2.73 | 48.50 | 0.31 | 23.32 | 0.15 | 173.07 | 1.11 | 329.15 | 2.12 | 143.29 | 0.92 |
| | 小计 | 25338.04 | 25172.24 | 99.35 | 21436.46 | 84.60 | 0.00 | 0.00 | 2698.58 | 10.65 | 48.50 | 0.19 | 23.32 | 0.09 | 422.77 | 1.67 | 542.61 | 2.14 | 165.80 | 0.65 |

从类型上看，可开垦其他草地依旧是全国零散分布耕地后备资源的主要类型，占69.40%，面积为240.45万$hm^2$。同时大部分省份的可开垦其他草地比重远高于其他类型的零散分布耕地后备资源，除山东、内蒙古、宁夏、上海、江苏、浙江、安徽以外，其余各省的零散分布可开垦其他草地均占零散分布耕地后备资源的50%以上。零散分布的可开垦裸地面积次之，为31.09万$hm^2$，占8.97%，主要分布在云南和贵州，黑龙江、河北、山东、河南、广西、甘肃、四川、湖南也有所分布，其余省份则分布较少。零散分布的可开垦内陆滩涂和可开垦盐碱地也有一定数量，两种类型面积相差3.31万$hm^2$，占比分别为8.00%和7.04%。零散分布的可开垦内陆滩涂主要分布在河南，河南省零散分布的可开垦内陆滩涂占全国总量的22.00%，其次是黑龙江、河北、湖南、湖北、安徽，其余各省均不超过10%。零散分布的可开垦盐碱地大部分位于内蒙古和新疆，两省之和为44.82%，吉林、黑龙江、河北、山东也有所分布。零散分布的可开垦沙地和可开垦沼泽地面积均较少，分别为2.68万$hm^2$和4.20万$hm^2$，可开垦沼泽地中有78.58%分布在黑龙江，此外，面积超过1000 $hm^2$的有吉林、宁夏两省，而可开垦沙地的36.64%分布在河南，14.99%分布在河北，9.16%分布在甘肃，5.92%分布在新疆，5.79%分布在陕西，其余各省均不足5%。零散分布的可开垦沿海滩涂仅965.97 $hm^2$，占零散分布耕地后备资源总量的0.03%，仅辽宁、河北、山东、福建、广东、上海、江苏、浙江沿海各省略有分布。

6. 零散可复垦耕地后备资源分布

零散分布的可复垦耕地后备资源由可复垦采矿用地这一耕地后备资源类型构成。零散分布的可复垦采矿用地面积为15.84万$hm^2$，占全国零散分布的耕地后备资源的4.57%。对应采矿用地分布较为分散的特点，零散分布的可复垦采矿用地是可复垦采矿用地的主要数量构成，约为集中连片可复垦采矿用地数量的5倍，占全国可复垦耕地后备资源总量的83.30%。

全国零散分布的可复垦耕地分布较为分散，东部、中部各省份均有一定量的可复垦耕地零散分布。零散分布的可复垦耕地主要分布在河北和山东，分别为27998.34 $hm^2$和21574.86 $hm^2$，两省之和占全国零散分布可复垦耕地面积的31.31%。面积超过10000 $hm^2$的省(自治区、直辖市)还有河南、陕西、江苏、安徽、湖北。全国大部分的零散分布可复垦土地主要集中在东部和北方地区，而中西部地区零散分布的可复垦土地面积则较小。

对零散耕地后备资源的分析，目的是解决耕地战备时期或紧急时期对耕地的需求，从成本效益和生态保护的角度看，对零散耕地后备资源的开发显然是不可取的，它不仅会耗费更多的经济成本，而且，零散分布的耕地后备资源在区域环境中都有其存在的特殊生态价值，因此，开发会引发生态环境质量的下降，甚至会引发严重的自然灾害。

## 5.5 我国耕地后备资源分析

### 5.5.1 耕地后备资源少，且越来越少

从前面几节关于20世纪90年代中期全国“四荒”调查的耕地后备资源面积、鞠正山和张凤荣依据全国第一次土地利用现状调查(1996年)未利用地及其分布特征所做的耕地后备资源评价面积，以及2014年全国耕地后备资源调查评价面积，可以看出，我国耕地后备资源量是

越来越少。尤其是东部经济发达地区，耕地后备资源接近枯竭。虽然这三次耕地后备资源调查评价的方法不同，标准也发生了变化，但随着对耕地需求的增加，后备土地资源被不断地开垦，耕地后备资源面积越来越少，是不争事实。而且，第三次全国土地（国土）调查，已经将滩涂和沼泽归入一个新设立的大类——湿地，不再属于"未利用地"，就不能再作为耕地后备资源。以 2014 年全国耕地后备资源调查评价面积为基础，叠加第三次土地（国土）调查数据，扣除沼泽地、滩涂以及降雨量低于 400 mm 的（少于这些必须补充灌溉，但区域缺水）耕地后备资源，还剩 3000 多万亩。这 3000 多万亩就是盐碱地、其他草地、沙地、裸地等。

另外，随着城市化快速发展，农民有了更多的非农生计出路，种田的机会成本不断增加，过去可能是有收益的耕地，现在成为边际耕地。大量农民外出打工，不再从"地里刨食"，因此，出现了现有耕地撂荒现象，尤其在山区，这种现象更多。耕地后备资源在经济适宜性上肯定会相应地减少。事实上，开发耕地的成本也是在不断增加的。据 2017 年作者在河南省林州市（林县）的调查，开发 1 亩梯田，已经由 20 世纪 90 年代的每亩 3000 元增加到每亩 20000 元。因此，按照成本收益核算，从经济适宜性上，耕地后备资源也会进一步减少。事实上，如果不是为了耕地"占补平衡"，国家投资进行耕地开垦，没有农民自发地去开垦后备土地资源。当然，在后备土地资源自然禀赋好的一些地方，特别是可以机械化规模化经营的地方，也存在着因为有利可图的后备土地资源开垦；如内蒙古自治区和黑龙江、吉林的黑钙土区、草甸土区，乃至可以灌溉的风沙土区和盐碱土区。

### 5.5.2　耕地后备资源的自然禀赋差，开垦后生产潜力低

本章 5.2 至 5.4 节，3 个耕地后备资源调查评价结果都显示，耕地后备资源大部分分布在西北、东北和西南山区。西北区是干旱区，水资源缺乏，现有耕地已经存在着灌溉保证率低的问题，新垦耕地灌溉用水更难以保障，再加上土壤贫瘠，耕地的产量水平低。东北区的耕地后备资源存在着低温、低湿问题。低温地区的耕地后备资源开垦后也不能种植生长期长、产量高的作物。低湿地开垦必须有很好的排水体系建设。西南山区虽然气候湿润，降水量多，但耕地后备资源主要是山区荒草地，坡度大、土层薄，不修建成梯田，则有水土流失之虞；修梯田因为受坡度大土层薄限制，梯田田面窄，无法规模化、机械化耕种。其实，其他草地多是南方山地草场，很多是石漠化地区，基本不能开垦；应该发展草食畜牧业。沙地开垦后很容易风蚀，而且沙地肥力非常低，渗漏性强，多分布于干旱半干旱地区。盐碱地耕种之前必须洗盐，需要大量淡水洗盐；但盐碱土基本都处于干旱半干旱地区，本身就极度缺乏水资源。

根据 2014 年原农业部《关于全国耕地质量等级情况的公报》统计，我国超七成耕地质量属于中低产田，面积达 13.28 亿亩，其中，内蒙古及长城沿线区的中低产田面积接近 90%。中低产田每年的粮食单产仅为高产田的 40%～60%。事实上，耕地后备资源都是历史上人民"择优"开垦后剩下的，其自然禀赋比现状中低产田还要差。可以预见，耕地后备资源开垦后大多数是低产田，3 亩不抵 1 亩高产田的产量。比如，温带半干旱区，包括内蒙古及长城沿线区和黄土高原，水浇地高产田玉米产量可达每公顷 10 t，而旱地低产田只能种植谷糜，每公顷只有 3 t。现在，对耕地占补平衡，普遍存在"占优补劣"的批评之声，也说明了这个问题。有些占补平衡项目开垦的耕地被撂荒，肯定是因为质量差，或者是经济上不适宜。

通过农田基本建设，消除或基本消除制约现有中低产田生产能力的限制因素，培肥地力，

可以大幅度地增加粮食单产和总产。实践证明，进行中低产田改造，可以大幅度地提高这些耕地的粮食单产，从而在总量上增加粮食生产能力，实现“耕地总量动态平衡”的最终目的，是一条保证粮食安全的最有效的途径，其生态效益和经济效益都比开垦质量差的后备土地资源高。

另外，耕地后备资源往往远离居民点，耕作半径大，尤其是山区。山区居民点分散和规模小，就是为了便于耕种。山区还有一个问题，即耕地地块畸零狭小，不能机械化耕种，因此，即使是自然适宜，由于距离居民点太远，也不能成为耕地后备资源。这在2014年的全国耕地后备资源调查评价指标中已经考虑。

### 5.5.3 大部分耕地后备资源生态环境脆弱，开垦后面临土地退化和生态安全问题

耕地后备资源不但自然禀赋差，开垦后产能低，而且还有水土流失、风蚀沙化等土地退化风险与生态环境风险。大部分耕地后备资源分布在西北、东北和西南山区，属于生态环境脆弱区。比如，西南云贵川的耕地后备资源，多是山坡地，坡陡土薄。开垦后水土流失风险很大，不仅给河谷的农田和居民点带来水冲沙埋威胁，而且也会使本来就不厚的土层越来越薄，最终会石漠化。又如内蒙古中部的耕地后备资源，土壤质地沙性大，抗蚀性差，大陆性半干旱季风气候，春旱经常发生，一旦春旱期长，播种不上，失去植被保护的土壤风蚀沙化严重，耕地后备资源本身会成为流动沙丘，也会给下风向的京津冀地区带来沙尘影响。再如东北地区的有些耕地后备资源是苏打盐土或碱土，这类土地作为耕地后备资源开垦为水田种植水稻很合适，因为灌溉会洗掉盐分，黏重的土壤质地灌溉水渗漏缓慢，最适宜于种植水稻。但是，该区域也是水资源缺乏地区，如果开垦种植几年后，水资源被开采减少不能持续供应，退出水稻种植的话，土壤则板结，不能旱作，甚至原生的抗盐碱植被也不能恢复。

从最近一次的即2014年启动的全国耕地后备资源调查成果看，连片的可开垦耕地后备资源都是“未利用地”。但是，其中的滩涂、沼泽，如果连片了，就具备湿地功能，开发可能造成区域性生态环境的恶化，应该受到保护。前面说过，进入生态文明社会滩涂和沼泽属于湿地，不能再作为耕地后备资源开发。

### 5.5.4 耕地不是可复垦耕地后备资源的唯一复垦方向

从保护生态环境的角度看，不宜开垦可开垦耕地后备资源。但是可复垦耕地后备资源却是区域的“恶性肿瘤”，不进行整治将会影响区域生态环境。对于这类土地，无论是工矿废弃地，还是建筑迹地、污染土地，过去的复垦方向基本都是复垦为耕地。但是，从国土空间结构性功能布局角度，不一定都要复垦为耕地，应该根据空间结构功能需求确定复垦方向，可林、可园、可草。一般来说，复垦成耕地的成本最高，因为耕地是生产食品的。因此，复垦成哪一种用途，不仅仅是根据自然适宜性，也要从经济适宜性角度进行评价。

### 5.5.5 进入生态文明建设时代，应该对耕地后备资源进行再评估

中国人均耕地少，粮食安全压力大，再加上各种建设占用耕地造成耕地减少，“18亿亩耕地红线”逼迫政府土地主管部门不得不三番五次调查耕地后备资源，以备未来的开发利用之需。但是，从本节上面的分析已经看到，耕地后备资源质量差，开垦后对粮食安全的贡献不大，

特别是从生态优先、防止土地退化和生态风险的角度，有必要对耕地后备资源进行再评估。

首先，随着人们对生态安全越来越重视，过去被认为可垦的后备土地资源，如沼泽、滩涂等不再被认为是“未利用地”，不再成为耕地后备资源。比如这次全国第三次土地调查（国土资源调查），将沼泽、滩涂等归类出一个新的大类——“湿地类”，在未来的耕地后备资源评价中不再作为耕地后备资源的评价对象。如果是这样，上一节依据第二次土地调查结果中的沿海滩涂（115）、内陆滩涂（116）、沼泽地（125）作为评价对象，得出的可开垦沿海滩涂 2.06 万 $hm^2$，可开垦内陆滩涂 46.42 万 $hm^2$ 和可开垦沼泽地 10.21 万 $hm^2$ 就不再是耕地后备资源。

其次，应该以水定地，从水资源保障程度上进行再评价。比如，上一节依据第二次土地调查结果，可开垦盐碱地主要分布在新疆，占比为 30.39%，其次为吉林、黑龙江和内蒙古。将盐碱地改造为耕地，需要大量水洗盐，这些地区又没有那么多水资源，特别是新疆和内蒙古，过去开垦的一些耕地都有因为缺水而出现再次撂荒的情况。

再次，对于评价对象中的“其他草地”，要看看其土质情况，如果是土层薄或者是土质砾质，就不宜开垦。虽然，在 2014 年的耕地后备资源调查评价工作中，土层厚度和土壤质地作为评价指标，但地方政府由于缺乏相应的土壤数据或者为了保证当地的耕地后备资源量而不考虑这个指标。

最后，从考虑机会成本的角度，也需要对耕地后备资源进行经济可行性评价。

## 本章小结

耕地后备资源指的是在现有技术经济条件下，可以开垦为耕地，但人类还没有利用的土地资源。耕地后备资源的多少受技术条件限制，也受经济可行性影响，但从根本上受自然条件制约。它并非像一般商品一样，根据需求的变化而增减。

因为人多耕地少，我国耕地的开垦率相当高。实际上，在中华人民共和国成立之前，适宜开垦的土地基本已经开垦了。中华人民共和国成立之后，由于人口持续增长和不断增长的食物需求，接着又开垦了剩余不多的耕地后备资源。进入 20 世纪 80 年代末期，为了补充建设占用的耕地，依然在开垦。国家多次组织进行耕地后备资源调查评价，目的就是寻找还可以开垦的土地，为保证粮食安全而开垦，也是为了保证满足城市化和各项经济建设的用地需求。但是，就是这样一个目的的调查评价的结果也是耕地后备资源越来越少。既负责耕地保护又负责建设用地供给的原国土资源部 2014 年开始的为期两年的耕地后备资源调查评价结果是全国耕地后备资源大约有 8000 万亩，这是一个既不计成本，也没有考虑生态用地的调查评价成果，而且这 8000 万亩耕地后备资源的自然资源质量低劣。从这些耕地后备资源的分布就可以看出其质量之差：新疆、黑龙江、河南、云南、甘肃五省（自治区）耕地后备资源总量占全国总量的 47.00%，分别占全国耕地后备资源面积总量的 14.20%、13.37%、6.86%、6.37% 和 6.20%；其中新疆、甘肃、黑龙江只能一年一熟且均水资源匮乏。还可以从耕地后备资源的地类看出其质量之差：其中，占第一位的是可开垦其他草地，占全部耕地后备资源总量的 64.1%，第二位的是盐碱地，占 12.4%。其他草地多是坡度大的山区，土层薄，即使开垦也很难开垦为有灌溉条件的耕地；盐碱地地区都是干旱缺水的地区。占第四的裸地土层很薄，开垦难度很大。开垦后质量较好的滩涂在今天生态优先的时代，已经不能再作为耕地后备资源。

综上所述，即使不计成本，也不考虑生态，我国耕地后备资源也已经很少，而且其自然资源禀赋很差，开垦后耕地质量和产能很低，水土流失和次生盐渍化的生态风险也很大。因此，综合考虑，中国耕地保护的重点是保护好建设好现有耕地，而不是依靠开垦后备土地资源来增加耕地。

（本章作者　张凤荣）

## 参考文献

[1]（内部资料）全国农业资源区划办公室．中国农业后备土地资源，1998．

[2] 陈百明．中国农业资源综合生产能力与人口承载能力．北京：气象出版社，2001．

[3] 胡存智．中国耕地质量等级调查与评定（全国卷）．北京：中国大地出版社，2013．

[4] 张迪．现阶段我国后备耕地资源供给能力分析．北京：中国农业大学硕士论文，2002．

[5] 张迪，张凤荣，安萍丽，等．中国现阶段后备耕地资源经济供给能力分析．资源科学，2004，26(5)：46-52．

[6]（内部资料）中国土地勘测规划院．全国耕地后备资源调查评价成果分析报告，2017．

# 第6章

# 中国耕地退化状况

耕地退化是指耕地的质量降低或是耕地当前或潜在生产力的下降。耕地退化将损坏农业生产的物质基础，并且威胁整个山水林田湖草生命共同体的安全。耕地退化似乎不像耕地“非农化”那么直接和迅速，而是逐渐发生的；但其面广、量大、潜在威胁大，必须引起足够重视。同时，需要认识并理解各类耕地退化的原因机理，以采取针对性的防控措施。本章在辨析有关耕地退化概念、厘清退化耕地成因的基础上，介绍中国耕地退化状况，提出退化防控措施。

## 6.1 耕地退化类型及其成因

### 6.1.1 相关概念辨析

1. 土壤侵蚀与水土流失

土壤侵蚀与水土流失是相同的概念，都是指土壤在水力、风力、冻融或重力等外营力作用下，被破坏、剥蚀、搬运和沉积的过程。土壤被破坏搬运的过程中往往也伴随着水分的损失，因此，称之为水土流失更能代表其含义。土壤在外营力作用下产生位移的物质量，称土壤侵蚀量。一般以土壤侵蚀量的多少来确定土壤侵蚀或水土流失的等级。

风力造成的土壤侵蚀，伴随的水分损失一般很少。这主要是因为风力侵蚀往往发生在干旱半干旱区，土壤水分含量本来就少。

水土流失因为有一个“水”字，很容易让人联想起是水力造成的土壤侵蚀。但水土流失不限于水力成因。因此，我国水利部门的水土流失调查，是包括风力侵蚀的。当然，如果某一区域植被覆盖度高，只有水分流失而没有或很少有土壤流失的现象，则该区域不会被调绘为水土流失区。这也可为土壤侵蚀与水土流失的概念相同做一注解。水土保持的目的主要是保护植被赖以扎根立地获取养分的土壤。水土流失调查的目的是调查清楚哪里有土壤侵蚀及其水土流失类型和程度，为水土保持规划提供基础数据。如果某一区域河流中泥沙含量较低，则可以判断该区域不是水土流失或土壤侵蚀区，因此，这里就不必规划为水土流失(土壤侵蚀)治理区域。比如，植被覆盖度很高的林区有可能被规划为生态保护区，但不会是水土流失治理区。

水土流失不仅会造成肥沃表土流失，土壤肥力下降，土壤养分越来越贫瘠，而且会导致土层越来越薄，土壤的蓄水能力下降，降雨会很快形成坡面径流，汇入到下游河道，形成洪水。水土保持的目的是减少上游的土壤侵蚀，保持土壤含蓄水分的能力，使降雨不至于马上形成径流。当然，也可以通过修建水库拦蓄上游来水以减缓下游的洪涝灾害。但与此同时，如果水库上游的土壤侵蚀未被防治，那么泥沙随径流流入水库，水库就会被逐渐淤满，失去防洪作用。当然，即使径流清澈也可能造成下游的洪涝灾害，如石漠化地区的径流中泥沙含量很少，因为这些地区缺少含蓄水分的土壤层。

2. 荒漠化、沙漠化、土壤沙化

根据《联合国防治荒漠化公约》，“荒漠化是指在人为活动和自然因素的综合作用下，干旱、半干旱甚至半湿润（也称亚湿润）地区出现的土地退化现象”①。因此，任何造成土地支持植物生长的能力下降的过程，包括盐化、草地退化、土壤沙化、沙漠化（也可称沙质荒漠化）、植被荒漠化（石漠化）等，都可归类为荒漠化。

此前一般只认为沙漠化等同于荒漠化，也有人称沙漠化是狭义的荒漠化。随着人们对土地退化危害的认识加深，A. Aubrevile 和 H. N. Lehourou 两位法国科学家分别于 1949 年和 1959 年提出了荒漠化、沙漠化两个具有不同含义的名词。1977 年联合国荒漠化会议之后，引起了对荒漠化和沙漠化定义的长期争论。联合国也曾多次对荒漠化概念作了修改和补充，于 1994 年在国际防治荒漠化公约上作了最后确定（即上述“荒漠化”的概念）。也就是说，荒漠化的外延大于沙漠化，它不但包括沙漠化，也包括盐化、草地退化、土壤沙化、植被荒漠化等任何造成土地支持植物生长的能力下降的过程。

沙漠化是指干旱与半干旱和部分半湿润地区，沙质地表条件下，由于自然因素或人为活动的影响，破坏了自然脆弱的生态系统平衡，出现了以风沙活动为主要标志，并逐步形成风蚀、风积地貌景观的土地退化过程。沙漠化定义的关键是具备“沙质地表条件”。过去，我国习惯上称干旱地区的沙质土地为沙漠，称半干旱半湿润地区的沙质土地为沙地。从沙漠化或沙质荒漠化的定义来看，因为其有“半干旱和部分半湿润地区”之定语，那么就包括了沙漠东南边缘风力作用下沙丘前移入侵的地方和原来固定、半固定沙丘由于植被破坏导致流沙活动的沙丘活化地区（流动沙丘）。

在 1994 年我国加入国际防治荒漠化公约后，主持荒漠化和沙化土地调查监测工作的原国家林业局，将其调查监测范围不再限于干旱区的沙漠化调查，也包括了干旱与半干旱和部分半湿润地区的盐化、草原退化、植被退化、土壤沙化等的调查。从土地利用分类角度来讲，盐化对应的地类是盐碱地，草原退化对应的是草地，植被荒漠化的土地可能是林地和裸地，甚至是沼泽地，土壤沙化对应的很可能就是耕地。因此，荒漠化和沙化土地调查监测就囊括了所有干旱与半干旱和部分半湿润地区的土地。而且根据荒漠化定义中的“由于人为和自然因素的综合作用”，很可能除了雪山、水面和郁闭度高的林地和覆盖度高的草地以外，这个地区的所有土地为荒漠化土地。因为无论是自然条件造成的，还是现代人类造成的，“化”是一个过程，从技术上难以区分“本底”与“现状”。

土壤沙化泛指土壤中的细颗粒减少，而粗颗粒增多的过程。土壤沙化或是由风蚀造成，抑或是由水蚀造成。但一般在人们的印象中，土壤沙化发生在风力侵蚀区。土壤沙化的结果是形成沙质土壤。沙质土壤是没有气候条件限制的，可以发生在任何气候条件下。我们并不能

① 王礼先，周金星．关于荒漠化、沙漠化、风沙化和沙化的概念[J]．科技术语研究，2000，2(4)：23，31．

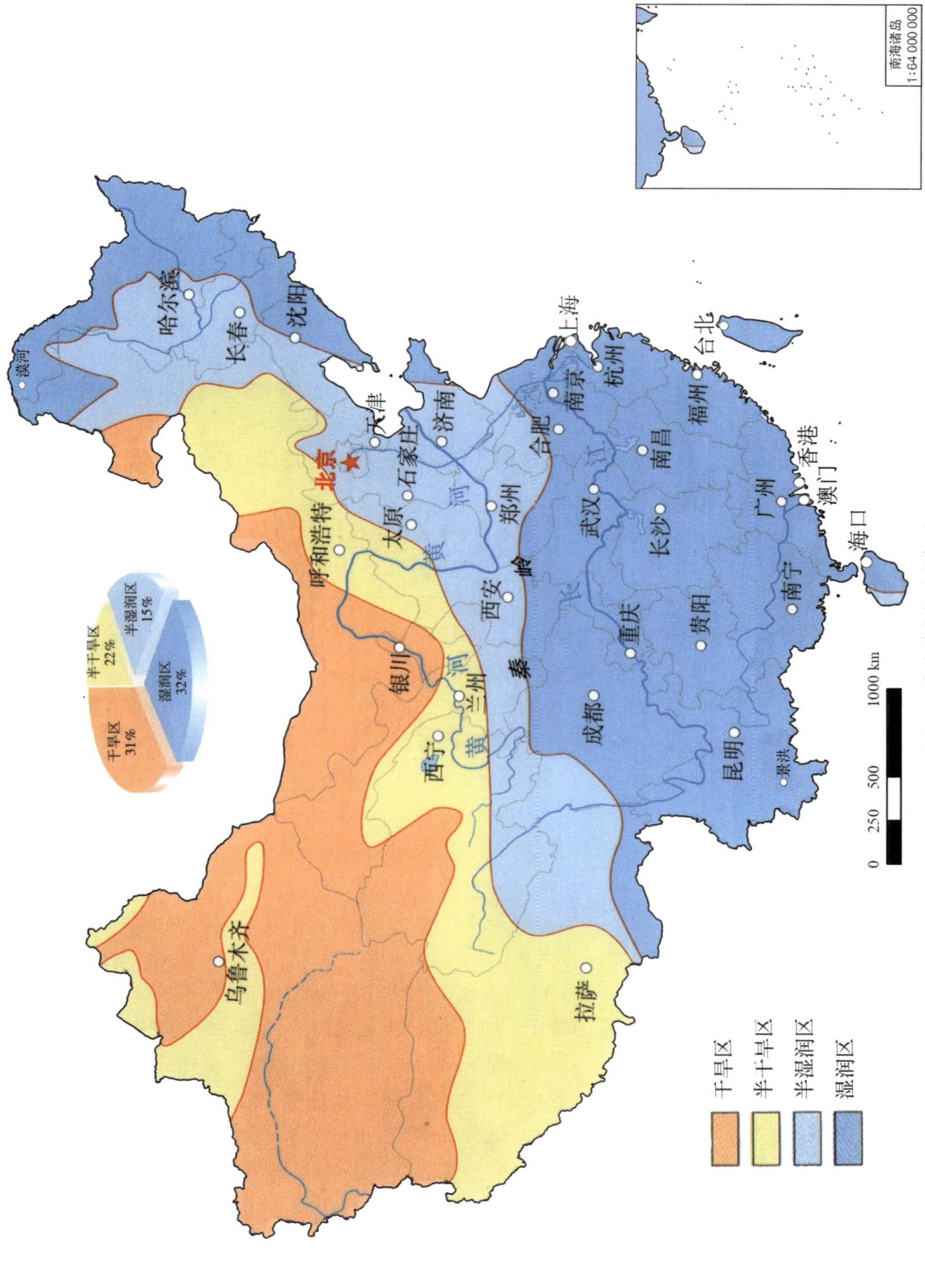


图 6-1　水分地带性分异规律

判断这个沙质土壤是现代沙化过程形成的,还是过去沙化过程形成的。因此,调查时只能是将沙质的土壤调绘为沙化土壤(土地)。沙质土壤形不成土壤结构,矿质土壤颗粒为单粒状,松散,最容易发生风蚀沙化。

从土地利用现状分类来讲,无论在什么气候条件下,只要是基本无植被覆盖的沙质土地,都被调绘为沙地。但固定沙丘肯定不会被调绘为沙地,而是根据其植被类型被调绘为(灌木)林地或草地。半固定沙丘根据其植被覆盖度也很可能被调绘为(灌木)林地或草地。只有流动沙丘才可能被调绘为沙地。

可见,林业(草原)部门的荒漠化和沙化土地调查、水利部门的水土流失调查、国土部门的土地调查存在区域相互重叠。但因为定义不同,调查结果落在图纸上,相互重叠或交叉就很自然。因此,不能简单地把水利部门的水土流失调查结果与林业(草原)部门的荒漠化和沙化调查结果相加,就认定为全国的土地退化区域或生态破坏区域。水利部门的水土流失调查还包括了湿润地区的水土流失,即水蚀地区。

根据《中国荒漠化和沙化状况公报》,沙化耕地主要指没有防护措施及灌溉条件,经常受风沙危害,导致作物产量低而不稳定的沙质耕地(国家林业局,中国荒漠化和沙化状况公报,2015)。那么,干旱、半干旱和半湿润地区的耕地,只要土壤是沙质的,又没有防护措施和灌溉条件,都可能被调绘为沙化耕地。

综上所述,林业(草原)部门的沙化土地概念与土地部门的沙地是不同的,前者包括的地域范围要大得多。林业(草原)部门的沙化土地大致包括了沙漠化土地、土壤沙化的土地,其中土壤沙化的土地包括了沙化耕地。

3. 盐化、碱化、盐碱化、次生盐化

易溶盐在土表和土体中积累的过程称为盐化,盐化过程一般发生在干旱、半干旱和半湿润气候区。盐化是指由于蒸发量大于降水量,土壤水分运移以上行为主,含盐的地下水借助土壤毛管上升到达地表或在土体上部积累的过程。从地形上看,盐化过程一般发生在干旱、半干旱和半湿润气候区低洼排水不畅的地方,地表径流或地下径流在此聚集,水分被蒸发,盐分得以积累。

所谓碱化是指土壤吸收性复合体为钠离子饱和的过程。碱化与盐化有共同点,即都是易溶盐积累,但也有差异。碱化是碱性易溶盐的积累,而且土壤质地是黏土。黏性土即使积累中性易溶盐,也不会发生胶体分散。如果是壤质或沙性土,即使有碱性易溶盐也不会发生胶体分散,造成不渗水的情况。碱化过程形成碱土。

如果可溶盐的含量大于1%(东部地区)或大于2%(西部地区),且易溶盐是中性盐,如氯化物和硫酸盐,土壤pH为中性,称为盐土。如果可溶盐是碱性盐,如碳酸钠和重碳酸钠,土壤的pH大于9.0,且土壤质地是黏土,称为碱土。碱土的易溶盐含量可以低于1%,没有盐分含量的要求。碱土难以改良为耕地的原因不是pH大于9.0,而主要是土壤质地黏重,在碱性易溶盐的作用下,黏粒分散,造成不渗水,雨季很容易渍涝,土壤缺氧,作物生长受抑制。但如果碱土被改良开垦种植水稻就没有问题,因为水稻属于厌氧型生物,还需要一个渗水非常缓慢或不透水的黏土层。但无论是盐土还是碱土开垦改良为耕地,都需要淡水,而干旱、半干旱和半湿润气候区缺水。

所谓盐碱化是盐化和碱化的泛称,或是盐化,或是碱化。还有一个概念是"土壤盐渍化",

与盐碱化同义。

盐碱土是民间对盐土和碱土的统称。但盐土和碱土是两个不同类型的土壤。盐碱地的概念同盐碱土。

盐碱地包括了盐土和碱土。但从土地利用分类来说,盐碱地属于未利用地范畴。根据国家标准《土地利用现状分类》(GB/T 21010—2017),盐碱地指表层盐碱聚集,生长天然耐盐植物的土地。土地利用分类中并不区分盐碱地是原生的还是次生的,只要土壤含盐量高,生长天然耐盐植物,就可调绘为盐碱地。

盐碱化或盐渍化有两种成因,即自然发生的和由于人类活动引发的。自然发生的称为原生土壤盐渍化,由人类活动引发的称为次生盐渍化。次生盐渍化是由于人为活动不当,恶化了一个地区或流域的水文或水文地质条件,引起土体和地下水中水溶性盐类随土壤毛管上升水向上运行,在强烈的蒸发条件下,盐分在土体内,尤其是在土壤表层累积,使原来非盐渍化的土壤发生了盐渍化,或者增强了土壤原有盐渍化程度的现代积盐过程。

只要是耕地表现出一定盐化现象,我国农业部门就调绘为盐碱耕地,林业(草原)部门就调绘为盐化耕地,并不区分是开垦盐碱土(盐碱地)形成的,还是次生盐渍化形成的。但也会存在着没有实测现实耕地土壤的盐分含量,只是将原先图上为盐碱土(盐碱地)但今天为耕地的称为盐碱耕地的情况。这就是有些报告称我国盐碱耕地增加的原因。本书作者之所以有这样的判断,是因为中国半湿润地区的黄淮海平原排水体系在20世纪80年代以前基本都健全了,地下水位在一直下降,土壤处于脱盐过程,不可能还会有盐碱耕地增加的情况。若要开垦干旱半干旱地区的盐碱地,在开垦前应建设完善的排水灌溉系统,这有助于土壤的洗盐、脱盐过程,这样才能避免盐碱耕地的增加。

4. 土壤污染

土壤污染与(已被)污染的土壤不是一个概念。土壤污染应该是指由于现代人类干扰使没有污染物的土壤有了污染物,或者是这些污染物含量增加了,是一个过程概念。污染土壤是指污染物达到一定含量的土壤。

已被污染的土壤就是指土壤中某些有害化学物质超过了环境标准。如果人类和动物食用了在这种土壤上种植的作物,有损健康,或引起疾病甚至死亡。无论土壤中这种有害化学物质的超标是自然界本身就有的,还是因为人为活动引起的,这种土壤必须进行治理才能够种植作物,生产安全食品。但是国家制定的《土壤环境质量农用地土壤污染风险管控标准》(GB 15618—2018),并没有将污染物含量与食物是否安全建立一个定量关系,只是说其有可能对生产的食物安全产生影响。

土壤污染调查评价是对调查检测点土样进行化验,得到一个污染物数值,并根据这个测定值,按照国家制定的《土壤环境质量农用地土壤污染风险管控标准》(GB 15618—2018)判断其是否为污染土壤,污染土壤再根据污染物含量分类为不同的污染等级。如果没有调查监测以前的土壤污染物数值,那么调查评价并不能判断该样点的土壤是否为现代污染的,也不能判断这个点的土壤污染是否加重了。这种情况下就不能判断土壤污染是自然土壤本身就有的,还是现代外来污染物污染的。过去的调查采样点因为没有GPS定位,其调查的结果也就只能反映样点的污染物数值,无法判断其是先天的,还是后天的。无论是原环境保护部和原国土资源部公布的全国土壤污染状况调查公报,还是原国家地质调查局公布的“中国耕地地球化学调查报告”,都是只能反映调查样点的一个数值。

### 6.1.2 耕地退化成因

耕地退化的原因首先是开垦了不适宜耕种的土地，这些耕地处于生态脆弱区，本身就有发生退化的自然环境条件，再加上开垦以后防治退化的工程建设做得不够和耕作管理方式不适当，加剧了退化。

1. 开垦了不适宜耕种的土地

首先是开垦了山区的坡地。水向低处流是自然规律，坡地先天就有水土流失的条件。坡度越大，在重力作用下径流形成的势能就越大，侵蚀力就越强。据多个径流小区试验，无论是在东南湿润红壤区的径流小区，还是北方半干旱黑土区的径流小区，试验结果都证明了在一定坡度范围内土壤侵蚀量与坡度呈正相关；而且在25°～29°存在一个临界坡度，即存在一个侵蚀量陡然增加的拐点（表6-1；张洪江，2008；陈明华等，1995；刘松波等，2009）。因此，我国法律规定不容许在＞25°坡度上开垦耕地。但第二次土地调查结果是，我国在＞25°的地形上有耕地8000多万亩；这样的陡坡耕地应该退耕还林还草。

坡长对水土流失的影响也很大。坡长指的是从地表径流的起点到坡度降低到足以发生沉积的位置间的距离。坡面径流在坡面上形成加速度，径流向下速度越来越快，冲击力越来越大。当其他条件相同时，水力侵蚀强度由坡长决定，坡面越长，侵蚀力就越强。我国有很多坡耕地的坡长很长，造成的水土流失严重。因此，不但坡度大的地方，开垦耕地要修建梯田，防止水土流失，坡度小的地方也有必要修梯田，截短坡长，防止水土流失。

**表6-1　坡度与侵蚀的关系**

| 地点 | 坡度 | 侵蚀量/($t/hm^2$) |
|---|---|---|
| 天水站 | 4°10′ | 5.70 |
| | 7°30′ | 15.18 |
| | 14°09′ | 15.67 |
| | 17°30′ | 27.32 |
| 绥德站 | 10° | 102.14 |
| | 28°52′ | 201.46 |
| 福州径流小区观测 | 5° | 17.37 |
| | 12° | 19.40 |
| | 20° | 39.12 |
| | 25° | 43.75 |
| 安溪径流小区观测 | 10° | 157.89 |
| | 14° | 201.00 |
| | 18° | 208.63 |
| | 22° | 218.20 |
| | 26° | 291.98 |
| 尤溪径流小区观测 | 8° | 5.28 |
| | 19° | 8.96 |
| | 24° | 20.65 |

第二是开垦了半干旱半湿润地区的土地。开垦干旱区的土地，其耕地退化的可能性反而比开垦半干旱半湿润地区的土地小。因为，干旱区没有灌溉就没有农业，开垦出来的耕地都会常年灌溉耕种，基本没有闲置的年份。半干旱半湿润地区，尤其是半干旱地区，是温带大陆性季风气候，降水的年季变化大，年内各月的变化也大，旱年和春旱经常发生。可是，半干旱半湿润区也有雨热同期的特点，在气候正常年份一般都可获得一定收成，遇到雨水偏多的年份，更可以“大囤满了小囤流”，所以农民“开荒”种地的积极性很高。但这个地区开垦的耕地大多是旱地，当遇到旱年和春旱无法播种时就有“被动休耕”发生，即耕地春天没有耕种或全年撂荒，没有植被（包括作物）覆盖，在春冬季大风作用下，土壤风蚀强烈，细土粒被风刮走，导致土壤质地变粗，土壤结构破坏，肥力下降，生产能力降低。因此，半干旱半湿润地区的旱地很容易发生风蚀沙化。

第三是开垦了沙质土壤的土地。沙质土壤没有结构，抗蚀性差，开垦后，土壤失去植被保护，很容易发生风蚀和水蚀。

第四是开垦了盐碱地。盐碱地本身有积盐的地学条件，即使开垦后通过水利改良淋洗掉盐分，但其干旱、半干旱、半湿润的气候和低洼地形条件并没有从根本上改变，因此，如果开垦改良后，种植过程中水盐调控不好，就会返盐。特别是开垦时不以水定地，导致开发后没有充足的灌溉水，耕地得不到持续的灌溉淡水淋洗盐分，造成次生盐渍化（返盐）。

第五是开垦了本身重金属地质背景值高的土地。也就是说，这些耕地土壤中的重金属不是开垦后外来物质污染的，而是其自然土壤就有的。

2. 利用不当

在山区，如果坡耕地没有修建梯田等水土保持工程，也没有采取秸秆留茬、秸秆覆盖等保护性耕作措施，就会发生水土流失导致耕地退化。

在半干旱半湿润地区，缺少防护林工程，无论是灌溉耕地还是旱地，都有风蚀沙化风险。特别是那些没有灌溉系统的旱地，当遇到干旱缺水发生撂荒时，即使有防护林工程的地区，如果不采取秸秆留茬、秸秆覆盖等保护性耕作措施，也会发生风蚀沙化，况且北方旱作地区耕地主要分布在半干旱半湿润沙质土壤区。

对于开垦的沙质土壤耕地，没有修建防风固沙防护林工程，又缺乏保护性耕作措施，则易发生水土流失。

对于开垦的盐碱地或干旱半干旱区的滩涂沼泽湿地，排水体系不健全或大水漫灌，易造成地下水位抬高，在蒸发量大于降水量的情况下，如果地面水和地下水矿化度高，就很可能返盐（次生盐渍化）。

而对本来非污染耕地的污染，则完全是利用不当的问题。当然，有可能是区域大环境造成的，如大气降尘带来的污染，并非与耕种者有关。

## 6.2 水土流失耕地现状及其防治措施

### 6.2.1 水土流失状况

我国是世界上水土流失最严重的国家之一，这主要是由我国特殊自然地理条件和过度开垦坡地造成的，本书第3章关于我国坡耕地面积和山区县的垦殖率就说明了这一点。大陆性季风气候的高强度集中降雨使得降水来不及渗透到土壤中，形成地表径流，这是我国多数地区发生水土流失的主要原因。部分土层较薄、土壤持水能力较差的地区这种现象更为明显。要避免这种情况，必须采用科学、合理的水土保持措施。

水利部于2010—2012年开展了第一次全国水利普查，2013年水利部公布的《第一次全国水利普查公报》①显示，全国水土流失面积占普查范围总面积的31.12%。按侵蚀类型划分，包括水力侵蚀（129.32万 $km^2$）和风力侵蚀（165.59万 $km^2$）。按侵蚀强度分，轻度侵蚀138.36万 $km^2$、中度56.88万 $km^2$、强烈38.69万 $km^2$、极强烈29.67万 $km^2$ 和剧烈31.31万 $km^2$；其中，水力侵蚀占总侵蚀面积的43.85%，按侵蚀强度分，轻度66.76万 $km^2$，中度35.14万 $km^2$，强烈16.87万 $km^2$，极强烈7.63万 $km^2$，剧烈2.92万 $km^2$。总体上，水土流失以轻中度侵蚀为主，其中轻度和中度水力侵蚀面积占水力侵蚀总面积的78.80%。水蚀主要集中在蒙、滇、川、陕、晋、甘、黔、黑等省（自治区），风蚀主要集中在西部的新、蒙、青、甘、藏等省（自治区）。

2018年全国水土流失动态监测首次实现全国卫星遥感监测的全覆盖（不含港、澳、台地区），结果②显示2018年全国水土流失面积273.69万 $km^2$，占监测范围的28.61%，其中，水力侵蚀、风力侵蚀面积分别为115.09万 $km^2$、158.60万 $km^2$，分别占水土流失总面积的42.05%、57.95%。按侵蚀强度分，轻度、中度、强烈、极强烈、剧烈侵蚀面积分别为168.25万 $km^2$、46.99万 $km^2$、21.03万 $km^2$、16.74万 $km^2$、20.68万 $km^2$，分别占全国水土流失总面积的61.48%、17.17%、7.68%、6.11%、7.56%。全国水土流失呈现出以轻度和中度侵蚀为主体、面积大分布广、风力侵蚀面积大于水力侵蚀面积的总体特征。

与全国第一次水利普查结果相比，到2018年我国水土流失面积减少了21.23万 $km^2$，我国水土流失总体状况得到较大改善，但流失面积仍超过国土面积的1/4，面积大、分布广。

按照东中西三大分区（表6-2），东部地区以水力侵蚀为主，西部地区以风力侵蚀为主，中部地区基本与东部地区类似，也是以水力侵蚀为主。从水土流失面积占全国水土流失面积看，西部为主。因为，西部不仅风力强劲，风蚀严重，同时西部也是大江大河的源头，即山区也基本在西部，坡面径流造成的水力侵蚀强烈。

### 6.2.2 耕地水土流失状况

最早的关于耕地的水土流失情况的数据源自20世纪80年代的第二次土壤普查资料。据全国第二次土壤普查资料，我国耕地水土流失面积达4541万 $hm^2$，占全国耕地普查面积的34.26%，这一数字与全国坡度>8°的坡耕地面积相仿。其实，全国耕地的水土流失也主要发生在坡度大于8°的坡耕地上。其中，水土流失最为严重的地区是黄土高原区和西南高原山区，耕地水土流失面积分别达1128万 $hm^2$ 和1017万 $hm^2$，分别占全国耕地水土流失总面积的24.85%和22.39%。其次是东北区和华北区，耕地水土流失面积分别达800万 $hm^2$ 和700

① 中华人民共和国水利部，中华人民共和国国家统计局．第一次全国水利普查公报[M]．北京：中国水利水电出版社，2013.03. http://www.mwr.gov.cn/sj/tjgb/dycqgslpcgb/201701/t20170122_790650.html.

② 中华人民共和国水利部．2018年中国水土保持公报[R]，2018. http://www.mwr.gov.cn/sj/tjgb/zgstbcgb/201908/t20190820_1353674.html.

表 6-2　2018 年全国水土流失分布情况

| 地区 | 省份 | 水土流失面积/万 $km^2$ | 占全国水土流失总面积比例/% | 占区域土地总面积比例/% | 水力侵蚀面积/万 $km^2$ | 占区域水土流失面积比例/% | 风力侵蚀面积/万 $km^2$ | 占区域水土流失面积比例/% |
|---|---|---|---|---|---|---|---|---|
| 东部地区 | 北京、天津、河北、辽宁、上海、江苏、浙江、福建、山东、广东和海南 | 14.66 | 5.36 | 13.56 | 14.03 | 95.70 | 0.63 | 4.30 |
| 中部地区 | 山西、吉林、黑龙江、安徽、江西、河南、湖北、湖南 | 30.04 | 10.97 | 18.01 | 27.84 | 92.68 | 2.20 | 7.32 |
| 西部地区 | 四川、重庆、贵州、云南、西藏、陕西、甘肃、青海、宁夏、新疆、广西、内蒙古 | 228.99 | 83.67 | 33.30 | 73.22 | 31.98 | 155.78 | 68.03 |

数据来源：中华人民共和国水利部．2018 年中国水土保持公报，2018

万 $hm^2$，分别占全国耕地水土流失总面积的 17.61%和 15.41%。耕地水土流失面积占本区耕地总面积的比重，仍是黄土高原区和西南高原山区最高，分别为 71.30%和 52.53%。其次是东北区和华北区，分别为 37.36%和 26.85%。本应山清水秀的长江中下游区和华南区，耕地水土流失面积也分别达 462 万 $hm^2$ 和 212 万 $hm^2$，分别占全国耕地水土流失总面积的 10.18%和 4.68%，占本区耕地总面积的 17.75%和 21.97%。青藏高原耕地总面积小，而且是河谷农业，耕地水土流失面积占全国耕地水土流失总面积的 0.42%，但却占了本区耕地总面积的 19.75%（全国土壤普查办公室，1988，1997）。

水利部 2013 年的水利普查公报和 2018 年的水土保持公报，均没有公布专门的水土流失耕地面积，但在水利部等七部门联合印发的《全国水土保持规划（2015—2030 年）》中可见一斑（表 6-3）。因为耕地不似林地和草地有常年植被保护，在收割后到下次作物封垄前，很容易遭到侵蚀，发生水土流失。因此，水利部的水土保持规划中位于水土保持区内的耕地是有水土流失风险的耕地，特别是坡耕地。即使缓坡耕地水土流失量小，也会有水土流失。但缓坡耕地如果采取保护性耕种措施，就可能不会造成耕地退化。所以，可以认为表 6-3 中的坡耕地面积，包括缓坡耕地面积，就是水土流失耕地面积。

目前，还存在一些涉及耕地水土流失的区域性或专项调查。如水利部松辽水利委员会对乌裕尔河、讷谟尔河流域（总面积 3.89 万 $km^2$）的侵蚀沟调查结果表明：1965—2005 年的 40 年间，两条流域侵蚀沟吞食耕地达 82.43 $km^2$，吞食速度为 2.05 $km^2/a$，2005 年比 1965 年侵蚀沟面积增长超过 5 倍，增加的侵蚀沟 83%发生在坡耕地上（张锋，2020）。据黑龙江省水利部门统计，该省水土流失面积 1344.9 万 $hm^2$，占全省土地总面积的 30%，其中耕地水土流失面积 298.5 万 $hm^2$，占全省耕地面积的 25.2%（杨瑞珍等，2014）。根据第二次全国土地调查数据，东北典型黑土区耕地面积约 2.78 亿亩，由于顺坡向耕作且缺少必要的水土保持措施，表层土

**表 6-3 水土保持分区及其水土流失情况**

| 水土保持分区 | 省份 | 土地面积/万 $km^2$ | 水土流失面积/万 $km^2$ | 耕地面积/万 $km^2$ | 坡耕地面积/万 $km^2$ | 缓坡耕地面积/万 $km^2$ | 水土流失 | |
|---|---|---|---|---|---|---|---|---|
| | | | | | | | 主要类型 | 主要特征 |
| 东北黑土区(东北山地丘陵区) | 内蒙古、辽宁、吉林和黑龙江 | 109 | 25.3 | 2892.3 | 230.9 | 356.3 | 以水力侵蚀为主,间有风力侵蚀,北部有冻融侵蚀 | 区域垦殖率高,缓坡耕地多,侵蚀沟切割,黑土流失严重,影响机械化耕作和粮食生产 |
| 北方风沙区(新甘蒙高原盆地区) | 河北、内蒙古、甘肃和新疆 | 239 | 142.6 | 754.4 | 20.5 | — | 以风力侵蚀为主,局部地区风蚀和水蚀并存 | 区域降雨稀少,植被覆盖率低,草场退化沙化,绿洲边缘风沙危害严重,生态脆弱 |
| 北方土石山区(北方山地丘陵区) | 北京、天津、河北、山西、内蒙古、辽宁、江苏、安徽、山东和河南 | 81 | 19.0 | 3229.0 | 192.4 | — | 以水力侵蚀为主,部分地区间有风力侵蚀 | 区域多低山丘陵,植被稀少,水土流失严重 |
| 西北黄土高原区 | 山西、内蒙古、陕西、甘肃、青海和宁夏 | 56 | 23.5 | 1268.8 | 452.0 | — | 以水力侵蚀为主,北部地区水蚀和风蚀交错 | 区域地形破碎,坡陡沟深,水土流失严重,林草覆盖率低,局部地区风蚀危害大 |
| 南方红壤区(南方山地丘陵区) | 上海、江苏、浙江、安徽、福建、江西、河南、湖北、湖南、广东、广西和海南 | 124 | 16.0 | 2823.4 | 178.3 | — | 以水力侵蚀为主,局部地区崩岗发育,滨海环湖地带兼有风力侵蚀 | 区域以低山丘陵为主,岩石风化严重,土层瘠薄,降雨量大且集中,陡坡垦殖及农林开发强度大,局部崩岗、石漠化严重,水土流失问题突出 |

续表 6-3

| 水土保持分区 | 省份 | 土地面积/万 $km^2$ | 水土流失面积/万 km | 耕地面积/万 $km^2$ | 坡耕地面积/万 $km^2$ | 缓坡耕地面积/万 $km^2$ | 水土流失 | |
|---|---|---|---|---|---|---|---|---|
| | | | | | | | 主要类型 | 主要特征 |
| 西南紫色土区(四川盆地及周围山地丘陵区) | 河南、湖北、湖南、重庆、四川、陕西和甘肃 | 51 | 16.2 | 1137.8 | 622.1 | — | 以水力侵蚀为主,局部地区滑坡、泥石流等山地灾害频发 | 区域以中低山丘陵为主,降水量大且集中,紫色土风化强烈,人口稠密,耕垦率高,面蚀和沟蚀严重,局部石漠化发育 |
| 西南岩溶区 | 四川、贵州、云南和广西 | 70 | 20.4 | 1327.8 | 722.0 | — | 以水力侵蚀为主,局部地区存在滑坡、泥石流 | 区域以山地为主,沟深坡陡,石漠化发育,耕地资源短缺,工程性缺水问题突出,水土流失严重,局部山洪泥石流灾害频发 |
| 青藏高原区 | 西藏、青海、甘肃、四川和云南 | 219 | 31.9 | 104.9 | 34.3 | — | 冻融、水力、风力侵蚀均有分布 | 区域河谷地带农田多,村镇相对密集,山坡多为灌草地,存在土地沙化现象,沟道山洪泥石流危害大 |

数据来源①:中华人民共和国水利部. 全国水土保持规划(2015—2030 年),2015

① 中华人民共和国水利部. 全国水土保持规划(2015—2030 年),2015. http://www.swcc.org.cn/sbgh/2016-01-04/57620.html.

壤容易被冲刷，加上黑土翻耕地表缺乏覆盖，冬春季节在大风作用下，细土容易被风蚀吹走。耕层土壤长期遭受水蚀风蚀作用，造成黑土层变薄，甚至“破皮黄”（中国农用地质量发展研究报告，2016）。水利部松辽水利委员会的数据显示，目前东北黑土区坡耕地黑土层厚度已由开垦初期平均 80～100 cm 下降到了 20～40 cm，并以每年 0.3～1 cm 的侵蚀速率消失，如不及时治理，40～50 年后大部分黑土层将流失殆尽（闫巍，2011）。2015 年，水利部水土保持司司长刘震曾公开表示[①]，因水土流失，全国年均每年损失耕地 100 万亩，黄土高原严重区每年流失表土 1 cm 以上。

### 6.2.3 耕地水土流失防治措施

对于自然禀赋差或生态脆弱区的耕地，即本来不适宜耕种，但在“以粮为纲”年代为“吃饱肚子”而开垦的土地，现在水土流失严重，可能最有效的防治措施就是退耕，因为这属于“天生不足”的耕地。如坡度大于 25°地形上的坡耕地，甚至处于坡度大于 25°地形上的梯田也要退耕。坡度 15°～25°地形上的梯田可以保留，但要采取工程措施，如坡改梯。对于半干旱区的“不稳定耕地”，即水蚀风蚀交错区（如北方农牧交错区），潜在水土流失严重，也应是退耕的重点对象。当然，退耕要在耕地数量、质量、生态“三位一体”保护的要求下，通过农业适宜性评价，全面规划、统筹安排。

由于我国幅员辽阔，不同地区水土流失特点差异较大，应根据自然条件和耕地现状，针对性地设计和建设水土流失防治工程。但也并非所有耕地都要实施水保工程，更重要的是对所有耕地采取保护性耕作。如对于漫岗地的黑土耕地，可能没必要平整土地、修筑梯田，因为其坡度很和缓，而且秋收后土壤水分较好，冬天土壤有冻结，土壤质地黏重，抗风蚀性强，采取等高耕作和秸秆覆盖保护性耕作，就可以有效防止水土流失。而对于黄土丘陵区的耕地，因为其坡度很大，则需要通过修筑梯田等措施来防治水土流失。半干旱半湿润地区的沙性耕地，应建设农田防护林工程，削减风力，但不应搞大型土地平整工程，因为平整土地的目的是为了地面灌溉，但沙土渗透率非常高，即使大雨后沙丘坡面都不会出现径流，地面灌溉水头移动缓慢，大量渗漏，因此，沙土地只能采取滴灌喷灌方式（张凤荣等，2021）。

## 6.3 沙化耕地现状及其防治措施

### 6.3.1 荒漠化、沙化土地状况

第五次全国荒漠化和沙化监测结果[②]显示，截至 2014 年，全国荒漠化土地面积为 261.16 万 $km^2$，占国土面积的 27.20%；沙化土地总面积为 172.12 万 $km^2$，占国土总面积的 17.93%，

---

① 赵永平．我国首部国家级水土保持规划批复 今后水土流失怎么防治（政策解读）[J]．人民日报，2015-11-01(02版)．http://www.mwr.gov.cn/ztpd/2016ztbd/stbcf5zn/mtbd/201602/t20160224_734377.html.

② 国家林业局．第五次中国荒漠化和沙化状况公报，2015．http://www.forestry.gov.cn/main/69/content-831684.html.

分布在除上海、台湾及香港和澳门外的30个省(自治区、直辖市)的920个县(旗、区)。与第四次监测相比,2009—2014年间荒漠化土地减少了121.20万 $hm^2$,沙化土地减少了99.02万 $hm^2$。

我国的荒漠化和沙化土地主要分布在新疆、内蒙古、西藏、甘肃、青海5个省(自治区)。第五次全国荒漠化和沙化监测(2014年)资料显示,5个省(自治区)的荒漠化土地面积和沙化土地面积分别占全国的95.64%和93.95%,5个省(自治区)的沙化面积分别为74.71万 $km^2$、40.79万 $km^2$、21.58万 $km^2$、12.46万 $km^2$、12.17万 $km^2$。新疆和内蒙古是我国沙漠分布的主要省份,其中新疆分布有塔克拉玛干沙漠、古尔班通古特沙漠和库姆塔格沙漠,内蒙古分布有巴丹吉林沙漠、腾格里沙漠、库布齐沙漠、乌兰布和沙漠。而河套平原以东的半干旱区(年均降水量200～400 mm)分布有我国的四大沙地——科尔沁沙地、毛乌素沙地、浑善达克沙地、呼伦贝尔沙地,该地区也是北方旱作地区沙化耕地主要分布区域。

由于退耕还林还草、"三北"防护林、京津风沙源治理等生态工程的实施,我国沙化土地面积已连续3个监测期实现减少(表6-4)。除固定沙丘和沙化耕地面积在增加之外,其他类型沙化面积均在减少。2004—2014年戈壁面积呈先下降后上升趋势,年均减少0.011万 $km^2$,广泛分布于新疆的北部、甘肃的西部、内蒙古的西部地区;流动沙丘共减少1.27万 $km^2$,年均减少0.127万 $km^2$,主要分布在新疆的中部、内蒙古的西部、青海的西北部地区;固定沙丘增加了1.87万 $km^2$,年均增加0.187万 $km^2$,集中分布于内蒙古的中部地区;半固定沙丘共减少1.45万 $km^2$,年均减少0.145万 $km^2$;露沙地共减少1.01万 $km^2$,年均减少0.101万 $km^2$。风蚀劣地在2004—2009年减少了0.91万 $km^2$,2009—2014年增加了0.81万 $km^2$;2004—2014年沙化耕地增加了0.22万 $km^2$,年均增加0.022万 $km^2$。固定沙丘的增加主要是在半固定沙丘甚至是流动沙丘植树造林或封育的结果。沙化耕地的增加主要是开垦了沙地或其他沙质地表的土地,包括草地和林地。

**表6-4 全国各类型沙化土地的面积及变化(2004—2014年)** 万 $km^2$

| 年份 | 戈壁 | 流动沙地(丘) | 固定沙地(丘) | 半固定沙地(丘) | 露沙地 | 风蚀劣地(残丘) | 沙化耕地 |
|---|---|---|---|---|---|---|---|
| 2004 | 66.23 | 41.16 | 27.47 | 17.38 | 10.11 | 6.48 | 4.63 |
| 2009 | 66.08 | 40.61 | 27.79 | 17.72 | 9.97 | 5.57 | 4.46 |
| 2014 | 66.12 | 39.89 | 29.34 | 16.43 | 9.10 | 6.38 | 4.85 |
| 年均增加量 | −0.011 | −0.127 | 0.187 | −0.145 | −0.101 | −0.010 | 0.022 |

数据来源:国家林业局. 第三、四、五次全国荒漠化和沙化状况公报

第五次全国荒漠化和沙化监测结果显示,截至2014年,全国沙化土地中,流动沙地占全国沙化土地总面积的23.17%,半固定沙地占9.55%,固定沙地(丘)占17.05%,露沙地占5.29%,沙化耕地占2.82%,风蚀劣地(残丘)占3.71%,戈壁面积占38.41%,非生物治沙工程面积89 $km^2$,占0.01%。

在这些沙化土地中,其实最为危险的是半固定沙地(丘)、固定沙地(丘)以及沙化耕地,要防止它们变为流动沙地。

表 6-5 5 次全国沙化土地监测结果

| 面积 | 第一次（1994 年） | 第二次（1999 年） | 第三次（2004 年） | 第四次（2009 年） | 第五次（2014 年） |
|---|---|---|---|---|---|
| 沙化土地面积/万 $km^2$ | 168.89 | 174.31 | 173.97 | 173.11 | 172.12 |
| 占国土面积/% | 18.01 | 18.2 | 18.12 | 18.03 | 17.93 |
| 具有明显沙化趋势的土地/万 $km^2$ | — | — | 31.86 | 31.10 | 30.03 |
| 具有明显沙化趋势的耕地/万 $km^2$ | — | — | 7.33(23%) | — | — |

数据来源：国家林业局. 第一、二、三、四、五次全国荒漠化和沙化状况公报

第五次全国荒漠化和沙化监测结果显示，截至 2014 年全国还有 30.03 万 $km^2$ 具有明显沙化趋势的土地[①]，占国土总面积的 3.13%。与全国风力侵蚀主要分布省份一致，具有明显沙化趋势的土地主要分布在内蒙古、新疆、青海、甘肃 4 省（自治区），面积分别为 17.40 万 $km^2$、4.71 万 $km^2$、4.13 万 $km^2$、1.78 万 $km^2$，其面积占全国具有明显沙化趋势的土地面积的 93.3%。尤其是内蒙古具有明显沙化趋势的土地面积占到全国的 57.94%（图 6-2）。

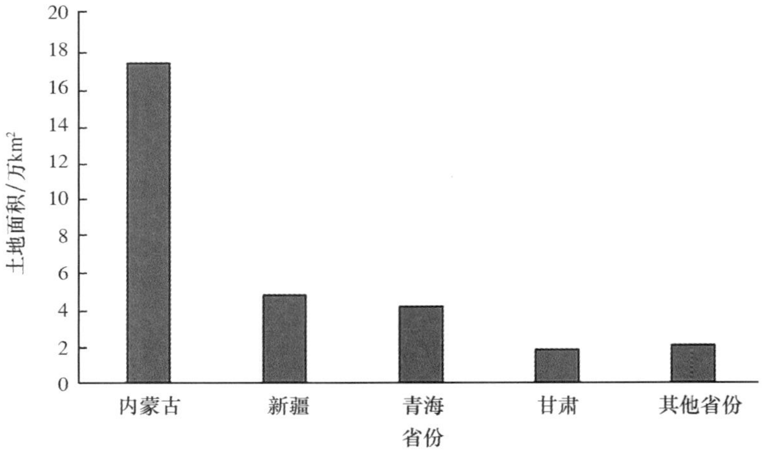


图 6-2 具有明显沙化趋势的土地面积分布

第五次全国荒漠化和沙化监测结果显示，截至 2014 年我国轻度沙化面积 26.11 万 $km^2$，占全国沙化土地总面积的 15.17%；中度沙化面积 25.36 万 $km^2$，占 14.74%；重度沙化面积 33.35 万 $km^2$，占 19.38%；极重度沙化面积 87.29 万 $km^2$，占 50.71%。2009—2014 年全国不同沙化程度土地面积及变化情况表明，轻度、中度、重度沙化土地面积都有不同程度的上升，只有极重度沙化土地面积有所下降（表 6-6），沙化程度减轻的地区主要分布在新疆维吾尔自治区北部、内蒙古自治区东北部和黄土高原西北部等。极重度沙化逐渐向重度、中度沙化发展，中度沙化向轻度沙化发展，因此极重度沙化土地面积减少，而重度、中度、轻度沙化土地面积增加。其中，极重度沙化土地面积共减少 7.48 万 $km^2$，年均减少 1.496 万 $km^2$；重度沙化土地面积共增加 1.89 万 $km^2$，年均增加 0.378 万 $km^2$；中度沙化土地面积共增加 0.41 万 $km^2$，年均

① 具有明显沙化趋势的土地，主要是指由于土地过度利用或水资源匮乏等原因造成的临界于沙化与非沙化土地之间的一种退化土地，虽然目前还不是沙化土地，但已具有明显的沙化趋势。如果保护利用不当，极易成为新的沙化土地。

增加 0.082 万 $km^2$；轻度沙化土地面积共增加 4.19 万 $km^2$，年均增加 0.838 万 $km^2$。这说明我国沙漠化和沙化土地防治工作成效显著。

表 6-6　全国不同沙化程度土地面积及动态(2009—2014 年)　万 $km^2$

| 时间 | 轻度沙化 | 中度沙化 | 重度沙化 | 极重度沙化 |
|---|---|---|---|---|
| 2009 | 21.92 | 24.95 | 31.46 | 94.77 |
| 2014 | 26.11 | 25.36 | 33.35 | 87.29 |
| 年均增加量 | 0.838 | 0.082 | 0.378 | −1.496 |

数据来源：国家林业局．第四、五次全国荒漠化和沙化状况公报

### 6.3.2　沙化耕地状况

第五次全国荒漠化和沙化监测资料显示，我国沙化土地面积达 172.12 万 $km^2$，占全国土地总面积的 17.88%。其中，西部地区是沙化土地分布最广的地区，其沙化土地面积达 165.27 万 $km^2$，占全国沙化土地总面积的 96.02%；东部地区和中部地区沙化土地分布面积较小，分别为 4.01 万 $km^2$ 和 2.84 万 $km^2$。从沙化耕地分布来看，我国沙化耕地总面积为 4.85 万 $km^2$，占全国沙化土地总面积的 2.82%，其中西部地区、中部地区、东部地区沙化耕地面积分别为 2.26 万 $km^2$、1.27 万 $km^2$、1.32 万 $km^2$(国家统计局，2018)(表 6-7)。

而第五次全国荒漠化和沙化监测资料显示，全国沙化耕地 4.85 万 $km^2$，面积明显扩大。沙化耕地的增加主要原因是开垦了半干旱半湿润地区的沙质草地、林地和沙地，第五次全国荒漠化和沙化监测结果显示，由于近年来沙区开垦，导致我国沙区耕地、沙化耕地面积不断扩大(表 6-8)。

表 6-7　全国沙化土地和沙化耕地分布状况

| 地区 | 省份 | 沙化土地 | | | 沙化耕地 | |
|---|---|---|---|---|---|---|
| | | 面积/万 $km^2$ | 占全国沙化土地总面积比例/% | 占区域国土总面积比例/% | 面积/万 $km^2$ | 占区域沙化土地面积比例/% |
| 东部地区 | 北京、天津、河北、辽宁、上海、江苏、浙江、福建、山东、广东和海南 | 4.01 | 2.33 | 3.71 | 2.26 | 56.36 |
| 中部地区 | 山西、吉林、黑龙江、安徽、江西、河南、湖北、湖南 | 2.84 | 1.65 | 1.70 | 1.27 | 44.72 |
| 西部地区 | 四川、重庆、贵州、云南、西藏、山西、甘肃、青海、宁夏、新疆、广西、内蒙古 | 165.27 | 96.02 | 24.03 | 1.32 | 0.80 |
| 31 个省(自治区、直辖市) | | 172.12 | 100.00 | 17.88 | 4.85 | 2.82 |

数据来源①：国家林业局．第五次全国荒漠化和沙化监测资料

① 国家统计局，环境保护部．2017 中国环境统计年鉴[M]．北京：中国统计出版社，2018.

全国沙化耕地监测结果见表 6-8。

**表 6-8 5 次全国沙化耕地监测结果**

| 面积 | 第一次（1994 年） | 第二次（1999 年） | 第三次（2004 年） | 第四次（2009 年） | 第五次（2014 年） |
|---|---|---|---|---|---|
| 沙化耕地面积/万 $km^2$ | — | 4.63 | 4.63 | 4.46 | 4.85 |
| 沙化耕地占沙化土地比例/% | — | 2.65 | 2.66 | 2.58 | 2.82 |

数据来源：第一、二、三、四、五次全国荒漠化和沙化状况公报

通过第四、第五次全国荒漠化和沙化监测数据，得到 2009—2014 年不同地区沙化耕地面积比例变化（图 6-3），31 个省份中沙化耕地面积比例扩大超过 100% 的省份集中分布在内蒙古、陕西、青海、新疆等西北地区。此外，有研究显示，近 35 年来中国北方沙漠化发展和逆转的区域主要在半干旱地区的农牧交错带（王涛，2011）。

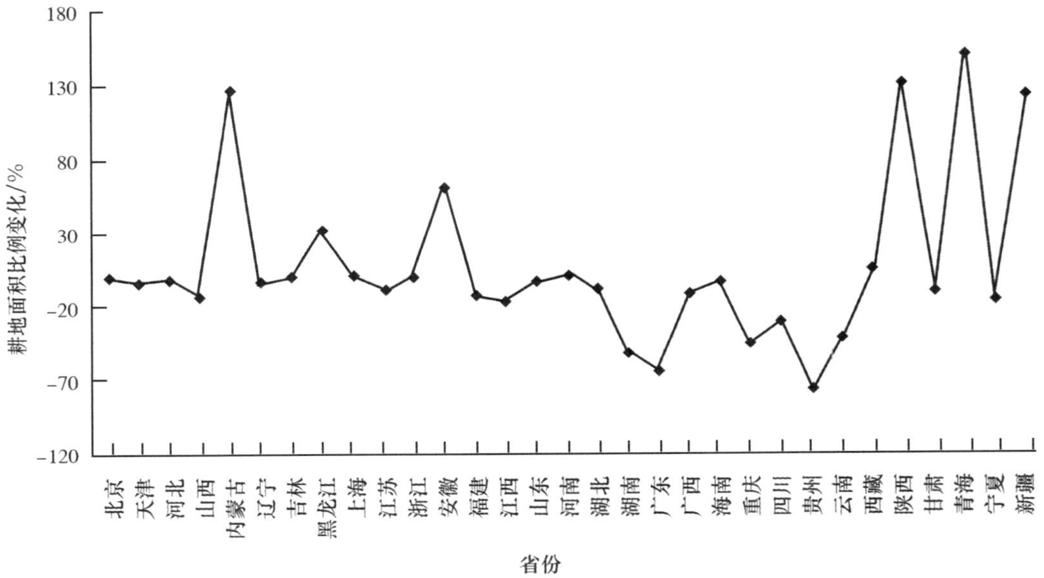


**图 6-3 2009—2014 年不同地区沙化耕地面积比例变化**

数据来源：第四次（2009 年）①、第五次（2014 年）②全国荒漠化和沙化监测资料

## 6.3.3 沙化耕地防治措施

我国沙化耕地主要分布于干旱、半干旱的北方地区和部分半湿润的南方丘陵山区。从沙化耕地分布的区域差异和发生发展特点来看，我国沙化耕地可大致概括为 3 种类型，即北方旱作地区沙化耕地、北方灌溉绿洲沙化耕地和南方丘陵山区沙化坡耕地。

在干旱区，没有灌溉就没有农业，因此位于干旱区的耕地一般都是水浇地。水浇地有灌溉保障，能够满足作物生长对水分的基本要求，可以说是高产稳产田，每年都在种植，而且都有完

① 国家统计局，环境保护部．2011 中国环境统计年鉴[M]．北京：中国统计出版社，2011.

② 国家统计局，环境保护部．2017 中国环境统计年鉴[M]．北京：中国统计出版社，2018.

善的区域和农田防护林体系，只要采取保护性耕作，无须过度担心其沙化问题。南方丘陵山区沙化坡耕地，一般发生在花岗岩山区，陡坡耕作造成水土流失，只要修筑梯田，也无须过度担心其引发的耕地退化问题。

最需防护的是北方旱作地区（半干旱半湿润地区）的耕地，由于没有灌溉条件，也没有地下水补给，耕种具有一定的不稳定性，经常发生"撂荒"或弃耕。耕地撂荒或弃耕发生土壤沙化的风险极高。位于我国北方半干旱地区的旱耕地，是我国沙漠化最严重的地区，也是北方风沙源地，必须得到有效治理，但又不能简单地以退耕还林还草的方式处置，因为沙化耕地在我国商品粮生产方面占据重要地位，而且也是当地农民的生存依赖。

由于不同区域自然禀赋条件差异较大，耕地沙化防治应遵循生态系统内在的机理和规律，坚持尊重自然、顺应自然、保护自然的生态文明理念，根据耕地所处的自然环境条件，以稳定格局和保护生态相结合的治理方法进行分类施策，达到因地制宜的利用和防治目标，最大限度地遏制耕地沙化趋势，保护耕地资源。一是对半干旱半湿润区耕地开展适宜性评价和承载力评价，尤其要对处于半干旱沙区存在潜在沙化风险的耕地进行科学评价，科学规划宜耕沙地范围。对于有河水灌溉的河流川地耕地、处于相对低洼地貌（即沙丘之间的甸地）的耕地，一般有水源补给，即使遇到偏旱年份，作物也能够正常生长，这些耕地也能够实现常年耕种，因此对于这些常年耕种的耕地，只要耕作措施或经营管理得当，就不会产生风蚀沙化。从国家粮食安全战略出发，半干旱区的这些耕地应该保留为耕地用途，也可以对这类宜耕沙地开展保护性开发利用。而对这个地区处于相对高凸地貌（即沙丘）部位上，得不到地下水有效补给，靠天然降水进行农业生产的旱耕地，应该退耕恢复草被，以此为基础重现地阔天低草茂羊肥的草原景观（张凤荣，2019）。二是在耕地利用过程中，因地制宜采取客黏土改良、免耕、秸秆还田覆盖、留茬、覆膜等保护性耕作措施，以及微灌、滴灌、喷灌、水肥一体化等节水灌溉措施，多措并举确保耕地用水需求，减少撂荒和不稳定利用的风险。三是由外到内依次建立防风固沙基干林带、农田防护林网，建立完善的固沙—阻沙—降低风速的立体防护措施，以减轻风沙灾害损失，防治耕地退化。

# 6.4　盐碱化耕地状况及其防治措施

## 6.4.1　盐碱地状况

盐碱土在我国广泛分布，西北、华北、东北及沿海是我国盐碱土的主要分布地区。第二次全国土壤普查资料显示，我国盐碱土面积为 5.2 亿亩，其中盐土 2.4 亿亩，碱土 1299.91 万亩，各类盐化、碱化土壤为 2.7 亿亩，西北、华北、东北地区及沿海是我国盐碱土的主要分布地区。其中，西部 6 省区（陕、甘、宁、青、蒙、新）盐碱土面积占全国的 69.03%（全国土壤普查办公室，1988，1997）。据国家林业局第五次全国荒漠化和沙化监测成果，截至 2014 年，我国盐碱化土地面积为 17.19 万 $km^2$（图 6-4）。

第二次全国土地调查[①]显示，我国盐碱地面积约为 1.82 亿亩，主要分布在新疆、青海和内

① 中华人民共和国国土资源部，国务院第二次全国土地调查领导小组办公室. 第二次全国土地调查——农村土地调查数据集[M]. 北京：地质出版社，2017.

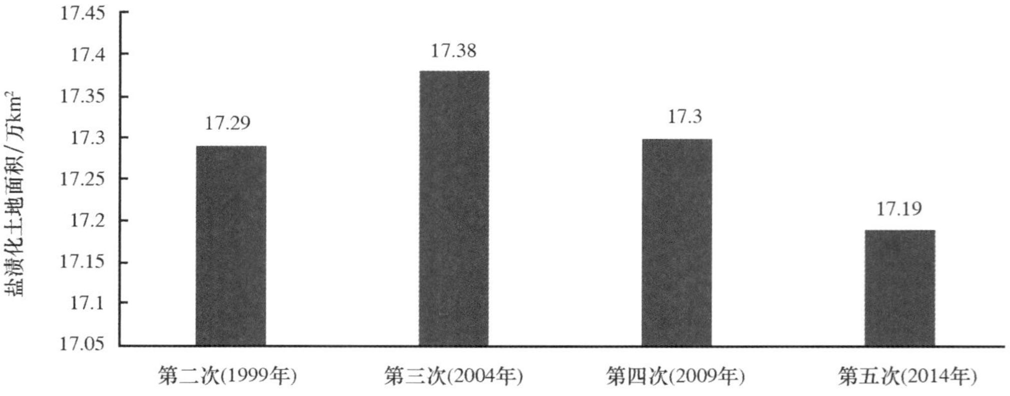


**图 6-4 全国盐渍化土地面积**

数据来源：第二、三、四、五次全国荒漠化和沙化状况公报

蒙古，占比分别为 41.43％、33.01％和 7.91％。这里需要指出的是，土壤普查的盐碱土与土地调查中的盐碱地概念不同。盐碱地是指表层盐碱聚集，生长天然耐盐植物的土地，属于未利用地范畴；而盐碱土是受所处自然地理环境影响，成土过程包括盐化过程或碱化过程，造成土壤中含有可溶性盐类，而且盐分浓度较高，对植物生长直接造成抑制作用或危害的土壤。过去第二次全国土壤普查中的盐碱土，很多可能已经被开垦为了耕地，也有部分盐碱土由于水文等环境条件变化或经水利改良，土壤已脱盐碱化，实际已经不是盐碱土。因此，第二次全国土壤普查中的盐碱土面积肯定大于第二次全国土地调查的盐碱地面积。

### 6.4.2 盐碱耕地状况

第二次全国土壤普查资料显示，我国盐化耕地 8313.28 万亩，碱化耕地 475.64 万亩（全国土壤普查办公室，1997）。

为了贯彻和落实《全国土地利用总体规划纲要（2006—2020 年）》（国发〔2008〕33 号）精神，2011 年，农业部在全国开展了盐碱地治理调查，调查范围涉及 18 个省（自治区、直辖市），具体包括北京、天津、河北、山西、内蒙古、辽宁、吉林、黑龙江、黑龙江农垦总局、上海、江苏、浙江、安徽、山东、陕西、甘肃、青海、宁夏、新疆、新疆生产建设兵团及大连、青岛、宁波等省（自治区、直辖市）和计划单列市，总面积 529.11 万 $km^2$。调查结果显示，可利用盐碱地总面积 29895.9 万亩（以下盐碱地均指可利用盐碱地），其中盐碱耕地 11415 万亩，占盐碱地总面积的 38％；盐碱荒地 18481 万亩，占盐碱地总面积的 62％。与第二次全国土壤普查的盐碱耕地相比，第二次全国土壤普查结束以来，很多盐碱土（地）被开垦为耕地。

这 11415 万亩盐碱耕地，主要分布在新疆、黑龙江、内蒙古、河北、新疆生产建设兵团、吉林和山东，占盐碱耕地总面积的 77％。根据盐碱地分级标准，轻度盐碱耕地、中度盐碱耕地和重度盐碱耕地占盐碱耕地面积的比重分别为 52％、31％和 17％。轻度盐碱耕地主要分布在黑龙江、内蒙古、新疆、河北、山东、吉林和新疆生产建设兵团，占轻度盐碱耕地总面积的 73％；中度盐碱耕地主要分布在新疆、黑龙江、内蒙古、河北、新疆生产建设兵团和吉林，占中度盐碱耕地总面积的 68％；重度盐碱耕地主要分布在新疆、黑龙江、新疆生产建设兵团和内蒙古，占重度盐碱耕地总面积的 70％。

按照盐碱地分布地区的土壤类型、气候条件等环境因素及盐碱地成因，大致可将我国盐碱地或盐碱耕地分为 4 种类型区：滨海盐碱区、黄淮海平原盐碱区、东北松嫩平原盐碱区、西北内陆荒漠及荒漠草原盐碱区（表 6-9）。

**表 6-9　全国盐碱地与盐碱耕地的分布**　万亩

| 区域 | 盐碱地 | 盐碱耕地 |
| --- | --- | --- |
| 滨海盐碱区 | 2231.14 | 1415.14 |
| 黄淮海平原盐碱区 | 1852.61 | 1450.97 |
| 东北平原盐碱区 | 4700.45 | 3200.38 |
| 西北内陆荒漠及荒漠草原盐碱区 | 18987.81 | 4416.68 |
| 其他地区 | 2123.94 | 931.84 |
| 合计 | 29895.95 | 11415.01 |

（1）滨海盐碱区　该区主要分布在浙江、江苏、山东、河北、辽宁等省份的沿海地区，盐碱耕地 1415.14 万亩。因受海潮浸渍或海水倒灌的影响，土壤和地下水含盐较高，盐分组成以氯化物为主。滨海盐碱地开垦改良为耕地，需先筑堤建闸，防止海潮浸渍，修建排水河道和田间排灌工程，做到洪涝分排，排灌分开；然后灌溉淡水淋洗盐分。对不能自流排水入海的河沟，需设置提排设施。

（2）黄淮海平原盐碱区　该区包括淮河以北，燕山以南，东至海滨，西至太行、伏牛山麓的广大平原地区，盐碱耕地面积 1450.97 万亩。受季风气候影响，这一地区年降水量集中在夏季，常造成春旱和夏涝，土壤表现为明显的季节性积盐过程和脱盐过程的更替。本区修建排水体系后，利用雨季降水和春季灌溉淡水洗盐，淋洗盐分不像滨海盐碱地需要提水排水，利用自然坡降可以逐级排水入海。

（3）东北平原盐碱区　该区主要分布在松嫩平原，盐碱耕地面积 3200.38 万亩。本区盐碱地多属苏打型，土体总含盐量不高，但含有碳酸钠、重碳酸钠，对植物危害大，出现不少斑状光斑地。该区盐碱地的开垦改良，也需要修建排水体系。但是其质地黏重，渗水缓慢，因此，最好的利用方式是种植耐渍涝的水稻，逐步地将土壤中的盐分淋洗掉；同时，辅之以石膏、磷石膏、亚硫酸钙、石灰等含钙物质，以钙代换土壤胶体上的 $Na^+$，防止胶体分散，保持和增加土壤的渗透性。

（4）西北内陆荒漠及荒漠草原盐碱区　该区包括新疆塔里木盆地、吐鲁番盆地、准噶尔盆地和青海柴达木盆地、甘肃河西走廊、宁夏银川平原、内蒙古河套地区，盐碱地面积 18988 万亩，其中盐碱耕地面积 4416.68 万亩。本区盐碱地土壤积盐量高，盐分组成以氯化物、硫酸盐为主。由于多处于封闭和半封闭的内陆盆地，地下径流和盐分缺少排泄外流的途径，加之降水少、蒸发强的干旱气候，加剧了土壤表层积盐过程。同时，因为降水稀少，土壤盐分除了人为灌溉及局部地方通过径流冲洗外，土壤的自然脱盐过程十分微弱。因此，这里盐碱地开垦改良也是以水利改良为中心，即完善的排水体系和改良后有水源持续种植。如果盐碱地改良后没有灌溉水源，耕地弃耕撂荒后会迅速次生盐渍化或沙化。也就是说，西北内陆盐碱区虽然盐碱地面积大，但开垦必须以水定地，做好规划。

### 6.4.3　盐碱耕地退化防治措施

这里讲的盐碱耕地退化防治措施，是指开垦的盐碱土（地）在改良淋洗掉土壤易溶盐之后如何防止其次生盐渍化，或如何防治在干旱、半干旱、半湿润地区非盐碱土上开垦的耕地次生盐渍化。

盐碱耕地次生盐渍化防治，首先要在盐碱地开发时就打好基础。其中，良好的排水系统是关键，将地下水水位控制在临界深度以下，防止毛管水上升积盐。同时，要保证有可持续利用的灌溉水源，特别是干旱地区。

脱盐改良后，在维护好排水系统的基础上，盐碱耕地以田间水分管理为中心，应该采取滴灌等节水灌溉方式。盐碱地区水资源缺乏，大水漫灌不仅造成水资源浪费，而且大量灌溉导致地下水水位上升，如果地下水水位上升到临界深度之上，就会产生次生盐渍化。如果长期灌溉，水分蒸发土壤逐渐积盐，也应该间隔一定时期再大水漫灌将盐分淋洗到根系主要活动区之下。

防治盐碱耕地次生盐渍化还需合适的耕作措施，包括：

(1)深翻改土　深翻可以打破犁底层，增厚耕层，消除土壤板结，改善土壤的通透性和渗水性，促进雨水的下渗。深翻也可切断上下层的毛细管联系，土壤水分蒸发相应减弱。

(2)增施有机肥　增施有机肥料、种植绿肥、合理轮作倒茬、增加地面秸秆覆盖等措施，使土壤具有良好的结构性，当水分从小孔隙体系流向大孔隙体系时，大孔隙体系实际上限制住了小孔隙体系水分的流动，抑制和减少水分蒸发，对调控盐渍土的水盐动态变化，起到良好的作用。

## 6.5　污染耕地状况与防治措施

### 6.5.1　我国耕地土壤污染现状

根据中国环境状况公报①资料，1989—1991 年我国受污染耕地数量从 600 万 $hm^2$ 增长到 1000 万 $hm^2$。2000 年原环境保护部对 30 万 $hm^2$ 基本农田保护区土壤有害重金属抽样监测②，其中 3.6 万 $hm^2$ 耕地土壤重金属超标，超标率达 12.1%，并且受污染面积仍处于扩大态势。2002 年中科院南京土壤研究所调查显示③，我国太湖流域耕地土壤中六六六、滴滴涕等禁用农药检出率高达 100%(陈多长，2009)。目前，该区域有 1/3 耕地受到了污染。2002—2005 年典型区域土壤环境质量状况探查研究表明，我国珠三角部分城市采样点中有近 40%的农田菜地土壤重金属污染超标，其中 10%属严重超标(刘腾飞，2017)。根据全国土壤污染状况调查工作视频会议资料④，截至 2006 年上半年，全国受污染耕地共有 1000 万 $hm^2$，污水灌溉耕地 216.7 万 $hm^2$，固体废弃物堆存占地和毁田超过 13.3 万 $hm^2$，总计约占耕地总面积的 10%以上，大多集中在经济较发达地区。环保部 2006—2010 年组织开展的土壤污染调查结果表明，在珠三角、长三角、环渤海等发达地区，不同程度地出现了局部或区域性土壤环境质量下降

---

① 国家环境保护局. 1989 年中国环境状况公报[J]. 环境保护，1990(07)：2-4.
国家环境保护局. 1990 年中国环境状况公报[J]. 环境保护，1991(08)：2-4.
国家环境保护局. 1991 年中国环境状况公报[J]. 环境保护，1992(07)：2-5.

② 国家环境保护总局. 2000 年中国环境状况公报[J]. 环境保护，2001(07)：3-9.

③ 陈多长．长江三角洲局部地区土壤污染的社会经济原因及其对策探讨[J]. 长江流域资源与环境，2009，18(10)：943-947.

④ 周生贤．在全国土壤污染状况调查工作视频会议上的讲话[J]. 中国环境监测，2006(4)：1-2.

的现象。工业"三废"排放、各种农用化学品使用、城市污染向农村转移、污染物通过大气与水体进入土壤，重金属和难降解有机污染物在土壤中长期累积，致使局部地区土壤污染负荷不断加大。

根据原环保部、原国土资源部 2014 年发布的《全国土壤污染状况调查报告》[①]显示，全国土壤环境状况总体不容乐观，部分地区土壤污染较重，耕地土壤环境质量堪忧，工矿业、农业生产等人类活动和自然背景值高是造成土壤污染或超标的主要原因。全国土壤总超标率为 16.1%，而耕地土壤点位超标率高达 19.4%，其中轻微、轻度、中度和重度污染点位比例分别为 13.7%、2.8%、1.8%和 1.1%，以轻微、轻度重金属污染为主。从区域分布来看，南方土壤污染重于北方，受污染的重点区域，都是过去经济发展比较快、工业比较发达的东中部地区，包括长三角、珠三角、东北老工业基地以及湖南等地，西南、中南地区土壤重金属超标范围较大，镉、汞、砷、铅 4 种无机污染物含量分布呈现从西北到东南、从东北到西南方向逐渐升高的态势。与"七五"时期全国土壤环境背景值调查的点位数据对比，表明，表层土壤中无机污染物含量增加比较显著，其中镉的含量在全国范围内普遍增加，在西南地区和沿海地区增幅超过 50%，在华北、东北和西部地区增加 10%～40%。这主要是由于我国土壤重金属污染中，镉相对比较普遍，其主要来自采矿、冶炼等工业，如南方一些矿区，本身镉的背景值就高，加上采矿冶炼等工业，致使镉含量增加明显。

据《2019 年中国生态环境状况公报》[②]，农用地土壤污染状况详查结果显示，影响农用地土壤环境质量的主要污染物是重金属，其中镉为首要污染物。湘江上游地区、西南岩溶区等重金属超标 80%以上，由区域地质高背景值与成土风化作用所引起。人类活动是造成或加剧重金属超标的重要原因。采矿、冶金、电镀等工矿企业"三废"排放，以及农业生产中污水灌溉、化肥的不合理使用、畜禽养殖等人类活动造成或加剧了局部地区耕地重金属污染（何李花，2017）。

基于 2000 年以来 3006 个耕地样点土壤重金属实测数据，以及 20 世纪 80 年代的土壤重金属历史数据，评估近 20 多年我国五大粮食主产区（三江平原、松嫩平原、长江中游及江淮地区、黄淮海平原和四川盆地）的土壤重金属污染状况，研究结果[③④]如图 6-5、图 6-6 所示。我国五大粮食主产区耕地土壤重金属点位超标率为 21.49%，整体以轻度污染为主，其中轻度、中度和重度污染比重分别为 13.97%、2.50%和 5.02%。四川盆地、长江中游及江淮地区、黄淮海平原、松嫩平原和三江平原的耕地点位超标率分别为 43.55%、30.64%、12.22%、9.35%和 1.67%，南方耕地污染重于北方。不过，绝大多数重金属元素污染比重呈上升趋势，其中镉（Cd）的污染比重增加趋势最为显著，点位超标比重从 1.32%增至 17.39%，20 多年间增加了 16.07%。采矿业、工业与污灌水是五大粮食主产区土壤重金属的最主要的污染源。从不同地域的重度污染点位来看，研究结果显示，除北方粮食主产区污灌污染重于南方外，其余污染源中，南方粮食主产区污染超标率及污染物种类均重于北方。长江中游及江淮地区重度污染点位比重最大，为 7.11%，主要分布在江汉平原东北部、鄱阳湖平原南部、巢湖西部平原和淮河中游等区域；黄淮海平原重度污染次之，点位比重为 5.11%，主要分布在山东丘陵区、豫北平

---

① 环境保护部，国土资源部. 全国土壤污染状况调查公报，2014.

② 中华人民共和国生态环境部. 2019 年中国生态环境状况公报，2019.

③ 尚二萍，许尔琪，张红旗，等. 中国粮食主产区耕地土壤重金属时空变化与污染源分析[J]. 中国环境科学，2018，39(10)：4670-4683.

④ 李宏薇，尚二萍，张红旗，等. 耕地土壤重金属污染时空变异对比：以黄淮海平原和长江中游及江淮地区为例[J]. 中国环境科学，2018，38(09)：266-275.

原、京津唐地区、黄泛平原等地区；四川盆地重度污染点位主要在成都平原中部；松嫩平原的重污染主要集中在哈尔滨、长春等地；三江平原点位目前尚无重度污染。

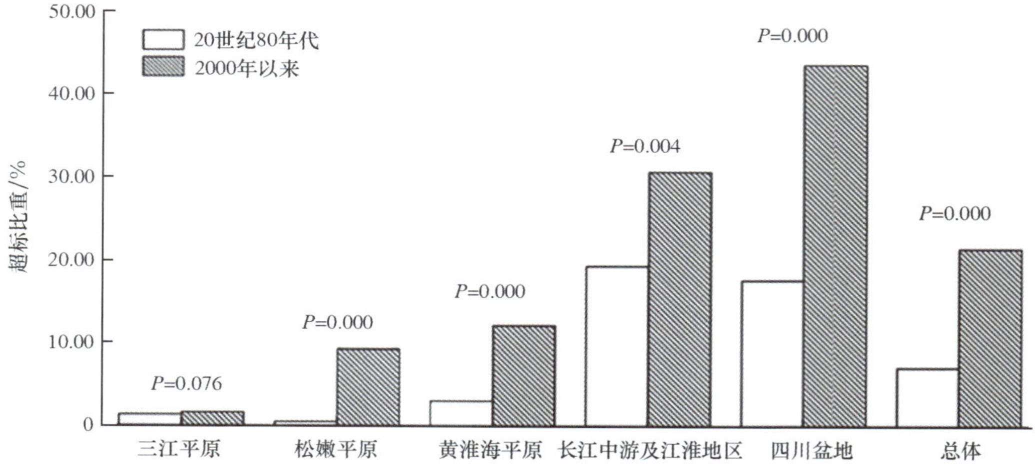


**图 6-5　不同时期五大粮食主产区耕地土壤重金属点位超标比重**

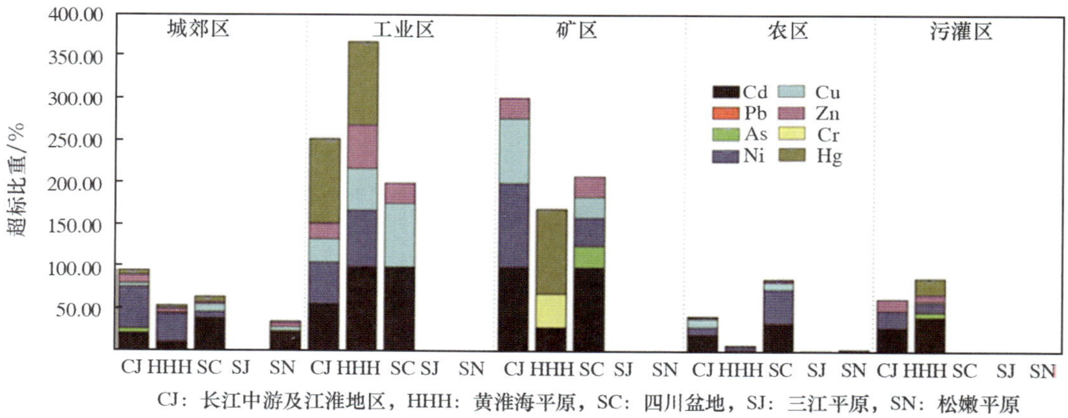


**图 6-6　五大粮食主产区不同区域重金属污染超标比重**

### 6.5.2　耕地污染防治措施

耕地污染不仅导致土壤理化性状变差，影响作物生长发育，降低耕地生物多样性、生态功能和生产能力，而且在土壤中积累、在作物中残留，影响农产品质量安全。整治被污染耕地，包括环境治理势在必行。

相对水体和大气污染而言，土壤污染具有隐蔽性并且难以去除。所谓隐蔽性是因为它不像水体污染会发臭，空气污染会刺鼻，土壤污染从作物或植物的生长状态上一般看不出来，而且作物或植物在污染的土壤上生长茂盛。土壤污染难以去除，是因为污染物被土壤胶体（黏粒）吸附，特别是其中的某些重金属离子。因此，耕地土壤污染的防治重在防。

一是深入开展耕地污染调查与监测监管。在现有生态环境、农业农村、自然资源等部门组织开展的土壤污染调查基础上，对耕地土壤分类别、分区域增设监测点位、增加监测频次，定期开展耕地污染状况详查，彻底摸清我国耕地污染的面积、分布、主要污染物及污染程度、变化趋势等；构建耕地质量监测网络和预警体系，周期性监测耕地质量变化状况，预测变化趋势，及时发出质量恶化预警；建设耕地环境治理监测与督察体系，加强各级监测站点监测能力建设，实现对全国耕地环境质量科学化、精确化的管理和监测。

二是加快建立健全防治耕地污染的制度体系。加快完善土壤污染有关法律法规、标准和技术规范，不但宣传土壤污染的危害性，更要让全体人们知道有关土壤和环境污染防治的法律法规和政策。建立和完善防治土壤污染和环境污染的执法检查队伍，建立行政区域的土壤环境质量责任人制度。

三是强化源头控制。耕地土壤污染有多种原因，要严控工矿企业"三废"排放，强化垃圾堆放场和矿区尾矿库的防渗、防漏、防刮、防冲能力，防止污染物进入水体、大气和农田；加强农业生产过程环境监管，推行绿色生产模式，减少污水灌溉，减少化肥农药和农膜的不合理使用。对于来自于岩石风化物和土壤的污染，一般应采取退耕；在新垦或补充耕地时，事先进行土壤污染测定，土壤污染的土地，无论是未利用地还是废弃地，均不开垦或复垦为耕地。

四是加强污染耕地的综合整治。目前无论是化学的、物理的、还是生物修复手段，由于方法本身受到使用环境、经济成本等方面的限制，效果大都不理想，而且在处理与修复的过程中又极易发生二次污染。例如，去除挥发性和半挥发性有机物污染土壤的蒸气提取技术，去除重金属污染土壤的电动力学技术，利用酸或碱溶液、螯合剂、还原剂、络合剂等表面活化剂溶液去除有机物污染土壤的淋洗技术，利用某种摄食有毒元素的生物修复技术等，虽然这些技术有这样那样的优点，但实施起来，其修复效率较低，成本很高，难以大面积应用。此外，有些污染治理或修复措施还可能存在二次污染的风险，如电动力学技术将重金属离子富集的土壤挖出后再处理，摄食有毒元素的植物的再处理，都存在二次污染的可能。

因此，治理耕地污染首先要考虑成本低、预防二次污染简便易行的技术措施。其中，客土覆盖和挖取污染土壤两种工程措施简单有效。客土覆盖即用干净的外来土覆盖在受到污染的土壤上。客土覆盖技术的两个关键控制标准，一是保证覆盖土源清洁干净；二是覆盖厚度达到要求，避免作物从覆土下面的污染土壤中吸收到毒物。但不推荐所谓客土稀释污染土壤的技术措施。因为稀释被污染土壤到底稀释到多少，需要通过测定污染土壤中的有毒元素含量，换算出客土与原土的土方量比例，进行客土掺和，如果掺和不均或掺和深度不均匀，都会留下潜在危害，而且这种办法更费工、成本高。

将污染土壤挖走，运到不会存在水土流失和渗漏风险的地方，栽种林木，可能是最简单却最有效、最经济的措施。这种去除污染土壤的方式对于平原耕地最为有效。因为平原土壤土层深厚，表土被取走后，通过施用有机肥或化肥，常年耕种，底下的"生土"会慢慢熟化成为肥沃耕层。对于轻微、轻度污染的耕地，也可采取农艺措施调控，通过种植业结构调整来规避污染物进入食品。

## 本章小结

我国耕地多但人均数量少，中低产田面积大，而且正遭受着水土流失、沙化、次生盐渍化、污染等退化的困扰，威胁粮食生产的基础，必须给予特殊关注。

耕地退化的原因多种多样，既有不合理开垦“先天不足”的土地造成的，也有利用经营管理方式不当造成的。这种“先天不足”的耕地，基本与中低产田重合。因此，改造中低产田也是防止耕地退化的工程。

耕地退化是一个过程。对于“退化耕地”我们现在可以去调查，但这些退化耕地的起点却难以确定，因此，退化耕地的调查结果，即其面积、退化程度和分布，是自然条件和人类利用的综合结果。由此可以推论，退化耕地应主要分布在自然资源禀赋较差或者利用管理不当的地区。从这个角度看，退化耕地的防治首先是防。对于那些生态脆弱区的耕地进行退耕，对于保留下来的耕地应通过工程措施和采取保护性耕作措施，防止退化。这是我们从防治耕地退化的角度，对“数量、质量、生态”三位一体耕地保护理念的一种理解。

（本章作者　张凤荣　李超　张天柱）

## 参考文献

[1] 中华人民共和国水利部，中华人民共和国国家统计局．第一次全国水利普查公报．北京：中国水利水电出版社，2013.
[2] 国家环境保护局．1989 年中国环境状况公报．环境保护，1990(07)：2-4.
[3] 国家环境保护局．1990 年中国环境状况公报．环境保护，1991(08)：2-4.
[4] 国家环境保护局．1991 年中国环境状况公报．环境保护，1992(07)：2-5.
[5] 国家环境保护总局．2000 年中国环境状况公报．环境保护，2001(07)：3-9.
[6] 中华人民共和国生态环境部．2019 年中国生态环境状况公报．2019.
[7] 中华人民共和国水利部．2018 年中国水土保持公报．2018.
[8] 国家林业局．第一次全国荒漠化和沙化状况公报．1995.
[9] 国家林业局．第二次全国荒漠化和沙化状况公报．1999.
[10] 国家林业局．第三次全国荒漠化和沙化状况公报．2005.
[11] 国家林业局．第四次全国荒漠化和沙化状况公报．2010.
[12] 国家林业局．第五次全国荒漠化和沙化状况公报．2015.
[13] 环境保护部，国土资源部．全国土壤污染状况调查公报．2014.
[14] 中国地质调查局．中国耕地地球化学调查报告．2015.
[15] 中华人民共和国水利部．全国水土保持规划(2015—2030 年)，2015.
[16] 国家统计局，环境保护部．2017 中国环境统计年鉴．北京：中国统计出版社，2018.
[17] 国家统计局，环境保护部．2011 中国环境统计年鉴．北京：中国统计出版社，2011.
[18] 全国土壤普查办公室．中国土壤．北京：中国农业出版社，1988.
[19] 全国土壤普查办公室．中国土壤普查数据集．北京：中国农业出版社，1997.
[20] 张洪江．土壤侵蚀原理．2 版．北京：中国林业出版社，2008.
[21] 国土资源部农用地质量与监控重点实验室．中国农用地质量发展研究报告 2016．北京：中国农业大学出版社，2017.
[22] 王礼先，周金星．关于荒漠化、沙漠化、风沙化和沙化的概念．科技术语研究，2000，2(4)：23-23.

[23] 陈明华,黄炎和. 坡度和坡长对土壤侵蚀的影响. 水土保持学报,1995(1):31-36.
[24] 刘松波,庄春兰,孟琳琳. 坡度对坡面侵蚀产沙响应的研究. 中国水土保持,2009(5):44-47.
[25] 张锋. 东北黑土区侵蚀沟现状及治理模式. 中国水土保持,2020(12):54-55.
[26] 杨瑞珍,陈印军. 东北地区耕地质量状况及变化态势分析. 中国农业资源与区划,2014,35(6):19-24.
[27] 闫巍. 谁来拯救流失的黑土. 粮油市场报,2011-07-28.
[28] 赵永平. 我国首部国家级水土保持规划批复 今后水土流失怎么防治(政策解读). 人民日报,2015-11-01(02 版).
[29] 张凤荣,周建,徐艳,等. 基于地学规律的科尔沁沙地土地整治与生态修复规划方法[J/OL]. 地学前缘:1-9[2021-03-14]. http://kns.cnki.net/kcms/detail/11.3370.P.20201208.1603.009.html.
[30] 王涛,宋翔,颜长珍,等. 近 35 年来中国北方土地沙漠化趋势的遥感分析. 中国沙漠,2011,31(6):1351-1356.
[31] 张凤荣. 半干旱草原区"不稳定耕地"该如何利用. 中国自然资源报,2019-08-29.
[32] 陈多长. 长江三角洲局部地区土壤污染的社会经济原因及其对策探讨. 长江流域资源与环境,2009,18(10):943-947.
[33] 刘腾飞,杨代凤,谢修,等. 我国耕地污染状况、成因及对策建议. 环境与可持续发展,2017(03):131-134.
[34] 周生贤. 在全国土壤污染状况调查工作视频会议上的讲话. 中国环境监测,2006(4):1-2.
[35] 何李花. 我国耕地污染的现状及治理对策. 农村经济与科技,2017,28(21):8-10.
[36] 尚二萍,许尔琪,张红旗,等. 中国粮食主产区耕地土壤重金属时空变化与污染源分析. 中国环境科学,2018,39(10):4670-4683.
[37] 李宏薇,尚二萍,张红旗,等. 耕地土壤重金属污染时空变异对比:以黄淮海平原和长江中游及江淮地区为例. 中国环境科学,2018,38(09):266-275.

# 第7章

# 中低产田改造与高标准农田建设及其效应

无论是农田水利建设，还是中低产改造，抑或是21世纪以来的高标准农田建设，其目的都是提高粮食产能，其本质上都是提高耕地质量的农田建设改造工程，只是在不同时期以不同名义进行。这也反映了党和政府一直都非常重视保障粮食安全手段中"藏粮于地"这个基础性工作。本章介绍中低产田改造和高标准农田建设这两个耳熟能详的耕地质量和粮食产能提升工程及其所产生的效果。

## 7.1 中低产田改造及其效应

### 7.1.1 中低产田的概念及划分

中低产田的划分方法不同，被比较普遍接受的有两种。

一是按粮食产量水平来划分的作物产量法，这也是目前中低产田最通俗一种划分方法，也容易为广大农民群众所接受。1990年开始的全国"四低""四荒"资源调查工作中，中低产田主要就是以3年的粮食平均标准亩产为计算指标来划分，即按《中国综合农业区划》的九个一级区分别划定，每区3年粮食单产上下浮动20%之间为中产田，高于上限的为高产田，低于下限的为低产田；但不同的区域有不同的划分标准。例如，长江中下游区与华南区，6000～9000 kg/hm$^2$ 为中产田，少于6000 kg/hm$^2$ 为低产田；黄淮海区，4500～6750 kg/hm$^2$ 为中产田，少于4500 kg/hm$^2$ 为低产田；东北区，2500～3000 kg/hm$^2$ 为中产田；青藏区 1500～2250 kg/hm$^2$ 为中产田（全国农业资源区划办公室，1998）。这种方法的缺点在于没有考虑耕地本身质量和农业生产投入与管理对作物生长发育和产量的影响。因此，这是一种"黑箱"划分方法。而且这种方法划分的高、中、低产田的单位面积产量在随时代变化。

二是按影响作物生长的土壤障碍因素划分的地力等级法。1996年《全国中低产田类型划分与改良技术规范》(NY/T 310—1996)中，将中低产田定义为存在各种制约农业生产的土壤障碍因素，产量相对低而不稳的耕地。根据土壤主导障碍因素及改良主攻方向，把全国耕地土壤归并为8个中低产田类型，分布在全国7个耕地类型区，即干旱灌溉型、渍涝潜育型、盐碱耕地型、坡地梯改型、渍涝排水型、沙化耕地型、障碍层次型、瘠薄培肥型。因此，这类方法较为土壤专家和农业技术人员所接受。

### 7.1.2　我国中低产田的现状

目前，关于中低产田面积与分布的数据比较老旧，各种文献中的数据基本都源于第二次全国土壤普查成果（全国土壤普查办公室，1988，1997）。比如，中国农科院区划所和农业部土肥总站于1987—1988年研究完成的《我国中低产田分布及粮食增产潜力研究》和全国农业资源区划办公室于1991—1993年组织完成的“四低”“四荒”调查结果报告《中国农业后备资源》。

《我国中低产田分布及粮食增产潜力研究》中，依据地力等级法也就是根据对耕地质量评价的分等定级结果，将我国耕地分为七个等级，其中Ⅰ、Ⅱ等耕地归类为高产田，Ⅲ、Ⅳ等耕地归类为中产田，Ⅴ等以下耕地为低产田，其划分结果为：在全国耕地总面积中，高产田占32.16%，中产田占32.90%，低产田占34.94%。

在全国第二次土壤普查数据基础上进行的全国农业后备资源调查结果显示（全国农业资源区划办公室，1998）：我国有中低产田13.1亿亩（8744.6万$hm^2$），占耕地总面积的71.3%。其中，中产田5.58亿亩（3720.7万$hm^2$），低产田7.54亿亩（5023.9万$hm^2$），分别占耕地总面积的30.3%和41.0%。中低产田比重较大的区域依次是华南区、成都平原及长江中下游区、内蒙古及长城沿线区和甘新区，这些地区的中低产田面积分别占耕地的77.9%、76.4%、73.7%和72.8%。依据中低产田的主要障碍因子，可将我国的中低产田划分为：①土壤瘠薄型。全国共计约3.33亿亩（2221.4万$hm^2$），占全国中低产田面积的25.4%。其中，大于3000万亩的有河南和甘肃两省；大于1500万亩的有安徽、湖北、四川（包括重庆市）、吉林、山东、贵州、河北、江西等省。②干旱缺水型。全国共计约3.15亿亩（2103.1万$hm^2$），占全国中低产田总面积的24.1%，主要分布在河北、甘肃、河南、山东、安徽、四川（包括重庆市）、陕西等省。③坡耕地。全国共计约2.04亿亩（1358.3万$hm^2$），占全国中低产田总面积的15.5%，主要分布在西南、东北和黄土高原区。④渍涝水田型。全国共计约0.76亿亩（508.5万$hm^2$），占全国中低产田总面积的5.8%，主要分布在江苏、江西、四川（包括重庆市）、湖南等省。⑤渍涝旱地型。全国共计约0.87亿亩（577.2万$hm^2$），占全国中低产田总面积的6.6%，主要分布在东北区和黄淮海区，其中黑龙江省约达0.31亿亩（205.3万$hm^2$），占全国同类耕地总面积的6.6%。⑥盐碱型。全国共计约0.56亿亩（375.4万$hm^2$），占全国中低产田总面积的4.3%。⑦风沙地。全国共计约0.42亿亩（277.9万$hm^2$），占全国中低产田总面积的3.2%，数量十分可观。⑧其他型。全国共计约1.98亿亩（1320.43万$hm^2$），占全国中低产田总面积的15.1%（图7-1）。

林鹏生依据唐华俊等专家提出的潜力产出率法，通过全国分县汇总的最新研究成果，得出我国现实高、中、低产田面积分别为67429万亩、81004万亩和44680万亩，分别占全国耕地总面积的34.92%、41.95%和23.13%；中低产田面积合计占全国耕地总面积的65.08%（林鹏生，2008）。所谓潜力产出率法就是根据耕地现实产出水平与其最大生产潜力之比值的大小来划分高、中、低产田的方法，即把潜力产出率高于一定数值的耕地划归为高产田，低于一定数值的耕地划归为低产田，处于两数值之间的耕地划归为中产田。

对比数据表明，采用不同的划分方法和标准所得到的我国中低产田分布情况有显著的差异，表面看这是由主观的不同划分方法造成的。与此同时，这些调查数据也表明无论从全国还是从各省区市来看，中低产田所占的比重均在50%～70%。由此得出我国中低产田面积比重偏大的结论。随着农业生产水平的持续提高和耕地增减变化，我国高、中、低产田面积及其构成和区域分布发生较明显变化。

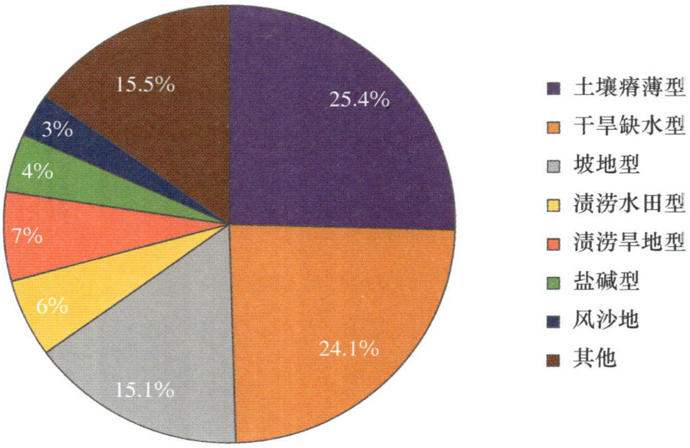


图 7-1　我国中低产田主要类型分布

### 7.1.3　中低产田改造的措施

中低产田改造措施主要针对中低产田的形成原因：对于干旱缺水型中低产田，主要是灌溉系统建设和保水工程（梯田、地膜覆盖等）；对于盐化型中低产田，主要是修筑排灌系统，灌溉淡水将根系活动层的土壤盐分含量淋洗到0.3%以下；对于坡地型中低产田，主要是坡耕地改造为梯田工程；对于瘠薄型中低产田，主要是提供“沃土工程”，培肥地力；对于漏水型中低产田（沙土、粗骨土），主要是客土掺泥，增加土壤黏性，再就是增施有机肥；对于渍涝型中低产田，主要是修建排水系统，降低地下水位；对于风沙型中低产田，主要是防护林网建设和保护性耕作措施。

从中低产田改造技术工程技术分类看，可以分为农田水利设施建设、坡改梯等。从农艺技术分类，有秸秆覆盖技术、地膜覆盖技术、等高耕作技术、深松、深翻技术等。

### 7.1.4　我国中低产田改造的历程和绩效

为解决农业生产徘徊不前，粮食年产量连续多年停留在4000亿kg左右的问题，在总结以往商品粮棉油基地建设经验的基础上，国务院决定自1988年开始设立土地开发建设基金，专项用于农业综合开发（表7-1）。对应1988年以来我国农业综合开发的发展阶段，可以将我国中低产田改造也大致划分为4个发展阶段（张燕，2010）。

第一阶段，从1988年到1993年。这一时期开发的主要内容是，以区域开发为重点，进行大面积的中低产田改造，同时依法酌量开垦宜农荒地，着力提高粮食产量。6年间，农业综合开发共投入293.2亿元资金，改造中低产田1.47亿亩，开垦宜农荒地1883万亩，新增粮食生产能力252亿kg，为提高农业综合生产能力，突破农业徘徊局面，确保粮食等主要农产品有效供给，发挥了主要作用。

表 7-1　1988—2016 年我国农业综合开发中低产田改造情况及绩效

| 年份 | 改造中低产田/万亩 | 资金投入/万元 | 中央财政资金投入/万元 | 新增粮食生产能力/万 kg | 新增棉花生产能力/万 kg | 新增油料生产能力/万 kg | 新增糖料生产能力/万 kg |
|---|---|---|---|---|---|---|---|
| 1988 | 944.90 | 178368.70 | 50267.00 | 130549.00 | 5878.80 | 3507.40 | 42638.70 |
| 1989 | 2189.58 | 347770.38 | 100858.00 | 405362.30 | 10919.10 | 21480.00 | 102580.10 |
| 1990 | 3167.95 | 495558.13 | 140563.90 | 522038.20 | 13089.90 | 19159.80 | 91947.70 |
| 1991 | 2736.26 | 566910.25 | 152508.30 | 461672.37 | 9825.10 | 21329.20 | 463941.70 |
| 1992 | 2557.97 | 622907.52 | 157720.90 | 450494.36 | 11261.50 | 17768.78 | 324520.00 |
| 1993 | 2755.15 | 720708.58 | 182138.90 | 549904.29 | 10345.95 | 22808.57 | 269605.80 |
| 1994 | 1599.84 | 682714.80 | 182136.80 | 305218.50 | 9384.33 | 21745.15 | 106523.30 |
| 1995 | 2022.59 | 871689.40 | 235224.00 | 367578.72 | 8851.51 | 25432.17 | 159105.60 |
| 1996 | 2563.75 | 1198520.50 | 305263.00 | 531918.14 | 12833.29 | 29117.82 | 266256.90 |
| 1997 | 2623.41 | 1291707.54 | 293129.00 | 571254.99 | 8374.54 | 28368.01 | 154802.10 |
| 1998 | 3039.82 | 1642497.92 | 421135.00 | 592407.33 | 8647.51 | 30225.39 | 124592.70 |
| 1999 | 3647.36 | 1887745.37 | 472563.81 | 661025.04 | 9646.31 | 31440.78 | 76140.53 |
| 2000 | 3742.75 | 1972322.32 | 676790.91 | 644201.96 | 9774.41 | 33630.60 | 60060.25 |
| 2001 | 3058.76 | 2065077.22 | 708629.60 | 556625.51 | 7664.29 | 28247.59 | 46321.35 |
| 2002 | 2818.44 | 2374018.23 | 761896.82 | 498229.60 | 5145.62 | 22662.10 | 39955.23 |
| 2003 | 2319.86 | 2379916.78 | 867132.39 | 356427.75 | 6707.25 | 19130.88 | 82040.90 |
| 2004 | 2415.13 | 2566991.19 | 856504.12 | 308533.62 | 5095.46 | 15641.43 | 54771.07 |
| 2005 | 3062.17 | 3067780.62 | 1018301.48 | 366324.11 | 6122.84 | 19194.53 | 55506.33 |
| 2006 | 2980.61 | 3367437.48 | 1099003.45 | 346991.20 | 5652.24 | 18588.63 | 67798.58 |
| 2007 | 2741.92 | 3633491.63 | 1210595.51 | 316985.26 | 6723.39 | 18375.15 | 52939.94 |
| 2008 | 2645.40 | 3925882.55 | 1324435.30 | 299229.05 | 4505.54 | 15233.21 | 55577.64 |
| 2009 | 2464.21 | 4522569.83 | 1659041.56 | 284099.07 | 5140.78 | 19844.75 | 45007.43 |
| 2010 | 2067.71 | 5097659.41 | 1951232.11 | 321667.45 | 4758.91 | 16891.06 | 58312.83 |
| 2011 | 1799.80 | 5183292.41 | 2302203.66 | 331136.48 | 6428.06 | 16681.75 | 53395.39 |
| 2012 | 1671.24 | 5662809.36 | 2899091.20 | 383538.72 | 6187.93 | 16658.88 | 45613.32 |
| 2013 | 1442.68 | 6308125.49 | 3274494.02 | 352130.04 | 5375.36 | 14221.10 | 36886.32 |
| 2014 | 225.97 | 7540544.78 | 3597091.00 | 311380.60 | 3577.09 | 13461.76 | 34378.76 |
| 2015 | 11.78 | 7954442.41 | 3922298.46 | 370322.65 | 4404.58 | 13423.30 | 43551.61 |
| 2016 | 2.72 | 7403067.80 | 4059843.08 | 274327.49 | 3473.12 | 11348.31 | 29142.83 |
| 合计 | 65319.73 | 85532528.60 | 34882093.27 | 11871574.30 | 215794.71 | 585618.10 | 3043914.91 |

数据来源：农业综合开发统计数据(2016 年度)

http://nfb.mof.gov.cn/zhengwuxinxi/jiaocaijieshao/201801/P020180129389032078909.xls.

续表 7-1

| 年份 | 开垦宜农荒地/万亩 | 生态综合治理/万亩 | 新增和改善灌溉面积/万亩 | 新增和改善除涝面积/万亩 | 增加林网防护面积/万亩 | 新增农机总动力/kW |
|---|---|---|---|---|---|---|
| 1988 | 168.00 | 58.20 | 917.50 | 387.10 | 874.10 | 40.60 |
| 1989 | 289.60 | 163.63 | 2033.40 | 1047.35 | 1368.39 | 80.31 |
| 1990 | 382.83 | 231.97 | 2636.08 | 1610.88 | 2411.61 | 97.83 |
| 1991 | 329.95 | 176.03 | 2456.89 | 1250.27 | 2104.48 | 86.98 |
| 1992 | 374.15 | 309.17 | 2202.97 | 1181.93 | 2102.86 | 98.83 |
| 1993 | 281.99 | 261.57 | 2420.42 | 1371.86 | 2133.07 | 93.55 |
| 1994 | 154.06 | 222.12 | 1284.87 | 752.61 | 1344.14 | 76.31 |
| 1995 | 169.85 | 244.02 | 1733.06 | 1024.50 | 1736.94 | 94.53 |
| 1996 | 242.17 | 326.43 | 2327.90 | 1153.71 | 1747.69 | 114.39 |
| 1997 | 284.70 | 245.03 | 2777.21 | 1176.92 | 1432.25 | 110.06 |
| 1998 | 227.07 | 205.05 | 3019.23 | 1298.67 | 1813.90 | 262.30 |
| 1999 | 84.16 | 178.95 | 3378.24 | 1363.64 | 1955.73 | 120.47 |
| 2000 | | 265.55 | 3460.87 | 1398.41 | 2394.31 | 101.99 |
| 2001 | | 296.68 | 2785.89 | 1069.41 | 1885.23 | 104.72 |
| 2002 | | 345.87 | 2655.03 | 866.64 | 1525.99 | 83.38 |
| 2003 | | 301.66 | 2144.54 | 737.03 | 1189.73 | 229.83 |
| 2004 | | 400.85 | 2082.55 | 717.75 | 1041.33 | 95.81 |
| 2005 | | 463.01 | 2905.88 | 1007.13 | 1300.80 | 55.85 |
| 2006 | | 383.44 | 2775.56 | 986.59 | 1259.10 | 68.30 |
| 2007 | | 352.12 | 2483.37 | 935.06 | 1067.95 | 52.24 |
| 2008 | | 395.50 | 2550.49 | 855.71 | 981.42 | 62.32 |
| 2009 | | 591.67 | 2453.64 | 828.42 | 907.72 | 45.35 |
| 2010 | | 347.67 | 2826.48 | 860.58 | 943.00 | 43.11 |
| 2011 | | 412.30 | 3494.43 | 846.35 | 975.19 | 47.26 |
| 2012 | | 504.37 | 3324.98 | 961.52 | 869.74 | 27.35 |
| 2013 | | 548.64 | 3403.00 | 957.99 | 918.54 | 26.08 |
| 2014 | | 501.31 | 3583.41 | 889.30 | 642.86 | 11.78 |
| 2015 | | 540.43 | 3803.22 | 1048.74 | 757.16 | 10.29 |
| 2016 | | 508.35 | 2349.29 | 951.49 | 624.72 | 3.67 |
| 合计 | 2988.53 | 9781.59 | 76270.40 | 29537.56 | 40309.95 | 2345.50 |

数据来源：农业综合开发统计数据（2016 年度）

http://nfb.mof.gov.cn/zhengwuxinxi/jiaocaijieshao/201801/P020180129389032078909.xls.

第二阶段，从 1994 年到 1998 年。这一阶段呈现全面开发的特征，开发的内容是在继续进行中低产田改造的同时，加大了多种经营项目的建设力度，把增产与增收结合起来，切实解决粮食总量增加导致其比较效益下降，粮食增产而农民不增收或少增收的矛盾。从 1994 年开始，农业综合开发单独设立多种经营项目。1994—1998 年，农业综合开发新开垦宜农荒地比前 6 年减少了 43%，发展农产品加工和农业生产服务项目增长了 434%；农业综合开发新增肉、蛋、奶、水产品和干鲜果蔬药产量分别是前 6 年的 1.8 倍、9.1 倍、12.9 倍、3.3 倍和 4.6 倍。

第三阶段，从 1999 年到 2008 年。这一时期，指导思想和工作思路有了较大的调整，即实行“两个转变”，突出“两个着力、两个提高”。由过去以改造中低产田和开垦宜农荒地相结合，转到以改造中低产田为主，尽量少开荒甚至不开荒，把提高农业综合生产能力与保护生态环境有机结合起来；由以往追求增加主要农产品产量为主，转到积极调整结构，依靠科技进步，努力发展优质高产高效农业上来。2000 年农业综合开发停止了所有宜农荒地的开垦。1999—2002 年农业综合开发共投入资金 829.1 亿元，改造中低产田 1.03 亿亩，新增和改善灌溉面积 9960 万亩，新增和改善除涝面积 6127 万亩，新增节水灌溉面积 3379 万亩，增加农田林网防护面积 6225 万亩。2003—2008 年的 6 年间，我国在实施农业综合开发项目中将资金重点投到粮食主产区，用于中低产田改造，建设国家优质粮食基地，对 13 个粮食主产区的 484 个县(市、农场)实行了重点倾斜，全国农业综合开发累计投入各类资金 1894 亿元，重点用于中低产田改造，累计改造中低产田 0.99 亿亩，占同期全国农业综合开发中低产田改造面积的 64%；新增粮食生产能力 139.5 亿 kg，占全国农业综合开发新增粮食生产能力的 69.9%。

第四阶段，从 2009 年至今。这一时期，中低产田改造工作逐年减少，逐渐转向高标准农田建设。2009 年改造中低产田 2464.21 万亩，到 2016 年降至 2.72 万亩，而建设高标准农田则从 51.55 万亩增至 2633.93 万亩。

农业综合开发通过改造中低产田，建设高标准农田，改善农业生产条件，为粮食增产、农业增效、农民增收，为推动农业发展方式转变，促进农业可持续发展，做出了突出贡献。同时，通过采取综合措施，实行田水路林山综合治理，提高农业物质技术装备水平，发展区域主导产业，有力地促进了项目区农业规模化经营，提高了标准化生产、机械化耕作、科学化种田和产业化发展水平，为推进我国现代农业发展发挥了重要的示范引领作用，主要体现在以下几个方面。

(1)改善了农业生产条件，增强了农业抗御自然灾害能力　1988—2016 年农业综合开发共投入资金 8553.3 亿元，其中来自中央财政的资金为 3488.2 亿元，占总投入的 41%；地方财政配套资金 2075.6 亿元，占总投入的 24%；自筹资金和银行贷款分别为 2570.6 亿元和 418.8 亿元，分别占总投入的 30%和 5%。投入资金 70%以上用于改善农业生产条件，采取以水利工程措施为主，大搞沟、渠、井、站的建设，沟道清淤，旱灌冬水，排除明水，增施肥料，改革耕作栽培制度等一系列治水改土有效措施，累计改造中低产田、建设高标准农田 7.7 亿亩。其中：改造中低产田 6.5 亿亩，建设高标准农田示范工程 1.2 亿亩；开展中型灌区节水配套改造 678 处。新增和改善灌溉面积 7.6 亿亩，新增和改善除涝面积 3.0 亿亩，开垦宜农荒地 2988.53 万亩，建设优质粮食基地 1633.08 万亩，新增农机总动力 2345.50 万 kW，年均增加 80.9 万 kW，农业抵御自然灾害的能力显著增强。

(2)提高了农业综合生产能力，为保障粮食安全和主要农产品有效供给做出重要贡献　1988—2010 年，通过农业综合开发，项目区新增主要农产品生产能力为：粮食 1187 亿 kg(年均

41亿kg)，棉花22亿kg，油料59亿kg，糖料304亿kg。农业生产能力的显著提高，为我国粮食产量连续迈上4500亿kg、5000亿kg、5500亿kg、6000亿kg、6500亿kg大关，实现主要农产品由长期短缺到总量基本平衡的历史性转变，截至2020年实现连续17年粮食增产、农民增收，保障国家粮食安全和主要农产品有效供给做出了重要贡献，同时也为项目区调整优化农业生产结构，发展优质、高产、高效农业打下了比较好的基础。

(3)保护和改善了生态环境，有力地促进了农业可持续发展　1988—2016年，农业综合开发结合中低产田改造、高标准农田示范工程建设加强农田林网建设，新增农田林网防护面积4.0亿亩，年均增加1390.00万亩。同时，生态综合治理9436万亩，年均治理325万亩，其中改良草原(场)7273万亩，治理沙化土地面积405万亩，支持丘陵山区开展水土流失小流域治理1758万亩。积极支持中央有关部门组织实施的太行山绿化工程，长江上中游、黄河上中游、陕甘宁地区和东北黑土区水土保持工程，长江中下游及淮河流域防护林工程，防沙治沙示范工程，土地复垦等生态建设，有效保护和改善了生态环境，促进了农业的可持续发展。

(4)提高开发科技含量，有效推动了农业科技进步　在项目区大力推广优良品种和集成适用的农业技术，尤其是发展节水灌溉和旱作农业。积极开展农民技术培训，提高了广大农民科技种田水平。同时，认真组织实施了一批农业科技示范项目和现代化示范项目。这些"点面结合"措施，既促进了项目区农业科技进步，又为提高我国农业科技水平起到了示范带动作用，为改善农业生产条件、增强农业发展后劲奠定了基础。

(5)在长期改造中低产田，建设高标准农田实践中，农业综合开发形成了一整套行之有效的政策措施，积累了很多成功经验　一是坚持以田间水利工程建设为重点进行综合治理；二是坚持集中连片开发；三是坚持多元化投入机制；四是坚持严格的资金和项目管理；五是坚持合力开发的管理体制。这些在实践中积累的宝贵经验，既是今后农业综合开发工作中必须遵循的基本准则，也为更大规模地开展高标准农田建设提供了制度保证。

## 7.2 高标准农田建设及其效应

### 7.2.1 高标准农田的有关概念

(1)基本农田　官方文件中"基本农田"这个词最早何时出现，无从查起。查文献可知，1958年，山西省较早使用"基本农田"这一概念(山西省建设厅，1958)。1998年，"基本农田"这个词出现在国家法规《基本农田保护条例》(1998年12月27日颁布，国务院令第257号)中。1958年的"基本农田"与40年后的1998年的"基本农田"，四个字虽然一样，但含义不同。前者有"高产稳产田"即"饭碗田"的意义，后者虽然也有"饭碗田"的意义，但是范围更广，也包括中等和低等耕地。因为为了工业化和城市化建设，有些高产稳产田也不得不转为建设用地；前者虽然可能是要规划建设的，但没有一定要规划保护的概念；而后者是一定要规划保护的。《基本农田保护条例》中将"基本农田"定义为"按照一定时期人口和社会经济发展对农产品的需求，依据土地利用总体规划确定的不得占用的耕地"。

(2)高标准农田　2012年，原农业部发布《高标准农田建设标准》(NY/T 2148—2012)，将"高标准农田"定义为"土地平整，集中连片，耕作层深厚，土壤肥沃无明显障碍因素，田间灌排设施完善，灌排保障较高，路、林、电等配套，能够满足农作物高产栽培、节能、节水、机械化作业等现代化生产要求，达到持续高产稳产、优质高效和安全环保的农田”。农业部门的高标准农田建设侧重于培肥耕地土壤肥力，当然也包括了农田水利、田间道路等基础设施建设。

(3)高标准基本农田　2012年，原国土资源部发布实施《高标准基本农田建设标准》(TD/T 1033—2012)，将“高标准基本农田”定义为“在一定时期内，通过农村土地整治形成的集中连片、设施配套、高产稳产、生态良好、抗灾能力强、与现代农业生产和经营方式相适应的基本农田”。原国土资源部定义的高标准基本农田首先强调建设的一定是基本农田，在工程建设上注重农田水利、田间道路等基础设施建设和土地平整，并非强调土壤肥力。

因为原国土资源部搞高标准基本农田建设、原农业部搞高标准农田建设，还有水利部门的农田建设和国家发改委的农业综合开发项目，这些工程名义不同，但工程目标和实际内容上相同或相似，都是为了整合这些建设工程，提高工程效率。2013年，由国家发改委牵头，国土、农业、水利等部门参与编制《国家农业综合开发高标准农田建设规划》(2013年3月16日批复，财发〔2013〕4号)，并于2014年，国土部门和农业部门共同牵头起草了《高标准农田建设通则》(GB/T 30600—2014)，消除了两大部门在概念定义方面存在的差异，将“高标准农田”统一定义为“土地平整、土壤肥沃、集中连片、设施完善、农田配套、高产稳产、生态良好、抗灾能力强，与现代农业生产和经营方式相适应，按照规定划定为基本农田的农田”。此定义融合了之前农业部门与国土资源部门分别对高标准农田的内涵界定的特点，从此国家在高标准农田建设工作中有了统一部署。2016年发布实施的《高标准农田建设评价规范》(GB/T 33130—2016)中将“高标准农田”进一步定义为“土地平整、集中连片、设施完善、农电配套、土壤肥沃、生态良好、抗灾能力强，与现代农业生产和经营方式相适应的旱涝保收、高产稳产，划定为基本农田实行永久保护的耕地”。为此，各部门统一了“高标准农田”的说法，并进一步明确了统一规划、统一标准、统一实施、统一上图入库“四统一”工作原则。

### 7.2.2　由农田基本建设到高标准农田建设

新中国成立以来，我国农田建设主要围绕农田水利开展。“水利是农业的命脉”，修建灌溉体系和排水体系对于农田来说是基础设施建设。因此，以灌溉体系和排水体系建设为中心的建设工程也就自然而然地称为农田基本建设。农田基本建设的目的是建设基本农田(高产稳产田或旱涝保收田)。新中国成立后我国农田基本建设管理实践历程可划分为改革开放前和改革开放后两个时期。改革开放前，我国农田基本建设管理重心在于农田水利建设、农田有效灌溉面积提升，也包括新的土地垦殖(增加新耕地)，奠定了我国农田分布的基本空间格局。改革开放后我国农田基本建设和政策随着社会经济快速发展不断进行调整和优化，逐步完善为耕地数量、质量、生态并重的土地综合整治和高标准农田建设阶段。

(1)基本农田建设格局形成期(1949—1977年)　1950年《中华人民共和国土地改革法》(1950年6月28日中央人民政府委员会第八次会议通过，该法于1950年6月30日生效)正式颁布实施，广大农民焕发了劳动积极性，我国农业生产逐步恢复。农民不但努力种好土改分得的耕地并进行土地改良工作，而且开始大规模地开垦荒地致使全国耕地面积大幅度增长。为了防止江河堤防的溃决和泛滥给农业生产带来的威胁，依靠集体的力量，以政府和集体投资投劳、集体统一组织管理的方式，开展了规模宏大的农田基本建设运动，以农田水利建设为基础，修筑堤防，疏通河道，修筑梯田等。1950年10月14日，政务院发布《关于治理淮河的决定》，制定了上中下游按不同情况实施蓄泄兼筹的方针，拉开了新中国水利建设事业的第一个大工程帷幕。经过 8 个年头的不懈治理，到 1957 年冬，国家共投入资金 12.4 亿元，治理大小河道 175 条，修建水库 9 座，库容量 316 亿 $m^3$，还修建堤防 4600 km 以上，极大地提高了防洪泄洪能力。1955 年 7 月，第一届全国人民代表大会第二次会议作出了《关于根治黄河水害和开发黄河水利的综合利用规划》的决议。这是中国历史上第一部全面、系统的黄河治理开发宏伟蓝图，也是中华人民共和国审议通过的第一部江河流域规划。根据规划，一场规模空前的黄河建设高潮在大河上下蓬勃兴起。随着大江大河的治理，以河南红旗渠、山西大寨"海绵田"等著名事件为标志的农田水利和农田基本建设在全国得到了持续开展。从历史和辩证的角度看，尽管人民公社化等错误思想的指导导致经济社会受到严重影响，但客观地说，这种以集体组织形式对当时的农田基本建设还是有积极意义的。1977 年 7 月召开全国基本农田建设会议，提出到 1980 年实现人均一亩旱涝保收，稳产高产的基本农田。从新中国成立到改革开放前夕，20 多年的农田基本建设和开发利用，基本奠定了我国农田基本空间格局。

（2）基本农田建设稳定发展期（1978—1998 年）　十一届三中全会以后，我们国家进入以经济建设为中心的时期，从此农田基本建设走入正轨，并逐渐实现科学化、合理化，范围也在逐渐扩大。以改善农业生产条件和生态环境、提高农民收入，逐步发展农业产业化经济，建设现代农业为主，大搞基础设施建设。1982 年中共中央一号文件《全国农村工作会议纪要》（1982 年 1 月 1 日）指出"小型农田水利建设要继续积极量力进行，讲求实效。要总结推广先进的灌溉技术和耕作措施，切实做到科学用水、计划用水、节约用水。城乡工农业用水应重新核定收费制度。无灌溉条件或暂时无力兴修水利的旱地，要因地制宜，搞好旱作"。这一时期，我国基本农田建设主要围绕土地平整和农田水利工程展开，但基本农田建设仍主要集中在农田水利建设方面。

（3）基本农田建设快速发展期（1998—2012 年）　随着中国的改革开放政策的实施，社会经济快速发展，中央政府逐渐意识到耕地面积减少所造成的粮食安全问题，开始制定并颁布各种保护耕地的政策。1998 年 8 月，《中华人民共和国土地管理法（修订）》（1998 年 8 月 29 日第九届全国人民代表大会常务委员会第四次会议修订，自 1999 年 1 月 1 日起施行）以立法形式确认了"十分珍惜、合理利用土地，切实保护耕地"这一基本国策法律地位。修订后的《中华人民共和国土地管理法》第 41 条提出"国家鼓励土地整理"，并且提出占用耕地补偿制度，规定开征新增建设用地土地有偿使用费、耕地开垦费和土地复垦费等，从立法上规范了土地整理和开发，并使土地整理有了稳定的资金来源。这一阶段的农田建设管理以"土地开发整理"为标志，并高度强调耕地保护，耕地保护目标也由单纯注重数量转移到"数量和质量"保护并重阶段，并把农田基本建设作为重点建设内容。1999 年 1 月 1 日《基本农田保护条例》（1998 年 12 月 27 日颁布，国务院令第 257 号）施行，正式提出国家实行基本农田保护制度。基本农田保护制度成为我国的一项基本制度。从 1999 年起，国土资源部会同农业部在全国统一部署开展基本农田保护区调整划定工作。

2005 年中共中央一号文件首次使用"高标准农田"的概念。2009—2013 年，连续 5 个中央一号文件都强调要加快推进高产稳产基本农田建设、推进旱涝保收高标准农田建设。原国土资源部 2005 年启动了在全国 116 个粮食市县部署启动了基本农田示范区建设，提出在四个方面建设"标准化"基本农田；并于 2006 年 11 月 20 日下发了《关于正式确定国家基本农田保护示范区的通知》（国土资发〔2006〕270 号），确定了 116 个县（自治区、直辖市）为国家基本农田保护示范区，要求各示范区按照"基本农田标准化、基础工作规范化、保护责任社会化、监督管理信息化”的总体要求开展基本农田保护建设和新机制探索。这标志着我国基本农田保护进入了以建设促保护的新时代。

2008 年，十七届三中全会提出“提高耕地质量，大幅度增加高产稳产农田比重”。2009 年 7 月，国家农业综合开发办公室出台了《关于开展国家农业综合开发高标准农田建设示范工程的指导意见》和《国家农业综合开发高标准农田建设示范工程建设标准（试行）》的通知（2009 年 7 月 29 日印发，国农办〔2009〕163 号），提出通过“打造一批精品工程，实现典型引路，集中连片，规模开发，力争治理一片、成效一片、致富一方”方式，率先在粮食核心区启动高标准农田建设示范工程。

2009—2013 年，连续 5 个中央一号文件都强调要加快推进建设高产稳产基本农田建设、推进旱涝保收高标准农田建设。为规范高标准农田建设标准，原国土资源部于 2011 年 9 月印发了《高标准基本农田建设规范（试行）》（2011 年 9 月 24 日印发，国土资发〔2011〕144 号），原农业部于 2012 年 3 月发布《高标准农田建设标准》（2012 年 3 月 1 日颁布，NY/T 2148—2012），规范了高标准农田建设内容、建设选址、田间工程建设标准等内容。2012 年 6 月，原国土资源部发布实施《高标准基本农田建设标准》（2012 年 6 月 20 日发布，TD/T 1033—2012），明确了土地平整工程、灌排工程、田间道路工程及农田防护工程等建设内容与技术标准。这个时期，提出了高标准农田建设概念。虽然由财政、发改、国土、水利等部门提出的建设重点不同，但对于高标准农田应具备的配套基础设施，旱涝保收、高产稳产总体要求，保口粮、保障粮食安全的总体目标是明确统一的。

（4）高标准农田建设高速发展期（2013 年至今）　2012 年 3 月，国务院批准《全国土地整治规划（2011—2015）》（2012 年 3 月 27 日发布，国土资发〔2012〕55 号），提出大力推进旱涝保收高标准基本农田建设，到 2015 年，再建成 4 亿亩旱涝保收的高标准基本农田，通过农田整治、宜耕后备土地开发和损毁土地复垦补充耕地 2400 万亩，进一步夯实农业现代化基础。2013 年 3 月批准了《国家农业综合开发高标准农田建设规划》（2013 年 3 月 16 日批复，财发〔2013〕4 号），提出“到 2020 年，改造中低产田、建设高标准农田 4 亿亩，亩均粮食生产能力比实施农业综合开发之前提高 100 kg 以上”，并组织发挥发展改革委、财政部、原国土资源部、原农业部、水利部、原国家林业局、国家统计局等部门业务特点，建立多部门共同协商、密切协作、互相支持的工作机制。2013 年 10 月，国务院批准了《全国高标准农田建设总体规划》（2013 年 10 月 17 日批复，国函〔2013〕111 号；2013 年 12 月 9 日由国家发改委发布），进一步明确了高标准农田建设的指导思想、目标任务、建设标准、建设内容、建设监管和保障措施，要求整合项目和资金，统筹高标准农田建设，明确提出至 2020 年，全国要建成 8 亿亩旱涝保收、集中连片的高标准农田，粮食亩均综合生产能力要提升 100 kg 以上。2016 年发布的中央一号文件中提出：到 2020 年确保要建成 8 亿亩、力争建成 10 亿亩生态友好、集中连片、稳产高产、旱涝保收的高标准农田。

2016 年，原国土资源部、原农业部提出并发布的《高标准农田建设评价规范》（2016 年 10 月 13 日发布，GB/T 33130—2016），对高标准农田建设评价工作的目的、任务、内容、评价原则等进行了统一和规范。2017 年 1 月，国务院发出《关于加强耕地保护和改进占补平衡的意见》（中发〔2017〕4 号），指出要加强国家耕地数量、质量和生态“三位一体”的保护，使保护耕地体系更加趋于成熟。2018 年 9 月，在中央印发的《国家乡村振兴战略规划（2018—2022 年）》中，进一步强调“2022 年建成高标准农田 10 亿亩”；同时指出要加快将粮食生产功能区和重要农产品生产保护区细化落实到具体地块，实现精准化管理，加强基础设施建设，实施耕地质量保护和提升行动。截至2018年底，中国已建成6.4亿亩高标准农田，中央明确指出2019年至少创建高标准农田8000万亩。

2018年，国务院组成部门调整和机构改革，整合了各部门农田建设职能，将国家发展改革委的农业投资项目、财政部（农业部）的农业综合开发项目、原国土部的农田整治项目、水利部的农田水利建设项目等农田建设项目管理职责整合划入农业农村部。机构改革理顺了农田建设管理体制，农田建设资金全面整合，彻底改变了以往“五牛下田”、分散管理的局面，实现了高标准农田建设五统一，进一步理顺了管理机制，有利于高标准农田建设的高质量和快速推进。

2019年11月，国务院办公厅印发《关于切实加强高标准农田建设　提升国家粮食安全保障能力的意见》（国办发〔2019〕50号），目标为“到2020年，全国建成8亿亩集中连片、旱涝保收、节水高效、稳产高产、生态友好的高标准农田；到2022年，建成10亿亩高标准农田，以此稳定保障5000亿kg以上粮食产能；到2035年，通过持续改造提升，全国高标准农田保有量进一步提高，不断夯实国家粮食安全保障基础”。

这个时期，国家适时调整了粮食安全战略，吹响了“藏粮于地、藏粮于技”号角，将高标准农田建设正式上升为国家战略。新时期高标准农田建设概念内涵基本完善，其核心目标是保障国家粮食安全，建好旱涝保收高产稳产的口粮田，确保中国人饭碗中装国产粮。建设内容上包括田、土、水、路、林、电、技、管等8个方面，根据农田实际情况，综合配套基础设施，全面补足农业生产短板。从实施主体上统一由各级农业农村主管部门组织实施。

### 7.2.3　高标准农田的标准与建设区域

高标准农田建设涉及田、土、水、路、林、电、技、管等多方面的内容。不同的主管部门，对高标准农田的认定管理存在一定差异，相关技术标准也不一致。目前涉及高标准农田建设相关的技术标准主要有《高标准农田建设通则》（GBT 30600—2014）、《高标准农田建设评价规范》（GBT 33130—2016）、《耕地质量等级》（GB/T 33469—2016）等国家标准；《高标准基本农田建设标准》（TDT 1033—2012）、《高标准农田建设标准》（NY/T 2148—2012）等行业标准，以及《国家农业综合开发高标准农田建设示范工程建设标准》等规范性文件。其中，在标准规范方面，主要以《高标准农田建设通则》（GBT 30600—2014）、《高标准农田建设评价规范》（GBT 33130—2016）和《耕地质量等级》（GB/T 33469—2016）等三个国家标准为依据。

《高标准农田建设通则》（GBT 30600—2014）规定了高标准农田建设的基本原则、建设区域、建设内容与技术要求、管理要求、监测与评价以及建设管护与利用等，规范了高标准农田建设的全过程。根据标准编制的基本原则，该标准主要服务于土地利用总体规划、土地整治规划、《全国新增1000亿斤粮食生产能力规划（2009—2020年）》、《全国高标准农田建设总体规划》、《国家农业综合开发高标准农田建设规划》等，统筹安排高标准农田建设。

《高标准农田建设通则》（GBT 30600—2014）规定了高标准农田建设的重点区域、限制区域和禁止区域。其中重点区域包括：土地利用总体规划确定的基本农田保护区和基本农田整备区，《全国新增1000亿斤粮食生产能力规划（2009—2020年）》确定的粮食主产区、产粮大县，土地整治规划确定的土地整治重点区域、重大工程建设区域和高标准基本农田建设示范县，水利、农业、林业、农业综合开发等部门规划确定的重点区域。高标准农田建设限制区域还包括：水资源贫乏区域、水土流失易发区、沙化区等生态脆弱区域，历史遗留的挖损、塌陷、压占等造成土地损毁且难以恢复的区域，土地轻度污染的区域，易受自然灾害损毁的区域，沿海滩涂、内陆滩涂等区域。在前述区域开展高标准农田建设需提供国土、水利、环保等部分论证同意的证明材料；高标准农田建设禁止区域包括：地面坡度大于25°的区域，土壤污染严重的区域，自然保护区的核心区和缓冲区，退耕还林区，河流、湖泊、水库水面及其保护范围等区域。

《高标准农田建设通则》(GBT 30600—2014)规定了建设内容与技术要求：高标准农田建设的目的，是促进耕地集中连片，增加高效耕地面积，提升耕地质量；优化土地利用结构与布局，实现节约集约利用和规模效益；完善基础设施，改善农业生产条件，增强防灾减灾能力；加强农田生态建设和环境保护，发挥生产、生态、景观的综合功能；建立监测、评价和管护体系，实现持续高效利用。主要建设内容包括土地平整、土壤改良、灌溉与排水、田间道路、农田防护和生态环境保持、农田输配电以及其他工程。

《高标准农田建设通则》(GBT 30600—2014)还规定了管理要求，同时规定了高标准农田建成后的验收评价、土地权属调整、地类变更管理、统计及信息化建设与档案管理、后续的监测评价等规范性要求。

(2)《高标准农田建设评价规范》(GBT 33130—2016)　《高标准农田建设评价规范》(GBT 33130—2016)规定了高标准农田建设评价的目的任务、内容、工作程序、评价原则、方法和成果要求等；适应于各级行政区内高标准农田建设完成后的整体评价工作。

①评价目标、对象与内容。高标准农田建设评价依据国民经济与社会发展规划《国务院关于全国高标准农田建设总体规划的批复》和《高标准农田建设通则》(GBT 30600—2014)对高标准农田建设的要求，统一高标准农田建设评价内容、程序、方法和要求，评价高标准农田建设总体情况，规范高标准农田建设活动。其评价对象是各级行政区内高标准农田建设总体情况，包括建设过程与结果，并不是针对单一具体高标准农田项目进行评价；但也为单一项目评价提供了参考。评价内容包括建设任务、建设质量、建设成效、建设管理和社会影响等。建设任务评价内容主要依据高标准农田建设的有关规定和年度计划提出的建设任务进行评价，评价建设完成的高标准农田面积、各类工程数量和资金投入量等。建设质量评价包括工程质量评价和耕地质量评价。其中，工程质量评价内容包括土地平整、土壤改良、灌溉与排水、田间道路、农田防护和生态环境保持、农田输配电等单项工程建设标准及工程质量构成要素。耕地质量评价内容应与工程质量评价相结合，实现对土壤、水资源和环境的综合支撑能力提升等方面进行评价。

②评价指标。高标准农田建设评价指标分为一级指标、二级指标和三级指标三个层次。根据不同的评价范围分别建立评价指标体系，根据区域差异性，将三级指标细分为必选指标和备选指标。规定各地可以结合本地区特点，增加体现地方特色的备选指标。

③评价方法与程序。评价方法包括目标比较法、专家评议法、问卷调查法、资料查阅法、现场调查法和抽样调查法。目标比价法是对高标准农田建设后的实际产能提升效果与预计产能提升目标进行比较，分析预计目标的完成程度。本法适应于建设任务和建设成效评价。专家评议法是邀请相关领域的专家，对专业性强、难以直接量化的指标进行评议。本法适应于建设质量的总体评价以及建设管理、建设成效和社会影响评价。问卷调查法针对项目区利益相关方有关的事项，通过问卷调查，对调查结构进行统计、分析和评定，本法适应于建设质量、建设成效和社会影响的评价。资料查阅法是通过查阅项目建设管理和后期利用的有关资料，包括规划设计文件、建设管理文件、施工检验资料和当地统计资料等，获取有关评价指标的数据。

本法适应于建设任务、建设质量和建设成效评价。现场调查法通过现场检查、量测和检验等方法,对工程质量、耕地质量和经济效益等进行复核性评价,适应于建设质量、建设成效评价。抽样调查法是指从评价对象的全部项目中,抽取一部分项目进行考察和分析,并用这部分项目的数量特征去推断全部项目的数量特征。本法适应于基本单元,如农户、地块等数量较多项目的评价。这些方法根据评价对象和评价目的综合运用。

### 7.2.4 我国高标准农田建设的成绩

如上所述,"高标准农田"是在2004年中央一号文件提出的。因此,这里介绍的我国高标准农田建设成绩以及下文中关于高标准农田建设的绩效评价的时间范围是2001年到2019年底,数据主要来自于原国土资源管理部门的有关报告。

(1)2001—2010年建设成绩　2001—2010年,主要是"十一五"期间,我国已建成高产稳产基本农田近2.5亿亩,为我国粮食产量连续6年稳定在5000亿kg以上提供了有力的支撑。

①农田灌溉排水条件明显改善。其间,我国农田水利事业得到快速发展,农业用水效率效益不断提高,农业抗旱减灾成效显著。"十一五"期间,全国实施了398处大型灌区、216处中型灌区续建配套与节水改造以及238处大型灌排泵站更新改造项目,启动实施了850个小型农田水利重点县建设,新建了一批灌区,新增有效灌溉面积5600多万亩,新增节水灌溉工程面积9200万亩。截至2010年底,全国共建成大中型灌区、泵站、机井、塘坝等各类农田水利工程2000多万处,农田有效灌溉面积达9.05亿亩,节水灌溉工程面积达到4.1亿亩,灌溉水有效利用系数达到0.50,全国70%的低洼易涝农田、70%的盐碱耕地和1/3以上的渍害低产田得到了不同程度的治理。

②土地整治及配套基础设施建设稳步推进。国家持续加大农田基本建设力度,通过多种途径,不断改善农田基础设施条件,建设区域的耕地质量及地力水平得到明显提升,农机作业条件显著改善,农田防护林体系逐步建立。初步统计,"十一五"期间,全国累计改造中低产田1.34亿亩,整治土地1.6亿亩,新增耕地3100多万亩,建设农田林网折合面积4272万亩。截至2010年底,全国土壤改良培肥技术应用面积达到5.8亿亩,平原地区农田林网控制率达到75%。

(2)"十二五"期间建设成绩　"十二五"期间,全国共实施高标准农田建设项目45778个,总建设规模4.51亿亩,建成高标准农田4.03亿亩,完成了国家分解下达的4亿亩建设任务。从建成高标准农田的分布情况看,全国粮食主产省区在推进高标准农田建设方面发挥了重要作用。据统计,内蒙古、黑龙江等13个粮食主产省区"十二五"期间共建成高标准农田2.9亿亩,占全国建成总量的73%。在区域分布上,东北区、湘鄂皖赣区、西南区共建成高标准农日2亿亩,占全国建成总量的51%。"十二五"期间,通过高标准农田建设,全国还新增耕地1615万亩,新增耕地率为3.7%。其中,国土资源部门高标准农田建设新增耕地1438万亩,新增耕地率为4.8%;其他部门通过高标准农田建设新增耕地177万亩,新增耕地率为1.3%(图7-2)。

从高标准农田建设重点区域情况看,各省份在安排高标准农田建设项目时有侧重地向116个基本农田保护示范区和500个高标准农田建设示范县倾斜。据统计,全国116个示范区和500个示范县共安排高标准农田建设项目15238个,占全国高标准农田建设项目总数的33%;建成高标准农田1.7亿亩,占建成高标准农田总量的43%(图7-3)。

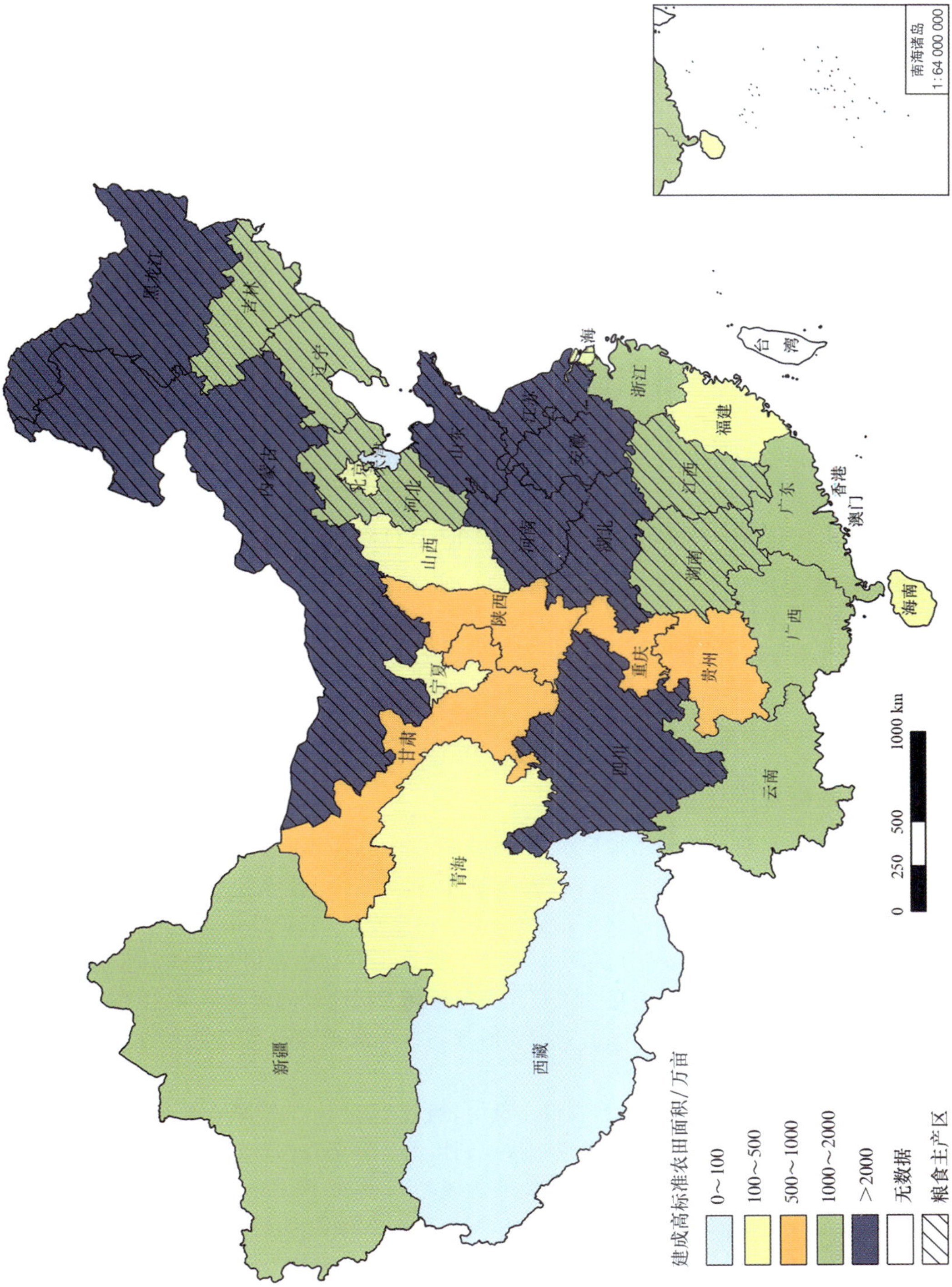


图7-2　全国建成高标准农田区域分布情况

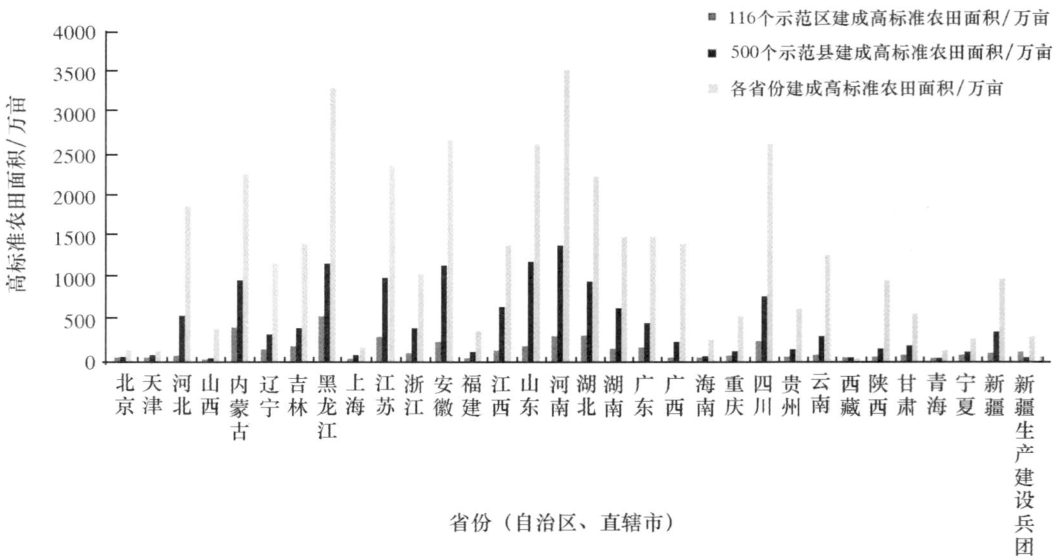


**图 7-3　全国各省份及新疆生产建设兵团 116 个示范区和 500 个示范县建成高标准农田情况**

(3)“十三五”建设成绩　在“十二五”基础上，到 2017 年年底，已经建成 5.6 亿亩高标准农田；2018 年和 2019 年都完成了新增高标准农田面积 8000 万亩以上的建设目标任务；《全国高标准农田建设总体规划》(2013 年 10 月 17 日批复，国函〔2013〕111 号；2013 年 12 月 9 日由国家发改委发布）规划 2020 年建成 8 亿亩集中连片、旱涝保收、节水高效、稳产高产、生态友好的高标准农田的目标基本实现。

## 7.2.5　高标准农田建设的效应

(1)有力地促进了耕地数量增加质量提升，夯实了国家粮食安全的资源基础

①增加了耕地面积。“十二五”期间，我国通过高标准农田建设新增耕地 1615 万亩。此外，各地在开展高标准农田建设过程中，通过废弃居民点复垦、工矿废弃地整治、新建和改建中心村居民点等方式复垦土地 128 万亩，一定尺度上促进了高标准农田集中连片。吉林、新疆、青海、宁夏等省份把实施土地整治重大工程作为高标准农田建设的重要抓手，项目区包含成片未利用地的开发，增加耕地面积较大。如宁夏通过高标准农田建设增加耕地约 56 万亩，实现项目区人均增加耕地 1.12 亩。

②提高了耕地利用率。在高标准农田建设中，通过小田并大田，减少农田中的坎埂占地，不仅增加了耕地面积，而且大大提高了现有耕地利用率。据调查，海南省海口市东山镇土地整治项目，马坡村田块数量由整治前的 371 块变为整治后的 96 块，单个田块平均耕地面积由 1.46 $hm^2$ 变为 5.67 $hm^2$；湖南省长沙县金井镇涧山村生态保护型土地整治项目，整治前田块数为 1500 余块，平均每个田块 0.5 亩，户均拥有田块 12 块，整治后，田块数降至 421 块，平均每个田块 1.9 亩，户均田块数下降至 3 块，田块细碎率降低 75%。青海通过高标准农田建设，项目区耕地利用率提高了 3%～10%，耕地生产成本平均降低了 5%～15%。黑龙江省基于卫星遥感监测和典型项目调查数据，农区水田整理田坎增加耕地面积比例为 1%～2%，垦区水田整理田坎增加耕地面积比例为 0.5%～2%；农区旱地整理田坎增加耕地面积比例为

0.5%～3%，垦区旱地整理田坎增加耕地面积比例为0.5%～2%。

③提高了耕地质量。原国土资源部对其部门开展的高标准农田建设项目进行评价，依据《农用地质量分等规程》测算，经过整治的耕地质量平均提升1～2个等级，“十二五”全国高标准农田建设新增粮食产能357亿kg。从分区情况看，我国西北、西南、东北地区耕地质量等别提升较大，而京津冀、长三角和珠三角城市群聚集区提升较小，总体上呈现出地区经济发展水平与耕地质量等别提高幅度呈负相关的发展趋势。原因主要是耕地质量等别提升较大的区域，往往是历史上农业开发投入较少的地区，耕地质量总体水平较低，提升空间较大；而经济较发达地区或传统粮食主产区耕地质量基础较好，提升空间相对较小，提升难度更大。

(2)改善了农业生产条件，促进了现代农业的发展　按照《高标准农田建设通则》要求，新建和改建农田灌排、田间道路、农田防护与生态环境保持等工程，提高了农田基础设施保障能力。

“十二五”期间，全国高标准农田建设新建田间道路135万km、生产路78万km，路网密度[路网密度=(田间道长度+生产路长度)/建设规模]达到7.08 $km/km^2$，田间道通达度(田间道路通达度=田间道路能够到达的田块数量/项目区田块总量)达到90.11%，极大地改善了农业交通条件，新增和改善机耕面积2.54亿亩，占全部已建成高标准农田的63.82%。加之土地平整和田块归并，促进了机械化耕作和适度规模经营，推动了土地流转。湖南省共建成高标准农田1510万亩，建成后流转土地139万亩，占建成数量的9.2%。湖北省共建成高标准农田2237万亩，建成后流转土地504万亩，占建成数量的22.5%，发展农业企业、农民专业合作社、家庭农场及种粮大户7678家，建设农业产业基地149个。

“十二五”期间，全国高标准农田建设新增和改善农田防涝面积1.03亿亩，占建成高标准农田的26.49%；新增和改善节水灌溉面积1.37亿亩，占建成总量的35.31%；新建机井、塘堰等水源工程80.38万座，新建、修建灌排渠(管)道304万km，新增渠系建筑物485万座，其中农桥39万座，涵(含渡槽、倒虹吸)319万座，水闸118万座，泵站8.6万座。从分区情况看，湘鄂皖赣区、闽粤琼区重点建设农田防涝排涝工程，占建成高标准农田的比例分别达到36%和58%；河北、河南、山东、黑龙江、内蒙古、新疆、安徽、广东、四川等省(自治区)重点发展农田节水灌溉，占比达25%以上。西北、东北、华北等地区则在田间道路建设上投入较多。

在以土地整治为平台推进高标准农田建设过程中，一些地方主动引导土地整治工程建设内容与农业产业发展相结合，通过土地整治打造现代农业发展平台，推动一、二、三产业融合发展。如贵州省毕节市七星关区，依托土地整治项目实施，带动社会资金建设蔬菜大棚、养殖场等，将项目区建设成集循环农业、休闲农业、科技农业和创意农业于一体的现代高效农业示范园，提升了传统农业生产效益。

(3)增加了农民收入，促进了农村地区经济社会发展

①农民增收效果显著。高标准农田的建设，改善了农业生产条件，降低了农业生产成本，直接增加了农民收入；农业生产条件的改善，也促进了农村土地流转和规模化经营，推动了当地农业产业结构优化调整，扩大了农民收入的途径。根据问卷数据分析，“十二五”期间，全国受调查项目区内(原国土资源部土地整治中心在组织开展高标准农田建设综合成效评估工作过程中，也对项目区农户开展了问卷调查。共回收有效问卷84万张，涉及全国1788个县，38256个村，17170个高标准农田建设项目，建设总规模1.87亿亩，建成高标准农田1.66亿亩，总投资2305亿元)农民人均农业年收入在开展高标准农田建设前为7322元，在开展高标

准农田建设后为8667元,人均农业年收入净增1345元。调查项目区内土地流转收入从建设前的12.61亿元增加至19.09亿元,增幅高达51.39%,农民每亩土地流转收入增加275元。其中,苏浙沪区土地流转租金收入增幅最高,亩均增加442元;中西部地区土地流转租金收入增幅在170~280元/亩。青海省海西州高标准农田建设完成后,约9万亩土地进行了流转,建成了4处万亩枸杞基地,土地流转后农民就近务工,日均工资60元/人,岗位工资收入1500元/月,年人均增加收入1.8万元。同时,在高标准农田建设过程中,当地农民积极参与工程施工,不仅增强了农民对项目的理解与认知,还为参与施工的农民带来额外收入。调查结集显示,全国调查项目区中共有235万农民工参与了工程施工,工资性收入约81.47亿元,人均增加施工收入3467元。从分省情况看,由于西藏地理位置、气候条件较为特殊,日均人工费标准高于内地约一倍,因此西藏人均参工收入最高,达到13800元/人。上海、广东位居第二、三位,分别为6692元/人,6508元/人。高标准农田建设完成后,部分农民将土地流转给农业企业、农村合作社,通过就近或进城务工获取收益。调查数据显示,全国调查项目区中,共有1448万名农民工通过就近或进城务工获取收入1123亿元,人均务工收入7756元。

②帮助了贫困地区。根据原国土资源部对其利用高标准农田建设项目进行扶贫工作的调查评价数据,"十二五"期间,全国高标准农田建设共减少贫困人口167万人,结合项目建设共实施移民搬迁7.76万户,培育和扶持农业产业项目15109个,扶贫效果显著。贵州、云南、四川等省份将土地整治规划与集中连片深度贫困区精准扶贫相衔接,将原国土资源部联系的乌蒙山片区38个县(市、区)全部纳入农用地重点整治区,给予重点支持;甘肃、福建等省份在分配土地整治资金时向贫困地区倾斜,加大对贫困地区的支持力度。原国土资源部利用城乡建设用地增减挂钩项目、耕地占补平衡项目,让东部经济发达地区与西部贫困地区"结对子"。如福建省自2012年以来,每年拿出2000万元直接定向安排到革命老区长汀县,支持当地开展山坡地整治,取得了较好的效果,受到了群众的欢迎。据统计,在全国592个国家级贫困县,"十二五"期间共安排高标准农田建设资金952亿元,实施高标准农田建设项目10046个,占项目总量的22%;建成高标准农田7428万亩,占全国建成总量的19%。农民人均年新增纯收入392元,减少贫困人口106万人。如地处乌蒙山区的贵州省毕节市七星关区朱昌镇,土地整治项目建设完成后,通过土地流转开展现代高效农业种植养殖,耕地亩产从1000元提升到50000元。农民在获得土地租金收入的基础上转型成为产业工人,人均农业年纯收入最高可达到26000元/(人/年),是整治前种植收入的20倍,629户贫困户、2500个贫困人口脱贫,取得了较好的扶贫效果。

(4)改善了农田生态环境,促进了农田生态系统的稳定

①提升了农田防护能力。"十二五"期间,全国通过高标准农田建设增加农田防护面积3.04亿亩,种植农田防护林5.36亿株。按照1棵树绿化面积6 $m^2$(株距2 m×行距3 m)计算,共增加绿化面积483万亩。另外,增加农田防洪达标土地面积9005万亩,治理水土流失面积9147万亩。其中,四川、湖北、山东等省治理水土流失面积较多,占全国总量的45%。

②促进了沙化土地治理。"十二五"期间,全国通过高标准农田建设治理沙化土地18.56万亩,其中山西、吉林、青海治理沙地成效显著,3省份治理沙地面积占全国总量的66%。

③有效防治了血吸虫病。"十二五"期间,全国通过高标准农田建设治理钉螺地237万亩,主要集中在西南区和湘鄂皖赣区。其中四川治理钉螺地128万亩,占全国总量的54%;湖北治理钉螺地35万亩,占全国总量的15%;江西治理钉螺地33万亩,占全国总量的14%。

④探索开展了污染土地的修复治理。“十二五”期间，全国通过高标准农田建设治理污染土地 9.87 万亩，主要分布在西南区、晋豫区和苏浙沪区。其中，四川省通过高标准农田建设治理污染土地 6.77 万亩，成效最为显著，为其他省份开展污染土地修复积累了宝贵经验。

## 本章小结

回顾我国中低产田改造和高标准农田建设的历程，可以得知，从新中国成立后，面对我国人均耕地少，耕地因过度开垦而存在某些限制因素，产量不高且抵抗自然灾害能力低（产量不稳）的现状，为了解决全国人民的吃饭问题，我国进行了坚持不懈的耕地质量和产能提升工程，包括农田水利（灌溉与排水）建设、土地平整、土壤改良、田间道路和农田防林建设以及农田输配电等其他工程建设。每个时期面对的问题和目标有所不同。改革开放前主要是农田水利建设、修筑梯田和土壤改良工程，打下了我国农田分布的空间格局基础。在这个农田分布格局基础上，改革开放后继续开展提升现状耕地的质量和产能的工程建设，而且调动农业、国土、水利等相关部门，共同参与。可见党中央国务院对于保障粮食安全手段之一的“藏粮于地”这个基础性工作的重视程度。中低产田改造是作为农业综合开发的重要组成部分，主要由农业部门投资完成的，其主要任务是改善农业生产条件和提高土地质量。而由土地部门投资完成的农村土地整治则主要是服务于耕地占补平衡工作，主要任务是改善农业生产条件，增加耕地面积。而进入 21 世纪，这些工程都整合到建设高标准农田建设工作中。无论这些耕地质量和产能提升工程是称为农田基本建设，还是称为中低产改造，或高标准农田建设，都对提升耕地质量和产能发挥了重要作用，而且这些工程建设对防止水土流失也起到了重要作用。由于这些建设项目名称不同，立项部门或建设资金来源不同，统计口径不一样，因此前两节关于中低产田改造和高标准农田建设有关绩效数据肯定存在交叉重复。当然，在这些农田建设工程项目中，也有附带开垦未利用地增加耕地的项目，这类项目开垦了生态用地或某些自然资源禀赋较差的土地，并且会造成耕地产能降低、撂荒、水土流失等一系列问题。但整体上看，这种情况仍是少数，瑕不掩瑜。

（本章作者　张凤荣　李子忠）

## 参考文献

[1] 国土资源部土地整治中心. 中国土地整治发展研究报告 No. 1. 北京：社会科学文献出版社，2014.
[2] 国土资源部土地整治中心. 中国土地整治发展研究报告 No. 3. 北京：社会科学文献出版社，2016.
[3] 林鹏生. 我国中低产田分布及增产潜力研究. 北京：中国农业科学院，2008.
[4] 全国农业资源区划办公室. 中国农业后备资源，1998.
[5] 全国土壤普查办公室. 中国土壤. 北京：中国农业出版社，1988.
[6] 全国土壤普查办公室. 中国土壤普查数据集. 北京：中国农业出版社，1997.

[7] 山西省建设厅．山西省在地广人稀地区建立基本农田制的初步经验．中国农业科学，1958(13)：631-632．
[8] 张燕．我国中低产田改造现状及对策建议．成都：西南财经大学，2010．
[9] 中国农业科学院农业资源和农业区划研究所．中国耕地．北京：中国农业科学技术出版社，1995．

# 第 8 章

# 农业生产投入对耕地可持续利用的影响

我国人多地少，人均耕地占有量还不足世界平均水平的 1/2，且耕地质量普遍不高，基础地力相对较低。为了保障粮食安全，不但要“藏粮于地”，进行中低产田改造、高标准农田建设，提升耕地质量和产能，还要“藏粮于技”，即增加良种、化肥、农药、灌溉、农机等生产资料的投入和加强田间管理配套技术。因此，高强度的耕地利用就成为必然。不可否认，灌溉、排水等水分管理措施和大量化肥、农药、塑料薄膜等农用化学品的投入确实提高了土地产能，但同时也带来一些其他方面的影响，进而影响到耕地的可持续利用。本章将重点分析农业生产投入对耕地可持续利用的具体影响。

## 8.1 耕地水分管理

土壤水分是影响作物生长最直接的因素之一，特别是土壤有效含水量。众所周知，作物缺水不能生长，但水分过多，也生长不好。为了实现“旱能灌、涝能排”，我国自古以来就配套耕地开发进行挖沟修渠兴建水利设施，特别是新中国成立后，更是进行了大规模灌溉与排水体系的建设。时至今日，这些灌溉排水体系已经固化在土地上，成为耕地的重要组成部分，提升了耕地质量。

### 8.1.1 灌溉提升粮食产能

我国是全球典型的干旱灾害多发区，旱灾造成的损失十分巨大（黄荣辉等，1997；李茂松等，2003）。杨艳颖等（2018）对 1949—2016 年中国干旱灾害长时间序列时空变化特征及其对粮食生产的影响分析结果表明，我国各省历年平均受灾面积分布呈“北重南轻、中东部重西部轻”的格局；山东、河南、河北、黑龙江、内蒙古和山西 6 个省（自治区）的平均受灾面积均超过 133.33 万 $hm^2$，其中山东受灾程度最为严重，灾损高达 208.18 万 $hm^2$；四川、安徽、吉林、陕西、辽宁、湖北和湖南历年平均受灾面积为 83.33 万～133.33 万 $hm^2$。从区域特征看，全国有 5 个主要旱灾区，自北向南为松辽平原、黄淮海平原、黄土高原、四川盆地东部和北部、云贵高原至广东省湛江市一带。全国 70%以上的受旱面积分布在这些地区，黄淮海平原受旱最为严重，受旱面积占全国受旱面积的一半以上。2018 年，全国旱灾总体偏轻，作物因旱受灾面积、因旱粮食损失、因旱经济作物损失分别比 2008—2017 年平均值少 44.7%、17.5%、66.4%。但仍有 25 省（自治区、直辖市）发生干旱灾害，作物受旱面积 1608.59 万 $hm^2$，因旱受灾面积

739.72 万 $hm^2$,其中成灾面积 366.72 万 $hm^2$、绝收面积 61.02 万 $hm^2$;因旱粮食损失 156.97 亿 kg,经济作物损失 84.66 亿元(2018 年中国水旱灾害公报)。

我国历史上有许多著名的水利工程,包括都江堰、灵渠、京杭大运河,至今还发挥着防洪灌溉的作用。新中国成立以来,我国持续展开大规模农田水利建设,目前灌溉面积位居世界第一,已构成较为完善的农田灌排工程体系和灌排设备管理机制,为保障国家粮食安全做出了重大贡献。1949 年全国农田灌溉面积为 1600 万 $hm^2$(2.4 亿亩),全国粮食总产量仅有 1130 亿 kg。2018 年全国农田灌溉面积有 6800 万 $hm^2$(10.2 亿亩),位居世界第一,全国粮食总产量达到了 0.65 万亿 kg 左右,约占全国耕地面积 50%的灌溉面积上生产了占全国总量 75%的粮食和 90%的经济作物。2018 年,全国作物生产中,灌溉贡献率为 25.7%,降水贡献率为 74.3%;粮食作物灌溉贡献率为 25.0%,降水贡献率为 75.0%;全国粮食作物总水分生产力为 1.230 $kg/m^3$,相当于每吨粮食的耗水当量 813 $m^3$(2018 年全国农业用水简报)。同时,全国各地因地制宜,大力发展以喷、滴灌为主的高效节水灌溉,积极推进东北节水增粮、西北节水增效、华北节水压采、南方节水减排等一批区域规模化高效节水灌溉。据统计,截至 2017 年底,全国新增高效节水灌溉面积 666.67 多万 $hm^2$(1 亿多亩),农田灌溉水有效利用系数由 0.516 提高到 0.542。2019 年,全国灌溉面积达到 7400 万 $hm^2$(11.1 亿亩),耕地灌溉面积 6800 万 $hm^2$(10.2 亿亩),占全国耕地总面积的 50.3%;全国节水灌溉工程面积达到 3426.67 万 $hm^2$(5.14 亿亩),占灌溉面积的 46.3%,其中微灌面积 628.33 万 $hm^2$(9425 万亩),居世界第一(唐婷,2019)。

### 8.1.2 排水除涝防渍

涝渍盐碱灾害是我国不少地区农业生产发展的主要障碍,提高防御涝渍盐碱灾害的能力,对加速发展农业生产有着重要的现实意义和战略意义(王少丽等,2008)。洪涝灾害主要发生在黄河、海河、淮河、长江、珠江、松花江、辽河七大江河的中下游平原地区。其中,以华北平原和长江中下游平原最为严重,受灾面积占全国水灾面积的 3/4 以上。这些地区耕地面积大,人口众多,城镇密集,是全国工农业生产最发达的地区。地面高程多在江河洪水位以下,虽有大堤防护,但大洪水的威胁仍然很大,防洪任务非常繁重。2018 年,洪涝灾害损失总体偏轻,农作物受洪涝灾害面积比 2008—2017 年的平均值少 30.4%,但全国因洪涝仍导致农作物受灾面积 642.70 万 $hm^2$,其中成灾面积 313.12 万 $hm^2$, 绝收面积 69.16 万 $hm^2$,因灾粮食减产 121.30 亿 kg,经济作物损失 166.66 亿元(2018 年中国水旱灾害公报)。

长期的实践证明,农田排水在防御涝渍灾害和土壤盐碱化,改善田间耕作管理,增加农作物产量,促进国民经济发展等方面起着积极的作用。我国自 20 世纪 60 年代起开始修建排水工程,将许多涝区改造成为产粮区。其中,辽河流域为消除洪水对涝渍地区的威胁,采取上游蓄水、中下游修建堤防、洼地滞蓄等治理措施,使支流洪水基本得到控制,防洪标准达到 10～20 年一遇,为农田涝渍治理提供了条件。海河流域大规模的洪水治理,使平原地区基本免除洪水威胁,进而转入以排水为主的治涝。20 世纪 60 年代以后,海河下游平原地区疏浚开挖大量骨干河道,360 万 $hm^2$ 易涝耕地中有 74%得到初步治理。其他如黄河、淮河、长江和珠江等流域,在区域性的防洪除涝和农田排水治渍等方面,也都取得显著进展,积累了丰富经验,并创造了可观的生产效益。统计表明,20 世纪 90 年代末,全国耕地易涝面积 2440 万 $hm^2$ 中,已经不同程度地治理了 2110 万 $hm^2$,其中治理标准在 10 年一遇以上的占 17%,5 年一遇的占

42%,5 年一遇以下的占 41%。旱涝保收面积较 20 世纪 80 年代末期增加约 320 万 $hm^2$,粮食增产幅度达 24%。

在盐碱地治理方面,自新中国成立以来,新疆生产建设兵团等单位,采取健全灌排系统和修建条田,实施冲洗或种稻改良、水旱轮作和牧草轮作等措施,共开垦利用盐碱荒地 86.7 万 $hm^2$。宁夏的银川平原,历史上曾是一片白茫茫的盐碱区,1949 年以后,采取引黄河水灌溉种稻和加强排水等措施,垦殖盐碱荒地 3 万 $hm^2$,平均产量达 7500 $kg/hm^2$ 以上。除上述地区外,在我国滨海和其他内陆地区,通过灌排配套、洗盐、种稻以及农林牧结合等措施,改良大面积盐碱地,取得了显著成效。关中平原的泾惠渠灌区历史上涝渍、盐碱灾害严重。20 世纪 50 年代开始修建排水工程,20 世纪 60 年代在低洼地区开挖了 36 条排水干沟,形成排水系统,控制排水面积 6.93 万 $hm^2$,原有盐碱地全部得到治理。洛惠渠灌区涝渍、次生盐碱灾害严重,20 世纪 50—60 年代开挖并扩建中干沟,20 世纪 90 年代又修建洛西干沟等,控制排水面积 2.2 万 $hm^2$,有效地控制了次生盐碱化的发展。黄河中下游引黄灌区在 20 世纪 50—60 年代得到迅速发展,但由于盐碱化问题一度被迫停灌,20 世纪 60 年代以后由于初步解决了排水问题,又得到了恢复和进一步发展。到目前,河南、山东二省沿黄 13 个地市的农业生产发生了巨大的变化,粮食产量大幅增加(王少丽等,2008)。

近 10 年来,我国在技术装备促进盐碱土治理方面取得重大突破,以鞠正山为首席科学家的"碱地暗管改碱与生态修复技术开发与示范"项目,研制出我国第一套暗管改碱装备,有效解决了东部滨海、东北平原和西北内陆次生盐碱化的技术和装备瓶颈,编制了《盐碱地暗管改碱技术规程》等 10 项行业、地方标准,在东部 5 省(市)建立了总规模达 0.24 万 $hm^2$ 的暗管改碱示范区,该技术目前已推广应用 0.68 万 $hm^2$ 以上,为黄河三角洲高效生态经济区后备耕地资源开发、津滨海新区城市生态绿化、吉林西部国家土地整治重大工程等国家经济区或重大工程发挥出了关键的科技支撑作用(鞠正山,2013)。

### 8.1.3 不合理灌排存在的风险

灌溉和排水在改善农业生产的同时,也存在着风险:不合理的灌排措施会导致地下水超采、土壤次生盐渍化、水环境污染等问题(薛新伟,2019;刘杰和李云玲,2017)。

农业是全国用水的大户,其中灌溉是最主要的农业用水方式。2019 年,全国农业用水 3682.3 亿 $m^3$,占用水总量的 61.2%,北方地区达到 73.5%;其中,农业灌溉耗水量 2387.6 亿 $m^3$,占农业用水量的 64.8%,全国用水总量的 39.7%(2019 年中国水资源公报)。农业灌溉用水量大,叠加上工业和生活用水加速增长,造成我国地下水超采,甚至产生了地下水漏斗(钟华平,2019)。例如,黄淮海平原是我国三大粮食主产区之一。在黄淮海平原农业灌溉用水中,地下水开采量占农用水总量的 70%以上,其中河北平原的大部分农业区灌溉用水的 80%以上取自地下水。研究表明,在黄淮海平原,自东南至西北,灌溉农业对地下水依赖程度呈增高变化特征,其中河北平原保定—石家庄—邢台—衡水一带的灌溉农业对地下水依赖程度最高,农业开采量占当地农业总用水量的 80%以上。目前,该区域已成为黄淮海平原浅层地下水主要超采区,而农业灌溉是地下水超采的主要因素,并且表现为地下水位在主灌期呈"厘米"级(大于 1.0 cm/d)下降、非灌溉期呈"毫米"级(小于 1.0 cm/d)上升的"强降—弱升"规律(田言亮等,2016)。

在过去长期农业生产实践中,很多地区的农业生产者和农业生产设施管理者形成了较僵化的思维，认为水利工程中的灌溉设施是农业生产最重要的决定因素，而忽略了灌溉和排水的关系。只重灌溉不重排水往往会导致地下水抬升、土壤盐分累积，甚至产生土壤次生盐渍化问题。半干旱地区降水稀少、热量充足、地表蒸发强烈，在节水灌溉条件下，加剧了农田土壤盐分表聚和次生盐渍化的发生风险。滴灌被视作高效节水灌溉的典范，是半干旱地区节水灌溉的主要技术措施。滴灌条件下，抑制土壤盐分的表聚和次生盐渍化也是该地区农业节水滴灌的关键。国内外大量的研究和实践证明，科学合理的灌溉制度和田间管理方式，能有效抑制土壤盐分表聚和次生盐渍化的发生。

设施栽培是指利用人工设施控制气候小环境等，使蔬菜等作物在相对适宜的温度、湿度、光照生长条件下生长，最终获得最佳产量的种植方式。我国设施农业面积逐年增加，大大推动了经济发展，也满足了人们日益增长的农产品需求。但设施土壤由于缺少自然雨水淋洗、高温、高湿且通风不良，容易导致土壤次生盐渍化、养分失调、土壤酸化等诸多问题，其中以土壤次生盐渍化问题最为突出。次生盐渍化土壤中，营养盐分离子在土壤表层大量积累，影响了作物根系的生长并破坏作物对养分的均衡吸收。同时，土壤次生盐渍化导致土壤动物和微生物种群数量减少，群落结构失衡，不仅直接危害作物的正常生长、造成土壤质量的快速退化，而且还会引发其他生产问题。当前，土壤次生盐渍化多存在于设施农业中，在我国的华北平原、松辽平原、河套平原、渭河平原等地的农田也非常多见。

此外，灌溉排水的水质也会对作物、土壤和水体产生影响。例如，含盐灌溉水会降低作物产量，造成土壤盐分累积；含污染物灌溉水会影响农产品安全和品质，造成土壤、水体和空气污染，20 世纪 70 年代末至 90 年代中期，全国污水灌溉面积增长 10 余倍，污水灌溉面积占总灌溉面积的 7.3%；而含有营养元素的排水，则会造成水体的富营养化等问题（薛新伟，2019；刘杰和李云玲，2017）。

## 8.2 化肥农药施用

毫无疑问，化肥与农药这两个工业革命的产物，彻底改变了传统农业模式，对农业高产和稳产做出了重要贡献。近几年来，也出现了"化肥造成土壤板结、酸化、污染""农药造成农田生物多样性丧失"等观点。在此背景下，本节着重论述化肥与农药对农业生产和粮食安全的重要性，也辩证地看其带来的一些负面效应。

### 8.2.1 化肥施用促进土壤肥力提升和农业增产

化肥是工业革命的产物，是现代科学技术带给作物生长所需的高效营养物质。化肥的施用，打开了从作物生物圈之外获取养分的又一个通道，彻底突破了传统农业依赖于地力自然恢复或仅仅依靠有机肥对作物产量提高的瓶颈，作物营养问题得到解决，作物产量迅速提高，解决了人口快速增长的温饱问题。化肥的施用，对近 200 年的人类文明发展做出了重大贡献。施肥是调控农田系统生产力的重要手段，根据中国科学院生态系统研究网络的总结，在其他条件不变的情况下，施肥对粮食增产的贡献率在 30%～45%，随各地区气候条件不同各异，其余则归功于引进良种和科学管理等措施。朱洪勋 10 年的定位监测研究结果表明，不同肥料结构对小麦、玉米年产量的影响明显，基础地力贡献率为 40.2%，肥料的增产贡献率为 59.8%。贾可等(2020)对我国北方冬小麦区 2002—2016 年 96 个定位监测试验数据肥料产量效应研究发现,2002—2016年间,随着北方冬小麦区的土壤供肥能力逐渐增加,其平均地力产量自2002年的4721 kg/$hm^2$增加到2016年的5828 kg/$hm^2$,年均增加1.6%,施肥有显著增产效果。

改革开放以后,随着化肥施用量的大幅度增加,全国耕地从大面积养分匮缺转变为养分和有机质含量的增加(徐艳等,2004)。而养分元素含量的提升则大幅度提高了土壤生产力。20世纪80年代初期,我国主要粮食作物土壤基础生产力仅为3.9 t/$hm^2$,而现在达到了5.0 t/$hm^2$(徐明岗等,2015)。研究我国41个长期定位施肥试验土壤有机质变化规律发现,近30年不施肥,土壤有机质平均下降10%左右,平衡施用氮、磷、钾化肥,土壤有机质能基本维持平衡甚至略有增加;长期有机无机肥配合施用及秸秆还田土壤有机质呈显著上升趋势。施用化肥,土壤主要增加了无机磷的含量,施用有机肥则以增加有机磷为主:长期不施磷,土壤磷素以难利用的Ca10-P、闭蓄态磷和高稳性有机磷为主;施用化肥,土壤磷素会以有效性较高的Ca2-P、Ca8-P、Al-P、Fe-P累积;化肥配施有机肥则显著增加活性较高的有机磷组分(活性有机磷、中活性有机磷),利于土壤有效磷的提高(张淑香等,2015)。

当前,有机肥部分替代化学氮肥,对我国减少化学氮肥投入量和控制水体富营养化具有重要意义,特别是在肥力较高的土壤上。如在北京郊区有机肥替代化肥对土壤养分动态及甜玉米生产的影响发现,等量施氮210 kg/$hm^2$生产甜玉米条件下,60%有机肥替代可显著提高收获期土壤微生物量碳和C/N、整株叶片和旗叶含氮量以及甜玉米生物量和粗蛋白产量(王琛,等,2020)。然而,有关有机肥替代部分化肥对冬小麦产量和土壤改良效应的影响研究表明,有机肥氮替代10%化肥氮时,冬小麦品种潍麦8号产量最高,但随着有机肥替代部分化肥比例的增加,产量有降低趋势(李燕等,2020);同样,王琛等(2020)的研究也表明,在甜玉米的大喇叭口期,60%~100%有机肥替代显著降低表层土壤无机N的供应水平。这些研究均证实化学氮肥不能全被替代,不施用化肥,有机肥迟早也成为“无米之炊”,这对我国高度集约化种植管理尤其重要(徐明岗等,2015)。

在没有化肥的时代,人们把作物生产的有机废弃物(秸秆)和人畜生活排泄物堆沤成有机肥施用于农田,在土壤微生物的作用下,有机物中含有的氮、磷、钾等养分被分解释放出来,供作物根系吸收,可以维持一定的土壤肥力和产量,但难以大幅度提高产量,作物产量一直维持在低水平,解决不了人类的温饱需求。而且,因为草原或森林开垦为耕地后,作物从土壤中取走的养分多,而归还的少,草原和森林积累的土壤肥力在不断耗竭,土壤肥力在不断下降。过去土壤肥料学家常说的土壤肥力下降,就是将开垦后的耕地土壤的肥力与开垦之前的草原或森林土壤的相比(目前比较热门的观点“黑土腐殖质层变薄,有机质含量下降”就是这种情况)。施用化肥,就是从农业生态系统之外调入补充作物生产需要的养分之不足,才使得作物产量得到大幅度地提高。施用化肥提高了作物产量,也产生了更多的根茎叶有机废弃物,可以堆腐生产更多的有机肥,归还到土壤中,提高了土壤肥力。人民公社时代,生产队年年搞“积肥”(有机肥),但那时化肥短缺,仅仅施用一点氮含量低的碳酸氢铵,那时玉米产量也就是亩产200~250 kg。那时的所谓“有机肥”就是“黄土搬家”,即从地里铲来土,加上一点牲畜吃剩的草渣和牲畜粪便,堆沤以后,再运到地里去。这样的“有机肥”有机物料少,为作物提供的养分少,产量只能维持在低水平,土壤肥力也就维持在低水平。而当时还有很多不施肥的“卫生田”,土壤肥力则持续下降。综上所述,化肥对农业发展和粮食产量的提高起到了根本性的作用,同时也维持了长期生产的耕地地力水平。

### 8.2.2 农药施用控制病虫草害

使用化学农药能有效控制作物病、虫、草害，全世界每年可挽回农作物总产量损失30%～40%，挽回经济损失3000亿美元(纪明山，2011)。诺贝尔奖获得者、墨西哥小麦育种学家罗曼·布朗说："没有化学农药，人类将面临饥饿的危险。"英国人柯平博士在2002年曾指出"如果停止使用农药，将使水果减产78%，蔬菜减产54%，谷物减产32%"。英国的试验证明，一年期间不使用农药会导致马铃薯产量下降42%、甜菜产量下降67%，而两年不用农药，则产量损失又增加1倍。

我国作为世界上的人口大国，要用占世界7%的耕地及6%的淡水资源，供养占世界22%的人口，农药在国民经济中的重要性更为明显。据统计，全国年均使用农药28万余t，施用药剂防治面积达48亿亩次。使用农药，每年可挽回粮食损失4800万t、棉花180万t、蔬菜5800万t、水果620万t，总价值在550亿元左右。近年来，出现了许多高效、低毒、低残留的新农药，使用这些农药的投入产出比已高达1∶10以上，一般农药品种的投入产出比也达1∶4以上。由此可见，农药在现代农业生产中的作用是巨大的(纪明山，2011)。

### 8.2.3 不当施用化肥农药的负面效应

据FAO数据库统计，2018年中国农业氮肥施用量为2830.64万t，总磷($P_2O_5$)施用量为787.58万t，K肥($K_2O$)施用量为1080.26万t，农药施用量为177.36万t，均居世界首位。自1980年到2017年，化肥的施用量除1998—2000年间有所放缓外，一直保持较高的增长速度，37年间年平均增长4.03%。其中，氮肥、磷肥、钾肥的施用量分别为138.64 $kg/hm^2$、49.81 $kg/hm^2$和38.22 $kg/hm^2$，分别为同期全球水平的2.01倍、1.63倍和1.57倍(高晶晶等，2019)。就农药施用而言，根据FAO数据库数据，由1990年的77.54万t，增长到2018年的177.36万t，不到30年间增长了2.29倍。

化肥农药是现代化农业的重要组成部分，也是一把"双刃剑"，若科学合理使用，会对保障粮食增产、农民增收和农产品有效供给起到不可替代的作用；若使用不当，则会带来很多负面影响和安全隐患，主要表现在以下几方面：

(1)土壤有机物污染　农业生产过程中农药的不合理使用及污水的灌溉都会造成土壤有机物污染。我国大部分地区农业生产时，为了提高作物产量，或者是防治作物出现的病虫害，均会使用大量农药特别是有机农药，从而对土壤造成了严重污染。目前，使用的化学农药中杀虫剂、杀菌剂、除草剂的比例为75∶10∶15，而其中高毒害杀虫剂有机磷占70%以上。我国农药污染土壤达1600万 $hm^2$，主要农产品的农药残留超标率高达16%～18%。在六六六、滴滴涕等有机氯农药禁用10年后，在水稻、小麦、玉米中仍可检测出。土壤农药对农作物的影响，主要表现在对农作物生长的影响及农作物因从土壤中吸收农药而降低农副产品的品质。对农作物生长的影响主要原因是：①农作物通过土壤吸收农药，对其生长有一定的抑制作用。②土壤中农药改变了土壤的结构和功能，引起土壤的理化性质的改变，影响农作物水分和营养物质的吸收，最终影响其生长。③土壤中的农药会杀死一些大型土生动物(如蚯蚓和某些鼠类)，而这些动物对提高土壤肥力和保持土壤的良好结构有着重要意义。农副产品品质的降低主要是表现在颜色、形状、味道等发生一定的变化。土壤中的农药不仅能除杂草、防治病害，而且还能被植物吸收，储存于体内或农副产品中，并跟随食物链逐级富集。一些易降解的农药可能在环境中很快被降解掉，但是一些高残留性的农药（如滴滴涕、六六六和有机汞农药等）则容易在动物体内的脂肪、内脏等部位及胆囊中积累、浓缩，农药残留的含量不断浓缩到数百倍甚至数万倍。目前，像滴滴涕、六六六以及环二烯制剂等一类化学性质稳定、残留性高的农药，已随着大气的漂游或海水的流动遍及全球的每个角落，这些都严重危害着全球的生物及环境。

（2）土壤重金属污染　土壤重金属污染指人类活动（主要包括工业、农业和交通等来源）使重金属进入到土壤中，致使土壤中重金属含量明显高于其自然背景含量，并造成生态破坏和环境质量恶化的现象。例如，施用含有重金属的有机肥浇灌工业污水等行为均会导致土壤重金属含量过高。化肥是无机物，成分比较纯净，除了过去生产的过磷酸钙，基本不含重金属。土壤植物营养学家张福锁院士指出，化肥对土壤重金属污染的影响很小，化肥中仅磷酸铵会带入一定量的重金属，我国磷矿含镉量很低，按照目前施肥量（50 kg/亩，按平均含镉量 10 mg/kg 计），每年带入的镉仅为 0.5 g/亩。

（3）土壤生物污染　近年来，集约化养殖盲目高剂量使用抗生素，使动物的耐药性增加，导致抗生素更高剂量的使用，形成恶性循环，直接后果是畜禽粪便中抗生素的残留量过高，这种高抗生素残留粪便加工成的有机肥会导致农田土壤中抗生素超标。另外，未经处理的人畜禽粪便施入土壤、污水灌溉等，也会把有害微生物等带入土壤，引发土壤生物污染，进而会引起植物病害，造成农作物减产。一些植物致病菌污染土壤后能引起茄子、马铃薯和烟草等百余种植物的青枯病，能造成果树细菌性溃疡和根癌。某些真菌会引起大白菜、油菜和萝卜等 100 多种蔬菜烂根，还可导致玉米、小麦和谷子等粮食作物的黑穗病。还有一些线虫可经土壤侵入植物根部并引起线虫病，甚至在土壤中传播植物病毒。土壤中的各种病原微生物和寄生虫不仅可以通过食物链进入人体，使人感染发病，还可直接通过皮肤接触由土壤进入人体，危害人体健康。被病原体（包括细菌、放线菌、真菌）污染的土壤能传播伤寒、副伤寒、痢疾和病毒性肝炎等疾病。某些寄生虫卵在温暖潮湿的土壤中经过几天孵育出感染性幼虫，然后再通过皮肤接触进入人体，尤其是从伤口进入，从而导致继发性疾病。

（4）土壤酸化　适宜的土壤酸碱度是作物良好生长的前提条件。作物根系和大部分土壤微生物生长的适宜酸度为弱酸性至弱碱性。但随着化肥的无节制施用，农田土壤酸化问题越来越突出，已成为农业生产的重大障碍。对我国典型农田 6 个长期（18～30 年）施肥试验（祁阳红壤、进贤红壤、重庆紫色土、公主岭黑土、哈尔滨黑土常量施肥和高量施肥）的历史观测资料分析表明，试验期间，对照 CK 处理的耕层 pH 略有降低，年平均土壤酸化速率为 0.013 pH；N 处理的 1～6 年，祁阳红壤、公主岭黑土和哈尔滨黑土常量施肥试验的耕层 pH 较对照显著降低 0.32～0.55 个单位，至最近 6 年，所有试验的耕层 pH 较对照显著降低 0.64～1.46 个单位；NPK 处理的耕层 pH 在试验 1～12 年明显低于 N 处理；NPKM 处理的耕层 pH 却较 NPK 处理高 0.30～0.53 个单位，pH 变化趋势与 NPK 相似。尽管存在地域差异性，长期施肥农田耕层土壤导致的酸化问题特征显著（孟红旗等，2013）。土壤酸化后，最直观的表现就是土壤发红或发白、板结、长青苔。如果用酸度计测定，pH 往往低至 5.5 以下，呈强酸性或极强酸性。人们喜欢在农田中大量施用氮肥，尤其是铵态氮肥，且施用方法简单，以土表撒施较为普遍。殊不知这样容易在土表积累大量铵态氮，铵态氮很快在通气氧化条件下转化为硝态氮，在此转化过程中会大量释放出氢离子。因此，滥施氮肥是农田土壤酸化的“罪魁祸首”（徐明岗等，2015）。不过现代化肥大多数是中性或微碱性肥料，可能不是土壤酸化的主要原因；土壤酸化很可能是盐基离子淋洗的结果，而盐基离子淋失是地质大循环的必然结果。而大气酸沉降加速了土壤酸化。

(5)大气和水污染 化肥的过量施用，在为作物补充了必要的营养元素的同时，过量的N、P元素随着降水或是农田灌溉水流入水域或是渗透到地下水中，一方面造成了水体富营养化，使水体中的植物大量繁殖，水体中溶解氧的含量大大降低；另一方面也改变了水质，影响了人们对水资源的利用(程俊，2014)。从环境角度看，除反硝化和厌氧氨氧化释放的 $N_2$ 外，其他活性氮组分的损失，就是氮的非点源污染(王敬国等，2016)。

## 8.3 农业地膜使用

塑料薄膜(简称农膜、地膜)在农业生产上应用，是20世纪农业科技革命的重大成果之一。目前，农膜已经成为现代农业中不可缺少的生产资料。近二三十年来，我国地膜覆盖面积和使用量一直位居世界第一，近几年每年差不多要用200万t以上，覆盖面积1333.3～2000万 $hm^2$。

### 8.3.1 地膜增产

在我国北方干旱地区，水资源时空分布不均，农业生产的季节性、区域性干旱问题比较严重。地膜覆盖由于在土壤表面设置了一层不透气的物理屏障，使土壤水分垂直蒸发受阻，迫使水分横向运移至无覆盖处或放射性蒸发向开孔处，使蒸发速度相对减缓，总蒸发量大幅度下降，可以有效减少表层土壤水分的蒸发，调节土壤水分的空间与时间分布，增加土壤水分供应的有效性，提高土壤水分利用效率。地膜的保墒作用主要在作物生育前期，在作物生育后期则使根系受到抑制，水分利用率下降。地膜能有效地接纳透射的太阳光并被土壤吸收转化为热能，同时可阻止近地层冷空气流动造成的膜下土壤热量散失，阻断了热能以长波向外辐射，减少水分蒸发时所需热能，从而减少了热量向近地表空气对流时的散失，具有显著的增温和保温作用。地膜覆盖后土壤有机氮的矿化速率、矿化量、硝态氮含量和速效磷增加，提高了土壤磷的有效性。覆膜期限对速效钾和碱解氮的影响较大。随着覆膜时间的延长，在土壤表层富集的养分量增大，速效磷受到的影响相对较小。地膜覆盖引起的土壤水分和温度变化，增加了土壤微生物的数量和生物量，并影响了酶活性。在长期覆盖地膜种植玉米的土壤中，细菌、放线菌和真菌分别增加22.6%、29.3%和24.4%，苗期细菌增加最多，拔节期和成熟期放线菌增加最多，细菌中厌气性种群优势有所增加，土壤呼吸作用增强。

地膜覆盖技术因其可以提高土地资源、水资源的利用效率，从而实现农作物产量的提高，近年得到广泛使用(王平等，2011)。

我国地膜覆盖技术起步晚，但发展快，目前已成为世界上农用塑料薄膜使用量最大的国家(王平等，2011)。1978年，我国从日本引入地膜覆盖技术，首先在蔬菜上进行试验研究，当年覆盖面积仅40 $hm^2$。随后，覆盖作物逐渐由蔬菜扩展到棉花、玉米、花生、瓜果等各种作物，覆盖区域由我国中部逐渐向西北、东北、南方地区延伸。2017年全国农膜使用总量达到252.8万t，其中地膜143.7万t，地膜覆盖面积达到1840万 $hm^2$，约占当年耕地总面积的12%。地膜覆盖具有增温、保墒、除草等多种功能，对促进我国农业发展发挥了重要作用。特别是在甘肃、新疆等西北地区，地膜可使玉米、棉花等作物增产30%左右，使很多历史上的“缺粮大县”一跃成为“全国粮食生产先进县”，被当地称为“脱贫膜”“致富膜”(王平等，2011)。

### 8.3.2　白色污染

在促进农业生产的同时，地膜等也会产生白色污染（张富旺，2018；张斌等，2019；于兰芳，2016；方昭，2019）。以聚苯乙烯、聚丙烯、聚氯乙烯等高分子化合物为生产原料制成的外观呈白色的一次性塑料制品的废弃物造成的环境污染通常被直观形象地表述为白色污染。“白色污染”对环境不利影响主要体现在对人感官上的“视觉污染”（直观影响）和“持久性污染”（潜伏影响）两方面。视觉污染是指塑料废弃物因人为或自然原因被置于自然环境中，对周边环境造成一定程度上的破坏。它破坏了自然环境的景观美感和卫生条件，给人们的视觉带来的感官影响，被称为“视觉污染”。持久性污染是指塑料是高分子化合物，在土壤中难以有效降解，降解周期持续基本上是 200～300 年，而且在降解过程中极易出现有毒物质，污染周边土壤、地下水等，产生长期深层次负面影响。在农业生产中，主要体现为农膜为主的塑料制品污染。

由于重使用、轻回收，中国地膜残留污染问题日益凸显。中国当季地膜回收率普遍低于 66%，特别是超薄地膜，老化后易脆难回收，而且含秸秆、土壤等杂质多，回收后再利用成本高。根据 2016 年原农业部监测数据，我国所有覆膜农田土壤均有不同程度的地膜残留，局部地区亩均残留量达 4～20 kg，个别地块的亩均残留量达到 30 kg 以上，相当于 6 层地膜。大量地膜残留在农田，对土壤和周围环境造成了严重污染。如果地膜残留在土壤里，不仅会影响田间机械化耕作，而且会破坏土壤结构，影响作物水肥吸收，阻碍根系生长，导致作物减产。残留地膜中的增塑剂、抗氧化剂等有机物质还可能释放到土壤中成为有机污染物。如果地膜残留在田间地头，被风吹至田野树梢、房前屋后，将影响农村环境卫生。如果抛弃在牧草或水体中的残膜被牲畜等食入，会因难以消化而贮存于胃中，轻则造成消化系统疾病，重则导致动物死亡。当然，地膜残留是一个逐渐积累的过程，如果农田残留量不高，其造成的环境影响相对较小。但中国很多地区的覆膜时间已经近 40 年，残留污染问题已非常突出，到了亟须治理的时刻（张富旺，2018；张斌等，2019；于兰芳，2016；方昭，2019）。

除了可见的白色污染，微塑料导致的生态环境问题更需要重视（张富旺，2018；张斌等，2019；于兰芳，2016；方昭，2019）。2004 年，微塑料（microplastics）这一概念被首次提出，主要是指粒径<5 mm 的塑料颗粒。土壤中微塑料污染问题已被列为环境与生态领域的第二大科学问题。土壤中微塑料的来源有农业生产活动（地膜的使用、有机肥的添加及污水灌溉）、工业生产活动、城市建设、日常生活、大气沉降、汽车轮胎磨损等。进入土壤环境中的微塑料会对土壤理化性质、土壤功能及生物多样性产生影响。有关研究者指出，微塑料对土壤生物的影响不仅是由塑料颗粒本身引起的，而且微塑料中含有增塑剂、稳定剂、阻燃剂等物质，以及微塑料还会吸附部分重金属和有机污染物，进而对土壤生物造成危害。吸附于微塑料表面的常见污染物有重金属、多氯联苯、多环芳烃、有机氯农药等，增加了其对土壤生物的毒害风险。另外，进入土壤中的微塑料可以被动物摄取，如地鼠、鼹鼠、蚯蚓和线虫等，富集于生物体内，进一步促进了微塑料在土壤环境中的迁移转化和降解。近年来，随着相关研究不断深入，研究者发现微塑料对土壤微生物也会产生影响，导致土壤微生物多样性下降。

## 8.4　农业机械化

我国农耕文明不断进步，实现了由传统的人力、畜力为主的农耕文明向农业机械化、农业现代化、精准农业、智慧农业方向的升级和优化。农业机械的持续推广和应用,不仅增强了农业生产抵御自然灾害、虫灾等能力,还提高了生产作业效率、降低生产成本,保障了农作物的丰产、增收。目前,农作物耕、种、管、收一体化生产中劳动强度比较大的环节,基本都实现了机械化替代。

### 8.4.1 农业机械化提高农业生产效率

我国农业发展十分迅速,这得益于农业机械化的发展。以往的农业生产方式采用的是人工生产,这种生产方式效率不高,粮食生产的科学性较差,进而导致了粮食产量的低下,极大程度地制约了农业的快速发展。随着农业机械化的迅速发展,以往的人工生产由机械所代替,使粮食种植的效率大大增加,促进了粮食产量的提升。农业机械化在粮食增产中发挥的作用是十分积极的(任路生,2020;罗鸣,2020)。主要作用体现在以下 5 个方面。

(1)改善了耕作层土壤肥力　传统的畜力耕作,耕翻深度有限,而且耕作效率低。使用机械进行耕地效率要远远高于牛耕,一台农耕机每天可以耕种 30 亩左右,并且农机耕作的深度较深,其原因是农耕机的马力来源于内燃机,动力强,在土地翻新时效果较好,保证了土壤疏松的状态,增加了水分入渗,促进了养分的转化,改善了水肥气热和扎根条件,使土壤肥力得到改善。与此同时,使用机械进行翻新可以将农作物残茬和田间杂草进行深埋,农作物残茬和杂草在土壤中腐烂,补充了有机物,有利于土壤肥力的提升。在机械深耕的过程当中可以将土壤中的害虫消灭,极大地减少了病虫害对土壤的危害。由此可以看出,机械化深耕对土壤肥力提升具有积极的作用,为粮食增产提供保障。

(2)提高作物播种效率　使用农业机械进行播种可以有计划地种植粮食,保证种植的均匀性,种植效率远胜人工种植。使用农业机械播种之后还可以将土壤进行复位,可以保证土壤湿度的良好。农业机械的使用,因为耕作效率高,甚至可以改变耕作制度。如北京地区过去畜力耕种,一年两熟(冬小麦和夏玉米)难以做到;因为夏收(冬小麦)夏播(夏玉米)和秋收(夏玉米)秋播(冬小麦)耗时较长,使用农机作业提高了耕种效率,一年两熟就很从容。试验表明,使用农耕机械进行播种,粮食的生长速度与成活率都要高于人工播种,利于粮食的增产。

(3)节约施肥成本　人工施肥的方式能够取得的效果并不是十分明显,化肥只能够洒在土壤的表面。研究表明,化肥在土壤中施放的深度越深,发挥的作用越大。深层施肥的效果要高于浅层施肥,相同面积下生产出的粮食也提高 30%左右。深层施肥的方式可以节约化肥的用量,也可减少化肥给土壤带来的污染。农业机械的使用可以达到深层施肥的目的,施撒在土壤中的化肥均匀度极高,避免施肥不均匀造成的烧种问题,在提高肥效的同时也可以促进粮食作物出苗率。研究表明,利用农业机械进行施肥可以提高化肥 15%的利用率。化肥利用效率的提升对粮食作物增产十分有益。

(4)提高作物产量　现阶段农作物种植的种类逐渐增多,出现了许多新的品种。比如转基因的农作物,这种农作物的种植对播种提出了更高的要求,与此同时也极大地提升了粮食的产量。例如水稻的种植,如果采用以往人工插秧的方式,在规定的时间之内根本无法完成播种,播种时间的推迟对水稻的生长是不利的。而使用农业机械进行插秧不仅可以提升插秧的效率,对于秧苗间距离的测算也十分准确,秧苗在足够的距离之下可以得到充足的生长,进而提升生长速度与效率,促进水稻产量的提升。

### 8.4.2　农业机械化的副作用

大型拖拉机在田间作业的同时，也会对土壤进行碾压，造成土壤密度增加，土壤孔隙率降低，水渗透能力降低，使土壤侵蚀加重，机耕阻力增加，作物根系生长受阻，导致作物产量降低，投入加大，土壤环境受到破坏。具体表现为以下几方面。

(1)压实　土壤压实是指由于施加载重、振动或压力而导致土壤密度(每单位体积质量)增加和土壤孔隙率降低。土壤机械压实是农业、园艺和林业生产越来越关注的问题。农田土壤机械压实不仅明显影响作物根系发育和作物生长，同时也增加了耕作对能量的需求，影响水的渗透和运动，甚至造成土壤侵蚀和污染。土壤机械压实对土壤物理、化学、生物以及作物生长发育均有明显的负效应，其危害主要有(张兴义和隋跃宇，2005)：①由于压实导致土壤孔隙率降低，自然大孔隙减少，土壤持水能力降低，渗透率显著下降。在短时较强降雨情况下，地面径流加大，侵蚀增加，干旱期延长，土壤压实已成为当今水土流失的主要原因之一。当土壤严重压实到孔隙率小于10%时，土壤大孔隙减少，小孔隙被水封闭，空气交换受阻，孔隙中氧气含量降低，土壤碳的矿化作用和氮的硝化作用受影响而降低，反硝化作用增强，增加了土壤碳氮比，导致土壤质量降低。②压实明显改变了土壤结构，土壤趋于厌氧环境，土壤微生物的生物量和活性降低，土壤动物数量减少。③压实增加了土壤强度和渗透阻力，使作物根系难以深扎于土壤中，表层根系比率和次生根显著增加，降低了作物对水分和养分的吸收，限制了作物地上部分的生长发育，致使出苗拖后、株高降低、叶面积减小等，从而导致产量下降。④由于土壤机械阻力增加，致使土壤耕作的能耗增加，耕作效益降低，最严重的是导致的减产可使耕作的正效益被压实的负效益所抵消。压实对作物产量影响很大，一般来说，压实愈重，产量和品质降低愈多。块茎作物或蔬菜等比粮食作物对压实更为敏感，减产幅度更大。压实致使小麦、玉米、向日葵、甜菜分别减产6%～12%、11%～26%、10%～21%、39%，向日葵含油量由51.3%降为48.4%，甜菜含糖量由18.4%降为16.7%(Sin G，1998)。土壤压实后，甘蓝、菜豆、黄瓜、甜玉米的产量分别降低73%、49%、41%、34%。水稻却相反，随着土壤密度的增大，产量反而增加。综上所述，土壤机械压实的负效应已成为农业机械化发展不可回避的问题。

(2)犁底层变浅、变厚　自20世纪80年代初开始，随着家庭联产承包责任制的实施，农机具由大型向小型转变，同时国外旋耕机具的引进和旋耕耕作法的逐步推广，北方土壤耕作方式发生了很大变化。传统的用大马力拖拉机进行连年秋翻作业、以畜力为主要动力实施各种田间作业的耕作方式，逐步被以小四轮拖拉机为主要动力进行灭茬、整地、播种、施肥、耥地等作业的耕作方式所代替。由于一些耕地20～30年间没有进行过深翻，长期以旋代耕，导致有效耕层变薄，普遍少于15 cm，土壤耕层障碍严重。由于长期实行同一深度旋耕作业，犁刀的反复旋磨挤压使土壤在耕作层下部形成了一个厚度为5～10 cm的犁底层，这个犁底层的土壤容重分布范围在1.5 $g/m^3$ 左右。犁底层的硬度在2～6 $kg/cm^2$，比耕作层硬1倍以上，比心土层硬25%～150%。现在，随着农业机械化的高度普及，北方半干旱地区大部分使用旋耕机翻松土壤，松土深度一般在20 cm以内，由于机械的高速旋转，下部土层被压实抹光，年复一年就形成了比牛犁耕作还要坚硬的“犁底层”。特别是小型农机具的广泛应用，虽然提高了便利化程度，节省了耕作成本，但也存在因输出动力的限制而使耕作深度不够，加剧犁底层的形成和犁底层增厚的问题。此外，浇灌、降水造成的土壤沉积以及土壤本身的黏重程度也是犁底层厚薄的影响因素。犁底层的存在，降低了土壤的透气性和透水性。“犁底层”的形成使农田土壤出现了自然分层，土壤导管被机械割断，造成了农田土壤的地表和地下水分的循环补给受阻。主要表现在灌溉时表层水很难突破“犁底层”而进入下层土壤参与循环，灌溉水流较快，田间表土冲蚀严重。由于北方半干旱地区降水较少而雨季集中，田间降水受“犁底层”的影响很难导入下层土壤，特别是山旱地，容易形成地表径流，对田面造成严重的土壤侵蚀，土壤有机质流失严重，从而使农田地力显著下降。“犁底层”不仅直接影响土壤水循环和土壤特性，而且对植物生长也有影响，表现在一些农作物易倒伏；有些深根系作物的根系很难突破坚硬的“犁底层”，影响了农作物的产量（翟振，2017；王立梅，2019）。

（3）土壤侵蚀加剧　耕作侵蚀是指在坡地景观内，由于农耕工具牵引力和土体重力作用而引起的耕作位移使土壤发生向下坡运动或向上坡运动（依赖于耕作方向），导致净余土壤向下坡方向传输、堆积，重新分配。从土壤侵蚀学的角度来看，耕作侵蚀属于土壤侵蚀的范畴，是一种在外营力的作用下（农耕工具牵引力和土体重力作用），土壤及其母质被破坏、剥蚀、搬运和沉积的典型人为加速侵蚀。耕作侵蚀是坡地景观一种重要的土壤侵蚀过程。因为耕作侵蚀区母质、基岩的裸露会使降雨难以入渗，因而极易形成地表径流，加剧下坡土壤水蚀（聂小军和徐小涛，2010）。

## 本章小结

俗话说，“有收无收在于水”，生产中灌溉可以缓解或解决作物缺水的问题，大大促进作物产量增加，排水措施则可以防止农田涝渍产生的不利影响；但不合理的灌排措施也会造成水资源浪费、地下水超采、次生盐渍化、水污染等问题。因此，灌排设施齐全和高效的水分管理措施对耕地的可持续利用至关重要。“收多收少在于肥”，施肥大大促进了农业生产和土壤肥力提升，满足了作物养分需求；农药则大大缓解了病虫草害的影响。然而，不合理的肥料和农药施用也导致了土壤、大气和水污染、土壤酸化等一系列问题。精准施肥和施药是可持续发展的方向。应用地膜有利于土壤保水和增温，促进作物生长，同时也造成了白色污染等环境问题。农业机械化一方面改善耕种条件，有利于加深耕层厚度和提高土壤肥力和农业生产效率，但也产生了土壤压实、变硬、侵蚀加剧等问题。过去，增加农业投入的主要目的是为了增产；但随着人们对环境问题的重视，也对高度集约化农业所带来的负面影响越来越关注。因此，这提醒我们更要做好耕地的数量与质量保护工作，以稳定和提升耕地土壤对于环境污染的缓冲容量。

（本章作者　李子忠　张凤荣）

## 参考文献

[1] 程俊. 合理施肥与农业的可持续性发展初探. 中国环境管理干部学院学报，2014，24(03)：51-53+91.

[2] 董合干，刘彤，李勇冠，等. 新疆棉田地膜残留对棉花产量及土壤理化性质的影响. 农业工程学报，2013，29(08)：91-99.

[3] 方昭. 农业地膜残留污染现状及防治措施. 绿色科技，2019(22)：113-114.

[4] 高晶晶，彭超，史清华. 中国化肥高用量与小农户的施肥行为研究——基于1995—2016年

全国农村固定观察点数据的发现. 管理世界,2019,35(10):120-132.
[5] 黄荣辉,郭其蕴,孙安健,等. 中国气候灾害图集. 北京:海洋出版社,1997.
[6] 纪明山. 农药对农业的贡献及发展趋势. 新农业,2011(04):43-44.
[7] 贾可,刘建玲,沈兵. 近 14 年北方冬小麦肥料产量效应变化及优化施肥方案. 植物营养与肥料学报,2020,26(11):2032-2042.
[8] 鞠正山,赵化平,郝吉虎,等. 盐碱地暗管改碱与生态修复技术开发与示范. 国土资源部土地整治中心,2013-05-22.
[9] 李茂松,李森,李育慧. 中国近 50 年来旱灾灾情分析. 中国农业气象,2003,24 (1):7-10.
[10] 李燕,朱国梁,张雪飞,等. 有机肥替代部分化肥对冬小麦产量和土壤改良效应的影响. 山东农业科学,2020,52(11):31-35.
[11] 刘杰,李云玲. 设施土壤次生盐渍化修复技术研究进展. 江西农业,2017(05):24,31.
[12] 罗鸣. 农业机械化在粮食增产中的作用分析. 农机使用与维修,2020(08):121.
[13] 孟红旗,刘景,徐明岗,等. 长期施肥下我国典型农田耕层土壤的 pH 演变. 土壤学报,2013,50(06):1109-1116.
[14] 聂小军,徐小涛. 耕作侵蚀对农田坡地景观影响的研究进展. 水土保持研究,2010,17(05):254-260.
[15] 任路生. 运用提高粮食产能“九项实招”筑牢维护国家粮食安全“压舱石”. 农场经济管理,2020(06):19-20.
[16] 水利部. 2018 中国水旱灾害公报. http://www.mwr.gov.cn/sj/tjgb/zgshzhgb/201912/t20191210_1374387.html.
[17] 水利部. 2019 年中国水资源公报. http://www.mwr.gov.cn/sj/tjgb/szygb/202008/t20200803_1430726.html.
[18] 唐婷. 全国节水灌溉工程面积达 5.14 亿亩占灌溉面积近一半。科技日报,2019 年 7 月 31 日。http://digitalpaper.stdaily.com/http_www.kjrb.com/kjrb/html/2019-07/31/content_426810.htm.
[19] 田言亮,张光辉,王茜,等. 黄淮海平原灌溉农业对地下水依赖程度与保障能力. 地球学报,2016,37(03):257-265.
[20] 王琛,林启美,赵小蓉,等. 有机肥替代化肥对土壤养分动态及甜玉米生产的影响. 中国土壤与肥料,2020(05):132-140.
[21] 王敬国,林杉,李保国. 氮循环与中国农业氮管理. 中国农业科学,2016,49(03):503-517.
[22] 王立梅. “犁底层”对北方半干旱地区农田水循环的影响. 乡村科技,2019(15):119,121.
[23] 王平,谢成俊,陈娟,等. 地膜覆盖对半干旱地区土壤环境及作物产量的影响研究综述. 甘肃农业科技,2011(12):34-37.
[24] 王少丽,王修贵,丁昆仑,等. 中国的农田排水技术进展与研究展望. 灌溉排水学报,2008(01):108-111.
[25] 辛静静,史海滨,李仙岳,等. 残留地膜对玉米生长发育和产量影响研究. 灌溉排水学报,2014,33(03):52-54.
[26] 徐明岗,周世伟,张文菊,等. 我国长期定位施肥试验与农业可持续生产. 中国科学院院

刊,2015,30(Z1):141-149.
[27] 徐艳,张凤荣,汪景宽,等. 20年来我国潮土区与黑土区土壤有机质变化的对比研究. 土壤通报,2004,135(2):102-105.
[28] 薛新伟,杨恒山,张瑞富,等. 滴灌对半干旱地区土壤水盐运动和次生盐渍化影响的研究进展. 中国农学通报,2019,35(32):89-94.
[29] 杨艳颖,毛克彪,韩秀珍,等. 1949—2016年中国旱灾规律及其对粮食产量的影响. 中国农业信息,2018,30(05):76-90.
[30] 于兰芳. 塑料"白色污染"对北方农业的危害及解决措施. 乡村科技,2016(20):68-69.
[31] 翟振. "犁底层"对作物生产与环境效应的影响及其机制研究. 中国农业科学院,2017.
[32] 张斌,王真,金书秦. 中国农膜污染治理现状及展望. 世界环境,2019(06):22-25.
[33] 张富旺. "白色污染"治理技术装备的研究进展. 环境与发展,2018,30(04):95-96.
[34] 张淑香,张文菊,沈仁芳,等. 我国典型农田长期施肥土壤肥力变化与研究展望. 植物营养与肥料学报,2015,21(06):1389-1393.
[35] 张兴义,隋跃宇. 农田土壤机械压实研究进展. 农业机械学报,2005(06):122-125.
[36] 钟华平. 农业灌溉与地下水超采若干问题. 中国水利,2019(21):21-23.

# 第 9 章

# 中国粮食需求与供给分析

2019 年底以来，新型冠状病毒(COVID-19)肺炎在全球多地先后暴发，由此引发的社会、经济的连锁反应，可能导致未来一个时期内全球近 20%的人口遭受饥饿的威胁。在国内，疫情也引发了新一轮关于中国粮食安全的思考。中国的粮食供需问题长期备受关注，特别是粮食安全保障问题受到中央政府的高度重视。本章将基于国内粮食供需的历史、特点及趋势，预测未来中国粮食需求与自身供给能力，并分析世界粮食生产及国际市场调节能力，从而为国家耕地保护和粮食安全提供决策依据。

## 9.1 中国粮食需求状况

### 9.1.1 中国人口总量变化及预测

1. 中国人口发展与现状

中国长期以来都是世界上人口最多的国家。整体来看，当前的中国人口绝对值较高，但增速已经放缓。具体而言，新中国成立后中国人口增长主要分为 3 个阶段，即高速增长阶段、中速增长阶段和低速增长阶段。

高速增长阶段为 1950 年至 1970 年，人口增速较快。1949 年新中国成立时，我国人口只有 5.4 亿人，受战后鼓励生育的政策影响，人口数量呈现快速增长，除在“三年自然灾害”时期，人口出现短暂负增长之外，我国人口增长率均处于 2%以上(图 9-1)。

中速增长阶段为 1971 年至 1990 年，人口增速有所下降，由 1971 年的 2.7%降到 1990 年的 1.4%。人口增速下降主要受计划生育政策推行的影响。1971 年，国务院批转了《关于做好计划生育工作的报告》，1982 年党中央发表《关于控制我国人口增长问题致全体共产党员、共青团员的公开信》，提倡一对夫妇最好生一个孩子，国家开始加大人口控制力度，因此 20 世纪 70 年代之后，我国人口生育率快速下降。相对于当时世界上处于同等社会经济发展水平的国家，中国的生育率是很低的。1970 年中国生育率为 5.8，到 1977 年下降到 2.8(陈卫，2008)。1970 年是中国人口生育率变动的关键节点。1982 年人口普查、1988 年生育节育调查、1990 年人口普查和千分之一生育率调查等各种人口数据调查显示生育率持续走低。1990 年人口普查中，我国总和生育率为 2.31，2000 年为 1.22。

低速增长阶段为 1991 年至今，人口增长率由 1991 年的 1.3%降至如今的 0.4%左右。具体而言，1991年我国计划生育政策趋严，党中央、国务院作出《关于加强计划生育工作严格控制人口增长的决定》，将计划生育政策执行力度加大，人口增长率随即开始下降，到2011年下降至0.48%，中国计划生育取得了较为显著的效果，有效控制了人口快速增长。但此时对于计划生育的质疑不断出现，认为计划生育对我国人口年龄结构、军事安全、社会安全和文化安全造成了负面影响。2013年，我国开始实施单独二孩政策，即允许夫妻一方为独生子女时可以生二孩的政策，2014年人口增长率随即提高0.03%，但提高幅度有限。2015年实施全面二孩政策，在2016年人口增速提高0.09%，出现短暂生育高峰。2017年又下降至0.53%，2019年出生率仅为1.05%。全面二孩政策对于提升人口数量来说效果有限。

从人口总量现状看，2019年末我国总人口(包括31个省、自治区、直辖市和中国人民解放军现役军人人口，不包括香港、澳门特别行政区和台湾省)为140005万人，与2018年相比，人口净增467万，自然增长率为3.34‰。从性别结构看，男性人口71527万人，女性人口68478万人，总人口性别比为104.45(以女性为100)。从年龄构成看，16～59周岁的劳动年龄人口89640万人，占总人口的64.0%；60周岁及以上人口25388万人，占总人口的18.1%，其中65周岁及以上人口17603万人，占总人口的12.6%。

图9-1 1950—2019年中国历年人口增长率

(国家统计局，2020)

2. 中国人口发展预测

人口的总量是决定粮食需求的最为核心的因素，过去许多学者和机构都进行了大量的人口预测研究。孟令国(2014)采用PEA模型，设定生育率低、中、高三种不同方案进行推演。结果显示，低、中、高三种生育率方案预测我国2030年的人口总量分别达到13.64亿人、14.18亿人、14.83亿人，三种方案的人口达到高峰年份分别为2023年、2029年和2050年。段克峰(2012)通过对比外国人口预测模型和中国人口预测模型两种预测模型的优缺点，在阻滞增长模型的基础上，建立了我国人口中长期预测模型，通过对历次人口普查数据规律研究，确定参数，预测我国 2011—2038 年人口总数，2030 年人口将达到 14.74 亿人。根据中国国家人口发展战略课题组(2007)的预测，21 世纪上半叶中国的人口增长趋势将出现历史性的重大转折，未来的中国人口增长速度将进一步减缓，并将出现负增长，2020 年为 14.36 亿人，2030 年为 14.72 亿人(原新，2009)。

全面放开二孩政策以后，部分学者也进行了相应的人口预测研究。北京大学人口研究所对"全面二孩"政策后我国人口态势趋势变动进行分析预测，预测 2030 年中国人口规模达 14.02 亿～14.68 亿；与未开放"全面二孩"人口变化趋势相比，生育新政有提升人口规模的作用，为人口规模带来了 0.46 亿～0.67 亿的"净提升"(罗雅楠，2016)。王金营(2016)对全面二孩政策实施下的未来中国人口发展趋势进行预测分析："全面二孩"政策放开后，"十三五"期间将累计多出生近 2100 万人，总人口峰值在 2030 年达到 14.66 亿人，略大于不调整政策的情况，但预测结果也显示全面二孩生育政策不能从根本上改变我国人口的基本发展趋势。

上述相关研究表明，即便在 2015 年正式宣布推行"全面二孩"政策，但受生活压力增大、抚养成本上升等因素影响，未来我国人口并不会快速增长。根据国家卫生健康委员会的预测，预计 2030 年我国总人口达到高峰，为 14.5 亿人。在人口老龄化不断加重、出生率不断降低的前提下，2030 年以后中国人口可能陷入负增长。但因为人口基数大，到 21 世纪中叶，我国人口总量仍将保持在 13.8 亿人左右(国家卫生健康委员会，2016)。

我国未来一段时间内采取何种生育政策，可能会导致不同的生育率及人口增长率走势，也将导致我国人口总量不同。中性情况是在生育政策放松后生育率依旧保持目前全面二孩的生育率水平。悲观情况则为，虽然政策放松，但是考虑到经济发展、女性教育水平、结婚年龄、生育观念等影响，生育率及人口增长率可能继续下滑。乐观情况是，不仅生育政策放松，而且会出台一系列鼓励生育政策，如果再考虑我国特有的宣传和动员能力，有可能人口增长率会出现一定程度的回升。

通过综合各方研究对不同情况的分析预测，我国未来人口拐点可能在 2025—2030 年间出现，预测人口峰值可能在 14.20 亿～14.75 亿。2025 年时，人口总量可能会在 14.13 亿～14.45 亿；2030 年时，人口总量可能会在 14.25 亿～14.73 亿；2050 年时，人口总量可能会在 14.71 亿～14.75 亿。人口的总量基本处于一个相对稳定的阶段，对粮食的绝对需求也会处于一个相对平稳的状态。

### 9.1.2　中国居民膳食结构变化及粮食需求量预测

考虑了人口总量的相对稳定这一条件后，影响粮食需求的另一个重要的因素就是城市化带来的营养膳食结构的改变。那么，根据膳食结构进行粮食需求的预测就显得非常必要。

1. 中国居民膳食结构变化

中国粮食需求可以分为两大类、4 种用途和 4 类品种。两大类指食物用粮和非食物用粮。食物用粮指直接和间接用来满足人们食物消费需求的粮食，分为口粮和饲料用粮两种用途；非食物用粮则分为种子用粮和工业用粮两种用途。4 类品种指的是小麦、玉米、大豆、水稻四大品种类别，占中国粮食消费总量的近九成。

从人类发展历史来看，一个国家或地区居民收入水平的变化，必然引起食物消费选择的变化即居民膳食结构的改变。相应地，粮食需求的数量和结构也会有较大的调整。改革开放后，随着社会经济不断发展，中国居民人均收入不断增加，居民温饱问题逐渐被解决，居民膳食结构也随之发生了明显的改善，由数量增加转向了品质提升。总的趋势是：作为口粮的粮食直接消费量减少，而动物性食品（肉蛋奶）消费增加（中国居民膳食指南，2016），即粮食直接消费的比重呈下降趋势，畜禽产品消费量明显增加，由畜禽产品消费导致间接粮食消费量增大，由此带来粮食消费总量增加。从中国人均粮食消费量变化情况来看，1981—2018 年，中国居民人均原粮消费量从 243.6 kg 减少至 127.2 kg，年均降低 1.3 个百分点（图 9-2）。

**图 9-2 1981—2018 年中国居民人均原粮消费量**

注：人均原粮消费量资料来源如下：2012 年以前的数据来源于《中国统计年鉴》和《中国农业统计年鉴》中的城乡居民人均粮食消费量。由于城镇居民口粮为成品粮数据，文章采用出粮率 0.75 折算回原粮，然后采用城乡人口比例加权平均求得。2013—2018 年数据参考《中国统计年鉴》获得。

2. 中国粮食需求量预测

国家发改委 2008 年发布的《国家粮食安全中长期规划纲要（2008—2020 年）》考虑了粮食消费结构升级，预计到 2020 年，直接口粮消费减少到 2.48 亿 t，占粮食需求总量的 43%，而饲料用粮将增加到 2.35 亿 t，占粮食需求总量的 41%，粮食需求总量将达到 5.73 亿 t。唐华俊（2012）预测了中国人口变化以及平衡膳食模式下中国粮食需求量，结果表明，2020 年和 2030 年中国粮食需求量分别为 5.67 亿 t 和 5.86 亿 t。胡小平（2010）从合理营养标准的角度确定人均食物需求，预测中国的粮食需求总量稳步增加，2020 年将达到 6.1 亿 t，其中饲料用粮将在中国粮食用途中排名第一，预计达到 2.98 亿 t；这导致玉米的需求量将超过稻米，成为粮食消费的主要品种，预计达到 2.3 亿 t。罗其友（2014）考虑到粮食消费的城乡和品种差异，对未来 30～50 年的中国粮食消费需求进行大尺度预测，通过理论、计量模型并对参数模拟，预测中国未来粮食总需求稳步增长，2030 年、2050 年中国粮食需求总量分别为 5.6 亿～5.8 亿 t 和 6.1 亿～6.5 亿 t；辛杰良（2015）利用粮食转化率将主要食品转化为原粮，对 2012 年食品消耗数据进行订正并对 2030 年粮食消费量预测，研究结果认为中国粮食人均消费量和总消费量还会呈较长时间的增长。预测结果显示，2030 年中国居民人均粮食需求总量为 551.4 kg，按照国家总人口 14.5 亿计算，国民粮食总需求量约为 8.0 亿 t。

对比不同学者的关于粮食需求量的预测结果，可以发现，部分机构和学者(唐华俊，2012；胡小平，2010；罗其友，2014)预测的 2020 年粮食需求总量与实际消费量相比都较低，这主要还是由于预测中采取的人均营养摄取标准较低所致。而现实是因城镇化发展和居民收入增长带来的居民膳食结构转型升级，使得大多数人食物消费超过了这些预测所采用的人均营养摄取标准。总而言之，在中国居民膳食条件不断改善的前提下，目前的中国粮食生产(国家统计局：2020 年粮食总产量 6.69 亿 t)难以满足需求。

农业农村部 2020 年发布的《中国农业展望报告 2020—2029》中显示，未来 10 年，粮食等主要农产品消费总量将继续增长，食物消费结构不断升级，饲料粮消费和工业消费持续增加。随着改革开放和中西饮食文化的不断交融，以及粮食加工技术的进步，我国居民尤其是城镇居民的生活方式和粮食消费结构发生显著的变化，精米、精面已成为人们日常主食消费的对象。一些利用现代加工技术制成营养丰富的合成米、合成面和高档营养食品，以及一些谷物和动物混合制成的食品等也成为人们日常消费的选择。此外，肉、蛋、奶、水产品的消费量逐渐增加，使人们的粮食消费结构和营养水平得以不断完善和提高，再加上人口的不断增加，食用消费在未来仍然占据粮食消费的主导地位。

对于饲料和深加工企业来说，伴随着新时代的发展，越来越多的饲料和深加工企业提高了对粮食加工转化率的认识，积极推动养殖业和加工业的产业升级。另外，生产技术的不断改进，也会改变企业的生产方式，这会使得饲料消费的比重逐步提升，工业消费的增长越来越显著。

人口增加带动的口粮消费依然会持续增长，未来 10 年稻米和小麦国内总消费量分别预计增长 2.4%、11.8%；畜牧业生产规模不断扩大推动粗粮饲料消费和大豆压榨消费持续增长，玉米和大豆国内总消费量分别预计增长 18.7%、14.5%；食物消费结构升级对动物性产品消费需求增加，肉类、禽蛋、奶制品、水产品国内总消费量分别预计增长 20.7%、8.9%、39.5%和 98%(农业农村部，2020)。预测结果显示，未来 10 年内，我国的小麦、玉米、水稻、大豆等主要粮食作物的消费量将持续上涨。预计在 2025 年和 2029 年，稻米、小麦、玉米、大豆等主要粮食作物的消费总量分别将达到 71781 万 t 和 74330 万 t(表 9-1)。

**表 9-1　未来 10 年我国主要粮食作物消费量**　　万 t

| 农产品类型 | 稻米 | 小麦 | 玉米 | 大豆 | 总计 |
|---|---|---|---|---|---|
| 2019 年实际消费量 | 14796 | 12919 | 27700 | 10200 | 65615 |
| 2025 预计消费量 | 15428 | 13634 | 31100 | 11619 | 71781 |
| 2029 预计消费量 | 15605 | 14043 | 32700 | 11982 | 74330 |

数据来源：《中国农业展望报告 2020—2029》

上述预测表明，随着人口的增加和食物消费结构的升级，未来 10 年内我国主要粮食作物消费量均会有明显的提高(图 9-3)。因此，在未来必须通过保护耕地，合理利用耕地，来维持主要粮食种类供需总量的平衡。

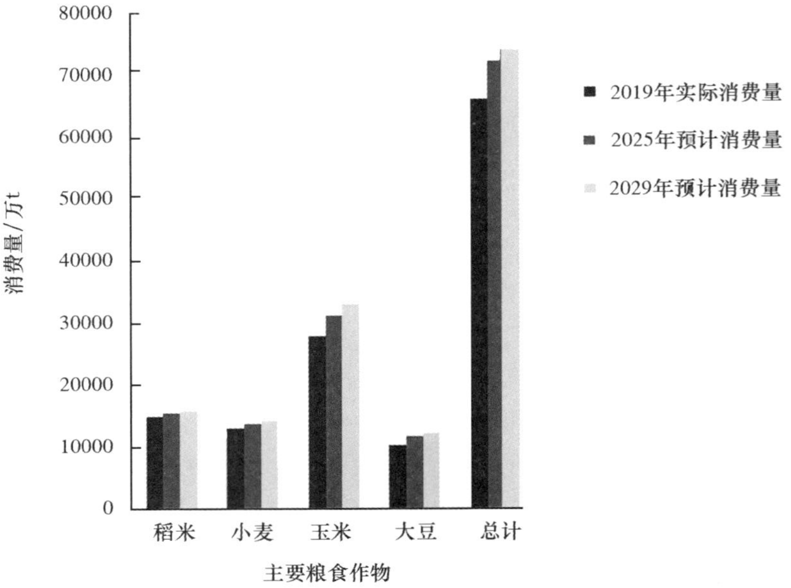


**图 9-3 未来 10 年我国主要粮食作物消费量变化**

# 9.2 中国粮食供给状况

## 9.2.1 中国粮食产量变化情况

粮食产量作为全年的粮食生产总量反映了粮食的综合生产能力，即在一定科学技术水平下，结合环境等多种要素稳定投入后的粮食生产能力。传统上中国广义的粮食包括三种：谷物类、薯类和豆类。谷物包括数量占比较大的稻米、玉米、小麦和占比较小的高粱、谷子，薯类主要包括马铃薯、红薯、木薯等，豆类包括大豆、绿豆、豌豆等品种。

改革开放后，我国粮食生产突飞猛进。虽然因为各项建设占用造成耕地(尤其是自然禀赋好的优质耕地)不断减少，但是粮食单产从 1978 年的 168.5 kg/亩提高到 2019 年的 381.5 kg/亩，增长 1.26 倍；粮食总产从 1978 年的 3.05 亿 t 增长到 2019 年的 6.64 亿 t，增长了 1.18 倍，年均增长 1.92%。粮食总产自 2012 年突破 6 亿 t、2015 年超过 6.6 亿 t 以后，连续 5 年稳定在 6.5 亿 t 以上水平。整体上看，2003 年之后，中国粮食总产量稳步提升，只有在 2016 年略有下降，之后又实现了“4 连增”(图 9-4)。人均粮食占有量从 1978 年的 316.6 kg 提高到 2019 年的 474.2 kg，整整提高了 50%，已经高于世界平均水平。2020 年我国人均粮食占有量为 480 kg，较 1996 年 414 kg 增长 16%。中国实现了由“吃不饱”到“吃得饱”、由“吃得饱”向“吃得好、吃得安全”的历史性转变，在保障粮食安全上取得了举世瞩目的巨大成就。

总而言之，从供需比看，我国自产粮食能够满足基本的口粮保障，但若按现实的中国居民膳食结构水平，依然需要进口部分粮食才能满足总体消费需求。

## 9.2.2 主要粮食作物产量预测

《中国农业展望报告 2020—2029》中根据中国宏观经济、政策假设及国际形势预测了中国

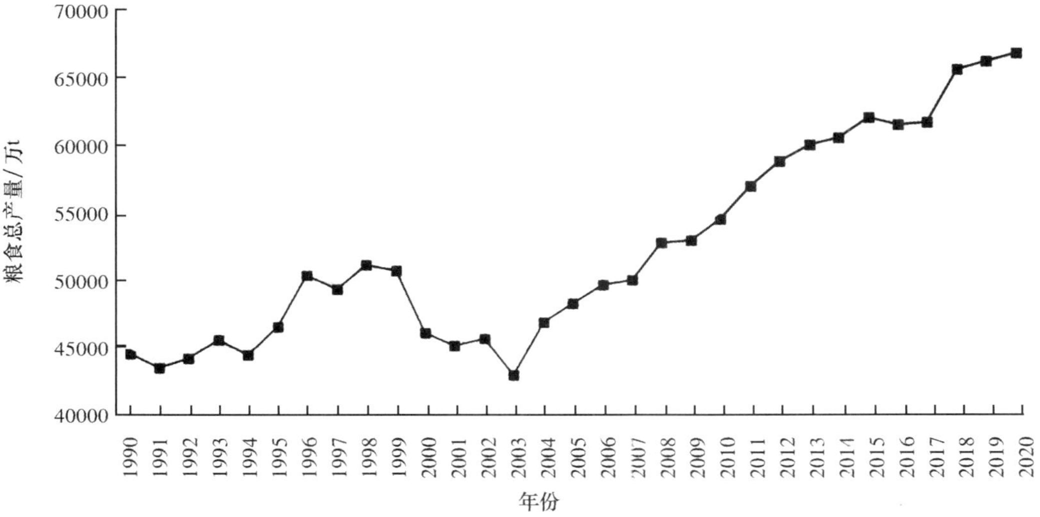


**图 9-4　1990—2020 年中国粮食总产量变化**

主要农产品的产量及消费量。报告指出，未来 10 年，在绿色生产和高质量发展背景下，由于品种改良、基础设施改善和农技优化等因素，中国主要粮食作物的生产水平和效率将显著提升。其中，稻米产量将稳定在 2 亿 t 以上，年均增长 0.6%；小麦总产量将达到 1.35 亿 t 左右，年均增长 0.13%；玉米产量继续高位增长，预计 2029 年将达到 3.38 亿 t，年均增长 2.7%。在新一轮大豆振兴计划实施和市场需求拉动下，大豆播种面积有望继续扩大，产量也会有一定程度的提高，预计 2029 年将达到 2220 万 t(表 9-2 和图 9-5)。不过，大豆生产增加肯定占用其他粮食作物播种耕地，很可能会造成其他粮食作物产量的减少，受影响最大的是玉米。

**表 9-2　中国主要粮食作物产量预测**　万 t

| 农产品类型 | 稻米 | 小麦 | 玉米 | 大豆 | 总计 |
|---|---|---|---|---|---|
| 2019 年实际产量 | 20961 | 13390 | 26100 | 1810 | 62261 |
| 2025 年预计产量 | 21897 | 13474 | 30900 | 2141 | 68412 |
| 2029 年预计产量 | 22456 | 13500 | 33800 | 2220 | 71976 |

数据来源：《中国农业展望报告 2020—2029》

值得提醒的是，我国用全球 9%的耕地、6%的淡水资源，生产了占全球 1/4 的粮食。2017 年，我国稻谷、小麦、玉米的单产比世界平均水平分别高 50.1%、55.2%和 6.2%。这是投入大量化肥、农药、农膜等农业生产资料换来的：我国使用了占世界总量 35%的化肥，在占世界 9%的耕地上，生产了占世界 25%的粮食，可见耕地利用的集约度相当高，这也给我国生态环境带来了很大的压力(第 8 章)。并且，我国北方地区因为耕地高度集约利用造成的水资源赤字开采问题，已经相当严重。随着耕地重心向北方迁移，水土资源不匹配问题将更加突出。因此，如果实现《中国农业展望报告 2020—2029》的预测，农业生产对环境的压力将更加巨大，如果不采取积极措施进行应对，就会超过我国资源环境的承载能力。

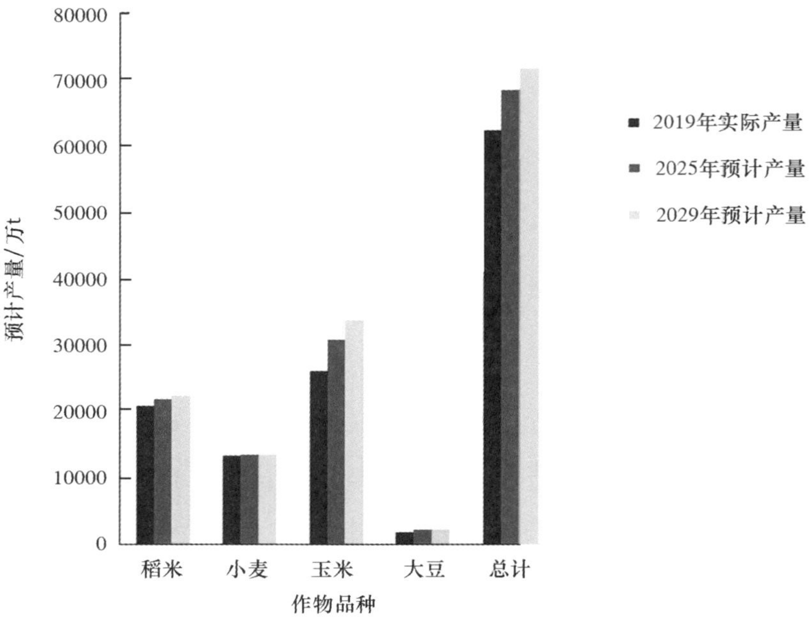


图 9-5 未来 10 年中国主要粮食作物产量变化

# 9.3 世界粮食总产与粮食贸易

## 9.3.1 世界粮食产消及其分布

随着世界经济全球化、一体化的深入发展，特别是近些年来我国持续推动更高水平对外开放，我国粮食市场已深度融入世界市场之中。我国是世界上最大的粮食贸易国和粮食进口国，2018 年，我国粮食对外贸易总量为 11921 万 t，其中进口量为 11555 万 t。全球粮食供求形势变化不仅关系到我国粮食进口，还会影响国内粮食市场的稳定。因此，迫切需要加强对全球粮食供求形势的研究，为统筹用好“两个市场两种资源”提供支撑。

1. 总体供求形势分析

根据联合国粮食及农业组织（FAO）1998/1999—2017/2018 年度数据，近 20 年的世界粮食（玉米、小麦、稻米和大豆的加和）产量、消费量（粮食食用消费、工业消费、饲料消费、种子用消费等的加和）及产消结余如图 9-6 所示。

（1）世界粮食总产量和消费量均呈增长趋势　从图 9-6 中可以看出，1998 年至 2017 年的 20 年间，世界粮食产量与消费量分别从 17.49 亿 t 和 17.85 亿 t 增至 30.56 亿 t 和 30.12 亿 t，年均增幅为 3.74% 和 3.44%，但产量增幅高于消费增幅。

（2）2004—2013 年粮食产量波动大，多个年份供不应求，近年产量大于消费量　2004 年至 2013 年间的多个年份，全球粮食供不应求。世界粮食主产国减产，导致粮食产量缩减，产需缺口问题显著，10 年间平均粮食缺口 2508.97 万 t。2007 年世界粮食危机发生后，各国政府更加重视粮食生产，粮食产量有较大提升。2014 年至 2017 年，全球粮食供需呈宽松态势，有年度产消结余。

图 9-6　世界粮食产量、消费及产消结余情况

数据来源：FAO 数据库

2. 区域供求形势分析

本书按照地理位置将世界主要的粮食产区划分为以下区域：北美、南美、中美、东亚、东南亚、南亚、西亚、东欧、南欧、西欧、北欧、东非、中非、北非、非洲南部、西非、大洋洲。对世界不同区域在1997年、2007年与2017年的粮食总产与消费情况、粮食结余与自给率情况、人口数量与人均粮食消费量情况进行综合分析，当前世界粮食供求形势可以概括为以下几点。

(1)区域粮食供求不平衡，亚洲及非洲部分地区存在消费量大于产量的情况　1997—2017年，从粮食自给率来看，北美、南美、东欧、西欧、南非、大洋洲等地区的粮食产量大于消费量，自给率常年在100%以上。而亚洲、非洲的多数地区均存在消费量大于粮食产量的供不应求的情况。从粮食生产和消费的绝对量来看，北美洲、南美洲、东亚、南亚、东南亚等地区是产量和消费量最大的地区(表 9-3，表 9-4)。

表 9-3　主要区域粮食总产和消费情况

| 地区/年份 | 产量/万 t | | | | 消费量/万 t | | | |
|---|---|---|---|---|---|---|---|---|
| | 1997 | 2007 | 2017 | 年均增长率/% | 1997 | 2007 | 2017 | 年均增长率/% |
| 北美 | 41431.5 | 50029.0 | 62502.2 | 2.54 | 28423.5 | 36766.3 | 47231.4 | 3.31 |
| 中美 | 2487.8 | 3132.1 | 3718.3 | 2.47 | 3599.4 | 4836.6 | 6268.1 | 3.71 |
| 南美 | 12752.1 | 23632.0 | 39777.1 | 10.60 | 11412.3 | 17935.5 | 27828.9 | 7.19 |
| 东亚 | 39486.0 | 41550.4 | 64281.8 | 3.14 | 43557.6 | 48314.1 | 79687.0 | 4.15 |
| 南亚 | 23418.0 | 29849.9 | 43787.3 | 4.35 | 24149.4 | 29362.6 | 43635.4 | 4.03 |

续表 9-3

| 地区/年份 | 产量/万 t | | | | 消费量/万 t | | | |
|---|---|---|---|---|---|---|---|---|
| | 1997 | 2007 | 2017 | 年均增长率/% | 1997 | 2007 | 2017 | 年均增长率/% |
| 东南亚 | 11164.7 | 15545.4 | 27158.6 | 7.16 | 11864.1 | 16100.6 | 27980.1 | 6.79 |
| 西亚 | 2660.4 | 2961.4 | 3546.8 | 1.67 | 4071.2 | 5458.8 | 6893.2 | 3.47 |
| 东欧 | 12774.7 | 11380.1 | 23474.6 | 4.19 | 10598.6 | 10376.6 | 12547.9 | 0.92 |
| 南欧 | 5006.0 | 4452.1 | 4081.8 | −0.92 | 6617.2 | 6974.7 | 7168.5 | 0.42 |
| 西欧 | 8098.0 | 7936.9 | 9077.8 | 0.60 | 6619.4 | 7882.0 | 8973.1 | 1.78 |
| 北欧 | 2511.7 | 2447.7 | 3173.7 | 1.32 | 2640.5 | 2897.7 | 3289.3 | 1.23 |
| 中非 | 148.3 | 250.1 | 623.6 | 16.02 | 254.9 | 481.9 | 1028.6 | 15.18 |
| 东非 | 1791.3 | 2613.9 | 4370.1 | 7.20 | 2200.1 | 3124.9 | 5457.3 | 7.40 |
| 北非 | 2030.1 | 2458.8 | 3332.4 | 3.21 | 4209.9 | 5596.3 | 7546.8 | 3.96 |
| 非洲南部 | 1308.0 | 939.8 | 2011.9 | 2.69 | 1219.1 | 1496.5 | 1970.9 | 3.08 |
| 西非 | 1403.3 | 1787.7 | 4377.2 | 10.60 | 1964.3 | 3002.4 | 6247.0 | 10.90 |
| 大洋洲 | 2114.9 | 1449.9 | 3373.1 | 2.97 | 588.8 | 823.4 | 1054.8 | 3.96 |

数据来源：FAO 数据库

**表 9-4 主要区域粮食需求结余与自给率情况**

| 地区/年份 | 产消结余/万 t | | | 自给率/% | | |
|---|---|---|---|---|---|---|
| | 1997 | 2007 | 2017 | 1997 | 2007 | 2017 |
| 北美 | 13008.0 | 13262.7 | 15270.8 | 145.76 | 136.07 | 132.33 |
| 中美 | −1111.6 | −1704.5 | −2549.8 | 69.12 | 64.76 | 59.32 |
| 南美 | 1339.8 | 5696.5 | 11948.2 | 111.74 | 131.76 | 142.93 |
| 东亚 | −4071.6 | −6763.7 | −15405.2 | 90.65 | 86.00 | 80.67 |
| 南亚 | −731.4 | 487.3 | 151.9 | 96.97 | 101.66 | 100.35 |
| 东南亚 | −699.4 | −555.2 | −821.5 | 94.10 | 96.55 | 97.06 |
| 西亚 | −1410.8 | −2497.4 | −3346.4 | 65.35 | 54.25 | 51.45 |
| 东欧 | 2176.1 | 1003.5 | 10926.7 | 120.53 | 109.67 | 187.08 |
| 南欧 | −1611.2 | −2522.6 | −3086.7 | 75.65 | 63.83 | 56.94 |
| 西欧 | 1478.6 | 54.9 | 104.7 | 122.34 | 100.70 | 101.17 |
| 北欧 | −128.8 | −450.0 | −115.6 | 95.12 | 84.47 | 96.49 |
| 中非 | −106.6 | −231.8 | −405.0 | 58.18 | 51.90 | 60.63 |
| 东非 | −408.8 | −511.0 | −1087.2 | 81.42 | 83.65 | 80.08 |
| 北非 | −2179.8 | −3137.5 | −4214.4 | 48.22 | 43.94 | 44.16 |
| 非洲南部 | 88.9 | −556.7 | 41.0 | 107.29 | 62.80 | 102.08 |
| 西非 | −561.0 | −1214.7 | −1869.8 | 71.44 | 59.54 | 70.07 |
| 大洋洲 | 1526.1 | 626.5 | 2318.3 | 359.19 | 176.09 | 319.79 |

数据来源：FAO 数据库

从产消结余看，北美、南美、南亚、东欧、西欧、非洲南部、大洋洲粮食产量大于消量，且结余量逐年增加。如北美结余量从1997年的13008.0万t扩大到2017年的15270.8万t，南美结余量从1997年的1339.8万t扩大至2017年的11948.2万t；而中美、东亚、东南亚等地区粮食产不抵消，且缺口呈扩大态势，分别从1997年的1111.6万t、4071.6万t、699.4万t扩大至2017年2549.8万t、15405.2万t、821.5万t。总体来看，区域间粮食供求很不平衡，两极分化严重。

从自给率看，大于100%可实现完全自给；在95%～100%，属于基本自给；在90%～95%，属于可以接受的安全水平；而自给率小于90%，则表明粮食存在安全风险。根据2017年度数据可知，目前全球能够实现完全自给的地区有7个，分别是北美、南美、南亚、东欧、西欧、非洲南部和大洋洲。属于基本自给的有两个地区，分别是东南亚和北欧。而粮食安全存在风险的地区有8个，分别是中美、东亚、西亚、南欧、中非、东非、北非和西非。总体来看，北美、南美等地区粮食自给率高，而北部非洲和撒哈拉以南非洲粮食保障能力较弱。

(2)全球多数地区粮食产量和消费量呈增长趋势 从总产量上看，南美、东南亚、东非、西非、中非等第三世界地区粮食产量增长较快。其中南美地区粮食产量增长量最大，20年间从12752.1万t增至39777.1万t，增幅约212%。其他地区的产量与消费量都有不同程度的增长，但是对比不同地区产量和消费量的增长率可以发现，除了南亚、东南亚等地区以外，多数地区的粮食消费量增长速度高于产量增长速度，这表明近20年来，全球大部分地区的粮食供需仍然处于紧张的状态。

(3)人均粮食消费量区域差异大，欧美发达地区较高，非洲等落后地区最低 从人均消费上看，北美、欧洲等社会经济较发达地区的人均粮食消费量较高，其中美国的人均消费量在2007年以后甚至达到了1000 kg/年以上。相比之下，2017年，中非、东非、西非等地区的人均粮食消费量分别仅为126.40 kg/年、147.65 kg/年、168.31 kg/年(表9-5)。非洲地区部分国家依然存在食不果腹的现象，撒哈拉以南非洲粮食单产水平全球最低，比全球最高水平的北美洲低4.0 t/hm$^2$，这主要是由于农业生产技术水平低、农业基础设施落后(美国农业部FAS数据库)。同时，全球绝大多数地区的人口数量也在不断增长(除东欧人口负增长)，所有区域的人均粮食消费均呈增长态势(FAO官网)，特别是东亚地区人均消费量增长很快。

**表9-5 主要区域人口数量与人均粮食消费量情况**

| | 人口数量/万人 | | | 人均粮食消费量/[kg/(人·年)] | | | |
|---|---|---|---|---|---|---|---|
| | 1997 | 2007 | 2017 | 1997 | 2007 | 2017 | 年均增长率/% |
| 北美 | 30453.5 | 33683.8 | 36181.7 | 933.34 | 1091.51 | 1305.40 | 1.99 |
| 中美 | 13272.5 | 15398.5 | 17332.7 | 271.19 | 314.10 | 361.63 | 1.67 |
| 南美 | 33245.1 | 38116.6 | 41962.6 | 343.28 | 470.54 | 663.18 | 4.66 |
| 东亚 | 148018.6 | 156623.4 | 165976.8 | 294.27 | 308.47 | 480.11 | 3.16 |
| 南亚 | 137094.3 | 161419.8 | 187249.6 | 176.15 | 181.90 | 233.03 | 1.61 |
| 东南亚 | 49737.3 | 57129.9 | 64232.7 | 238.54 | 281.82 | 435.61 | 4.13 |
| 西亚 | 15378.6 | 19023.3 | 24064.2 | 264.73 | 286.95 | 286.45 | 0.41 |
| 东欧 | 30827.1 | 29713.6 | 29405.6 | 343.81 | 349.22 | 426.72 | 1.21 |
| 南欧 | 14425.3 | 15215.5 | 15265.1 | 458.72 | 458.39 | 469.60 | 0.12 |

续表 9-5

| | 人口数量/万人 | | | 人均粮食消费量/[kg/(人·年)] | | | |
|---|---|---|---|---|---|---|---|
| | 1997 | 2007 | 2017 | 1997 | 2007 | 2017 | 年均增长率/% |
| 西欧 | 18316.1 | 18926.3 | 19380.9 | 361.40 | 416.46 | 462.99 | 1.41 |
| 北欧 | 9361.4 | 9711.5 | 10437.6 | 282.06 | 298.38 | 315.14 | 0.59 |
| 中非 | 4253.7 | 5698.1 | 8137.8 | 59.92 | 84.57 | 126.40 | 5.55 |
| 东非 | 21452.7 | 28209.5 | 36961.8 | 102.56 | 110.77 | 147.65 | 2.20 |
| 北非 | 16204.2 | 19064.2 | 22566.0 | 259.80 | 293.55 | 334.43 | 1.44 |
| 非洲南部 | 4913.1 | 5669.0 | 6483.4 | 248.13 | 263.98 | 303.99 | 1.13 |
| 西非 | 21639.7 | 28107.9 | 37115.4 | 90.77 | 106.82 | 168.31 | 4.27 |
| 大洋洲 | 2433.6 | 2779.7 | 3194.8 | 241.95 | 296.22 | 330.16 | 1.82 |

数据来源：FAO 数据库

### 9.3.2 世界粮食贸易格局

(1)1961—2018 年，全球粮食贸易量增速先下降后上升，近 10 年来迅猛增长　据 FAO 统计数据显示，全球粮食贸易量从 1961 年的 14141.3 万 t 增长到 2017 年的 122009.5 万 t，增长了 7.63 倍，年均增长 13.62%(图 9-7)。虽然个别年份贸易量有下降，但总体上看，世界粮食贸易量呈不断上升的趋势。但是，国际粮食贸易量有限：贸易总量 2.5 亿～3 亿 t，不到我国粮食消费量的一半，其中大米贸易量 3500 万～4000 万 t，仅相当于我国消费量的 1/4。

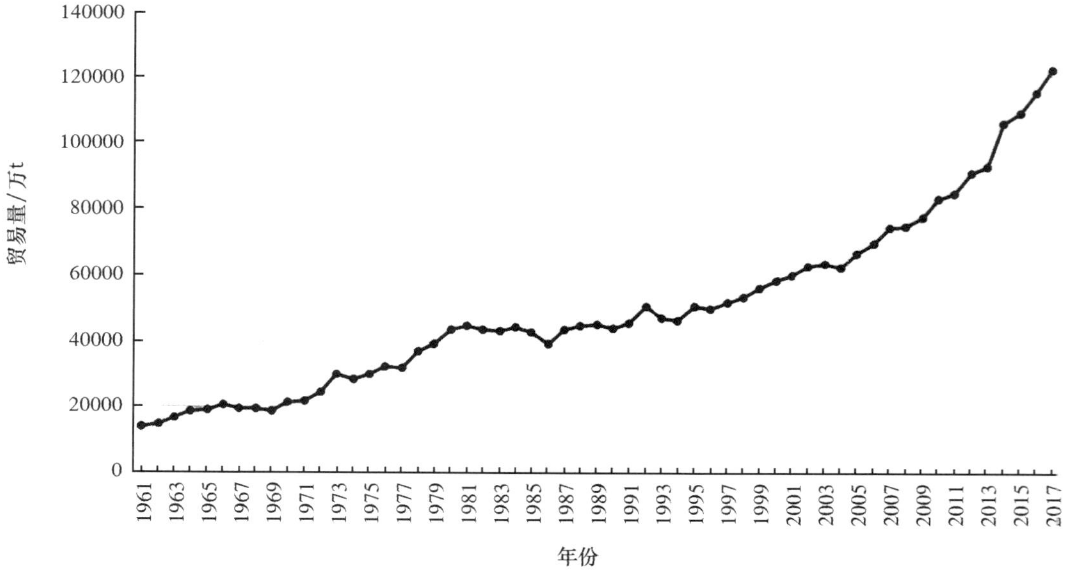


**图 9-7　世界粮食贸易量**

(2)美欧是粮食出口主要地区，亚洲粮食进口量最多　整体而言，从出口量的分布来看，美洲、欧洲长期以来一直是世界粮食出口的中心区域(图 9-8)。从进口量分布来看，亚洲作为世界人口最多的大洲，世界粮食进口主要聚集地的效应日益明显，尤其是人口密集的东亚地区，已经成为粮食进口第一大区域，其中中国是世界粮食进口量最大的国家(FAO 官网)。而欧洲从早期的最大进口中心降为第二大进口中心，但依然是世界粮食进口的主要区域之一，非洲作为粮食进口上升速度最快的地区，近年来已成为继亚洲、欧洲后的第三大粮食进口区域(图 9-9)。

具体来看，一个国家或地区年内的粮食净出口或净进口规模变化能反映出世界粮食贸易的地区结构变化及该国或地区对世界粮食安全的贡献度。由图 9-8、图 9-9 可知，在粮食贸易方面，美洲是自 1961 年以来年净出口规模最大的地区，2017 年粮食净出口达到了 24941.1 万 t，比 1961 年增长了 20920.4 万 t；大洋洲尽管净出口规模不大，但多年来都保持了较快的粮食出口增长与较慢且规模甚小的粮食进口增长，因此，大洋洲粮食净出口也呈平稳增长趋势，2017 年的净出口量 2104.2 万 t，比 1961 年增长 482.6 万 t；欧洲已由原来的粮食净进口地区变为了粮食净出口地区，在 1980 年达到 6579.6 万 t 的净进口后，净进口规模不断缩小，到 2017 年已变为 6633.8 万 t 的净出口；亚洲则是世界谷类粮食净进口规模最大的地区。50 多年来，亚洲的粮食净进口规模持续增加，2017 年已达 22366.2 万 t，比 1961 年扩大了 22169.8 万 t；非洲粮食也一直处于净进口地位，且净进口规模直线上升，1961 年仅 203.1 万 t，2017 年已达到 8389.6 万 t。

(3)美国、巴西、阿根廷是主要粮食出口国，中国是最大的粮食进口国　在粮食出口方面，世界排名前 10 的国家/地区包括美国、巴西、阿根廷、乌克兰、俄罗斯、加拿大、澳大利亚、法国、印度和泰国(表 9-6)。从不同粮食类型的出口量来看：美国、巴西、阿根廷是最主要的玉米出口国；印度、泰国和越南是最主要的稻米出口国；俄罗斯、美国、加拿大是最主要的小麦出口国；美国、阿根廷、巴拉圭是最主要的大豆出口国。

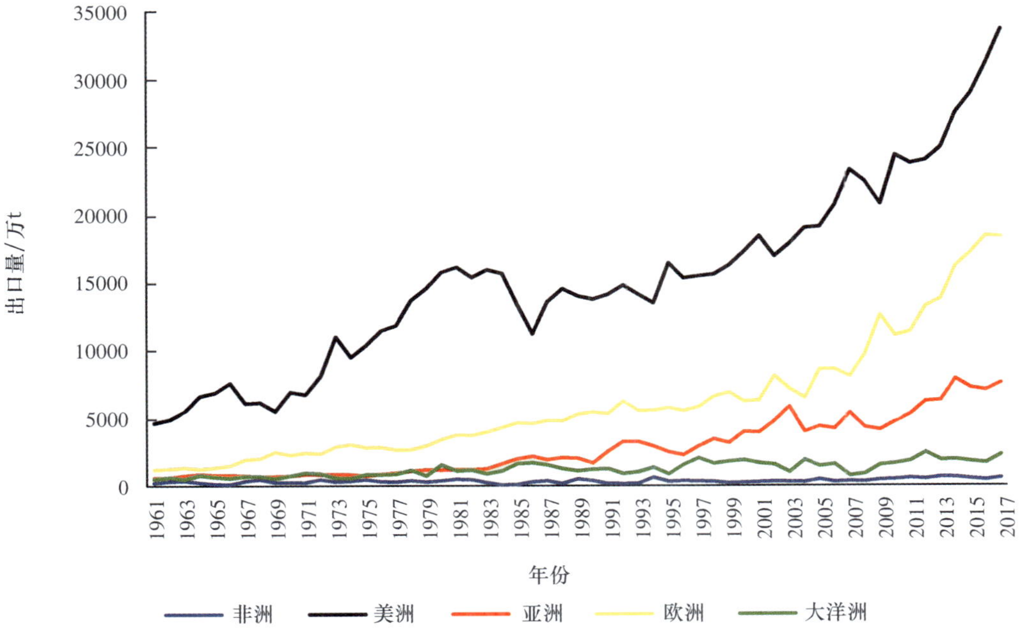


图 9-8　世界各地区粮食出口量

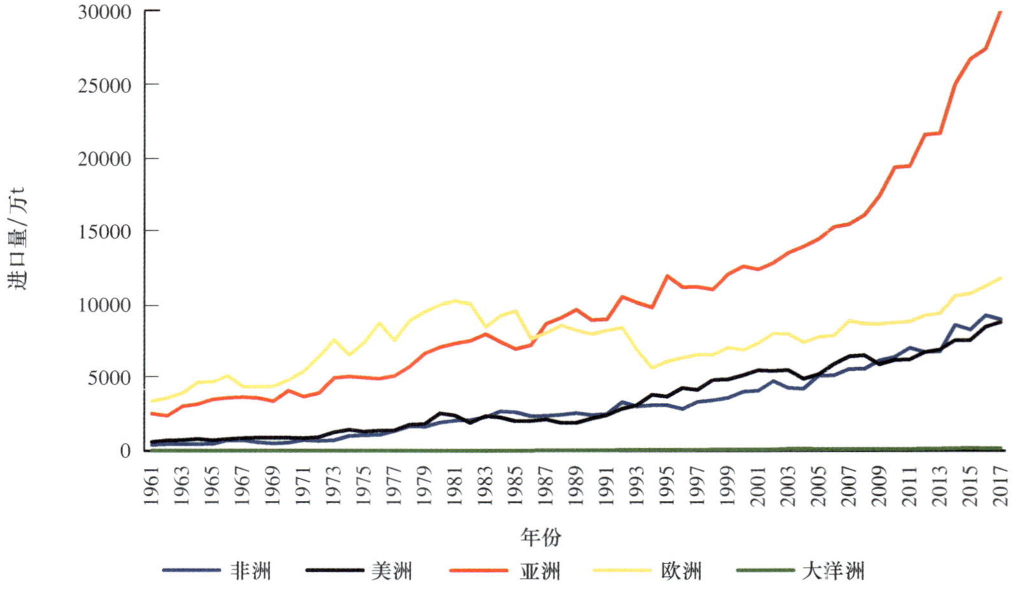


**图 9-9 世界各地区粮食进口量**

**表 9-6 2017 年世界粮食主要出口国** 万 t

| 排名 | 总出口量 | | 玉米 | | 稻米 | | 小麦 | | 大豆 | |
|---|---|---|---|---|---|---|---|---|---|---|
| 1 | 美国 | 14243 | 美国 | 5351 | 印度 | 1809 | 俄罗斯 | 3354 | 美国 | 5541 |
| 2 | 巴西 | 9932 | 巴西 | 2956 | 泰国 | 1761 | 美国 | 2873 | 阿根廷 | 740 |
| 3 | 阿根廷 | 4581 | 阿根廷 | 2378 | 越南 | 612 | 加拿大 | 2343 | 巴拉圭 | 612 |
| 4 | 乌克兰 | 4043 | 乌克兰 | 1953 | 美国 | 478 | 澳大利亚 | 2230 | 加拿大 | 467 |
| 5 | 俄罗斯 | 3958 | 俄罗斯 | 522 | 巴基斯坦 | 475 | 乌克兰 | 1803 | 乌拉圭 | 325 |
| 6 | 加拿大 | 2991 | 法国 | 446 | 中国 | 179 | 法国 | 1677 | 乌克兰 | 287 |
| 7 | 澳大利亚 | 2270 | 罗马尼亚 | 379 | 中国大陆 | 174 | 阿根廷 | 1404 | 荷兰 | 110 |
| 8 | 法国 | 2143 | 匈牙利 | 359 | 缅甸 | 143 | 德国 | 1100 | 俄罗斯 | 52 |
| 9 | 印度 | 1991 | 南非 | 258 | 乌拉圭 | 139 | 哈萨克斯坦 | 726 | 印度 | 30 |
| 10 | 泰国 | 1904 | 墨西哥 | 194 | 意大利 | 111 | 土耳其 | 645 | 罗马尼亚 | 27 |

从粮食进口来看,世界排名前 10 的国家/地区包括中国大陆、墨西哥、日本、埃及、西班牙、荷兰、大韩民国、意大利、越南、印度尼西亚。我国是世界上最大的粮食进口国,2017 年,中国大陆地区粮食进口量达 10908.1 万 t,是第二名墨西哥的 4 倍以上。从不同的粮食种类来看,中国大陆地区的稻米和大豆进口量均排在世界第一位。尤其是大豆。2017 年,中国大陆地区的大豆进口量达 9553.8 万 t,是第二名墨西哥的 22 倍(表 9-7)。

表 9-7　2017 年世界粮食主要进口国　万 t

| 排名 | 总进口量 | | 玉米 | | 稻米 | | 小麦 | | 大豆 | |
|---|---|---|---|---|---|---|---|---|---|---|
| 1 | 中国大陆 | 10908 | 墨西哥 | 1551 | 中国大陆 | 593 | 印度尼西亚 | 1063 | 中国大陆 | 9554 |
| 2 | 墨西哥 | 2649 | 日本 | 1453 | 科特迪瓦 | 219 | 埃及 | 1020 | 墨西哥 | 434 |
| 3 | 日本 | 2474 | 大韩民国 | 1023 | 伊朗 | 205 | 阿尔及利亚 | 811 | 荷兰 | 390 |
| 4 | 埃及 | 1987 | 埃及 | 846 | 塞内加尔 | 176 | 意大利 | 799 | 西班牙 | 340 |
| 5 | 西班牙 | 1805 | 越南 | 798 | 南非 | 162 | 西班牙 | 688 | 日本 | 322 |
| 6 | 荷兰 | 1677 | 西班牙 | 758 | 沙特阿拉伯 | 157 | 中国 | 685 | 德国 | 304 |
| 7 | 大韩民国 | 1651 | 伊朗 | 734 | 菲律宾 | 134 | 荷兰 | 679 | 泰国 | 275 |
| 8 | 意大利 | 1529 | 荷兰 | 567 | 伊拉克 | 131 | 日本 | 605 | 印度尼西亚 | 254 |
| 9 | 越南 | 1445 | 意大利 | 556 | 墨西哥 | 131 | 德国 | 603 | 中国台湾省 | 254 |
| 10 | 印度尼西亚 | 1444 | 哥伦比亚 | 494 | 马来西亚 | 119 | 菲律宾 | 587 | 土耳其 | 234 |

通过分析可以发现，尽管非洲地区粮食严重供不应求，但是当地多数国家的粮食进口量较少，2017 年，中非共和国、乍得、刚果三个中非地区国家粮食进口量分别仅 1.14 万 t、5.56 万 t、24.33 万 t。据估计，受旱灾影响，由于粮食减产，非洲中西部地区约有 1000 万人口受到饥荒影响。食物不足，但粮食进口量很少，主要是由于这些国家长期经济落后，没有足够外汇购买粮食（联合国，2012；环球网，2012）。

### 9.3.3　中国的粮食进口贸易

中国是传统的粮食生产和消费大国，在世界粮食贸易中占有重要地位，每年都有较大的进出口数量，尤其是中国加入世贸组织后，粮食贸易总量较入世前有显著增加。中国的粮食进口比例常年在 10%左右，其中大豆的进口占比超过 80%。

（1）中国粮食进口量呈上升趋势，出口量呈下降趋势　根据 FAO 的统计数据显示，近 20 年，我国粮食进口量与进口比例呈上升趋势，出口量与出口比例呈下降趋势。其中，中国粮食进口量（包括港、澳、台地区）从 1997 年的 1418.6 万 t 增长为 2017 年的 11905.1 万 t，涨幅巨大，达到 7.39 倍，年均增长率为 36.96%。而粮食出口量并没有随产量的上升而增加，从 1997 年的 927.2 万 t，降低至 2017 年的 321.7 万 t，下降了 65.30%，年均增长率为 −3.27%（图 9-10，图 9-11）。1998—2017 年我国粮食的进、出口比例由 1.5∶1增加至 37∶1，这表明随着工业化城市化的快速发展以及人民膳食结构的改善，我国目前对粮食的进口依赖度越来越高。

（2）随着居民膳食结构的改善，近年来我国粮食进口主要以大豆为主　随着居民膳食结构的不断改善，居民日常生活中的肉蛋奶消费不断增加，因此，我国大豆进口量越来越多。进口的主要是榨油大豆，榨油副产品豆粕用于牲畜饲料。我国大豆过去生产主要在东北地区，但近年来东北地区普遍改种了光温利用效率更高的玉米，这使得我国对大豆的进口依赖程度日益加深。而每年进口的大米、小麦分别只占国内消费总量的 1%和 2%，主要起到品种串换和调剂作用（商务部，2020）。

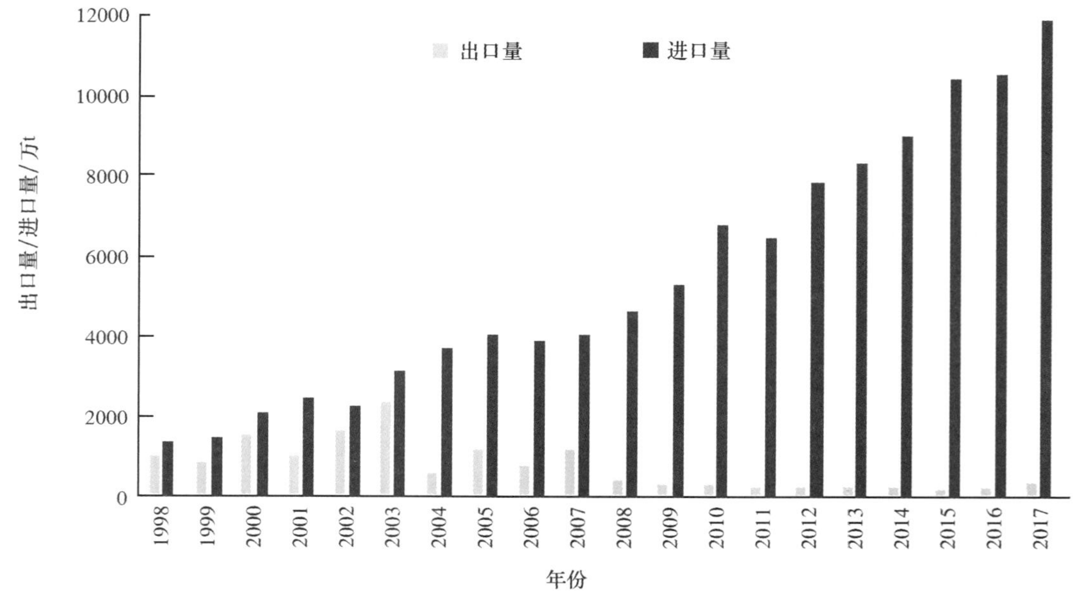


**图 9-10　中国粮食进出口量及国内供应量**

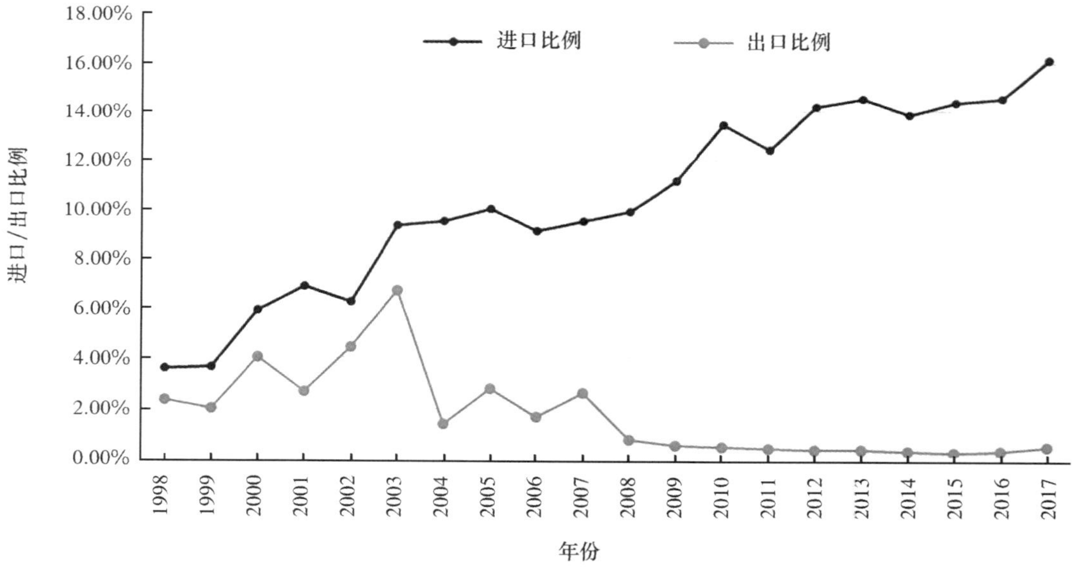


**图 9-11　中国粮食进出口比例情况**

注：进口比例＝进口量/(产量＋进口量－出口量)
出口比例＝出口量/(产量＋进口量－出口量)

据 FAO 统计数据显示，1995 年以后，大豆在我国的粮食进口总量中的占比迅速提高(图 9-12)。2018 年，中国粮食进口总量为 10254.71 万 t，其中玉米、水稻、小麦、大豆四种主要粮食作物的进口量分别为 772.15 万 t、1.83 万 t、411.56 万 t、9069.17 万 t。大豆进口量占全部粮食进口量的 88.43%。

总体上看，我国粮食进口量不断加大，贸易逆差扩大。在人多地少的客观国情下，随着居民粮食消费水平的不断提高以及对优质粮食需求的持续增加，国内粮食缺口长期存在且有进一步扩大的趋势。大量的粮食进口，已经成为了解决我国产需失衡、保障粮食安全的重要途径。

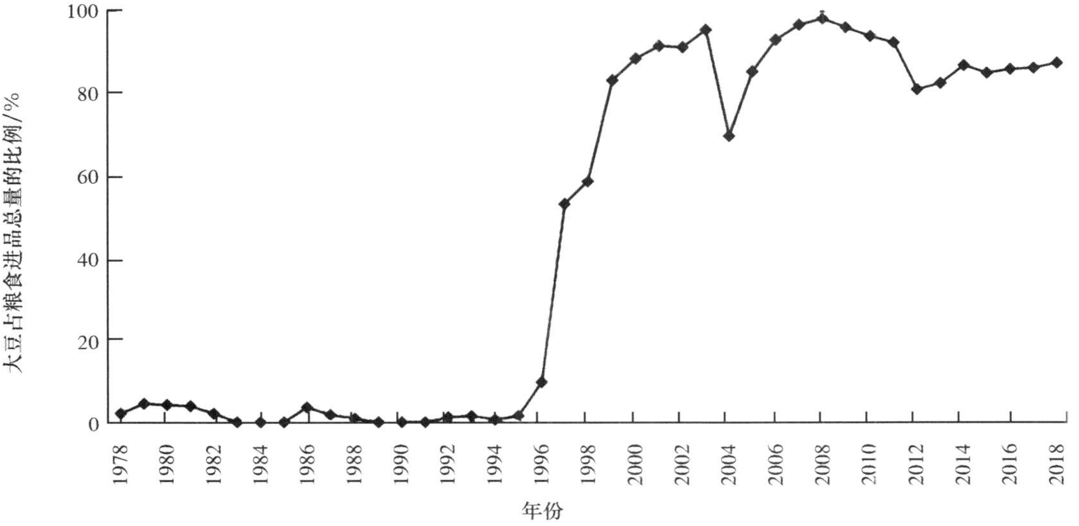


图 9-12　大豆在中国粮食进口总量占比

## 9.4　中国粮食自给率变化和国际市场供给风险分析

2019 年 10 月 14 日，国务院新闻办发表《中国的粮食安全》白皮书，这是继 1996 年《中国的粮食问题》后，中国政府发布的第二部关于粮食安全问题的白皮书。白皮书全景式展现了 70 年来，特别是党的十八大以来中国粮食安全事业发展取得的历史性成就、发生的历史性变革，全面介绍中国深入实施国家粮食安全战略，推动粮食产业高质量发展的理念和实践，阐明中国将坚定维护世界粮食安全，推动构建人类命运共同体。白皮书中指出，目前我国谷物自给率超过 95%，为保障国家粮食安全、促进经济社会发展和国家长治久安奠定了坚实的物质基础。

### 9.4.1　中国粮食自给率变化

粮食自给率用来衡量一个国家和地区粮食的自给程度，既是评估国家粮食安全的重要指标，也是必须得到高度重视和需要科学对待的问题。粮食自给率通常用一个国家和地区的粮食生产量占总需求量的百分数来表示。

根据定义，粮食自给率一般采用粮食总产量($G$)占总消费需求量($D$)的百分数表示。

$$w = G/D \times 100\%$$

式中：$w$ 为粮食自给率；$G$ 为粮食总产量；$D$ 为粮食需求量。一般地，自给率在 100%以上，就是完全自给；在 95%～100%，属于基本自给；在 90%～95%，属于可以接受的安全水平；而自给率小于 90%，则表明粮食存在安全风险。

我国大多数经济学家和学者认为粮食自给率小于90%为不安全，在90%～95%即达到可以接受的安全水平，大于95%达到足够的粮食安全水平。我国粮食安全中长期规划纲要(2008—2020年)中指出："保障粮食等重要食物等基本自给，粮食自给率要稳定在95%以上。"

1.中国粮食自给率的变化

按照FAO的统计数据，1998—2017年，中国的粮食自给率①基本维持在90%左右(图9-13)，2005年以后，粮食自给率呈现出明显的下滑趋势。

具体而言，1998年我国粮食自给率为103.07%，能够实现完全自给，随后一直呈下降趋势，2003年粮食自给率为81.30%为历史最低，粮食安全水平不足。2008年粮食自给率为94.94%，处于90%～95%，属于可以接受的粮食安全水平。随后粮食自给率整体呈现明显下降趋势，粮食自给率低于90%。

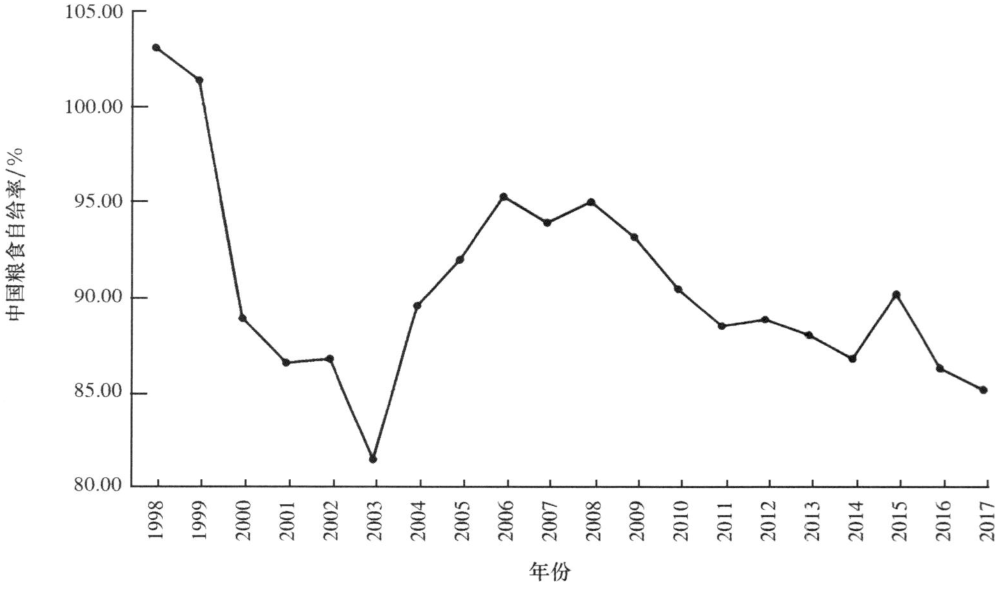


**图9-13 中国粮食自给率变化情况**

数据来源：FAO数据库

2.未来中国粮食自给率的预测

以前文《中国农业展望报告2020—2029》(农业部，2020)中粮食需求量和产量的预测数据为基础，对中国2025年和2029年主要粮食作物的自给率进行分析，结果表明，未来10年内，我国稻米的自给率能够一直维持在较高的水平；小麦和玉米的自给率能够维持在95%以上；大豆的自给率将长期处于较低的水平，2025年和2029年的自给率分别为18.43%和18.53%。总体上看，2025年和2029年，4种主要作物的自给率分别为95.31%和96.83%(表9-8)。

尽管近年来我国粮食安全形势持续向好，但是从长远来看，我国粮食产需还将长期处于紧

① 国际上粮食的统计口径和中国略有不同，FAO统计数据中粮食包括水稻、玉米、小麦和豆类。

平衡状态，粮食安全形势依然严峻。因此，在未来人民生活水平不断提高、居民膳食结构不断改善、人口不断增长的前提下，要想保障我国的粮食安全，必须通过耕地保护、农业技术革新等措施来提高粮食产量。

表 9-8 中国主要粮食作物自给率预测

| 农产品类型 | | 稻米 | 小麦 | 玉米 | 大豆 | 总计 |
|---|---|---|---|---|---|---|
| 2025 年 | 产量/万 t | 21897 | 13474 | 30900 | 2141 | 68412 |
| | 需求量/万 t | 15428 | 13634 | 31100 | 11619 | 71781 |
| | 自给率/% | 141.93 | 98.83 | 99.36 | 18.43 | 95.31 |
| 2029 年 | 产量/万 t | 22456 | 13500 | 33800 | 2220 | 71976 |
| | 需求量/万 t | 15605 | 14043 | 32700 | 11982 | 74330 |
| | 自给率/% | 143.90 | 96.13 | 103.36 | 18.53 | 96.83 |

数据来源：《中国农业展望报 2020—2029》

### 9.4.2 国际市场主要风险

以目前国内的耕地资源和单产水平，我国粮食供应存在缺口。因此，为保障国家粮食安全，满足粮食增长需求，利用国际市场、进口国外粮食将不可避免（毛学峰，2015）。但是，我们需要清醒地认识到，当前国际市场的粮食供给存在着多种风险。

1. 气候变化、疫情及自然灾害

前文 FAO 的统计数据显示，全球粮食体系新格局的关键特征是，粮食生产越来越集中在少数区域且产量增长呈减缓趋势，但对粮食的需求却呈扩大之势。

气候变化有明显的区域特征，极端天气和农业自然灾害已成为中国乃至世界农业可持续发展的重要障碍因素。全球气候变化将对世界范围内的粮食生产有着重要的影响。近百年来，全球变暖导致小麦等农作物种植北界不同程度北移西扩，在这种情况下，中国粮食产量有一定程度的增加（中国气象局，2010；杨晓光，2010）。但同时，这也会造成西北地区的水资源过度消耗，不利于未来我国农业的可持续发展。此外，从地质历史变化的角度来看，地球上的气候经历了多次冷暖干湿的变迁，由此引发的极端天气可能会造成粮食减产，这势必也会对我国的粮食进口造成风险。

除气候变化以外，2020 年初，随着新型冠状病毒在世界范围内的大流行，全球粮食生产、粮食加工、物流运输、消费贸易、供应链等多个环节受到了严重的冲击。疫情对于全球粮食态势造成影响并加剧了现有的粮食问题，全球粮食市场在未来数年可能面临较强的不确定性，对大豆、食用植物油、棉花和肉类等供应可能造成短期影响。除疫情外，蝗灾、非洲猪瘟等自然灾害也使得全球农业面临着巨大的挑战。在这种背景下，2020 年，联合国发出警告，全球濒临至少 50 年来最严重的粮食危机，粮食安全再次成为人类面临的严峻的挑战。

2. 禁运风险

当前国际粮食市场的一个显著特征，是粮食出口的绝大部分被美国、加拿大、澳大利亚等西方国家所支配，尤其是美国谷物出口大多数年份占到世界出口总量的一半左右。从贸易历史来看，粮食禁运可以分为政治性禁运和经济性禁运两种类型。2007—2008 年全球粮食危机期间，为了应对飞涨的国际粮食价格以及优先供应国内，很多粮食主产国为了保护本国粮食市场，直接对某些粮食品种实施了出口禁运措施(FAO 官网)。近年来，为了达到经济制裁、反制裁、稳定国内市场等目的，国际上发生了一系列的粮食禁运事件(表 9-9)。

表 9-9　2000—2019 年国际粮食禁运

| 时间 | 实施的国家/地区 | 目标国/地区 | 措施 | 目的 |
|---|---|---|---|---|
| 2007 | 印度 | 国际市场 | 印度严禁小麦和非巴斯马蒂稻米出口 | 稳定国内市场 |
| 2008 | 越南、乌克兰 | 国际市场 | 严禁稻米、小麦出口 | 稳定国内市场 |
| 2011 | 俄罗斯 | 国际市场 | 粮食出口禁运 | 稳定国内市场 |
| 2014 | 俄罗斯 | 美国、欧盟各国、加拿大、澳大利亚和挪威 | 禁止进口农产品、农业原料和粮食 | 反制裁 |
| 2014 | 俄罗斯 | 欧盟、美国、加拿大、澳大利亚、挪威 | 粮食出口禁运 | 反制裁 |
| 2014 | 欧盟 | 俄罗斯、克里米亚 | 粮食出口禁运 | 经济制裁 |
| 2016 | 俄罗斯 | 乌克兰 | 粮食出口禁运 | 反制裁 |

数据来源：FAO 官网

当前我国的粮食进口正在快速增长，进口粮食的性质已经从过去的品种调剂转为大规模进口，国际市场对我国粮食安全的重要性正与日俱增，个别品种(如大豆)当前已经高度依赖国际市场进口。2019 年中国粮食产量 66384 万 t，累计进口谷物和谷物粉 1785.1 万 t，进口大豆 8851.1 万 t，合计 10609.2 万 t；同时，2019 年我国各种肉类进口总量为 484.1 万 t，同比增长 58%；中国乳制品进口数量达 297.31 万 t，同比 2018 年增长 12.8%(中国海关，2020)。另外，我国主要进口粮食品种的来源地相对集中，对某些国家的依赖程度也很高。如我国小麦进口来源地主要是加拿大、澳大利亚、美国和法国，大豆进口来源地主要是美国、巴西、阿根廷，大米进口主要集中于泰国。由于政治、经济等原因导致粮食禁运发生时，我国的粮食安全将面临巨大的挑战。

3. 国际商贸与政治风险

当今世界的政治、经济形势一直发生变化，因此国际市场上的多边贸易关系也随之改变，国与国之间的贸易掺杂着合作与竞争，贸易谈判和贸易摩擦经常发生，而且针对不同的国家都会有不同的贸易策略。世界粮食市场情况、国际政治形势等原因都可能束缚一个国家的粮食贸易，如贸易壁垒将限制出口，补贴政策则激励出口，禁运条例会影响进口，取消关税则推动进口。但凡一个国家或者地区发生过政治斗争、战争、贸易萧条或者经济制裁，其粮食安全一定受到破坏，甚至暴发粮食危机，只能等待国际救援。可见全球复杂的商贸关系对各个国家的粮食生产和进出口都会产生影响。当前我国的工业出口因加征关税受阻，致使外汇减少，也会对粮食进口造成风险。

另一个不得不考虑的情况是，随着国际资本向不发达国家和地区的转移，未来，非洲地区的不发达国家，势必会像我国改革开放以来一样，工业化、城市化和经济会加速发展。经济发展带来的人民收入增加，必然传导到提高膳食结构营养水平，增加粮食进口量。据统计，1997 年到 2017 年，非洲粮食进口量从 3359.6 万 t 增长到 8762.3 万 t(FAO 官网)，20 年间增幅达

161%。因此,其他国家或地区粮食进口量的增加会在一定程度上增加粮食商贸竞争性风险,并对我国的粮食进口造成一定的影响。

我国进口粮食具有"大国效应",一旦大量从国际市场采购粮食,势必引起国际粮价大幅上涨,不仅要付出高昂代价,而且可能还会影响我国与一些缺粮国家和发展中国家的关系,目前全球8.2亿饥饿人口主要集中在这些国家。

## 本章小结

中国人口基数大,并且人口数量会在未来一段时间内持续维持在高位,再加上中国居民膳食结构不断改善,未来我国的粮食需求还将持续增长。尽管我国粮食不断增产,但仍然难以满足需求;近10年来,我国粮食自给率不断下降,一直都是粮食进口国,并且对粮食的进口依赖度越来越高,个别品种(如大豆)当前已经高度依赖国际市场进口;未来粮食产需还将长期处于紧平衡状态。在粮食禁运或主要出口国大幅度减产等政治、经济问题发生时,我国粮食进口将面临严重风险。综上所述,我国未来所面临的粮食安全问题将十分严峻。因此,我国应当时刻坚守粮食安全的底线思维,牢记习近平总书记指示"确保粮食安全,把中国人的饭碗牢牢端在自己手里",切实做好"藏粮于地"和"藏粮于技"工作。

(本章作者 张天柱 张凤荣)

## 参考文献

[1] 陈卫. 改革开放30年与中国的人口转变. 人口研究,2008(06):18-29.

[2] 段克峰. 基于一种复合模型的中国人口预测模型. 统计与决策,2012(20):30-32.

[3] 胡小平,郭晓慧. 2020年中国粮食需求结构分析及预测——基于营养标准的视角. 中国农村经济,2010(06):4-15.

[4] 环球网[EB/OL]. https://world. huanqiu. com/article/9CaKrnJu5t4.

[5] 粮农组织主页|联合国粮食及农业组织[EB/OL]. http://www. fao. org/home/zh/, 1984-01-01.

[6] 罗其友,米健. 中国粮食中长期消费需求预测研究. 中国农业资源与区划,2014,35(05):1-7.

[7] 罗雅楠,程云飞,郑晓瑛. "全面二孩"政策后我国人口态势趋势变动. 人口与发展,2016,22(05):2-14.

[8] 毛学峰,刘靖. 中国粮食结构与粮食安全:基于粮食流通贸易的视角. 管理世界,2015(03):76-85.

[9] 孟令国,李超令,胡广. 基于PDE模型的中国人口结构预测研究. 中国人口·资源与环境,2014,24(02):132-141.

[10] 农业农村部市场预警专家委员会. 中国农业展望报告2020—2029. 北京:中国农业科学技术出版社,2020.

[11] 唐华俊. 中国居民合理膳食模式下的粮食供需平衡分析. 农业经济问题,2012,33(09):

4-11,110.

[12] 王金营,戈艳霞."全面二孩"政策实施下的中国人口发展态势.人口研究,2016,40(06):3-21.

[13] 杨晓光,刘志娟,陈阜.全球气候变暖对中国种植制度可能影响 Ⅰ.气候变暖对中国种植制度北界和粮食产量可能影响的分析.中国农业科学,2010,43(02):329-336.

[14] 原新,邬沧萍,李建民,等.新中国人口60年.人口研究,2009,33(05):42-67.

[15] 中国气象局[EB/OL]. http://www.cma.gov.cn/2011xwzx/2011xqhbh/2011xqhbhyhy/201110/t20111027_130112.html.

[16] 中华人民共和国商务部[EB/OL]. http://nigeria.mofcom.gov.cn/article/jmxw/201101/20110107374553.shtml.

# 第 10 章

# 耕地保护策略与措施

通过前面各章的分析，我们认识到，中国人口众多，人均耕地面积少，在充分调动所有生产要素的情况下，满足了 13 亿多中国人的口粮，但依然要大量进口来满足目前膳食营养结构下的粮食需求。耕地的高度集约化利用虽然使单产水平已经很高，但也带来了一些不可持续的负面效应，耕地后备资源殆尽和质量低劣，过度开发会带来严重生态风险。因此，本章梳理了有关中国耕地保护的相关法律法规和政策，以及所采取的措施，为今后中国的可持续土地利用提出行之有效、契合实际的耕地保护策略与措施。

## 10.1 中国耕地保护政策述评

### 10.1.1 中国耕地保护政策回顾

改革开放以来，中国发展进入快车道，但各项建设占用大量耕地触目惊心。“六五”期间，全国耕地面积减少 3689 万亩，平均每年减少 738 万亩；其中，1985 年一年就减少耕地 1512 万亩。照此发展，将给农业生产、粮食安全带来严重后果。为此，1986 年 3 月 21 日《中共中央国务院关于加强土地管理、制止乱占耕地的通知》(中发〔1986〕7 号)首次提出了“十分珍惜和合理利用每一寸土地，切实保护耕地”的基本国策。1986 年 6 月 25 日，第六届全国人大常委会第十六次会议通过《土地管理法》(以下简称《土地管理法》)，自 1987 年 1 月 1 日起施行。《土地管理法》总则第一条就开宗明义：“为了加强土地管理，维护土地的社会主义公有制，保护、开发土地资源，合理利用土地，切实保护耕地，适应社会主义现代化建设的需要，特制定本法。”第二十条规定：“各级人民政府应当采取措施，保护耕地，维护排灌工程设施，改良土壤，提高地力，防止土地沙化、盐渍化、水土流失，制止荒废、破坏耕地的行为。国家建设和乡(镇)村建设必须节约使用土地，可以利用荒地的，不得占用耕地；可以利用劣地的，不得占用好地。”而且在第二十五条规定：“国家建设征用耕地一千亩以上，其他土地二千亩以上的，由国务院批准。”这些凸显了严格保护耕地的国家意志。同年，国务院设立国家土地管理局，统一管理全国土地。国家土地管理局的主要职责是在经济快速增长，建设用地需求不断增加的情况下，加强土地管理，保护、开发土地资源，合理利用土地，做好耕地保护工作。自此，我国开启了实行最严格的耕地保护制度时代。

1. 严格耕地数量管控

1987 年 4 月，国务院发布了《中华人民共和国耕地占用税暂行条例》(国发〔1987〕27 号)，决定在全国范围内开征耕地占用税，目的是从经济手段上控制非农建设对耕地的占用。这是我国为保护耕地而制定的第一个专门法规，它的颁布和实施对我国耕地的保护起到了一定的作用。1987 年 11 月，原国家计委、国家土地管理局发布《关于印发〈关于编制建设项目用地定额指标的几点意见〉的通知》(〔1987〕国土〔建〕字第 144 号)，指出各类建设项目，要贯彻十分珍惜和合理利用每寸土地，切实保护耕地的基本国策，形成一套用地定额指标体系和严格科学的管理制度，从微观层面上保障“一要吃饭，二要建设”耕地保护方针的落实。

1988 年 12 月 29 日，第七届全国人大常委会第五次会议根据宪法修正案，对《土地管理法》做了相应的修改。修正后的《土地管理法》进一步规定了建设用地和征用耕地的分级限额审批制度。为更好地落实《土地管理法》，1991 年 1 月 4 日，国务院发布《中华人民共和国土地管理法实施条例》(国务院第 73 号令〔1991〕)，其中第十四条规定：“单位和个人将耕地改为非耕地的，须经县级以上人民政府批准”；第二十五条规定：“农村村民建宅需要使用土地的……其中需要使用耕地的，由乡级人民政府审核，经县级人民政府土地管理部门审查同意后，报县级人民政府批准。”

在经济体制转换和国民经济高速增长过程中，农村出现了一些亟待解决的新问题，主要是：农业特别是粮棉生产的比较效益降低，工农业产品价格剪刀差扩大，农民收入增长缓慢；大量耕地被占，农村资金外流，一些地方财政用于农业的资金减少，加剧了农业发展后劲不足的矛盾。为加强对非农业建设占用高产稳产农田和大中城市菜地的管控，1992 年 2 月 10 日，经国务院同意，原国家土地管理局、农业部在《关于在全国开展基本农田保护工作请示的通知》(国发〔1992〕6 号)中，首次提出了“基本农田”的概念。1993 年 11 月 5 日，中共中央、国务院印发《关于当前农业和农村经济发展的若干政策措施》(中发〔1993〕11 号)，提出建立“基本农田保护区”，对基本农田实行特殊保护，以满足我国未来人口和国民经济发展对农产品的需要，为农业生产乃至国民经济的持续、稳定、快速发展起到保障作用。1994 年 8 月 18 日，国务院发布《基本农田保护条例》(中华人民共和国国务院令第 162 号)，基本农田保护制度应运而生。《基本农田保护条例》在总则第一条就提出，制定本条例的目的就是为了对基本农田实行特殊保护，第二条对基本农田和基本农田保护区概念进行了界定，即基本农田是指按照一定时期人口和社会经济发展对农产品的需求，依据土地利用总体规划确定的不得占用的耕地；基本农田保护区是指为对基本农田实行特殊保护而依据土地利用总体规划和依照法定程序确定的特定保护区域。其第十条提出了划入基本农田保护区的耕地包括：①经国务院有关主管部门或者县级以上地方人民政府批准确定的粮、棉、油生产基地内的耕地；②有良好的水利与水土保持设施的耕地，正在实施改造计划以及可以改造的中、低产田；③蔬菜生产基地；④农业科研、教学试验田。基本农田内涵的确定，进一步凸显了耕地保护中的质量保护目标。

1997 年 5 月 18 日，中共中央国务院在《关于进一步加强土地管理切实保护耕地的通知》(中发〔1997〕11 号)中明确指出，土地管理和耕地保护是事关全国大局和中华民族子孙后代的大问题，必须采取严格措施，认真贯彻“十分珍惜和合理利用每寸土地，切实保护耕地”的基本国策，扭转在人口继续增加情况下耕地大量减少的失衡趋势。其中提出的基本农田保护、占补平衡、耕地总量动态平衡以及严格控制建设用地规模的用途管制思路等，都成为 1998 年修订通过的新《土地管理法》最重要的内容。11 号文件明确提出了省(区、市)必须保持耕地总量动态平衡的要求，同时确定了实行占用耕地与开发、复垦挂钩的政策。文件还严格建设用地的审批管理、遏制乱占耕地、违法批地等问题。同时，确立“破坏耕地罪”，以“冻结”和“清查”的方式将耕地保护概念拓展至“生命线”的层次。文件尤其强调，要将加强土地管理、切实保护耕地、合理利用土地资源的情况，作为考核地方各级党政部门及其负责人工作的重要内容，实施监督、监察，并接受社会监督。

1998年8月29日第九届全国人民代表大会常务委员会第四次会议对《土地管理法》进行了全面修订。新法确立“十分珍惜、合理利用土地和切实保护耕地”基本国策的法律地位，确立了四条基本原则：耕地总量只能增加不能减少的原则、土地用途管制的原则、国家对土地实行集中统一管理的原则、加强土地执法监察的原则。为了更好地体现这四条基本原则，保证耕地总量动态平衡目标的实现，新《土地管理法》还完善了基本农田保护制度、确立了建设占用耕地“占一补一”的占补平衡制度，以及以抑制建设占用耕地和加大补充耕地力度为目的的新增建设用地有偿使用费的征收制度等。为了贯彻《土地管理法》的有关精神，更好地指导具体工作和保障法律实施，1998年12月24日，国务院同时颁布了《土地管理法实施条例》（国务院令第256号）、《基本农田保护条例》（国务院令第257号），并于1999年1月1日起施行。《土地管理法实施条例》明确，地方各级人民政府应当编制土地利用总体规划，对纳入基本农田保护区的耕地实行特殊保护，并提出按照土地利用总体规划推进土地整理，补充耕地和提高耕地质量，以满足我国未来人口和国民经济发展对农产品的需求。《基本农田保护条例》对基本农田的划定、保护、监督管理、法律责任等作了明确规定。

1999年4月2日，国务院办公厅《关于印发全国土地的利用总体规划纲要的通知》（国办发〔1999〕34号），计划到2000年底，基本完成全国省市县乡五级规划并开始实施，建立起自上而下逐级控制的规划编制体系；规定地方各级人民政府编制的土地利用总体规划中的建设用地总量不得超过上一级土地利用总体规划确定的控制指标，耕地保有量不得低于上一级土地利用总体规划确定的控制指标。将耕地保有量、基本农田保护面积、城乡建设用地规模等约束性指标层层分解落实、不得突破，形成了全国、省、市、县、乡五级规划的耕地数量控制。

同时，为了落实土地利用总体规划和实现耕地占补平衡目标，1999年起，原国土资源部陆续发布多个耕地占补平衡方面的文件。《关于切实做好耕地占补平衡的通知》（国土资发〔1999〕39号，1999年2月4日发布），明确耕地占补平衡的责任主体、措施、管理和监督措施。《关于土地开发整理工作有关问题的通知》（国土资发〔1999〕358号，1999年10月18日发布），提出建立补充耕地储备制度，做到建设占用耕地先补后占；实行土地置换政策，促进农村土地整理和土地复垦。《关于加大补充耕地工作力度确保实现耕地占补平衡的通知》（国土资发〔2000〕120号，2000年4月7日发布），提出加强对耕地占补平衡工作的组织领导，认真履行“占一补一”的法定义务。《国土资源部国家投资土地开发整理项目管理暂行办法》的通知（国土资发〔2000〕316号，2000年11月7日发布）强化国家投资土地开发整理项目管理，明确了土地开发整理项目的审查和实施，应当遵循增加有效耕地面积、促进实现耕地总量动态平衡与农业可持续发展的原则。《关于进一步加强和改进耕地占补平衡工作的通知》（国土资发〔2001〕374号，2001年11月28日发布）提出，通过用地审查把关，将用地项目与补充耕地项目挂钩，落实耕地“占一补一”。

2002年12月28日，修订后的《中华人民共和国农业法》（2003年3月1日起施行），新增加“粮食安全”一章，规定保护粮食生产能力，建立耕地保护制度。为保护和提高粮食生产能力，进一步落实严格保护耕地的措施，2003年，原国土资源部发布《关于进一步采取措施落实严格保护耕地制度的通知》（国土资发〔2003〕388号）强调落实最严格的耕地保护制度。

2004—2010 年(除 2009 年)中共中央一号文件连续强调耕地红线、提高耕地质量,强化了耕地责任保护。

1998 年我国粮食总产量为 5.1 亿 t,达到了当时新中国成立以来粮食产量最高点。此后几年内开始逐渐下降,其原因主要有以下两个方面:一方面,由于城镇化加快,大量质量好的农田被占用,耕地大面积减少;另一方面,由于比较利益驱动,经济作物播种面积比重明显提升,粮食作物播种面积随之下降,造成粮食产量下降。2003 年,粮食产量降至 4.3 亿 t。为了保证粮食生产,2004 年 10 月 21 日,《国务院关于深化改革严格土地管理的决定》(国发〔2004〕28 号)规定,从严从紧控制农用地转为建设用地的总量与速度,严格控制建设用地增量,努力盘活土地存量,强化节约利用土地;提出“严格执行占用耕地补偿制度”,而且补充耕地的数量与质量要与占用的耕地的数量质量相当,防止占优补劣;鼓励农村建设用地整理,城镇建设用地增加要与农村建设用地减少相挂钩;提出严格保护基本农田,禁止占用基本农田发展林果业和挖塘养鱼。同年,原国土资源部和农业部还联合下发《关于基本农田保护中问题的整改意见》(国土资发〔2004〕223 号),提出分类处理农业结构调整中占用基本农田的问题,因农业结构调整使基本农田耕作层和农业生产条件遭到破坏的,限期恢复耕作条件;农产品加工、贮藏和养殖业不得占用基本农田,不得在基本农田上种树。按照 28 号文件,原国土资源部于 2005 年制定了《关于规范城镇建设用地增加与农村建设用地减少相挂钩试点工作的意见》(国土资发〔2005〕207 号),在天津、浙江、江苏、安徽、山东、湖北、广东、四川等省(市)启动增减挂钩试点工作。通过拆旧建新和土地整理,最终实现建设用地总量不增加,耕地面积不减少、质量不降低,用地布局更合理。

2006 年国务院《关于加强土地调控有关问题的通知》(国发〔2006〕31 号)明确将新增建设用地控制指标(包括占用农用地和未利用地)纳入土地利用年度计划,以实际耕地保有量和新增建设用地面积,作为土地利用年度计划考核、土地管理和耕地保护责任目标考核的依据。2006 年 6 月 8 日,原国土资源部发布《耕地占补平衡考核办法》(国土资发〔2006〕33 号)明确规定,耕地占补平衡考核以建设用地项目为单位进行,主要通过补充耕地方案确定的补充耕地的数量和质量,来保证占补平衡任务落实。2007 年 3 月 5 日第十届全国人民代表大会第五次会议《政府工作报告》,要求守住 18 亿亩耕地“红线”。2007 年 12 月 1 日修订《中华人民共和国耕地占用税暂行条例》(中华人民共和国国务院令第 511 号),自 2008 年 1 月 1 日起施行,进一步加强耕地占用税征收管理,正式确立耕地保护共同责任制。

虽然建立了基本农田保护制度,但是由于各种原因,基本农田被占用的现象依然在全国范围内不同程度地存在。为了确保基本农田面积的稳定,2008 年 10 月 9 日至 12 日,中国共产党第十七届中央委员会第三次全体会议,审议通过了《中共中央关于推进农村改革发展若干重大问题的决定》,要划定永久基本农田;落实永久基本农田保护目标任务,全面完成永久基本农田划定工作,加强特殊保护。从基本农田到永久基本农田,虽然是两字之差,表明了党和国家坚决保护耕地,特别是保护基本农田的决心。2009 年,原国土资源部、农业部印发《关于划定基本农田实行永久保护的通知》(国土资发〔2009〕167 号)明确提出要划定永久基本农田,建立保护补偿机制,确保基本农田总量不减少、用途不改变、质量有提高。2010 年,原国土资源部、农业部《关于加强和完善永久基本农田划定有关工作的通知》(国土资发〔2010〕218 号)明确各地要充分应用全国第二次土地调查基本农田上图成果,以县级土地利用总体规划修编为契机,全面把握并衔接好基本农田落地到户、上图入库、成果验收和报备等关键环节,切实加强和完善永久基本农田划定工作。2014 年 2 月 13 日，原国土资源部发布《关于强化管控落实最严格耕地保护制度的通知》(国土资发〔2014〕18 号)强调耕地数量和质量占补平衡，严格划定和永久保护基本农田，建立耕地保护长效机制，完善省级人民政府耕地保护责任目标考核办法，积极推动将耕地保护目标纳入地方经济社会发展和领导干部政绩考核评价指标体系，推动地方政府严格执行领导干部耕地保护离任审计制度，落实地方政府保护耕地的主体责任。为进一步加强永久基本农田管理，2014 年原国土资源部、农业部《关于进一步做好永久基本农田划定工作的通知》(国土资发〔2014〕128 号)决定在已有划定永久基本农田工作的基础上，将城镇周边、交通沿线现有易被占用的优质耕地优先划为永久基本农田，进一步严格划定永久基本农田保护红线。2018 年原国土资源部《关于全面实行永久基本农田特殊保护的通知》(国土资发〔2018〕1 号)，要守住永久基本农田控制线，已经划定的永久基本农田特别是城市周边永久基本农田原则上不得随意调整和占用；重大项目建设、生态建设等经国务院批准占用或调整永久基本农田的，以县(市)为单位按照永久基本农田划定的有关要求，补充调整相当数量和质量的永久基本农田。统筹永久基本农田保护与各类规划衔接；推进"多规合一"过程中，划定生态保护红线、城镇开发边界工作中，要与已经划定的永久基本农田控制线充分衔接，原则上不得突破永久基本农田边界。2019 年 1 月 5 日，自然资源部、农业农村部《关于加强和改进永久基本农田保护工作的通知》(自然资规〔2019〕1 号)强调解决永久基本农田划定不实、非法占用的问题，完善保护措施，提高监管水平，重视永久基本农田质量建设。2019 年 8 月 26 日，第十三届全国人民代表大会常务委员会第十二次会议审议通过《土地管理法》(修正案)作出修改，决定自 2020 年 1 月 1 日起施行，将原《土地管理法》中的"基本农田"统一修改为"永久基本农田"，明确永久基本农田要落实到地块，调整了永久基本农田占比，严格了占用和改变永久基本农田用途的限制性规定。

面对有些省(市)不能实现本省(市)的耕地占补平衡任务的现实，为了保证国家层面的耕地占补平衡目标的实现，2018 年 3 月 10 日，国务院办公厅印发《跨省域补充耕地国家统筹管理办法》(自然资规〔2018〕2 号)并且出台了《城乡建设用地增减挂钩节余指标跨省域调剂管理办法》(国办发〔2018〕16 号)明确占补平衡可跨省域调剂。

在数量管控方面，我国政府不但严格控制耕地的"非农化"，即"农转非"，甚至严格禁止"非粮化"。如国发〔2004〕28 号文件提出的禁止占用基本农田发展林果业和挖塘养鱼。近年来，针对一些地方违规占用耕地超标准建设绿化带，及大规模挖湖造景等问题，2020 年 9 月 15 日国务院办公厅《关于坚决制止耕地"非农化"行为的通知》(国办发〔2020〕24 号)规定严禁违规占用耕地绿化造林，严禁超标准建设绿色通道，严禁违规占用耕地挖湖造景，严禁占用永久基本农田扩大自然保护地，全面开展耕地保护检查。同时，针对一些地方以农业结构调整为名，一些经营主体违规在永久基本农田上种树挖塘，一些工商资本大规模流转耕地改种非粮作物等出现的耕地"非粮化"倾向，2020 年 11 月 17 日国务院办公厅《关于防止耕地"非粮化"稳定粮食生产的意见》(国办发〔2020〕44 号)。该意见提出，要明确耕地利用优先顺序，永久基本农田重点用于发展粮食生产；严格规范在永久基本农田上农业生产经营活动，禁止占用永久基本农田从事林果业以及挖塘养鱼、非法取土等破坏耕作层的行为，禁止闲置、荒芜永久基本农田。

2. 数量、质量、生态"三位一体"管控

党中央国务院始终重视耕地保护，耕地保护政策不仅仅是只要求保护一定数量的耕地，而且也要求保护耕地质量。首先，《土地管理法》和《基本农田保护条例》都提出优先将优质耕地纳入基本农田保护区，在源头上保护优质耕地。土地管理部门也多次出台相关文件，强调耕地占补平衡的数量和质量双平衡，防止占优补劣，占水田补旱地。2003 年，原国土资源部发布了《全国土地开发整理规划(2001—2010)》，该规划包含土地整理、土地复垦和土地开发三项内容。其中的土地整理的目的不仅是增加有效耕地面积，而且是在农区对田、水、路、林、村进行综合整治，提高土地质量和利用效率，改善生产、生活条件和生态环境的活动。2003 年，原国土资源部发文《关于进一步采取措施落实严格保护耕地制度的通知》(国土资发〔2003〕388 号)，要求稳定耕地特别是基本农田的面积，提高耕地质量，加大对《全国土地开发整理规划》(2001—2010)》确定的重点区域及重点工程、粮食主产区和基本农田保护区的土地整理的投入，严格执行按建设项目考核耕地占补平衡制度，确保土地开发整理补充耕地的数量和质量不低于同期建设占用的耕地。国发〔2004〕28 号文更是要求补充耕地的数量与质量与占用的耕地的数量质量相当，防止占优补劣。此后，为了对占补平衡工作进行考核，原国土资源部安排了补充耕地数量质量实行按等级折算的研究课题，制定利用全国农用地(耕地)分等定级成果进行按等级折算的技术规程(见《关于开展补充耕地数量质量实行按等级折算基础工作的通知》(国土资发〔2005〕128 号)。2004 年中共中央一号文件首次提出“建设高标准基本农田，提高粮食综合生产能力”。

2004 年中共中央一号文件提出“要着力支持主产区特别是中部粮食产区重点建设旱涝保收、稳产高产基本农田。”2005 年中共中央一号文件首次使用“高标准农田”的概念。2009—2013 年，连续 5 个中央一号文件都强调要加快推进高产稳产基本农田建设、推进旱涝保收高标准农田建设。2008 年，十七届三中全会提出“提高耕地质量，大幅度增加高产稳产农田比重”。在 2008 年出台的《政府工作报告》中首次提出了“要建设一批高标准农田”，并将“要大规模建设旱涝保收的高标准农田”列入“十二五”规划。2012 年，原国土资源部、财政部《关于加快编制和实施土地整治规划大力推进高标准基本农田建设的通知》(国土资发〔2012〕63 号)，明确大力推进土地整治特别是旱涝保收高标准基本农田建设，通过增加国家投入现有耕地的整治和建设提高耕地质量。2014 年发布的《全国高标准农田建设总体规划》，其中明确提出到 2020 年，全国要建成 8 亿亩旱涝保收、集中连片的高标准农田，粮食亩均综合生产能力要提升 100 kg 以上；2016 年发布的中共中央一号文件中提出到 2020 年确保要建成 8 亿亩、力争建成 10 亿亩生态友好、集中连片、稳产高产、旱涝保收的高标准农田。2019 年 2 月 19 日，中共中央一号文件《中共中央 国务院关于坚持农业农村优先发展做好“三农”工作的若干意见》发布，日常全面落实永久基本农田特殊保护制度，完成高标准农田建设任务，确保重要农产品特别是粮食供给，是实施乡村振兴战略的首要任务。为切实加强高标准农田建设，提升国家粮食安全保障能力，2019 年 11 月国务院办公厅印发《关于切实加强高标准农田建设 提升国家粮食安全保障能力的意见》(国办发〔2019〕50 号)，确保到 2022 年全国建成 10 亿亩集中连片、旱涝保收、节水高效、稳产高产、生态友好的高标准农田，以此稳定保障 1 万亿斤以上粮食产能；到 2035 年全国高标准农田保有量进一步提高，不断夯实国家粮食安全保障基础。

为了进一步丰富耕地保护内涵，提升耕地保护水平，全面加强耕地质量建设与管理工作，2012 年，原国土资源部《关于提升耕地保护水平全面加强耕地质量建设与管理的通知》(国土资发〔2012〕108 号)提出数量管控、质量管理和生态管护的“三位一体”新内涵。2014 年 1 月 19 日中央人民政府网发布的《中共中央 国务院关于全面深化农村改革加快推进农业现代化的若干意见》(中共中央一号文件)，提出促进生态友好型农业发展，开展农业资源休养生息试点，从 2014 年开始，继续在陡坡耕地、严重沙化耕地、重要水源地实施退耕还林还草。2016 年 1 月 27 日，中共中央、国务院《关于落实发展新理念加快农业现代化实现全面小康目标的若干意见》（中共中央一号文件）要求坚持最严格的耕地保护制度，坚守耕地红线，全面划定永久基本农田，大力实施农村土地整治，推进耕地数量、质量、生态“三位一体”保护；落实和完善耕地占补平衡制度，坚决防止占多补少、占优补劣、占水田补旱地，严禁毁林开垦；探索实行耕地轮作休耕制度试点，通过轮作、休耕、退耕、替代种植等多种方式，对地下水漏斗区、重金属污染区、生态严重退化地区开展综合治理。2018 年 2 月 4 日《中共中央国务院关于实施乡村振兴战略的意见》（中共中央一号文件）提出的乡村振兴的基本原则之一就是坚持人与自然和谐共生：牢固树立和践行绿水青山就是金山银山的理念，落实节约优先、保护优先、自然恢复为主的方针，统筹山水林田湖草系统治理，严守生态保护红线，以绿色发展引领乡村振兴。

综上所述，自 1986 年以来国家领导人、有关土地管理部门对耕地保护紧抓不放，国家法律法规、中央文件、部门规章等层出不穷，全方位多层次地建立健全了极具中国特色的耕地保护制度。

### 10.1.2　关于改进几个耕地保护政策的意见

耕地是农业生产的基础，是粮食安全的“压舱石”。毋庸置疑，最严格的耕地保护制度是我国必须坚持的基本国策。但是，我们也看到，随着社会经济发展和土地利用以及生态环境的变化，某些耕地保护政策也需要进行修正和完善。

1. 关于耕地占补平衡政策

耕地占补平衡政策，是在改革开放后面对各种建设大量占用耕地造成的耕地面积迅速下降的现实，必须保护耕地这个粮食安全的“压舱石”，同时，又要提供一定面积的建设用地支持国家发展，而提出的“不得已”的解决办法。1986 年以来，原国土资源管理部门通过土地开发整理以及“城乡建设用地增减挂钩”，补充了大量耕地，为保证“18 亿亩耕地红线”不被突破，起到了相当大的作用。据翟文侠等（2003）用驱动力模型推算，如果没有 1986 年后的耕地保护政策，1986 年到 1999 年间，我国得多减少 112.85 万 $hm^2$ 的耕地。

但是，土地利用空间格局决定了各项建设占用的耕地绝大部分必然为城镇周围地势平坦、交通便利、水利条件较好、土质较肥沃的优质耕地；而新增的耕地，多数是开发从历史上开垦剩余的未利用地、复垦居民点、工矿用地等建设基地和损毁土地而来。这些新增耕地质量差，很难马上形成一定的生产能力，导致补充耕地的质量难以达到被占用耕地的质量，“占优补劣”“占近补远”的现象较为普遍，并一直广受诟病。为此，国土资源部门不断下发文件要求保证补充耕地的质量，但受耕地后备资源本底质量差的限制，难以解决“占优补劣”问题。经过历朝历代的垦荒，特别是新中国成立后的多次土地开发，适于开垦的土地资源基本上已被开垦殆尽，如果继续开垦，必然面临更加严重的土地退化和生态环境恶化等问题。因此，如果坚持耕地“占补平衡”政策，必然还会继续“占优补劣”，即使数量补上了，但质量差、产量低，并未达到占补平衡政策出台的初衷，即保护耕地是为了粮食安全。同时，受经济因素影响，现有的优质耕地还存在撂荒和隐形撂荒（三季变两季、两季变一季等）的现象；也有些好不容易想方设法开垦/复垦出来的耕地，因为生产条件更差，在很多地区被弃耕撂荒，或改为适宜用途的园林草地。耕地“占补平衡”政策的实际效果面临边际效益降低的局面，负面影响也在增加。

还有一个必须面对的新情况是，党的十八大决策建设生态文明社会，党中央国务院，包括全国人民高度重视生态保护。为此，提出新形势下完善耕地占补平衡制度的几点建议。

第一，严格控制新增建设用地占用耕地的数量。要加强土地整治/复垦规划与土地利用总体规划的衔接，通过现有建设用地内涵式挖潜来从源头上减少占用耕地的问题。各类非农业建设不占或少占耕地，就是对耕地的最好保护。我国已有建设用地利用率与发达国家相比很低，内部挖潜潜力很大。应科学进行城市规划，不能单纯通过将农用地转变为建设用地的方式来扩大城市用地；应通过调整城市内部用地结构和用地方式，通过对旧城区改造提高城市土地利用率来求得城市的发展。特别要开展村庄整理工作，通过对空心村的治理、退宅还耕和新村规划建设，在改进生活、生态、生产条件下增加耕地总量，以缓解耕地减少的压力。另一个需要特别指出的是，还要严禁以绿化和生态文明建设的名义，在城市周边搞“郊野公园”，中国人均耕地少，大量进口粮食的国情，不允许我们这样“奢侈消费”。耕地不仅生产粮食，也通过其光合作用（吸收二氧化碳转化成碳水化合物和氧气）具有调节小气候、交换气体等生态服务功能，其作用不亚于林草的生态服务功能，国土空间规划应将耕地纳入绿色生态空间。

第二，把耕地占补平衡的内涵从耕地数量的平衡改为生产能力的平衡。即通过提高现有耕地的质量和综合生产能力来实现“耕地占补平衡”——粮食生产能力的平衡，不再硬性强调补充耕地面积。实践证明，通过基本农田建设对中低产田进行改造，消除或基本消除制约这些中低产田生产能力的限制因素，培肥地力，以大幅度地提高这些耕地的粮食单产，从而在总量上提高粮食生产能力，是一条实现耕地占补平衡目标和保证粮食安全的最有效的途径。

第三，如果说补，也不是开发劣质未利用地，而是通过过去所谓的“复垦”替代“垦荒”，以业界内的现代术语说就是“全域土地整治”替代“土地开发”。其实，村庄复垦出来的耕地强于开发劣质未利用地开垦出来的耕地，特别是复垦平原区农村居民和工矿用地出来的耕地质量很高，而且可以实现集中连片机械化规模经营，不像山区耕地垦出来还可能撂荒。

2. 关于城乡建设用地增减挂钩政策

城乡建设用地增减挂钩，是依据土地利用总体规划，将农村建设用地复垦为耕地和其他农用地（即拆旧），产生的建设用地指标用于城乡建设（即建新）的一项政策。其目的是在保证拆旧和建新各类土地面积平衡的基础上，优化城乡建设用地空间布局，来实现建设用地总量不增加，使耕地数量不减少，质量不下降，农村生产生活条件和生态环境得到改善。

十几年来，增减挂钩政策对于落实节约集约利用土地、保护耕地基本国策发挥了一定的作用。随着时间的推移，和占补平衡政策类似，也出现一些新问题。第一是违背政策初衷，片面追求节余指标的问题。城乡建设用地增减挂钩政策初衷是通过拆旧建新实现城乡建设用地总量不增加，使城乡建设用地空间布局上得到优化，促进节约集约用地和城乡统筹发展。但有些地方，特别是经济不发达的地方，为了获取更多建设用地周转指标而获取经济效益，盲目大拆大建，甚至突破国家下达给拆旧区的周转指标规模，结果形成了大量节余指标“入库”储备，不能及时得到“指标补偿款”，造成财政支付出去的拆迁补偿款得不到及时回流，形成大量财政赤字。第二是缺乏科学规划。很多地方为了报增减挂钩项目，“急用先上”，仓促编制规划，项目选址未做科学评价，也没有与土地利用总体规划衔接好，造成有些复垦后的耕地被撂荒，甚至又被批准建设占用；有的地方拆除了极具历史文化保护价值的建构筑物，破坏了乡村风貌和历史文脉。当然，还存在农民权益维护不到位、隐性金融风险等问题。

面对以上问题，提出如下建议。

第一是做好规划，特别是做好村庄规划，无规划不复垦。做好规划的前提是对那些确实不能改造或进行新农村建设的拆旧村庄进行未来用途的适宜性评价，本着宜耕则耕、宜林则林、宜草则草的原则，进行复垦。特别汲取利用挂钩指标将地处深山或半干旱区深度贫困地区搬迁居民点复垦为耕地而又撂荒造成过程性浪费的教训。实际上，这些搬迁居民点，人走了，连村庄周围耕地都纳入生态恢复区还林还草，怎么可能再耕种复垦居民点的耕地。而把增减挂钩指标跨省交易作为精准扶贫的一个政策工具，虽然给贫困地区在中央财政转移支付之外又以另一种形式带去帮扶资金，但并没有达到耕地占补平衡政策目标。

第二是严格复垦耕地与建新占用耕地数量质量对等要求，确保耕地占补平衡数量质量双平衡。为此，还是要坚持城乡建设用地增减挂钩最初设计，挂钩范围限制在县域内，不能扩大到省域，更不能跨省进行增减挂钩和占补平衡统筹。在县域内增减挂钩，建设占用耕地和复垦而成的耕地，起码能够保证气候生产潜力（熟制）基本相同；如果省域内特别是跨省区增减挂钩，气候生产潜力就不一样了。因为，增减挂钩跨区域越大，自然资源条件差别越大，越难以保证耕地质量的“占补平衡”。比如，上海与内蒙古搞增减挂钩，占用的是可一年两熟的水田，复垦出只能一年一熟的旱地，即使是水浇地，是实现不了耕地质量与粮食生产能力平衡的。当然，城乡建设用地增减挂钩还要防止金融风险，量力而为，保护搬迁村民利益，保护乡村风貌和历史文化文脉。

3. 关于防止“非粮化”政策

耕地的“非粮化”，一般情况下是指耕地不种植粮食作物，而是种植果树、中草药、花卉，乃至绿化林草和用来发展畜牧水产养殖等。

受比较效益影响，粮食生产往往处于弱势地位。20 世纪 90 年代中以来，许多农民，特别是南方水热条件好适宜多种种植的地区，很多粮田改种果树等非粮作物，甚至挖塘养鱼。特别是在我国加入 WTO 后，大田粮食作物的市场竞争力不如劳动密集型的果树等经济作物，也竞争不过国外粮食，所以政府为了让农民增收，也允许乃至鼓励农民“非粮化”。1999 年，原国土资源部、农业部联合发布的《关于搞好农用地管理促进农业生产结构调整工作的通知》（国土资发〔1999〕511 号）指出，“在符合土地利用总体规划前提下，农民可以在耕地包括基本农田上调整种植业生产格局，发展油料、瓜菜、花木、桑茶、特产品和其他经济作物；可以将生产能力低、生产条件差的一般耕地改为草场，种植牧草或饲料作物，建造临时性畜牧场和饲养场，发展畜牧业；可以在基本农田保护区外的农用地挖塘发展水产养殖和种植多年生木本果树等经济作物，逐步形成农、林、牧、渔全面发展，适应市场，优质高效的农业生产结构。调整农业生产结构要因地制宜，保护和合理利用土地资源，促进农业可持续发展”。这在某种程度上，促进了耕地向园地、鱼塘等其他地类的流失。正如本书第 3 章所说的，在第二次土地调查时，有些“非粮化”的耕地以标记“可调整”方式依然纳入耕地统计范围。

在粮食价格出现剧烈波动的阶段，这种非粮化就会受到关注。20 世纪 80 年代，虽然由于土地承包经营使得我国粮食产量大幅度增长，但中国依然还没有解决粮食问题。因此，为了保护粮食生产，国家对农业结构调整造成的耕地“非粮化”种植也进行了控制。1987 年 6 月，农牧渔业部、国家土地管理局发出《关于在农业结构调整中严格控制占用耕地的联合通知》（农（计）字〔1987〕第 25 号），指出：“我国耕地大幅度减少，主要是农村产业结构调整占用耕地过多”。为保证粮田面积的稳定，要对农业内部结构调整占用耕地也必须严加控制，“严令禁止私自在承包的耕地中挖鱼塘、种果树、造林等，并且作为农业的一项基本规定长期坚持下去”。同时也强调农业和土地管理部门在审批过程中要严格把关，每年农业结构调整占用耕地数量要严格控制。2019 年底新冠疫情暴发后，粮食安全问题又拉紧了保护耕地粮食生产功能这根弦。2020 年 11 月 17 日，国务院办公厅发布了《国务院办公厅关于防止耕地“非粮化”稳定粮食生产的意见》(国办发〔2020〕44 号)，重申耕地主要用于粮食生产保障国家粮食安全的国家战略，坚决防止耕地“非粮化”倾向，提出对耕地实行特殊保护和用途管制，严格控制耕地转为林地、园地等其他类型农用地。永久基本农田是依法划定的优质耕地，要重点用于发展粮食生产，特别是保障稻谷、小麦、玉米三大谷物的种植面积。一般耕地应主要用于粮食和棉、油、糖、蔬菜等农产品及饲草饲料生产。

耕地面临农民为了经济利益的非粮化与政府为了粮食安全而保护耕地的粮食生产功能两种力量的争夺。非粮化体现经济因素，耕地保护体现政治和安全因素，都有其合理性。但是，从政策必须依据法律制定这一依法治国的制度安排来说，是不能通过发布行政法规来阻止农民为了增加收入将粮田改为果园和经济作物的行为的，除非法律作出规定。无论是农(计)字〔1987〕第 25 号文，国办发〔2020〕44 号文，还是《基本农田保护条例》其法律效力都不及《中华人民共和国农村土地承包法》。《中华人民共和国农村土地承包法》虽然在第十八条规定承包方具有：①维持土地的农业用途，未经依法批准不得用于非农建设；②依法保护和合理利用土地，不得给土地造成永久性损害；③法律、行政法规规定的其他义务；但其第十七条规定承包方依法享有承包地使用、收益的权利，有权自主组织生产经营和处置产品的权利。将耕地种植果树和其他经济作物应该是承包农户使用土地自主组织生产经营的权利，而且种植果树和其他经济作物并未给土地造成永久性损害，就不能通过发布行政法规来阻止。因此，如果农民拿《中华人民共和国农村土地承包法》来抵制政府查处耕地“非粮化”，政府也很难阻止农民在耕地上种植果树和其他经济作物这种不给耕地造成永久性损害的自主组织生产经营的行为。

其实，“粮食安全”不应该是狭隘的“谷物安全”。几千年，中国都没有解决温饱问题，即使新中国成立以后，政府和人民也在为了吃饱肚子奋斗。在那个年代，肉蛋奶的产量和消费量很低，粮食成为了食物的代名词。因此，本来联合国的 Food and Agriculture Organization (FAO)应该翻译成食物与农业组织，但在我国却将其翻译成粮食与农业组织，并且将错就错，一直沿用到今天。国家始终强调了“粮食安全”，而不是“食物安全”。本来耕地保护的目的是为全国人民提供足够的食物，在保障“口粮绝对自给”后，不能将耕地保护的目的狭隘地理解为粮食安全。实际上，食物是多元的，不仅是粮食。社会发展日新月异，中国早已经不再是那个国民只求温饱的国度。按今天小康社会的营养标准，水果也应列入粮食安全保障的重要组成部分。根据《中国居民膳食指南 2016》，在均衡膳食模式下，谷类提供的能量应该占总能量需求的 40%～45%，而蔬菜和水果所提供的能量占比应该在 15%左右，其他由肉蛋奶类提供。未来，在全面进入小康社会的国土空间规划中，适当提高农用地中果园的比例，是必然的选择。

实际上，同样面积的耕地种果树并不见得比种粮食作物提供的热量少。按照苹果、玉米、小麦所提供的热量比：每千克红富士苹果所能够提供的热量是 700 kcal，每千克玉米面提供的热量是 3400 kcal，每千克富强粉提供的热量是 3500 kcal。据笔者调查，陕西省的苹果亩产 2000～3000 kg，冬小麦和夏玉米两茬原粮 1000 kg/亩，折算为 800 kg 精粮。2000～3000 kg 苹果提供 1400000～2100000 kcal 能量；冬小麦和夏玉米两茬粮食可提供约 2800000 kcal 能量。虽然按热量比苹果稍落下风，但苹果可提供大量维生素。因此，虽然种植果树不如种植粮食更能够填饱肚子，但其提供的食物营养更丰富，更符合小康社会膳食标准。而且，尽管这些年，当地苹果行情不好，收购价约 5 元/kg，但每亩苹果园的产值仍可以达到 10000～15000 元，其中净利润6000～10000元/亩。相比之下，玉米亩产600 kg，收购价约1.6元/kg，其亩产值约1000元，净收入约600元/亩。即使是一年种两茬，再加上冬小麦的净收入400元/亩，种植苹果亩均净收入也是种粮净收入的6～10倍。由此可见，虽然种植果树投入的人力、物力都高于玉米，但净收益还是比种玉米多得多。这就是为什么即便耕地种粮有补贴，农民却选择种植更费劳力、更辛苦的果树。正是因为果树亩产值远高于粮食作物，最终导致大量种植粮食作物的耕地改种成果树。在我国南方地区，像珠三角、长三角，成都平原等地区，这些本来的"鱼米之乡"，如今已经逐渐变为花果之乡，大量耕地改种上了荔枝、枇杷等水果。就连半干旱的黄土高原，曾经是粮仓的关中盆地、渭北塬区、山西临汾盆地、运城盆地等区域，今天已经取代山东半岛成为苹果主产区。

为了解决这个耕地保护的难题，笔者建议以农田概念替代耕地概念，保证即使耕地种植了其他可食的非粮食作物，但耕地保护粮食(食物)安全的内涵不变。为此，建议农田的概念如下：农田是地球表面具有疏松土壤层，借助光合作用生产粮食、油料、果蔬等人类生活必须食品的土地。这样一个概念是兼具科学性和现实性。在科学性方面："地球表面"这个定语反映了水平纬度的地理空间概念；"疏松的土壤层"这个定语反映了垂直纬度的地理空间概念；"借助光合作用生产"这个定语，将农田置于了自然资源的范畴内，就可以把果园包括进去，但也排除了畜禽养殖场和鱼塘等养殖用地。这样，农民根据市场需求为了获得比较高的经济收益调整种植结构在耕地或永久基本农田上栽培果树，就属于正常的种植行为，而不是违反《基本农田保护条例》规定的行为。这样，也可以将改种了果树的耕地纳入耕地和永久基本农田管理，确保18亿亩耕地红线的粮食安全保障。以农田的概念代替耕地的概念，将果园包括进去，即把果园与耕地同等管理，来解决我们在土地执法方面的两难境地。不把鱼塘和牲畜圈舍视作耕地的理由是，无论是饲养牲畜还是养鱼，都不是通过光合作用进行第一性生产，而是利用光合作用生产的产品进行第二性生产，属于生物加工过程，并不产生新的能量，甚至在生产过程中会损失能量。

不过，不应把种植药材、茶叶等"非粮化"种植地当做农田，因为它不生产食物。更不应该把种植松树杨树和草坪草等生态林或绿化林的土地纳入农田，防止以"绿化"和"生态建设"的名义在平原耕地上造林；松树、杨树等林木不生产任何可食产品，应该纳入"非农化"管理。当然，棉花虽然不是食物，但种植棉花的耕地应该还按传统分类标准当作耕地对待。

## 10.2　做好规划，严格执行规划

1999年4月2日，国务院办公厅发布《关于印发全国土地的利用总体规划纲要的通知》(国办发〔1999〕34号)，计划到2000年年底，全国各地基本完成了全国省市县乡五级规划并开始实施，基本建立起自上而下逐级控制的规划编制体系。规定地方各级人民政府编制的土地利用总体规划中的建设用地总量不得超过上一级土地利用总体规划确定的控制指标，耕地保有量不得低于上一级土地利用总体规划确定的控制指标。将耕地保有量、基本农田保护面积、城乡建设用地规模等约束性指标层层分解落实、不得突破，形成全国省市县乡五级数量控制。虽然，有些地方的规划存在着"基本农田上山下滩"和执行不到位等问题，但毋庸置疑，土地利用总体规划对于耕地保护起到了重要的作用。那么，在土地利用总体规划或目前正在编制的国土空间规划中，应该如何保护好耕地和永久基本农田呢？

### 10.2.1 坚持底线思维，坚守耕地红线

所谓底线思维，就是粮食安全必须立足国内，确保95%自给率。中国是人口大国，也是世界上最大的粮食生产国和消费国。解决十几亿人口的吃饭问题确实不能寄希望于国际市场。这主要是基于以下几点考虑：一是出于战略考量，不能受制于人。正如习近平总书记指出"一个国家只有立足粮食基本自给，才能掌握粮食安全的主动权，进而才能掌握经济社会发展这个大局。靠别人解决吃饭问题是靠不住的，如果口粮依赖进口，我们就会被别人牵着鼻子走"。二是国际贸易量有限。全球粮食贸易量2.5亿～3亿t，不到我国粮食消费量的一半，其中大米贸易量3500万～4000万t，仅相当于国内消费量的1/4。三是出于外交考虑。我国进口粮食具有"大国效应"，一旦大量从国际市场采购粮食，势必引起国际粮价大幅度上涨，不仅要付出高昂代价，而且会影响我国与一些缺粮国家和发展中国家的关系，目前全球8.2亿饥饿人口主要集中在这些国家。四是粮食属于体积大、重量轻的货物，运输成本较高，运价最终会体现在粮价上，粮食生产与消费先天具有本地化倾向。从沿海到内陆、从港口车站到消费者，低价粮食进口在超过一定运距后，也会在价格上与本土粮食持平，因此超过特定运距后，必然是以本地粮食生产和消费为主。

所谓耕地红线绝非是"18亿亩耕地红线"。比如，原国土资源部公布的第二次全国土地调查的耕地数约20.31亿亩(截至2009年12月31日)，比在第一次全国土地调查公布的耕地数(截至1996年10月31日19.50亿亩)基础上进行年度变更到2008年底的耕地数18.26亿亩增加了2亿亩。但这只是账面数据的变化，并不能说明我们再减少2亿亩耕地也可以保证粮食安全。因为，从2003年起我国粮食产量实现了"十连增"，2013年达到6亿多t；这6亿多t粮食就是在实有的20多亿亩耕地上(包括了一些"可调整"地类，见第3章3.3节)，通过高度集约化利用生产出来的。正确的耕地红线是一定时期保证我国粮食自给率95%所需要的一定质量和产能的耕地数量。这个数量随着耕地的质量与产能变化而变化。而质量与产能的变化与建设占用、新增耕地、耕地质量建设(中低产田改造与高标准农田建设)和投入水平有关。因此，耕地红线不是一个绝对的数字，它是在变化的。

那么确保粮食自给率95%就需要一定数量与质量的耕地。提高粮食综合生产能力，一靠"藏粮于地"，二靠"藏粮于技"。但"藏粮于地"是根本、是基础。无论是良种良法，还是化肥农机等投入都得通过耕地才能够发挥效用，提高产量。因此，只有保护一定数量和质量的耕地，农业技术进步才有用武之地。在数量保护上，不但要保护高产田，还要保护中产田，可能还要保护部分低产田，通过改造和建设把其建设成旱涝保收高产稳产田。到底需要保护多少耕地，应该进行现有耕地的生产潜力估算。虽然原国土资源部开展的耕地分等工作，已经核算了当时耕地的产能，但毕竟那是十几年前调查评价成果，现在耕地面积、质量和分布有变化，农业技术有变化，应该利用"三调"成果开展现状耕地的粮食生产潜力核算，结合粮食需求预测成果，在全国尺度上确定耕地保有量及其分布，确保在正常年份和正常投入水平下，中国人的饭碗装的都是自己产的粮食。

### 10.2.2 尽可能保护优质耕地

虽然建设占用耕地不可避免，而且水热条件好的东南经济发达地区，建设用地需求旺盛；耕地有自东南湿热地区向东北温凉地区和西北温干地区转移的趋势；由于区位优势明显，平原

是城市聚集的主要区域，造成城市不断“摊饼式”扩展。空间规划的作用就是要尽可能延缓这种市场力量的惯性，尽可能由平面扩张转向立体扩张。经济区位造成的这种耕地的空间位移是市场经济发展的一种必然。但耕地重心向东北和西北转移，平原地区优质耕地非农化，是一种逆种植业自然资源优势的变化，对“要牢牢把饭碗端在自己手里”是一种威胁。因此，必须做到：在宏观地理尺度上即国家层面上，尽可能保护湿热气候区的耕地；在中观地貌尺度上即省市尺度上，尽可能保护平原坪坝上的耕地；在微观田块尺度上即县乡层面上，尽可能保护有灌溉排水等良好基础设施的耕地。

1. 宏观上，保护湿热气候区的耕地

本书第 2 章和第 3 章揭示了气候条件对于种植制度即熟制决定的耕地的基础生产潜力的影响。因此，在地理纬度上，应该保护南方温暖地区的耕地，因为那里可以发展一年两熟或多熟的农业；在地理经度上，应该保护东部湿润地区的耕地，因为那里降水量多，可以发展灌溉农业；即使是旱作农业，靠自然降水也可保障作物正常生长。比如，地处温带湿润地区的黑土，依靠自然降水，可以支撑玉米正常生长成熟；而同处温带半干旱地区的栗钙土，依靠自然降水，在平水年和丰水年，玉米还可正常生长，但遇到干旱年份，就可能绝收。但是，东南部是经济发达地区，用地量大，与优质耕地保护区域重叠。因此，如果国家不从产业空间布局上进行调整，要保护该区域的耕地就很可能是一句空话。但是利用我们的体制机制，在用地指标上严控，逼迫经济发达地区进行现有建设用地的挖潜，提高建设用地的集约度，对减少减缓建设占用耕地还是有一定作用的。

2. 中观上，保护平原坪坝上的耕地

本书第 2 章和第 3 章也揭示了地形条件对于种植制度即熟制(海拔的影响)和土层厚薄与坡度的影响。土层深厚，保蓄水分和养分的能力强。即使是降大雨，深厚的土壤也可以将水分保持在土壤中，在旱季供作物利用。这就是为什么在关中平原，不用灌溉，小麦一般也可正常生长的原因。按当地老百姓的话说，“秋后一场雨，收了”。关中平原像海绵一样的深厚黄土，将秋雨完完全全地收蓄在土壤中，源源不断地供冬小麦生长。土层厚含蓄能力强，还可以减少氮磷淋失造成的面源污染。另外，从耕种便利度上看，平原土厚、地平，可机械化耕种，进行规模化经营。因此，即使城市化过程中有农民进城就业，也可以通过土地流转给种植大户，耕地而不被边际化弃耕撂荒。

绝大多数城市和集镇都分布在平原地区。城市化过程中，城市扩大的模式一般是“摊饼”。因此，这些地区的城市化发展与保护耕地不可避免地会存在矛盾。但从国家粮食安全的角度来说，我们还是应该尽可能保护平原区的优质耕地，让城镇尽可能向低山丘陵区发展。城镇建在山地丘陵区，也有利于城市排水。对于那些在冲积平原和滨海平原的大城市，也要将耕地纳入城市绿色空间，利用耕地的生态功能减少城市热岛效应等“大城市病”。

对于大城市和特大城市，在城市周围安排永久基本农田，利用永久基本农田具有强制性“红线”的特征，控制城市空间结构，让基本农田在中心城与各“新城”以及各“区域中心”“居住集团”“工业园区”之间起隔离作用，控制建设用地发展方向，保障城市健康有序发展。同时，发挥耕地的生态服务功能、景观文化功能和观光旅游功能。

3. 微观上，保护田间基础设施完备、集中连片耕地

在干旱区，没有灌溉就没有农业，劳动人民发明了“坎儿井”，利用雪山融水潜入山前洪积扇形成的地下水灌溉。在沿海低湿平原，劳动人民修建排水沟，不但消除了洪泛影响，而且还

降低地下水位，淋洗土壤养分，使盐碱地变成良田。灌溉和排水系统，是劳动人民长期劳动投入固化在耕地上的基础设施，是高产稳产的保障，我们必须特别珍惜。有完善灌溉排水系统的耕地，就可保证高产稳产。而且，一般来说，有灌溉排水系统的耕地，往往也是地平连片，可以机械化耕种，不容易被边际化。因此，我们必须特别保护有灌溉排水农田道路系统和地块大的耕地。当然，建设用地应该优先占用那些畸零狭小的耕地；对于这些畸零狭小的耕地，如果没有可能通过整理与其他耕地连片种植，也可以有规划地退耕还林，用于生态建设。

### 10.2.3 严格执行规划

中国土地利用总体规划实施30年来，对有效保护耕地，强化土地利用的宏观调控，落实土地空间布局起了积极作用。一方面有效遏制了建设用地的盲目扩张，严格保护了耕地和基本农田，提高了土地利用集约化水平；另一方面通过合理安排用地，确保重点工程等各类建设项目用地的合理需求，为地方经济建设、社会发展提供了用地保障。但是，由于部分管理者对土地利用总体规划的国家目标认识不清，或者过多地考虑本地区目前经济发展和效益，阻碍了规划的全面实施，突破规划的现象屡见不鲜。特别是一些地方行政长官（特别是刚上任的）为了搞“业绩工程”，完全置规划不顾，而且利用手中的权力压制国土管理部门，强迫突破规划。因此，就有了“规划规划，不如领导一句话”之说。当然，土地利用总体规划被突破，土地利用总体规划、城市规划、国民经济与社会发展计划，以及农业、林业、生态、环保等部门规划不统一，存在用地矛盾冲突也是重要原因。另外，由于土地分类不统一，没有将规划做在一张底图上，也是部分原因。如果说，过去因为部门分工存在着土地利用总体规划、城市规划、国民经济与社会发展计划，以及农业、林业、生态、环保等不能“多规合一”，造成用地矛盾冲突，使得土地利用总体规划得不到严格实施的话，那么，已经将各种空间规划统一在一起的国土空间规划，并且在有了自然资源一张底图的情况下，国土空间规划必须做到科学、合理和实际可行；在此基础上，制定完善一套严密的实施管理体系，保证规划得到实施。

第一，要加强宣传，提高全社会对土地利用规划重要性的认识，让公众起到规划实施的监督作用。充分利用各种现代传播媒介，广泛宣传土地利用总体规划的目的意义，将土地规划成果，包括规划目标任务、规划期限、土地用途分区等进行公告，让各级领导、各部门、人民群众了解、关注土地利用规划，接受社会监督，使全社会都关注规划的执行情况。

第二，建立规划实施责任制度。各级行政首脑为规划执行责任人，这样就使得各级领寻不能随心所欲干涉自然资源管理部门实施规划，不能为了“业绩工程”置规划于脑海之外，通过行政权利干预规划实施。

第三，加强制度建设，确保土地利用规划在法制的轨道上运行。一是规划成果公告制度，将规划目的、规划期限、用地结果和用途分区等相关内容向社会公告，接受社会监督；二是严格用地审批制度、计划管理流程和规划调整制度；三是建立土地利用动态调查监测体系；四是建立严格的监督制度，健全监察执法体系。

## 10.3 坚持数量、质量、生态“三位一体”保护，以质量提升为核心

我国的耕地保护经历了从数量保护，数量、质量保护到数量、质量、生态“三位一体”保护的转变。随着生态文明建设的推进，生态保护的理念逐渐深入人心。耕地的数量保护在开发未

利用地、复垦废弃地的同时必须考虑生态保护的问题。如何权衡数量保护和生态保护之间的关系，需要因地制宜慎重作出选择。

### 10.3.1　慎重开发未利用地

早在 1986 年的《土地管理法》就规定开垦未利用的土地，必须经过科学论证和评估，在土地利用总体规划划定的可开垦的区域内，经依法批准后进行。禁止毁坏森林、草原开垦耕地，禁止围湖造田和侵占江河滩地。

土地二调依据的国标《土地利用现状分类》(GB/T 21010—2007)中，未利用地包括：河流水面、湖泊水面、沿海滩涂、内陆滩涂、冰川及永久积雪、其他草地、盐碱地、沼泽地、沙地和裸地。过去，土地部门进行耕地后备资源调查评价的对象一般是沿海滩涂、内陆滩涂、其他草地、盐碱地、沼泽地、沙地和裸地(不包括河流水面、湖泊水面、冰川及永久积雪)。而到了第三次全国土地调查，考虑当前生态文明建设的主旋律，土地分类凸显了生态文明建设和生态用地保护的需求，加强了对湿地的保护力度，将具有湿地功能的沼泽地、河流水面、湖泊水面、坑塘水面、沿海滩涂、内陆滩涂、水田、盐田等二级地类归类为湿地大类，也就是说沿海滩涂、内陆滩涂和沼泽肯定不能再作为耕地后备资源调查评价的对象。因此，从剩下的其他草地、盐碱地、沙地和裸地这四类可以作为耕地后备资源评价的未利用地可以看出，耕地后备资源质量差，而且大部分处在生态脆弱区，开垦后极易发生生态危险，更要慎重开发(第 5 章)。即使要开发，也要调查清楚其积温、水资源、土壤、地形，经过科学论证和评估，在保护和改善生态环境、防止水土流失和土地荒漠化的前提下，通过土地综合整治开垦，确保耕地质量。

当然，随着科学技术进步和生产力水平的提升，耕地后备资源的范围可能要扩大。过去认为一些不适宜开垦的土地，现在可以开垦并高产稳产。例如，传统上，干旱区绿洲农业只是在山前洪积扇扇缘部位和冲积平原区。因为那里地下水埋藏较浅，土壤由较细的沉积物颗粒组成，持水能力强。而在山口处和洪积扇的中上部的戈壁，大量砾石不但影响耕作，而且因为主要是通气孔隙，缺少毛管孔隙，其渗漏性极强，灌溉水基本都渗漏了，灌溉水的利用率很低。因此，戈壁滩上基本没有种植业，更不要说有需要大量灌水的蔬菜种植，保留着自然荒漠景观。但是，水肥一体化营养包栽培技术为在戈壁滩上发展节水设施农业创造了条件。所谓水肥一体化营养包栽培技术是将灌溉与施肥融为一体的农业新技术。即借助压力管道系统，将可溶性肥料，按作物种类及其对水分与养分的需求，配兑成含各种养分(包括氮磷钾大量元素和其他微量元素)的灌溉水一起，通过可控管道和滴头输送到植株的根部。作物(主要是蔬菜)种植在一种称作“营养包”(或叫“基质枕”)上。营养包里填充的基质多是纤维性的，吸持水的能力强，作物蔬菜根系也在这里找到了良好的伸展空间。滴灌管将营养液均匀、定时、定量地输送到相互隔离的营养包里，保证蔬菜“不饥不渴”，也不会出现大水漫灌导致的水分饱和、根系缺氧的情况。目前，在戈壁滩上建温室利用水肥一体化营养包栽培技术栽培蔬菜发展迅速。我国戈壁广泛分布在祁连山、天山、昆仑山上等山前地带，总面积约 45.5 万 $km^2$，一片荒凉。如果使用水肥一体化营养包栽培技术发展温室蔬菜种植，不但可以利用干旱区充足的光能资源，全年生产，高产稳产，而且水分和养分利用率高，不会出现一般露地蔬菜种植出现的次生盐渍化和地下水硝酸盐污染问题，环境友好，绿色生产，满足人们对蔬菜尤其是对高端蔬菜的需求；更重要的是不占用现有种粮耕地，节省的水资源还可以扩大耕地面积。不过，从耕地标准上，这种没有耕作层的设施农用地，不被认定为耕地，还不能用于耕地占补平衡。

### 10.3.2 积极复垦废弃地

由于新中国成立后大力发展经济，大量采矿挖煤建设工业化国家，造成我国许多地区存在许多地面塌陷、急需清理的工矿废弃地。废弃地是因采矿、工业和建设活动挖损、塌陷、压占（生活垃圾和建筑废料压占）、污染及自然灾害毁损等原因而造成的不能利用的土地。工矿等废弃地的存在不仅破坏了土地的实际利用价值，还造成了诸多地质灾害隐患，易发生地面塌陷、崩塌等地质灾害。进行废弃地复垦利用可以逐渐消除这些隐患，而且可以实现废弃土地的再利用。

无论是1988年的《土地复垦规定》（中华人民共和国国务院令第19号），还是2011年修订后的《土地复垦条例》（中华人民共和国国务院令第592号），关于土地复垦的内涵是没有变化的，即土地复垦是指对生产建设活动和自然灾害损毁的土地，采取整治措施，使其达到可供利用状态的活动，即复垦的目的是“达到可供利用状态的”。《土地复垦条例》第四条规定土地复垦应当坚持科学规划、因地制宜、综合治理、经济可行、合理利用的原则。复垦的土地应当优先用于农业。也就是说，土地复垦不是一定要复垦为耕地，而是按照因地制宜的原则，开展土地复垦适宜性评价，按照评价结果宜耕则耕、宜林则林、宜草则草、宜水则水的变化。但复垦废弃地补充耕地，应该成为占补平衡的主攻方向，特别是平原区的废弃地。因为，平原地形平坦，损毁土地复垦为耕地可以与现状耕地连成片，实现机械化规模经营。而山区的损毁土地，即使复垦了，因为地块小，耕作半径大，不能机械化经营，也最终会撂荒。第10章10.1节所说的城乡建设用地增减挂钩，拆旧农村居民点复垦后弃耕撂荒的，主要原因还是无法机械化规模经营。

我国农村居民点面广量大。由于城市化造成很多农村居民点存在大量闲置宅基地，房屋空置率高，甚至很多已经是空心村。因此，结合乡村振兴战略，进行农村土地综合整治，不但可以增加耕地，而且可以为农村二、三产业发展提供用地，提供其他就业机会，拓宽农民增收途径。县级国土空间规划，进行城乡统筹，优化城乡建设用地布局，将空心村拆除复垦，或者缩并农村居民点复垦闲置宅基地和低效用地，应该是今后补充耕地的主要方向。

复垦各种建设损毁土地，或者复垦农村居民点，也不见得一定打破硬化地面，建造耕作层，可以利用水肥一体化技术，发展现代温室大棚。目前，多利用秸秆、天然矿物及畜禽粪便等生产营养包，可循环、可降解。因为营养包被塑料膜包裹着，避免了像大田一样的土面水分蒸发。营养包的下部是塑料槽，即使有多余的营养液，也渗漏在底部的塑料槽中，收集起来过滤后再循环利用。这项技术也避免了肥料施在表土层易引起的挥发损失、肥效发挥慢的问题，尤其避免了地面漫灌水分渗漏，化肥养分随渗漏水进入地下水，导致地下水富营养化的问题和次生盐渍化问题。因此，水肥一体化营养包栽培技术是一种肥效快，水分和养分利用率高，又有利于环境保护的现代农业生产技术。因此，利用水肥一体化技术，在建设损毁土地或居民点基底上，利用原先的供水系统，直接发展现代温室大棚，在低温缺水的北方，不失为一种资源高效利用的土地复垦技术。这一技术要得以推广利用，还需要改革耕地认定标准。因为，目前对于没有耕作层（即土壤）的那种地面硬化的温室，不认定其为耕地，只能认作是设施农业用地。要革新观念，对于复垦土地，只要其是通过光合作用生产直接食用产品的，都应当认定为耕地。

### 10.3.3 提升现有耕地质量和产能

2019年，我国城市化率为60.6%，目前正处于城市化加速发展的阶段，城市化进程并未完成。为了满足建设发展的需要，建设用地占用耕地不可避免，势必会造成耕地数量的下降。而我国未利用地大多分布在水源不足或生态脆弱的地区，未利用地的开发受到资源和生态的限制，耕地后备资源少，耕地面积增加潜力不大。因此，为了保障我国粮食安全，"藏粮于地"要在严格数量管控的基础上，以提高质量、增加产能为主。

1. 改造中低产田

根据第二次全国土地调查数据（2009 年），我国的水田和水浇地的总面积是 9.16 亿亩，还有 10.14 亿亩旱地。水田和水浇地大多是高产稳产田。因此，规划建设 10 亿亩高标准农田是可能的。从 2011 年起至今，除了部分扶贫任务，高标准农田建设选址在贫困地区的旱地上外，基本上是选址在现状水田和水浇地上。不过，在水田和水浇地上建设成的高标准农田，其再增产的潜力也十分有限。因为，水田和水浇地也是水肥投入最高的耕地，已经出现面源污染和地下水超采问题。如若增产再增加投入，化肥和农药对水土环境污染压力更大。因此，要在 6.6 亿 t 的粮食总产量基础上再增产，下一步应是改造中低产田，也即剩下的 10 亿亩旱地。这 10 亿亩旱地主要分布在半干旱区和山地丘陵区，存在着这样那样的作物生产限制因素，包括干旱、坡度大、土层薄、土质粗、肥力低等，产量低而且不稳，属于中低产田；从另一个角度看，也是面临水土流失、风蚀沙化等土地退化风险的生态问题田。因此，改造这些存在限制因素或生态问题的耕地，不仅在增产稳产保证国家粮食安全上的意义重大，而且也具有保护生态环境的意义。

针对中低产田的障碍因素进行改造，提高耕地综合生产能力，也是我国生态文明建设的重要组成部分。而对于一些不适宜改造或改造有困难的中低产田，应按照因地制宜的原则，宜林则林、宜草则草。将一些中低产田改种果树和其他经济作物，也不失为保障粮食安全的一种有效途径，不应视为"非粮化"而严禁。

2. 建设高标准农田

（1）建立区域高标准农田标准　在第 7 章，我们介绍了国家关于高标准农田的标准。但本书作者却认为，高标准农田标准应该是区域性的，并非有统一的标准。简而言之，高标准农田建设的目的是为作物提供良好的生长条件。高标准的实质内涵是耕地支持作物高产稳产的条件。因此，高标准农田并非一定像国标要求的那样，是"田成方、林成网、路相通、渠相连、旱能灌、涝能排"的"十全十美"耕地，只要满足当地主要栽培作物的高产稳产高效生产需求和现代农业生产和经营方式相适应，就认定其是高标准农田。在制定高标准农田的标准时，一定要从区域内主要栽培作物对土壤状况和农田基础设施的实际需求出发，设定凸显区域特征的标准。比如，地处温带湿润区漫岗上的黑土地，开垦时即使不修建田间灌溉和排水系统，不进行土地平整，只要有田间道路，旱地也可被认定为高标准农田。因为，这里的自然降水足以满足一茬玉米的水分需求；漫岗地坡度不大，只要采取保护性耕作措施，也不至于导致土地退化，同时，也不会发生田间渍涝；平整土地反而会破坏黑土层下伏黏壤质黄土层的良好土体构型，也会引起雨季渍涝危害。

（2）确定高标准农田标准的方法　何为高标准农田，一是看作物，二是看作物的生长条件。像其他植物一样，作物也有分布区域。科学确定高标准农田的标准必须了解不同作物对光温水土条件的要求，同时也要知道一定区域的耕地能够为作物提供什么样的光温水土条件，实际上这就是土地评价。最初的土地评价就是对土壤的植物/作物生长适宜性作出评价，即土壤解释（Beek，1978）。土地评价的基本方法是将土地利用的要求和土地条件的供给进行匹配分析，即按照一定土地利用方式的要求来诊断土地属性，对土地的生物生产能力以及其他生产能力进行综合鉴定。确定区域高标准农田标准的方法是：分析区域自然资源综合特征和农业生产条件，以标准耕作制度分区作为高标准农田建设分区，针对区域主要栽培作物对高产稳产生产条件的要求，来确定标准农田。

（3）高标准农田标准确定过程　①根据区域综合农业生产条件，进行高标准农田建设分区，确定各区域标准耕作制度及其主要栽培作物。②根据作物栽培学理论和土壤学理论，研究区域主要栽培作物生长所需的基本条件，包括水分条件和土壤条件等要求，进行自然适宜性评价。③围绕提高耕作效率这一现代农业发展要求，分析在当地农业机械化水平下高标准农田高效利用所需的田块规模和农田道路等配套设施。

首先确定当地的主要大田作物（可以参考农用地分等中的标准耕作制度分区方案），其次，分别调查研究各区主要作物对耕地立地条件的要求。这里不再考虑光温、降水气候条件，主要考虑田间状况，包括有效土层厚度、表层土壤质地、盐渍化程度、障碍层、地表岩石露头度、地形坡度、灌溉保证率和排水条件等。《农用地质量分等规程》中各区域分等指标可以作为标准的参考。耕作效率方面的指标主要考虑耕作单元面积和田间道路条件等。

（4）划定高标准农田建设区的路径　从现有耕地中排除：①规划农转非的区域—允许建设区和有条件建设区；②已经达到高标准的农田；③当前技术条件不能改造或难以改造的区域。

通过将现有农田的指标值与区域高标准农田标准逐一对比，全部达到标准的认定为高标准农田，将没有达到标准的农田划入高标准农田待建区。高标准农田是一个有机统一的整体，任何一个指标达不到高标准农田标准，都可能显著地影响农田的高产稳产和高效耕作。光温条件不作为高标准农田的改造因素。限制性因素包括有效土层厚度、地形坡度、灌溉保证率、排水条件、耕作单元面积和田间道路条件等。分析这些因素是否可以通过工程措施进行改造。

建设高标准农田，不仅能够新增粮食产能，而且能够提升农田的抗灾能力。据评估，建成以后项目区的耕地质量一般提升 1～2 个等级，粮食产能平均提高 10％～20％，亩均粮食产量提高 100 kg。在严重气象灾害年份，项目区粮食产能稳定性水平要明显高于非项目区。

### 10.3.4　准确把握耕地生态保护实质

毫无疑问，进入建设生态文明社会阶段，耕地保护或土地整治工程必须贯彻生态优先的思想。但在某些土地整治项目或高标准农田建设项目中也出现了一些异化生态优先思想的工程设计。比如，在有些高标准农田建设工程设计中，为了给野生动物提供一个栖息地，在农田中留有“生态岛”即草地或林地；为了方便田间动物爬越，把灌溉渠道设计成梯形的，而且要让混凝土渠道面是粗糙的；为了营造贴近自然的景观，要将排水沟道设计成弯曲的；为了给土壤动物提供可以穿过的孔道，在灌溉渠道水泥件底部构筑出孔道；凡此种种。出现这种“生态农田”工程设计是对生态学原理或生态系统平衡的误解。

1. 农用地综合整治保留生态用地是在区域尺度上

最初的土地整治以开发为主，也就是把土地开发项目区选在“四荒”（荒山、荒沟、荒丘、荒滩）地上，或荒草地、滩涂、沼泽地、盐碱地等这些“未利用地”占比大的区域，将“未利用地”开垦为耕地，以补充耕地。随着开发进程，耕地后备资源进一步枯竭，土地开发不得不走向土地整理，即不再是开发所谓“未利用地”丰富地区的耕地后备资源，而是在现有农区，通过土地整理，在提高现有耕地质量的同时，将农田周围或插花于农田中的零星“未利用地”开垦为耕地，有的地方甚至通过减少地埂和沟渠道路占地来实现增加耕地的面积。再到后来，农区的零星“未利用地”也很少了，于是走向高标农田建设，通过提高现有耕地的质量和产能来实现耕地保护终极目标——粮食安全。

实际上，由于土地整治工作起源于耕地保护的占补平衡政策，无论是土地开发项目，还是后来的土地整理项目，包括再后来的高标准农田建设项目，都有新增耕地面积的项目立项要求。后来的土地整理项目或高标准农田建设项目虽然要求新增耕地面积的百分比降低了，但也还是有开垦农田周围或插花于农田中的荒草地、滩涂、沼泽地、盐碱地、池塘等这些“未利用地”，以增加耕地面积的规划设计。事实上，与土地开发项目的“大开荒”相比，土地整理项目或高标准农田建设项目是“小开荒”。从规划设计图纸上看，其实就是比例尺的变化。

由于项目开垦的是那些荒草地、滩涂、沼泽地、盐碱地等这些“未利用地”，而实际上这些“未利用地”也具有生态功能，这就造成本来就紧缺的生态用地的进一步减少，造成农区自然资源结构或自然生境的破坏，使区域生态系统服务价值降低。以如今生态文明建设的思想来看，这显然是不对的。为了生态保护，不仅要保护那些具有野生动物栖息地的大面积生态用地，就是在农区，为了农区生态系统的结构与功能完善，也不能把仅存的这些“未利用地”(具有生态功能，也属于生态用地)都转换为耕地，使生态失衡。

2. 土地整治不应在田块中保留“生态用地”

毋庸置疑，在农区保留一些生态用地，构建合理的土地空间结构，实现农区的生产功能和生态功能和谐是对的。但在田块尺度上，不能在田块中保留“生态岛”。因为农作物是人工驯化栽培品种，它竞争不过原生的“野草”。比如，稻田中如果有一野生苇地斑块，这块草地中的苇子将很快侵入农田，与作物争夺养分而疯长。辩证唯物主义地看，农田中的所谓“生物岛”既是“有益动物”的栖息地，也必然是有害动物，如田鼠和蝗虫的栖息地。比如，历史上中国蝗灾经常发生。蝗灾与旱灾、洪灾一样，是造成农作物减产甚至绝收引致饥荒的重大“自然灾害”。现在，我国很少有蝗灾发生了，尤其是在东部农区，已经几十年没有大面积的蝗灾发生。这尽管是因为我们有了农药和药械高效灭蝗的手段，但也与东部农区绝大部分土地已经被开垦为耕地，使得蝗虫的自然栖息地很少关系很大。蝗虫的自然栖息地减少了，即使蝗虫在依然存在的小面积的自然栖息地上繁殖，其繁殖的种群数量不大，在其侵袭农田时，农民利用农药等手段灭蝗，也不至于让其发展成为蝗灾。

3. 高标准农田建设的目标就是建成田间管理便利，作物高产稳产的农田

像田间道路、灌溉渠道和排水沟道这些农田基础设施，就是要横平竖直，构建一个方正的田块，这样才有利于提高运输效率、输水效率和耕作效率，特别是机械化耕种更要求田块形状的规则方正。因此，高标准农田建设不能像某些欧洲专家所指导的那样，让排水沟像原始平原的河流那样“自然弯曲”。事实上，正因为自然河流弯弯曲曲，在大雨暴雨后洪水排泄不畅，在20世纪50—70年代，我们“治理淮河”“根治海河”“把黄河的事情办好”，在黄淮海平原上大搞农田基本建设，建设成了方格网状干支斗农四级排水体系，近半个世纪以来，黄淮海平原才没有洪泛灾害的发生，而且减少了盐碱危害。弯曲的排水沟会导致排洪效率低，不但不利于泄洪，而且还会使得田块不规则，不利于耕种。

灌溉渠道还是要硬化、平滑，以提高输水效率，最好是U形而不是梯形，以减少沟渠占地面积。没必要为了田鼠、蛇、青蛙等动物的迁徙，而专门设计成坡度缓、糙度大的灌溉渠道，这些动物可以通过田间道路、田坎、桥涵等进行迁徙；同样的道理，更没有必要为了给土壤动物留

下通道，而将渠道的水泥构件设计成空洞状的，这种留空的渠道还会造成灌溉水渗漏。

在田块内留下了“生物岛”，必然会降低机械作业效率。

4. 中低产田改造和高标准农田建设本身就是生态保护

中低产田改造和高标准农田建设提高了耕地的单位面积产能，缓解了以扩大面积(开垦其他地类)来保证粮食安全的压力，这从区域上保护了包括沼泽、滩涂、草地等其他土地生态系统。将坡耕地修建成梯田，可以防止水土流失，保水增墒，不但提高了水分利用率和产量，也减少了河道淤积和洪水泛滥对河谷和下游农田以及人民生命财产的威胁，也减少了养分随径流水的流失而导致的河湖水质的富营养化危害。建设农田防护林网降低了风速，不但防止农田土壤的风蚀沙化，也减少了扬尘对下风向的空气污染。加厚土层和客土改良沙性大的农田，可以提高农田土壤的水分和养分的涵蓄能力，既提高灌溉水的利用率，也防止养分淋失造成河流、湖泊和地下水的富营养化的水污染。由此，高标准农田建设本身就是生态保护。

必须指出的是，把习近平山水林田湖生命共同体思想理解为就是生态优先是片面的。我们要从“人的命脉在田，田的命脉在水，水的命脉在山，山的命脉在土，土的命脉在树”这些朴素的语言中全面深刻理解山水林田湖生命共同体的思想。正是因为习近平主席有着在陕北进行修梯田，打淤地坝和植树造林这些生产实践经验，他才悟出了山水林田湖是一个生命共同体的道理。对这段讲话的解释就是，农田是百姓温饱的基础，梯田和淤地坝的水分条件都比坡耕地的好，产量高而且稳定，是老百姓的保命田；但水是洪水猛兽，还是涓涓细流，在于山是秃山还是绿山，是坡耕地的山，还是梯田满山的山。而山若是石头的没有土，也就蓄不了水，山就是没有生命的死山；而植树造林可保土，就可让山成为生机盎然的山。习近平主席“山水林田湖生命共同体”的思想中，田是核心，植物造林固土保水不仅仅是为了保护生态，更是为了让田成为高产稳产田，以满足不断增长的食物需求。对于国土空间规划来说，虽然我们已经进入建设生态文明时代，但国土空间规划中的“三区三线”划定，应该依然还是优先划定永久基本农田红线和农业空间，把饭碗牢牢地端在中国人自己的手里。

### 10.3.5 在不损害生态环境的前提下，调动一切生产要素，提高产量

“十三五”规划建议提出：“坚持最严格的耕地保护制度，坚守耕地红线，实施藏粮于地、藏粮于技战略，提高粮食产能，确保谷物基本自给、口粮绝对安全”。在我国耕地、淡水等资源约束加剧的情况下，靠什么来提升粮食综合生产能力，“藏粮于技”成为保证粮食安全的必然选择。

第一，要走依靠科技进步、提高单产的内涵式发展道路。科技是农业现代化的重要支撑，粮食生产的根本出路在科技进步。影响粮食作物单产的因素有很多，如良种、灌溉、化肥、农业机械、农药、农膜等，但综合评估，良种对提高粮食单产起到了决定性作用。2020 年 12 月 16 日至 18 日，中央经济工作会议举行，这次会议明确了 2021 年的 8 个重点任务，其中排在第五的是“解决好种子和耕地问题”。会议特别提到，开展种源“卡脖子”技术攻关，培育和推广高产良种。第二是加强农业技术集成创新和推广力度。以推广先进适用技术为主攻方向，以广泛开展增产增效模式攻关为抓手，加强技术的筛选和集成，着手推广一批高产高效栽培技术、病虫害绿色防治技术、地力保护提升技术、高效节水灌溉技术、农艺农机适用技术等，提高粮食生产的科学化、现代化水平。第三是进一步提高农业机械化水平。这是粮食生产节本增效、提高竞争力的关键领域。2004 年以来，我国农业机械化发展进入快车道，耕种收综合机械化率从

34.3%提高到2019年的70%，但是发展还不平衡。要支持农机装备产业加快转型升级，突破大马力机耕深翻、水稻机插机抛、无人机撒药、甘蔗机械收割、山地适用小型机械等方面的技术瓶颈，努力将农业机械化提高到一个新水平。第四是发展和推广智慧农业技术，推广"互联网+农业"，提升农业大数据的应用水平，推进农业经营管理模式的现代化。

当然，进一步增加化肥、农药、地膜、农机等农业生产资料的投入和增加灌溉面积，要注意防止如第8章所说的那些负效应发生，保证土地的可持续利用和农业的可持续发展。

## 本章小结

中国人均耕地少，调动了化肥、农药、优良品种、灌溉等一切生产要素所生产的粮食依然满足不了现有人口的需求。中国人口基数大并且数量会在未来一段时间内持续增加，同时中国居民膳食结构不断改善，未来我国对粮食的需求还会持续增长；再加上中国城市化还未完成，未来建设占用耕地的压力依然很大。然而，耕地后备资源枯竭，又不能通过新开耕地来增加粮食产量。因此，我们必须坚持1986年以来的那些行之有效的耕地保护政策，并根据中国耕地数量、质量、生态状况及其利用与生产现状，修正完善一些不适应时代的耕地保护政策。要做好国土空间规划，以规划统领管理，严格用途管制，从源头上保护好一定数量与质量的耕地；同时，加强中低产田改造和建设高标准农田，提升现有耕地的质量与潜在产能，保证农业生产的基础和农业技术的"用武之地"，实现土地系统的可持续利用。

（本章作者　张凤荣）

## 参考文献

[1] 国家土地管理局．中国土地管理总览．北京：法律出版社，1992.
[2] 国土资源部耕地保护司．耕地保护法规文件汇编．北京：中国大地出版社，2003.
[3] 国土资源部耕地保护司．耕地保护法规文件新编．北京：中国大地出版社，2007.
[4] 翟文侠，黄贤金．我国耕地保护政策运行效果分析．中国土地科学，2003(2).

# 后　记

写这本书，起源于难以忘怀的青少年时期常常吃不饱肚子的记忆，起源于对党中央、国务院坚持最严格的耕地保护制度的深刻理解和坚定支持。

我于1978年3月进入北京农业大学土壤与农业化学专业进行本科学习，毕业后又接着在北京农业大学攻读土壤学硕士、博士学位，于1984年硕士毕业后留校工作。近40年来，一直从事土壤发生分类、土壤和土地调查、土地评价与利用规划的教学科研工作；参与了第二次全国土壤普查、全国耕地分等定级、耕地后备资源调查和第一、第二、第三次全国土地调查工作，走遍了祖国的千山万水，对耕地有着深厚的感情；同时，我也一直在参与国家耕地保护政策的研讨和土地利用总体规划工作，深切感受到耕地保护制度在国家政策决策中的基础性作用。之所以敢于写这本书，正是由于长期从事中国耕地相关的教学、科研和社会实践所积累的大量素材、经验和所悟所得，有一定的信心描绘清楚中国耕地的起源、现状和利用状况，阐释清楚我们为什么要保护耕地。

本书策划于2020年3月。我拟定了书稿章节结构及其内容概要，并邀请了张天柱、李超、李子忠作为共同作者分头起草。2020年8月各章节形成了初稿后，中间各章节又几易其稿，部分章节前前后后修改多达6次。2021年新年伊始，我利用寒假期间，集中一个多月的时间，不分昼夜对全书进行统稿，终于在2021年春季开学之前，以高兴且踏实的心情，将"齐、清、定"的书稿交给出版社。

在本书付梓之际，首先应该感谢张天柱、李超、李子忠3位共同作者，感谢他们认真负责的写作和不厌其烦的多次修改。也要感谢常玉旸、张蕾、姜萌、于希泽、邵珩浩、谢书、刘燕青和张国荣等9位研究生，感谢他们在资料搜集和数据核对方面所做的大量工作。同时，还要感谢在本书最后定稿阶段对书稿给予校对的王建国、鞠正山、陈正、周建、张琳等朋友。

张凤荣

2021年2月28日于中国农业大学西校区

# 第三次全国国土调查耕地面积及其分布

正当本书印刷装订的当口,2021年8月26日,国务院第三次全国国土调查领导小组办公室、自然资源部、国家统计局联合召开了第三次全国国土调查主要数据成果新闻发布会,公布了第三次全国国土调查结果(2019年12月31日汇总)。得知这一信息后,作者立即与出版社和印刷厂协调,将这一最新权威调查成果以附录形式加印并装订于本书最后。

截至2019年12月31日,全国耕地12786.19万$hm^2$(191792.79万亩)。其中,水田3139.20万$hm^2$(47087.97万亩),占24.55%;水浇地3211.48万$hm^2$(48172.21万亩),占25.12%;旱地6435.51万$hm^2$(96532.61万亩),占50.33%。64%的耕地分布在秦岭-淮河以北。黑龙江、内蒙古、河南、吉林、新疆等5个省份耕地面积较大,占全国耕地的40%。

12786.19万$hm^2$耕地中,位于一年三熟制地区的耕地1882.91万$hm^2$(28243.68万亩),占全国耕地的 14.73%;位于一年两熟制地区的耕地4782.66万$hm^2$(71739.85万亩),占37.40%;位于一年一熟制地区的耕地6120.62万$hm^2$(91809.26万亩),占47.87%。

12786.19万$hm^2$耕地中,位于年降水量800 mm以上(含800 mm)地区的耕地4469.44万$hm^2$(67041.62万亩),占全国耕地的34.96%;位于年降水量400~800 mm(含400 mm)地区的耕地6295.98万$hm^2$(94439.64万亩),占49.24%;位于年降水量200~400 mm(含200 mm)地区的耕地1280.45万$hm^2$(19206.74万亩),占10.01%;位于年降水量200 mm以下地区的耕地740.32万$hm^2$(11104.79万亩),占5.79%。

12786.19万$hm^2$耕地中,位于2°以下坡度(含2°)的耕地7919.03万$hm^2$(118785.43万亩),占全国耕地的61.93%;位于2°~6°坡度(含6°)的耕地1959.32万$hm^2$(29389.75万亩),占15.32%;位于6°~15°坡度(含15°)的耕地1712.64万$hm^2$(25689.59万亩),占13.40%;位于15°~25°坡度(含25°)的耕地772.68万$hm^2$(11590.18万亩),占6.04%;位于25°以上坡度的耕地422.52万$hm^2$(6337.83万亩),占3.31%。

由于当前各省(自治区、直辖市)的耕地面积尚未公布,作者无法以第三次全国国土调查的耕地面积改写本书第3章中国耕地的数量、质量与分布。鉴于本书第3章3.3部分已经根据“三调”与“二调”技术规程对耕地地类认定方面的不同及近十年来的全国耕地面积和空间分布变化方面的文献资料,对现状全国耕地面积和空间分布进行了一个分析,再考虑到本书从策划、撰稿到现在已经一年半,而且正在印刷装订阶段,经与出版社协商,作者决定不对本书第3章和其他章节进行任何修改,而是以附录形式将第三次全国国土调查耕地面积数据放置于本书最后一页,敬请广大读者理解。今后,当谈及中国耕地面积时,希望读者以第三次全国国土调查领导小组办公室、自然资源部、国家统计局联合公布的这个耕地面积为准。

张凤荣

2021年8月26日于北京